Psychotherapie: Fort- & Weiterbildung

Willkommen zur Buchreihe "Psychotherapie: Fort- & Weiterbildung". Diese Reihe wurde für all diejenigen geschaffen, die sich in der Psychotherapie fort- und weiterbilden möchten. Unsere Bücher bieten einen umfassenden Überblick über und vertieftes Wissen zu allen relevanten Themen der Fort- und Weiterbildung in der Psychotherapie. In unseren Werken finden Sie fundierte Informationen zu verschiedenen therapeutischen Ansätzen auf dem aktuellsten Stand der Psychotherapieforschung sowie etablierte wie auch innovative Techniken. Wir decken ein breites Spektrum an Themen aus unterschiedlichen Perspektiven ab, je nachdem in welchem psychotherapeutischen Verfahren Sie Ihr Wissen vertiefen möchten: von der kognitiven Verhaltenstherapie, psychodynamischen Therapien, systemischer Therapie, achtsamkeitsbasierten Verfahren und vielem mehr. Unsere Autor:innen sind erfahrene Fachleute und Dozent:innen aus der Welt der Psychotherapie, die ihr Fachwissen und ihre Erfahrungen mit Ihnen teilen möchten. Sie führen Sie durch komplexe Konzepte und Methoden und zeigen Ihnen, wie Sie sie in Ihrer eigenen therapeutischen Praxis anwenden können. Darüber hinaus bieten unsere Bücher praktische Übungen, Fallstudien und Anleitungen zur Reflexion, um Ihnen zu helfen, Ihr Verständnis zu vertiefen und Ihre Fertigkeiten weiterzuentwickeln. Wir legen Wert darauf, dass unsere Werke nicht nur informativ, sondern auch inspirierend und praxisnah sind. "Psychotherapie: Fort- & Weiterbildung" ist eine unverzichtbare Ressource für alle, die ihr Wissen und ihre Fertigkeiten in der Psychotherapie erweitern möchten. Ob Sie eine erfahrene Therapeutin sind, die ihr Fachwissen vertiefen möchte, oder ein Einsteiger, der sich einen umfassenden Überblick über das Feld verschaffen möchte – unsere Buchreihe bietet Ihnen alles, was Sie brauchen, um erfolgreich in der Psychotherapie zu arbeiten.

Stefan Gerhardinger

Entwicklung der Therapeutenpersönlichkeit

Orientierungshilfen für Psychotherapeut*innen

2. Auflage

Stefan Gerhardinger
Teublitz, Deutschland

ISSN 3059-2836 ISSN 3059-2844 (electronic)
Psychotherapie: Fort- & Weiterbildung
ISBN 978-3-662-70476-9 ISBN 978-3-662-70477-6 (eBook)
https://doi.org/10.1007/978-3-662-70477-6

Die Deutsche Nationalbibliothek verzeichnet diese Publikation in der Deutschen Nationalbibliografie; detaillierte bibliografische Daten sind im Internet über ▶ https://portal.dnb.de abrufbar.

© Der/die Herausgeber bzw. der/die Autor(en), exklusiv lizenziert an Springer-Verlag GmbH, DE, ein Teil von Springer Nature 2020, 2025

Das Werk einschließlich aller seiner Teile ist urheberrechtlich geschützt. Jede Verwertung, die nicht ausdrücklich vom Urheberrechtsgesetz zugelassen ist, bedarf der vorherigen Zustimmung des Verlags. Das gilt insbesondere für Vervielfältigungen, Bearbeitungen, Übersetzungen, Mikroverfilmungen und die Einspeicherung und Verarbeitung in elektronischen Systemen.
Die Wiedergabe von allgemein beschreibenden Bezeichnungen, Marken, Unternehmensnamen etc. in diesem Werk bedeutet nicht, dass diese frei durch jede Person benutzt werden dürfen. Die Berechtigung zur Benutzung unterliegt, auch ohne gesonderten Hinweis hierzu, den Regeln des Markenrechts. Die Rechte des/der jeweiligen Zeicheninhaber*in sind zu beachten.
Der Verlag, die Autor*innen und die Herausgeber*innen gehen davon aus, dass die Angaben und Informationen in diesem Werk zum Zeitpunkt der Veröffentlichung vollständig und korrekt sind. Weder der Verlag noch die Autor*innen oder die Herausgeber*innen übernehmen, ausdrücklich oder implizit, Gewähr für den Inhalt des Werkes, etwaige Fehler oder Äußerungen. Der Verlag bleibt im Hinblick auf geografische Zuordnungen und Gebietsbezeichnungen in veröffentlichten Karten und Institutionsadressen neutral.

Einbandabbildung: © debibishop/Getty Images/iStock

Planung/Lektorat: Heiko Sawczuk
Springer ist ein Imprint der eingetragenen Gesellschaft Springer-Verlag GmbH, DE und ist ein Teil von Springer Nature.
Die Anschrift der Gesellschaft ist: Heidelberger Platz 3, 14197 Berlin, Germany

Wenn Sie dieses Produkt entsorgen, geben Sie das Papier bitte zum Recycling.

Vorwort zur zweiten Auflage

Die Entwicklung der Therapeutenpersönlichkeit ist keine abstrakt-theoretische, sondern eine sehr persönliche und individuelle Angelegenheit. Mittlerweile bin ich hauptberuflich in meiner Wunsch- und wahrscheinlich auch Endposition angelangt. Berufliches Gesundheitsmanagement und dabei insbesondere die berufliche Gesundheitsförderung für den Diözesancaritasverband Regensburg und in stets zunehmendem Maße Aufträge von Institutionen, Einrichtungen, Behörden, Krankenhäuser beschäftigen mich in Form von Vorträgen, Workshops, Coachings und Supervisionen. Dabei geht es wiederum um die Entwicklung des Menschen. Die positive Psychologie bildet die Grundlage, der Anspruch besteht darin, Menschen zu den besten ihrer Möglichkeiten zu verhelfen. Weiterhin bin ich als Psychologischer Psychotherapeut, Dozent und Supervisor am Ausbildungsinstitut für Verhaltenstherapie Regensburg und seit einigen Jahren nun auch Selbsterfahrungsleiter für angehende Suchttherapeuten der Deutschen Gesellschaft für Weiterbildung in der Suchttherapie tätig. Derartige berufliche Vielfalt ist oft eine anstrengende Herausforderung, mündet aber in permanente persönliche Entwicklung.

In einer immer volatiler, unsicherer, komplexer und mehrdeutiger werdenden Arbeitswelt ist und bleibt der Mensch eine Orientierung gebende und stabilisierende Größe. Die Entwicklung der Therapeutenpersönlichkeit erscheint mir heute nur noch notwendiger und sinnvoller, als es mir ohnehin stets bewusst war.

Vorwort

Ein ganz persönlicher Einstieg: Mein Weg in den Psychotherapieberuf

Was bitte veranlasst einen jungen Menschen, in einen helfenden Beruf zu gehen? Warum gerade Psychotherapeut werden, mit der Aussicht, sich tagaus, tagein mit seelischem Leid anderer Menschen auseinandersetzen zu müssen?

Man möge mir als erste Antwort auf diese Fragen einen ganz persönlichen Einstieg gestatten. Schon als Kind wurde mir attestiert, ich sei neugierig. Diese Neugierde hat mich bisher nicht verlassen. Inwieweit Neugierde die richtige Vokabel ist, darüber ließe sich räsonieren. In jedem Fall interessierten mich das Leben und die darin in so vielfältiger Form auftretenden Menschen immer schon. Aus eigenem Antrieb und auch weil es mein familiäres Umfeld begünstigte, bin ich früh zum sozialen Menschen geworden, wobei ich die Rolle eines Philanthropen gerne annahm, lange bevor ich wusste, dass es diesen Begriff gibt.

Früh erkannte man mich als guten Gesprächspartner, weil ich ein guter Zuhörer und Versteher war. Manch Freund oder Freundin der Jugendjahre bezeichneten mich auch als Kummerkasten. Mich faszinierte neben dem Menschen insbesondere Literatur und Sprache und so war ein Berufswunsch geboren. Ich wolle unbedingt Gymnasiallehrer mit der Fächerkombination Deutsch und Englisch werden. Dafür gab es inspirierende Vorbilder. In späteren Jahren fragte ich mich auch, ob mir möglicherweise ein gewisses Sendungsbewusstsein innewohnt, ein wie auch immer gelagerter Impetus, den Menschen durch mein Zutun mit zu formen, ihm zu helfen, sich zu entwickeln.

Neben der Entwicklung anderer hatte ich aber auch meine eigene Entwicklung immer im Fokus. Ich war dabei insbesondere empfänglich für Inspirationen, Möglichkeiten und Vorbilder. So hatte ich in jungen Jahren den Vorsatz gefasst, Doktor zu werden, nicht Arzt, sondern zu promovieren.

Im schulischen Ethik-Unterricht kam ich in meiner pubertären Sturm- und Drangphase erstmals mit der Psychologie, der Psychopathologie und der Psychoanalyse in Kontakt und spürte schnell ein deutliches Interesse, das ich als Schüler bei anderen Themengebieten oft vermissen ließ. Wir lasen „Der schwierige Mitmensch" von Rattner (1979) und damit wurde eine Grundlage gelegt, auf die ich oft zurückgreifen konnte.

Die Entwicklungskrisen meines jugendlichen Umfeldes forderten mich als Zuhörer, Tröster, Bedeutungsgeber und damit als Hobbytherapeut nun nur noch intensiver und ich fühlte mich ganz wohl und irgendwie richtig in dieser Rolle.

Schon bald wurde in dieser Zeit auch klar, dass die Fächerkombination Deutsch/Englisch für das Gymnasium eine Karriere als Taxifahrer bedeuten könnte. Was folgen musste, war eine Phase der Neuorientierung. Der zu dieser Zeit noch obligate Wehrdienst stellte sich im subjektiven Erleben als weitgehend sinnfreie Zeit dar, wobei dies zumindest den Sinn hatte, dass nun wieder eine große Lust auf geistige Erbauung entbrannte. Die nun erforderliche Findungsphase spülte Ideen an Land. Sollte ich einer heimlichen Liebe folgend die Publizistik, den Journalismus zu meinem Beruf machen? Dies böte zumindest auch die Möglichkeit, einem Grundbedürfnis folgend, an der öffentlichen Meinungsbildung mitwirken zu können. Oder könnte in der Sportpädagogik meine berufliche Heimat liegen? Die Erziehungswissenschaften verfolgen das Ziel der Menschenführung, das wäre also auch passend für mich und meine grundlegenden beruflichen Interessen. Eine dritte und sicher die konkreteste Idee war, ein Psychologiestudium aufzunehmen, so man mich zuließ. Als schließlich die Zusage eines Psychologiestudienplatzes kam, waren die beiden anderen Berufsideen zügig und schmerzlos ad acta gelegt.

Das Psychologiestudium war im Grundstudium zunächst einmal ernüchternd, hatte ich mir doch irrigerweise unter Psychologie eindeutig die klinische Psychologie erwartet. Aber auch Physiologie, Logik und Statistik ließen sich verdauen und mit dem Hauptstudium und der Vertiefung in klinischer Psychologie war eine Heimat gefunden. Erfahrungen mit dem Autogenen Training, gestalttherapeutische Seminare unter dem Titel Interventionsstrategien und erbaulicher Input zum Thema Gesprächsführung waren mein erster Kontakt mit später wichtigen Tools. Verpflichtende sechswöchige Praktika leistete ich in einem Kinderheim und in einem psychiatrischen Krankenhaus auf einer verhaltenstherapeutisch orientierten Station für chronisch schizophrene Patienten ab. Auch daraus zog ich im späteren Berufsleben noch oft brauchbare Erfahrungen. Als ich mein Studium erfolgreich beendet hatte, wich der ersten überschwänglichen Erleichterung und Freude die Erkenntnis, dass ich jetzt erst einmal arbeitslos war. Psychologenstellen waren zu dieser Zeit eher rar, sodass fast zu befürchten stand, ohne große Auswahl annehmen zu müssen, was das Stellenangebot zur Verfügung stellt.

Im Rahmen meiner Feier zum bestandenen Diplom schenkten mir die anwesenden Familienmitglieder und Freunde Sigmund Freuds gesammelte Werke in Form einer elfbändigen Studienausgabe, was mich sehr freute. Dennoch war ich damals vorbewusst schon der Verhaltenstherapie verpflichtet, die Psychoanalyse aber war und blieb eine stets nicht nur heimliche Liebe.

Tatsächlich fand ich schon bald nach erfolgreichem Vorstellungsgespräch eine Anstellung beim Arbeitskreis Legasthenie. Das entsprach zwar nicht meinen Ansprüchen an klinisch-psychologisches Arbeiten, aber als Einstieg in das Berufsleben erschien es mir akzeptabel. Fast zeitgleich ergab sich dann aber eine bessere Option. Ich trat eine Halbtagesstelle am Lehrstuhl für Chirurgie am Uni-Klinikum Regensburg an, mit dem Auftrag Lebensqualitätsforschung methodisch zu begleiten. Diesem interessanten Primärauftrag gesellte ich in Eigenregie dann noch die Arbeit mit Patienten, die der psychologischen Unterstützung bedurften, und eine Lehrtätigkeit für angehende Anästhesie- und Intensivpfleger hinzu. Somit hatte ich ohne jegliche Berufserfahrung ein weitreichendes und verantwortungsvolles Aufgabengebiet. In dieser Zeit musste ich mich beweisen, emanzipieren und mir psychotherapeutische Kompetenz verschaffen. Eine ausführlichere Fortbildung zur kognitiven Verhaltenstherapie nach Albert Ellis vermittelte mir lange gut brauchbares therapeutisches Rüstzeug und stärkte meine Affinität zur Verhaltenstherapie. Christoph Eschenröder und die von ihm verwendeten Methoden und Übungen sind mir auch heute noch sehr frisch im Gedächtnis.

Neugierig und strebsam suchend fand ich eine mich therapeutisch spürbar prägende ehrenamtliche Tätigkeit am Krisendienst Horizont in Regensburg. Zehn Jahre war ich daraufhin in vielen Wochenenddiensten für Anrufer mit in der Hauptsache suizidaler Problematik Ansprechperson und Therapeut. Die dem Einsatz vorauslaufende Ausbildung war ein sehr wichtiger Baustein in der Entwicklung meiner Therapeutenpersönlichkeit. Die Therapeutenmodelle der beiden mich einarbeitenden Psychologen waren sehr unterschiedlich. Zunächst arbeitete Dr. Herbert Ühlein mit mir, ein sehr bedacht vorgehender Hypnotherapeut, den ich lange für die Inkarnation eines Psychotherapeuten schlechthin hielt. Danach war Dr. Eva Sagstetter meine Mentorin, die sehr klar, tough und zielgerichtet verhaltenstherapeutisch vorging. Ich war hin und hergerissen. Sollte ich als Therapeut ein Ühlein oder eine Sagstetter sein? Schnell wurde mir klar, dass ich nicht nur kopieren kann, ich musste mich selbst als Therapeut (er-)finden und definieren, wenngleich Anleihen von guten Modellen dabei hilfreich waren.

Zu dieser Zeit breche ich in vielerlei Richtungen auf, neben meiner strebenden Suchhaltung auch dem Umstand geschuldet, dass eine Halbtagesstelle finanziell nicht viele Spielräume lässt. Ich entwickle ein Curriculum für einen Kurs Autogenes Training, halte Kurse zum Autogenen Training, leite Nichtrauchertrainings, bin Pädagoge und Psychologe für einen noch nicht volljährigen ehemaligen Kinderheimzögling im nur durch mich begleiteten außenbetreuten Wohnen. Diese berufliche Vielfalt lehrte mich Vieles und gewährte mir in der Entwicklung meiner noch jungen Therapeutenpersönlichkeit zahlreiche Experimentierfelder. Vielfach bin ich auf mich selbst angewiesen gewesen und war damit nicht selten Autodidakt.

Eine wesentliche Weichenstellung, nach der ich allerdings proaktiv gesucht hatte, erfolgte, als ich eine meine berufliche Laufbahn sehr prägende neue Stelle antrat. Ich wurde Leiter eines Sozialpsychiatrischen Dienstes der Caritas in Weiden. Fortan beriet oder therapierte ich Klientel mit den unterschiedlichsten Störungsbildern. Zu dieser Zeit begann ich meine Verhaltenstherapieausbildung. Es stand außer Frage, dies zu tun, klar nach dem Prinzip: Wenn ich schon psychotherapeutisch arbeite, dann muss ich dafür auch die nötigen Kenntnisse haben, die nicht nur durch autodidaktisches Vorgehen angelegt sein sollten. Die Psychotherapieausbildung mit all den Seminaren, Workshops, Supervisionen und Selbsterfahrungseinheiten hat die Zielrichtung meiner Entwicklung als Psychotherapeut nicht wesentlich neu beeinflusst, aber ihr Substanz, Sicherheit und Orientierung gegeben.

Nach ersten therapeutischen Erfahrungen erfolgte nun allmählich Konsolidierung. Ich lerne viel von meiner Klientel, bilde mich regelmäßig fort, besuche auch Fortbildungen, die ich gemäß meinen Vorlieben und Bedürfnissen niemals besuchen würde, aus Neugier, aber auch um meine Flexibilität möglichst zu erhalten oder vielmehr zu erweitern. Ich mache schmerzliche Erfahrungen, hole mir Kratzer und Narben und spüre und weiß doch ganz genau, dass ich im für mich richtigen Beruf angekommen bin und darin offenbar sehr gut reüssiere. Ich entwickle meinen eigenen Stil und mache mich dabei zunehmend auch frei von Vorbildern, Klischees und Schulen konformem Vorgehen. Die kognitive Verhaltenstherapie ist eindeutig meine therapeutische Basis, darüber hinaus wildere ich in anderen Jagdgründen und bewahre mir meine heimliche Liebe Psychoanalyse.

In meiner therapeutischen Entwicklung war es mir immer wichtig, die Vielfalt bewusst zu leben und das therapeutische Vorgehen an die Bedarfe und Bedürfnisse der jeweilgen Patienten anpassen zu können. Wiewohl ich ein gut strukturierter, mitunter konservativer und – in den Augen Mancher – kalkulierbarer Mensch bin, habe ich mir erlaubt, in meinem therapeutischen Tun zunehmend unkonventioneller, provokativer und mutiger zu werden. Den dafür nötigen vertretbaren Rahmen habe ich meiner Einschätzung nach nie verlassen. Die positive Psychologie bildet die Grundlage meiner therapeutischen Ausrichtung, der Anspruch besteht darin, Menschen zu den besten ihrer Möglichkeiten zu verhelfen.

In die Entwicklung meiner Psychotherapeutenpersönlichkeit sind noch viele weitere Erfahrungen eingeflossen, die durchaus Meilensteincharakter haben. Ich bin Dozent und Supervisor an einem Ausbildungsinstitut für Verhaltenstherapie geworden, hatte lange Jahre einen Lehrauftrag an der Ostbayerischen Technischen Hochschule, ich habe meine eigene Biographie nur für mich geschrieben, ich habe Patienten durch Suizid verloren, ich habe in Irvin Yaloms Büchern viel Erbauung und Anregung gefunden und ich habe sehr viel Bestätigung durch meine Klientel erfahren dürfen.

Es ist mir eine große Ehre, in der Vorbereitung dieses Buches einem meiner heimlichen Mentoren Irv Yalom Dank sagen zu können, ich tat es per E-Mail und er antwortete innerhalb weniger Tage. So konnte ich mit einem der berühmtesten Psychotherapeuten wenigstens in einen kurzen persönlichen Kontakt treten. Das mag der Befriedigung narzisstischer Bedürftigkeit dienen, wobei etwas Narzissmus im Therapieberuf sicher nicht schadet.

Meine berufliche Entwicklung führte mich zuletzt nochmals in ganz neue Gefilde. Dennoch ist es mir gelungen, meinem Psychotherapeutendasein eine gute, wenn auch kleine Nische einzurichten, sodass ich weiterhin als Psychotherapeut, Supervisor, Coach und Dozent tätig sein kann. Das war mir eine Herzensangelegenheit.

Auf die Eingangsfrage eine eindeutige Antwort zu finden erscheint mir schwer möglich. Sicher feststellen kann ich nach vielen Berufsjahren, dass ein helfender Beruf, eine psychotherapeutische Tätigkeit keinesfalls nur ein Geben ist. Ich habe viel nehmen dürfen, habe viel über das Leben und mich gelernt. Andere gehen ins Kino, ich beschäftige mich live mit den Facetten des Lebens. Das ist für mein Dafürhalten noch sehr viel abwechslungsreicher, intensiver und spannender als Filme über das Leben.

Zum Mitnehmen
Die Entwicklung der Therapeutenpersönlichkeit ist keine abstrakt-theoretische, sondern eine sehr persönliche und individuelle Angelegenheit. Der Weg in den Therapeutenberuf ist vermutlich nur ganz selten linear. Es sind aber gerade die bewältigten persönlichen Entwicklungsaufgaben, die Plateauphasen und Krisen, die Inspirationen durch Modelle und neben dem Zufall noch so vieles mehr, welche die nötige Bandbreite und Vielfalt ergeben, um mit unterschiedlichsten Menschen und Problemlagen flexibel und effektiv zugleich arbeiten zu können.

Danksagung

… oder einfach nur vorneweg, weil es mir ein Bedürfnis ist!

Ich möchte mich nicht am Schluss, sondern ganz zu Anfang bei all denen bedanken, die meine private wie therapeutische Entwicklung inspirierend begleitet und damit maßgeblich mit geprägt haben. Großer Dank gilt meinen Eltern Roswitha und Werner Gerhardinger, meinen Großeltern Thea und Max Krieger, Rosa und Andreas Hecht, meinem Onkel und ganz frühen Mentor Erwin Hecht, meinem Freund, Begleiter in vielerlei Lebenslagen und Disputpartner Dr. Ernst Beer, meinem Hochschullehrer und Doktorvater Prof. Dr. Adolf Vukovich, meinen ersten Therapeutenmodellen Dr. Eva Sagstetter und Dr. Herbert Ühlein, meinem ersten Supervisor Dr. Gerhard Leinhofer und meinem Freund und Kollegen Dr. Christoph Schrems. Ganz viel gelernt habe ich von noch so vielen anderen wichtigen Menschen in meinem Leben, die hier nicht namentlich genannt werden können. Vermutlich am meisten profitiert in meiner Entwicklung als Psychotherapeut habe ich von meinen Klienten, ihnen allen sei ganz großer Dank.

Berufliches Weiterkommen braucht eine solide Basis, einen sicheren Heimathafen und ein Privatleben, das sich deutlich vom Berufsleben absetzt. Dafür danke ich Gerti und Kristina von ganzem Herzen.

Einleitung

Nach Jahren der psychotherapeutischen Tätigkeit, dem Einsatz als Supervisor und Dozent an Ausbildungsinstituten, nach vielen persönlichen Erfahrungen, anrührenden und beeindruckenden Begegnungen und zahlreichen Erkenntnissen war der innere Antrieb gegeben, all das zu kondensieren, niederzuschreiben und damit diesen Erfahrungsschatz angereichert mit einem gewissen Sendungsbewusstsein neugierig Suchenden und Interessierten zur Verfügung zu stellen.

Die Entwicklung der Therapeutenpersönlichkeit ist kein Vorgang, der mit einer klassischen Berufsausbildung, einer Qualifizierungsmaßnahme, Weiter- oder Fortbildung im herkömmlichen Sinne verglichen werden kann. Daher kann die Entwicklung der Therapeutenpersönlichkeit keinesfalls in einer stringenten Kaskade von abzuarbeitenden Schritten beschrieben werden.

Die Kapitel des vorliegenden Arbeitsbuches verstehen sich als Inspiration, Nudges, Orientierungshilfen, Einladungen zur Selbstreflexion und Selbsterfahrung vorrangig für ärztliche und psychologische Psychotherapeuten, aber auch Psychologen und Sozialarbeiter. Selbstredend werden allgemeingültige Standards beschrieben. Darüber hinaus soll eine anregende Vielfalt aufgespannt werden, die im Rahmen unabdingbar maßgeblicher technisch-struktureller Aspekte eine persönliche Zielfindung und bewusste Entwicklung begünstigt. Die Entwicklung der Therapeutenpersönlichkeit wird dabei aber immer ein überaus individueller Ablauf bleiben.

Insbesondere diejenigen, die in ihrem Werdegang an der Schwelle des Überlegens stehen, in den Psychotherapieberuf zu gehen, vor allem die in Ausbildung befindlichen Psychotherapeuten und zeitlich folgend die frisch praktizierenden Psychotherapeuten benötigen Orientierung, was der Therapieberuf neben aller Technik ihnen abverlangt, aber auch geben kann. Gerade am Anfang der Therapeutenkarriere stellt sich unausweichlich die Frage, was ein Therapeut im Besonderen leisten oder bieten können sollte. Ganz und gar nicht zu vernachlässigen sind die oft nur scheinbar etablierten und arrivierten Psychotherapeuten und auch sogenannte „alte Hasen", denn auch sie beschäftigen sich mit ihrer beruflichen Rolle, ihrer Therapeutenpersönlichkeit oder sollten es zumindest regelmäßig tun. Für diese sehr breite Zielgruppe kann das vorliegende Arbeitsbuch ein immer wieder hilfreicher Leitfaden sein, auch um eine Passung zwischen therapeutischer Tätigkeit und privat-persönlichem Rollenverständnis zu begünstigen. Eine sekundäre Zielgruppe sind die hilfesuchenden Patienten, die ein unverzichtbares Anrecht darauf haben, auf Persönlichkeiten in der therapeutischen Arbeitsbeziehung zu treffen, die vergleichsweise gereifter, emotional stabiler, flexibler, orientierter und klarer strukturiert sind als ihre Klientel.

Der Charakter dieses Arbeitsbuches oder – einfacher gefasst – Lesebuches orientiert sich einerseits an gut verdaulichen, populärwissenschaftlichen Publikationen insbesondere amerikanischer Autoren. Zielsetzung dabei ist eine anregende, narrativ geprägte Lektüre zu bieten, die anhand mancher Beispiele Horizonte zu weiten vermag, um dadurch motiviert konkret in die praktische Umsetzung zu gehen. Parallel dazu sieht sich dieses Arbeitsbuch aber auch der Gründlichkeit und Faktenorientierung klassisch deutscher psychologischer Lehrbücher verpflichtet. Diese Synopse von Kür und Pflicht, die auch den psychotherapeutischen beruflichen Alltag prägt, möge dem Arbeitsbuch Leichtigkeit und Substanz gleichermaßen verleihen. Man darf nun kein evidenzbasiertes, empirisches Lehrbuch erwarten, aber auch kein rein philosophisch geprägtes Werk. Die Psychologie als Lehre des Erlebens und Verhaltens wird zu Wort kommen und gerade das mag den Rahmen bilden, in dem die Entwicklung der Psychotherapeutenpersönlichkeit bewusster, strukturierter und nachvollziehbarer möglich ist. Dies wird der Qualitätssicherung in der Psychotherapie dienen, denn Qualität entsteht nicht durch eine beliebige Aneinanderreihung günstiger Momente.

Es ist an der Zeit, ein permanent durchscheinendes, aber sträflich unterbelichtetes Wesenselement der Psychotherapie vielschichtig zu beleuchten. Ob dies lediglich Erhellung oder gar den Durchblick bringt, wird sich erweisen.

Die im Osten, dem Orient, aufgehende Sonne gibt uns Richtungshinweise und damit eine Orientierung. Das vorliegende Buch richtet sich an Psychotherapeuten, Psychiater, Psychologen, Sozialarbeiter beider- oder mehrerlei Geschlechts gleichermaßen, egal ob sie stationär oder ambulant tätig sind und ob sie Kinder und Jugendliche oder Erwachsene behandeln. Sofern die Geschlechtszugehörigkeit keine spezielle Rolle spielt, werden fortan der besseren Lesbarkeit zuliebe Begriffe wie Patient oder Therapeut grundsätzlich geschlechtsneutral verwendet, betreffen aber alle Geschlechter, auch wenn die Anrede in der männlichen Form erfolgt.

Im Text finden sich zahlreiche unbearbeitete wörtliche Zitate, zum Teil auch in englischer Sprache. Dies hat nichts mit Bequemlichkeit zu tun, sondern ist bewusst so gewählt, um Originalaussagen nicht unnötig abzuschwächen oder in ihrem Sinn zu modifizieren.

Es ist aus Sicherheitsgründen darauf hinzuweisen, dass dieses Buch manche Stolpersteine oder nicht sofort leicht verdauliche Aussagen enthalten kann. Dies ist so beabsichtigt, denn dadurch soll – zumindest geistige – Bewegung initiiert werden.

Nach einer Danksagung wird im Vorwort ein sehr persönlicher Einstieg den Weg des Autors in den Psychotherapieberuf skizzieren und subjektiv als maßgeblich empfundene Entwicklungsschritte darlegen. Im Einleitungskapitel wird dann das Selbstverständnis dieses Arbeitsbuches erläutert. Der Weg in den Psychotherapieberuf und das Schaffen darin generiert häufig gestellte Fragen. Das vorliegende Buch versteht sich als Anregung, nicht als Anleitung. Der Aufbau der dann folgenden Kapitel sieht es vor, dass diese fortan vorangestellten Fragen wieder aufgegriffen und in den jeweiligen Kapiteln mit möglichen Antworten darauf versehen werden. Am Ende jedes Kapitels wird anstelle einer Zusammenfassung ein bedeutsamer Aspekt zum Mitnehmen verfügbar sein.

Den nun folgenden Ausführungen sei eine Kapitelübersicht an den Anfang gestellt. Möge das Appetit machen oder aber auch bei der Auswahl helfen, wenn der Leser nicht alles gleichermaßen konsumieren, sondern fokussieren möchte.

Im ersten Teil des Buches werden Grundlagen im Psychotherapieberuf und erste Ableitungen daraus beschrieben, um damit gut in den Kern des Themas einsteigen zu können. Zunächst wird dazu eingeladen, eine Zielvorstellung anzudenken, um damit vom Ende her gedacht die Entwicklung der Therapeutenpersönlichkeit von Anbeginn zielgerichtet begleiten zu können (▶ Kap. 1). Es gibt zahlreiche laienhafte Vorstellungen zum Psychotherapeutenberuf, die nicht selten in skurrilen Klischees gipfeln. Einige dieser Stereotype werden benannt (▶ Kap. 2) und daraus die Notwendigkeit einer psychisch ausgewogenen und stabilen Therapeutenpersönlichkeit hergeleitet (▶ Kap. 3). Therapeuten bedienen sich theoretischer Grundlagen, einer Therapiemethode, weshalb das Wesen der Psychotherapie und ihre Erscheinungsformen in aller gebotenen Kürze dargestellt werden (▶ Kap. 4). Dem wird sich ein Blick auf Psychotherapierichtlinien anschließen (▶ Kap. 5). Dann werden die Konstrukte Entwicklung, Identität, Persönlichkeit beleuchtet, um daraus konkrete Ideen einer Entwicklung der Therapeutenpersönlichkeit, verbunden mit möglichen Entwicklungsstufen oder -aufgaben, ableiten zu können (▶ Kap. 6). Es wird die Frage erörtert, inwieweit es möglich und sinnvoll ist, eine Theorie der Entwicklung der Therapeutenpersönlichkeit formulieren zu können (▶ Kap. 7). Unverzüglich wird sich zeigen, dass die Absicht des Autors darin liegt, vorliegendes Thema weniger theoretisch als vielmehr sehr praktisch aufzubereiten.

Der zweite Teil des vorliegenden Arbeitsbuches wird Einflussgrößen in der Psychotherapie beschreiben. Das Beleuchten von Motiven der Berufswahl mag zur Selbstreflexion einladen (▶ Kap. 8), denn, frei nach Nietzsche, heißt es, wer ein Warum hat, hat auch schnell ein Wie. Therapeuten entwickeln sich nicht nur aus sich selbst heraus oder lehnen sich an Vorgaben von Therapieschulen an, sie nutzen auch Modelle, weshalb eine Auswahl aufgelistet wird (▶ Kap. 9). Nicht selten erleben frisch praktizierende Psychotherapeuten den so oft zitierten Praxisschock, weshalb die erlebte Diskrepanz zwischen manchen Erwartungen und der Realität beleuchtet wird (▶ Kap. 10). Entwicklung bedarf der Rahmenbedingungen und ist desgleichen durch diese limitiert. Ergebnisse einer eigens dazu initiierten Befragung werden dargestellt (▶ Kap. 11). Wer als Psychotherapeut trotz unliebsamer Realitäten auf Kurs bleiben will, benötigt klare Prinzipien, weshalb dazu ein beispielgebender Überblick angeboten wird (▶ Kap. 12). Das Entwickeln einer eigenen Haltung und damit eines eigenen Stils ist maßgeblich in der Entwicklung einer effektiven Therapeutenpersönlichkeit, sodass dem gesondert Raum gegeben wird (▶ Kap. 13). Wenngleich es durchaus berechtigt unterschiedliche Vorstellungen davon gibt, was Kennzeichen eines „guten" Therapeuten sind, werden einige Charakteristika beschrieben (▶ Kap. 14). So gerne man vereinheitlichen möchte, so sehr entspricht es aber der Realität, dass es eine Vielfalt von Therapeuten-Typen gibt, die zumindest exemplarisch skizziert sein soll (▶ Kap. 15).

Teil drei des Buches widmet sich den viel zu oft auftretenden Komplikationen und Gefahren in der Psychotherapie. Nicht hinreichend gut entwickelte Therapeuten werden eine höhere Wahrscheinlichkeit haben, Störungen zu erleben oder zu verursachen. Andererseits werden erfahrene und bewältigte Schwierigkeiten immer auch Einfluss auf die Entwicklung der Therapeuten nehmen. Risiken und Nebenwirkungen sind zwar zahlreich beschrieben, werden aber in Psychotherapien zu oft eher stiefmütterlich behandelt oder auch verheimlicht und verdrängt. Ein kritischer Blick darauf kann zur eigenen Justierung verhelfen (▶ Kap. 16). Trotz aller therapeutischen Reife werden Interaktionsstörungen eher die Regel als die Ausnahme in jedweder Psychotherapie bleiben. Erkannte und bearbeitete Störungen bergen sehr viel Entwicklungspotential in sich (▶ Kap. 17). Sogenannte Kunstfehler sind in der Psychotherapie weitaus häufiger, als man sich dies einzugestehen bereit ist. Derlei Behandlungsfehler sind dabei nicht nur handwerkliche Fehler, sondern sind auch Defiziten in der Therapeutenentwicklung geschuldet (▶ Kap. 18). Trotz aller Achtsamkeit, Selbstreflexion und fortschreitend guter Entwicklung werden ethische Dilemmata in der Psychotherapie ein ständiger Begleiter sein. Der adäquate Umgang damit kann eine Frage der persönlichen Haltung sein (▶ Kap. 19).

Eine Entwicklung zu begleiten heißt nicht nur, auf Richtlinien oder Abweichungen und Störungen hinzuweisen, es bedeutet auch, Hilfestellung zu geben in Form von Leitlinien, Hilfsmitteln und Anregungen. Das wird Kernthema des vierten Teils sein. In einem regelaffinen Land wie Deutschland ist es fast verwunderlich, dass es keine fortlaufende Eignungskontrolle praktizierender Psychotherapeuten gibt. Daher soll zumindest die Möglichkeit einer Art Therapeuten-TÜV erörtert werden (▶ Kap. 20). In der Fachliteratur zur Psychotherapie, in Manualen und Standardwerken finden sich Empfehlungen oder auch Vorgaben zur richtigen Handhabung einer Psychotherapie. Eine Sammlung diverser Orientierungshilfen, verbunden mit Inspirationen und Denkanstößen kann der weiteren Etablierung eigener Richtungskontrollen dienen und damit einer positiven Entwicklung förderlich sein (▶ Kap. 21). Psychotherapie ist nicht nur freischaffende Kunst, sondern ganz oft auch solides Handwerk und dafür braucht es Tools, die in einer anregenden Vielfalt dargelegt werden und die bisherige therapeutische Werkzeugkiste bereichern sollen (▶ Kap. 22). Bei der sehr heterogenen Problemlage der Psychotherapieklientel drängt sich immer wieder die Frage auf, ob dafür eine Psychotherapierichtung ausreichend ist, oder ob eine Kombination verschiedener Psychotherapiemethoden im Sinne eines Eklektizismus notwendig ist. Eine Ausweitung der Mittel muss nicht notwendigerweise die Effizienz einer Psychotherapie erhöhen (▶ Kap. 23). Der „gute" Therapeut ist das eine, der mit Charisma ausgestattete Therapeut die nächste Ausbaustufe im Rahmen der Entwicklung, weshalb dieser Aspekt gesondert beleuchtet wird (▶ Kap. 24).

Der fünfte Teil des Buches hat nicht das Prosperieren der Psychotherapieklientel im Blick, sondern die psychische Gesundheit der Therapeuten und versteht sich als Hilfe zur Gefahrenanalyse und zum Arbeitsschutz. Zunächst soll ein kritischer und ehrlicher Blick auf die mit dem Psychotherapeutenberuf einhergehenden Belastungen gerichtet werden (▶ Kap. 25). Daraufhin wird das Thema Therapeuten-Psychohygiene in den Fokus genommen, denn nur gesunde und stabile Psychotherapeuten können ihre Klientel gut und effektiv versorgen (▶ Kap. 26).

Der sechste und letzte Teil des Buches versäumt es nicht, einen Ausblick auf eine sich im Zeitalter der Digitalisierung verändernde Psychotherapie zu werfen, um dann abschließend zu resümieren. Neue Settings in der Psychotherapie, insbesondere hervorgerufen durch die Digitalisierung und deren Möglichkeiten, werden ein verändertes Therapeutenverhalten und andere Haltungen erfordern. Auch das ist im Rahmen einer Therapeutenentwicklung zu berücksichtigen (▶ Kap. 27). Ein Epilog wird in aller gebotenen Kürze das Werk beschließen (▶ Kap. 28).

Zu guter Letzt findet sich der Serviceteil mit dem Glossar und Anhang.

Einleitung

Ein Thema, das Fragen aufwirft

Gemeinhin wirft das Leben mehr Fragen auf, als es Antworten generieren kann. Der Weg in den Psychotherapieberuf und das Schaffen darin generiert häufig gestellte Fragen. Eine Auswahl sei hier einführend benannt, mit dem Anspruch, in den folgenden Kapiteln möglichst viele Antworten darauf anbieten zu können.

> **Frequently Asked Questions**
> - Sind Psychotherapeuten problemfreie Übermenschen, vielleicht doch eher selbst therapiebedürftig oder einfach Menschen, die einen speziellen Beruf ausüben?
> - Wie muss oder sollte ein Mensch grundsätzlich beschaffen oder auch entwickelt sein, um eine Psychotherapeutenrolle gut ausfüllen zu können? Sind dafür spezielle Voraussetzungen vonnöten?
> - Was sind zentrale Elemente der Psychotherapie? Was ist das therapeutische an dieser Therapie?
> - Welche Normen, Richtlinien, welche Vielfalt und Gestaltungsspielräume gibt es in der Psychotherapie?
> - Was sind grundlegende Aspekte der Entwicklung der Therapeutenpersönlichkeit? Was formt eine Therapeutenpersönlichkeit, was prägt eine therapeutische Identität?
> - Wenn es eine Theorie zur Entwicklung der Therapeutenpersönlichkeit gäbe, was wären deren Kernaussagen und wie praktikabel wäre diese Theorie?
> - Was motiviert Menschen, den Psychotherapieberuf zu ergreifen? Wie bewusst und klar sind diese Motive? Wie korrelieren Motive der Berufswahl mit der Therapeutenentwicklung und letztendlich auch mit Effektivität, Effizienz und Arbeitszufriedenheit?
> - Wozu braucht es Vorbilder? Welche Psychotherapeuten sind beispielgebende Orientierungsgrößen?
> - Wenn ein Psychotherapeut auf die Realität trifft, was passiert da? Ist mit einem Praxisschock zu rechnen? Wo liegen Potentiale für Schaden oder Entwicklung?
> - Was sind günstige oder auch ungünstige Rahmenbedingungen für eine gelingende Entwicklung der Therapeutenpersönlichkeit?
> - Was sind grundlegende Psychotherapie-Prinzipien? An welchen Prinzipien soll oder muss sich ein Psychotherapeut orientieren?
> - Braucht es in der modernen Psychotherapie zusätzlich zur therapeutischen Expertise eine bestimmte Haltung? Gibt es gute und schlechte Haltungen aufseiten der Psychotherapeuten?
> - Woran erkenne ich einen guten Psychotherapeuten?
> - Gibt es den typischen Psychotherapeuten? Welche Therapeutentypen lassen sich unterscheiden?
> - Ist die Psychotherapie gefährlicher, als man annimmt?
> - Was stört die Arbeitsbeziehung zwischen Therapeut und Patient? Welche Gefahrenquellen und Probleme sind zu erwarten und was kann Abhilfe schaffen?
> - Was sind mögliche Kunstfehler in der Psychotherapie? Wann wird aus dem Kunstfehler ein schwerwiegender Behandlungsfehler?

- Gibt es eine Ethik der Psychotherapie? Was sind Gefahrenquellen für das Primat ethischen Vorgehens?
- Wer kontrolliert praktizierende Psychotherapeuten? Wäre eine regelmäßige Inspektion oder verbindliche Qualitätskontrolle einforderbar, vertretbar, durchführbar und sinnvoll?
- Wofür benötigt ein umfassend aus- und weitergebildeter Psychotherapeut zusätzliche Orientierung und welche Inputs und Leitlinien wären da nutzbar?
- Welche Hilfsmittel, Methoden und Werkzeuge bereichern das psychotherapeutische Handeln? Wie intensiv oder sparsam soll der Einsatz von Tools erfolgen?
- Gibt es noch eine reine, Schulen konforme Psychotherapie?
- Reicht es, als Psychotherapeut eine integre Person zu sein, die mit guter Emotionskontrolle therapeutische Techniken effektiv und effizient einsetzt? Was unterscheidet die guten von den besseren Therapeuten?
- Wo lauern offene und verdeckte Belastungen im Therapieberuf? Wie gefährlich oder schädlich sind derlei Belastungen?
- Was ist zu beachten, um als Psychotherapeut selbst psychisch gesund zu bleiben?
- Wie wird sich die Psychotherapie durch Digitalisierung und E-Mental-Health verändern?

Das vorliegende Buch versteht sich als Anregung, nicht als Anleitung. Es ist damit nicht zu garantieren, dass sich häufig ergebende Fragen durch die folgende Lektüre befriedigend beantworten lassen. Dennoch soll Inspiration und Orientierung gegeben werden, um die Entwicklung der Therapeutenpersönlichkeit nicht nur dem Zufall oder einem nicht bewusst begleiteten Prozess anheim zu stellen. Eine freivagabundierende Entwicklung würde der Bedeutung dieses Themas keinesfalls gerecht werden. Qualität muss definierbar und damit überprüfbar sein.

Inhaltsverzeichnis

I Grundlagen und erste Ableitungen

1 Vom Ende her gedacht 3

2 Typisch Psychotherapeut – zur Aussagekraft von Klischees 5

3 Normalität als Eingangskriterium 9

4 Das Wesen der Psychotherapie 15

5 Psychotherapierichtlinie und Musterberufsordnungen 27

6 Persönliche Entwicklung im Psychotherapieberuf 31

7 Eine theoretische Annäherung 53

II Einflussgrößen in der Psychotherapie

8 Motive zur Wahl des Psychotherapeutenberufes 61

9 Inspiration durch Vorbilder 71

10 Konfrontation mit der Realität 75

11 Rahmenbedingungen und Einflussgrößen 83

12 Prinzipien therapeutischen Handelns 89

13 Die therapeutische Haltung: Eine Stilfrage? 97

14 Merkmale des guten Therapeuten 107

15 Eine Typologie: Vielfalt in der Psychotherapeutengilde 117

III Komplikationen und Gefahren

16 Risiken und Nebenwirkungen 127

17 Störungen der therapeutischen Interaktion 135

18	Lediglich ein Kunstfehler?	149
19	Ethische Herausforderungen	161

IV   Leitlinien, Hilfsmittel, Anregungen

20	Vision Therapeuten-TÜV	169
21	Orientierungshilfen, Inspirationen und Denkanstöße	175
22	Werkzeugkiste für die therapeutische Arbeit	187
23	Eklektizismus: Vom Purismus zur Melange	201
24	Add-on Charisma	207

V   Gefährdungsanalyse und Arbeitsschutz

25	Belastungsquellen im Psychotherapieberuf	217
26	Im Sattel bleiben	223

VI   Zum Schluss, a posteriori

27	E-Mental Health: Psychotherapie ohne Psychotherapeuten?	233
28	Zum Schluss, ein Epilog	241

Serviceteil

Fragebogen Entwicklung der Therapeutenpersönlichkeit	244
Glossar	245
Literatur	248

Grundlagen und erste Ableitungen

Inhaltsverzeichnis

Kapitel 1   Vom Ende her gedacht … – 3

Kapitel 2   Typisch Psychotherapeut – zur Aussagekraft von Klischees – 5

Kapitel 3   Normalität als Eingangskriterium – 9

Kapitel 4   Das Wesen der Psychotherapie – 15

Kapitel 5   Psychotherapierichtlinie und Musterberufsordnungen – 27

Kapitel 6   Persönliche Entwicklung im Psychotherapieberuf – 31

Kapitel 7   Eine theoretische Annäherung – 53

Vom Ende her gedacht …

Vom Ende her zu denken heißt hier nicht – wie landläufig leicht zu verstehen – das Pferd von hinten aufzuzäumen und damit unnötig umständlich auf Umwegen an das Problem heranzugehen. Es bedeutet aber, sich vorab Gedanken zu machen, was am Ende herauskommen soll. Jede Reise beginnt mit dem Ziel.

Die Entwicklung der Therapeutenpersönlichkeit ist weit mehr als ein Selbstzweck. Psychisch notleidende Menschen benötigen und haben ein Anrecht auf Therapeuten, die in vielerlei Hinsicht weiter entwickelt, reifer und dynamischer sind, als sie selbst, und das zusätzlich zu aller Methodenkompetenz. Daher ist es nicht nur zu wünschen, sondern geradezu einzufordern, dass praktizierende Psychotherapeuten, psychologische Berater, Sozialarbeiter und artverwandte Professionen ein gerüttelt Maß an Empathie, Wertschätzung, Authentizität, Chuzpe, Sorgfalt, Struktur, Neugier, Charisma, Selbstfürsorge, Selbstreflexion, Dynamik, Entwicklungsfähigkeit, Ambiguitätstoleranz, Frustrationstoleranz, Engagement, Enthusiasmus, humanistischen Idealen, Methoden- und Medienkompetenz, Innovationskraft, Kreativität und Inspirationstalent aufweisen und in die Therapie einbringen. Diese Qualitätsmerkmale sollten nicht nur bei Bedarf vorsichtig aktiviert werden, sondern fortlaufend zum Wohle der Klientel Anwendung finden. Ist das zu viel verlangt? Ja, natürlich!

Lediglich in der Komfortzone zu verharren, ist der Tod des Wachstums. Sehr hohe Entwicklungsziele zu setzen mag anmuten, wie nach den Sternen zu greifen. Wir werden sie, wie alle Ideale, nicht erreichen, aber trotz Unerreichbarkeit geben sie uns Orientierung.

Was können sie eher memorieren oder reproduzieren? Den Wortlaut von Kants Kategorischem Imperativ? Die Erläuterung der 3. binomischen Formel? Oder doch eher den Werbespruch von Ritter Sport: quadratisch, praktisch, gut? Deshalb soll nicht auf eingängige Plakativität verzichtet werden. Der gut entwickelte Psychotherapeut ist fachkompetent, beziehungskompetent und selbstfürsorglich! Inspirationen zur Zielerreichung werden nun folgen.

Typisch Psychotherapeut – zur Aussagekraft von Klischees

Inhaltsverzeichnis

2.1 Grundsätzliche Überlegungen – 6

2.2 Begriffsklärung – 6

2.3 Beispiele für Klischees – 7

2.4 Kritische Würdigung – 8

2.5 Fazit – 8

Weiterführende Literatur – 8

© Der/die Autor(en), exklusiv lizenziert an Springer-Verlag GmbH, DE, ein Teil von Springer Nature 2025
S. Gerhardinger, *Entwicklung der Therapeutenpersönlichkeit*,
Psychotherapie: Fort- & Weiterbildung, https://doi.org/10.1007/978-3-662-70477-6_2

Es ist schwieriger, eine vorgefasste Meinung zu zertrümmern als ein Atom.
Albert Einstein

? Frequently Asked Question
Sind Psychotherapeuten problemfreie Übermenschen, vielleicht doch eher selbst therapiebedürftig oder einfach Menschen, die einen speziellen Beruf ausüben?

2.1 Grundsätzliche Überlegungen

Wenngleich der Psychotherapeutenberuf ein ehrenwerter, angesehener und keinesfalls mehr seltener Beruf ist, so wohnt ihm doch etwas Geheimnisvolles, Unbekanntes und nicht viel Selbsterklärendes inne. Was ein Bäcker tut, können wir uns vermeintlich leicht vorstellen, wir glauben es gar sehr genau zu wissen. Aber was macht ein Psychotherapeut? Obwohl mittlerweile schon sehr viele Menschen persönliche Erfahrungen mit Psychotherapeuten gemacht haben, gibt es doch noch genügend, für die Psychotherapie eine Art Black Box darstellt, von der man nicht genau weiß, was drinsteckt. Der Allgemeinbevölkerung fällt es in der Hauptsache sehr schwer, den Unterschied zwischen einem Psychiater, einem Psychologen und einem Psychotherapeuten benennen zu können. Das ist ja wohl alles das Gleiche. Oder eben doch nicht? Hier regiert sehr viel Unsicherheit und Unwissen. Fremdartiges verunsichert nicht nur, es wirkt manchmal auch bedrohlich. Abhilfe kann darin gefunden werden, selber festzulegen, zu definieren, eine eigene Erklärung zu finden. Das Unbekannte lädt den Menschen dazu ein, Vorurteile oder Klischees zu bilden. Durch eine pejorative oder auch süffisant-humorvolle Haltung scheint die Gefahr auf ein nicht mehr bedrohliches Maß reduziert werden zu können.

Klischees prägen Bilder, so auch vom Psychotherapeutenberuf. Gibt es eine besondere Affinität zwischen dem Psychotherapeutenberuf und den damit verbundenen Klischees? Gibt es ähnlich beredte Klischees bei Lackierern, Versorgungstechnikern oder Übersetzern? Wenngleich der Psychotherapieberuf für viele Menschen schwer definierbar ist, so haftet ihm doch etwas Interessantes und Exotisches an. Neben Unwissenheit kann auch Neid oder Missgunst die Grundlage für ein Klischee sein. Ein Lehrer-Klischee besagt, dass Lehrer bekanntlich vormittags recht und nachmittags frei haben. Würde man ihnen das einfach – wiewohl diese Aussage nicht belegt werden kann – nur gönnen oder neutraler formuliert zugestehen, würde jede Energie des darüber Nachdenkens sofort ausgedünnt sein. Was aber könnten Klischeebildner den Psychotherapeuten missgönnen? Klischees lassen sich nicht verhindern und bestimmt auch nicht ausrotten. Sie bieten den potentiellen Klischeeträgern aber die Möglichkeit, sich abzugrenzen, sich vom Klischee weg zu entwickeln oder sich noch besser gar nicht erst darauf hin zu entwickeln. Damit kann das Klischee als Warnung und Korrektiv in einem beruflichen Entwicklungsprozess dienen.

2.2 Begriffsklärung

Im Folgenden seien Begriffe erläutert, deren Trennschärfe zumindest im Alltagssprachgebrauch allzu leicht verloren gehen kann. Stereotype sind Bilder in unseren Köpfen, starre Eindrücke die nur in geringem Ausmaß mit der Realität übereinstimmen oder auch eine Reihe von Überzeugungen über die Merkmale der Mitglieder einer sozialen Gruppe. Stereotype beruhen nach Nawratil und Rabaioli-Fischer (1983) auf kognitiver Überzeugung und sind anders als das Vorurteil nicht mit Affekten verknüpft. Vorurteile hingegen sind schon deutlich negativer eingefärbt. „Vorurteil ist ein vorgefasstes und meist negatives Urteil über Menschen oder Gruppen: es ist rigide (=

starr), konstant, gefühlsmäßig unterbaut und nicht mit der Wirklichkeit übereinstimmend, es beruht auf fehlerhaften Verallgemeinerungen" (Nawratil & Rabaioli-Fischer, 1983, S. 52). Ein Klischee ist eine ehemals innovative Vorstellung, Redensart, ein Kunstwerk oder ein Stilmittel, wobei das Klischee zunehmend veraltet, abgenutzt, überkommen oder überbeansprucht erscheint. Klischee wird auch definiert als „allgemein Abklatsch, unschöpferische Nachbildung, eingefahrene Vorstellung, abgedroschene Redewendung" (Meyers großes Taschenlexikon, 1999). Die Eigenschaft, die das Klischee ausmacht, ist nicht notwendigerweise, aber dennoch häufig negativer Natur. Ist die Eigenschaft negativ belegt, kommt das Klischee einem Vorurteil sehr nahe. Klischees, Vorurteile oder Stereotype sind keine reinen Artefakte ohne faktische Grundlagen. Sie tragen häufig mehr als ein Körnchen Wahrheit in sich, wenngleich sie niemals vollumfänglich die Wahrheit darstellen. Damit aber Psychotherapie-Klischees, wenn sie schon nicht kleinzukriegen sind, zumindest nicht unnötig weiter genährt und kultiviert werden, ist es sinnvoll und notwendig, dass nur der psychisch stabile, differenzierte und emotional ausgewogene, der engagierte und selbstfürsorgliche Mensch die Therapeutenfunktion annimmt (vgl. ▶ Kap. 3).

2.3 Beispiele für Klischees

Hinlänglich bekannt und oft kolportiert sind diverse Klischees oder auch landläufige Vorstellungen dahingehend, was ein Psychotherapeut ist, was er macht, kann oder nicht kann, bewirkt oder zu bewirken in der Lage ist. Die nun folgenden Klischeebeispiele sind nur eine Auswahl, grundgelegt sind die eigene subjektive Wahrnehmung, respektive die eigene Erfahrung: Die Psychologie ist die Krankheit, für deren Heilung sie sich hält. Wie soll etwas Krankes gesund machen? Psychotherapeuten sind selber verrückt, haben zumindest nicht alle Tassen im Schrank! Psychotherapeuten sind Klugschwätzer, die mit einfachen Worten viel Geld verdienen! Psychotherapeuten wissen die Lösung, verraten sie aber nicht! Psychotherapeuten können fehlangepasste Persönlichkeitszüge löschen, neu ausrichten oder durch bessere ersetzen! Psychotherapeuten haben eine Couch, auf die man sich legen und dann von seinem Sexualleben erzählen muss! Man sichte dazu nur die Welt der Cartoons zum Thema Psychologie oder Psychotherapie. In der eigenen beruflichen Tätigkeit wurde von Patienten sehr häufig beim Erstkontakt die Frage gestellt, wo denn hier im Therapieraum die Couch sei, sie fehle. Überdrüssig der ständigen Erklärungen dazu, aber auch, um dem Setting eine zusätzliche, für manche Patienten bequemere oder behaglichere Sitzmöglichkeit zu bieten, wurde eine Couch angeschafft, das sorgte für Ruhe. Immerhin war es keine rote Couch, sondern eine blaue, es muss nicht jedes Klischee bedient werden. Weitere Klischees besagen: Psychologen sind allwissend, sehen auf den ersten Blick tief in die Seele des Gegenübers und haben dann sofort eine Analyse oder Deutung parat, gefolgt von einer Problemerklärung, einer Diagnose und einem schnell heilenden Ansatz! Psychologen oder Psychotherapeuten haben selber keine Probleme, weil sie ja vom Fach sind und alle Lösungen kennen. Sollten sie wider Erwarten doch ein Problem haben, können sie sich ganz schnell selber helfen! Das ist so irrig, wie anzunehmen, der Zahnarzt könnte sich selbst die Zähne plombieren oder der Friseur könnte sich selbst erfolgreich die Haare schneiden. Vom Chirurgen, der sich selbst den Blinddarm herausoperiert, wollen wir gar nicht reden. Weil Psychologen keine Probleme haben, können sie sich in die Probleme ihrer Patienten nur ganz schwer hineinversetzen. Nur wer eine Depression, eine Schizophrenie oder einen Zwang selbst erlebt hat, kann für einen anderen mit dieser Problematik hilfreich sein! Das wollen wir nun aber den Psychotherapeuten nicht zumuten, dass sie alle psychischen Störungen erst einmal selbst erlebt und überstanden haben müssen.

Es ist immerhin bemerkenswert, welche Macht den Psychotherapeuten in manchen der oben benannten Klischees zugeschrieben wird. Dies mag auch erklären, warum vom Psychotherapeutenberuf Bedrohliches ausstrahlen kann und weswegen dies immer wieder durch ein Karikieren entschärft wird.

2.4 Kritische Würdigung

Klischees entstehen auch ohne eigenes Zutun. Ob und wenn ja wie viel Wahrheit in diesen Klischees steckt, lässt sich nicht verifizieren, das bedürfte intensiver Forschungstätigkeit. „Cui bono" sei hier aber warnend erlaubt. Positiv betrachtet sind Klischees ein Ausdruck der Wertschätzung, zumindest aber des wahrgenommen Werdens. Klischees können vermeintlich Orientierung in der Unsicherheit geben, dabei natürlich auch in die Irre führen. Selbstredend entbehren Klischees nicht gänzlich realer Grundlagen. Sie haben damit einen gewissen Erklärungs- oder Beschreibungswert. Nicht wenige angehende Psychotherapeuten werden zunächst mit derartigen Schablonen in Kontakt gekommen sein. Diese Klischees werden mit dazu beigetragen haben, sich ein Bild vom Psychotherapeutenberuf zu machen. Es wäre hier interessant nachzuverfolgen, aus welchen verfestigten Vorstellungen, Rollenverständnissen oder Selbstzuordnungen Psychotherapeuten im Rahmen ihrer Entwicklung und weiteren beruflichen Sozialisation herauswachsen und welche Stereotype bleiben.

> **Mal ehrlich**
> Wenn sie ein Klischee zum Psychotherapeutenberuf selbst konstruieren dürften, wie würde diese komprimierte und subjektiv verbrämte Kurzfassung lauten? Was beschreibt in drei kurzen Sätzen, die auf die Rückseite einer Visitenkarte passen würden, am besten, was sie tagaus tagein beruflich tun?

2.5 Fazit

In der Entwicklung der Therapeutenpersönlichkeit kann es weder sinnstiftend noch angebracht sein, sich einem Klischee anzugleichen, noch kann es empfehlenswert sein, mit aller Macht durch eigenes Beispiel eine Schablone korrigieren zu wollen. Es empfiehlt sich als Zielrichtung, unabhängig von bisher bedeutsamen oder einfach nur tradierten und unkritisch übernommenen Klischees, seine Façon zu leben, orientiert an gültigen Richtlinien und Vorgaben, aber mit der Freiheit, dem Ganzen ein eigenes Gepräge zu geben.

> **Zum Mitnehmen**
> Psychotherapeuten sind weder problemfreie Übermenschen, noch sind sie selber in jedem Fall therapiebedürftig. Klischees aber werden immer bleiben, sie zeugen damit auch von Interesse, Respekt oder Furcht. Sich entwickelnde Psychotherapeuten haben prinzipiell die Wahl, sich gängigen Klischees entsprechend einzurichten, sich gänzlich unabhängig von derlei Setzungen zu entwickeln oder aber auch sich ganz entgegen dieser Schablonen auszuformen, um damit vermutlich neue Klischees zu begünstigen.

Weiterführende Literatur

Meyers großes Taschenlexikon. (1999). *7. neu bearbeitete Auflage.* Meyers Lexikonredaktion.
Nawratil, G. & Rabaioli-Fischer, B. (1983). *Sozialpsychologie leicht gemacht.* Ewald von Kleist.

Normalität als Eingangskriterium

Inhaltsverzeichnis

3.1 **Grundsätzliche Überlegungen – 10**

3.2 **Begriffsklärung – 10**

3.3 **Kritische Würdigung – 11**

3.4 **Fazit – 13**

Weiterführende Literatur – 13

© Der/die Autor(en), exklusiv lizenziert an Springer-Verlag GmbH, DE, ein Teil von Springer Nature 2025
S. Gerhardinger, *Entwicklung der Therapeutenpersönlichkeit*,
Psychotherapie: Fort- & Weiterbildung, https://doi.org/10.1007/978-3-662-70477-6_3

Die Normalität ist eine gepflasterte Straße, man kann gut darauf gehen – doch es wachsen keine Blumen auf ihr.
Vincent van Gogh

? Frequently Asked Question
Wie muss oder sollte ein Mensch grundsätzlich beschaffen oder auch entwickelt sein, um eine Psychotherapeutenrolle gut ausfüllen zu können? Sind dafür spezielle Voraussetzungen vonnöten?

3.1 Grundsätzliche Überlegungen

Psychotherapeuten arbeiten mit Menschen und deren verletzten Seelen. Diese Patienten haben mitunter wenig Zugriff auf ihr Seelenleben, können damit oft nicht früh genug bemerken und darauf reagieren, wenn sich ihre Seele – auch in der geschützten Psychotherapie – angegriffen fühlt. Diesem Umstand muss Rechnung getragen werden. Daher arbeiten Psychotherapeuten nicht einfach nur mit Menschen, so wie es Physiotherapeuten, Friseure oder Kosmetikerinnen auch tun. Aufgrund der Vielfalt zu erwartender Störvariablen, verborgener Minenfelder, mancher Leichen im Keller und eingedenk der Tatsache, was ein Missachten dieser Gefahren bedeuten kann, ist hier der Therapeut mit ganz besonders integrer, reifer oder auch ausgereifter Persönlichkeit gefordert. Das Ausüben der Therapeutenfunktion basiert auf einer allgemeinen menschlichen Grundausstattung, einer gut entwickelten, gesunden und stabilen Persönlichkeit. Gerne bemühen wir das Wort normal. Der Therapeut sollte als Mensch normal sein, mindestens, denn eine besondere Form von Normalität kann die zumindest heimliche oder implizite Erwartung sein. Psychotherapeuten sind ihr eigenes Werkzeug, das sollte gut gepflegt, in Ordnung und damit funktionstüchtig sein.

Laut der Deutschen Gesellschaft für Psychiatrie und Psychotherapie, Psychosomatik und Nervenheilkunde Deutschland (DGPPN, 2024) sind jedes Jahr 27,8 % der erwachsenen deutschen Bevölkerung von einer psychischen Erkrankung betroffen. Es ist sehr wahrscheinlich oder auch statistisch normal, dass darunter auch praktizierende Psychotherapeuten sind.

3.2 Begriffsklärung

„Gesundheit ist ein Zustand völligen physischen, geistigen und sozialen Wohlbefindens und nicht nur die Abwesenheit von Krankheit oder Gebrechen". So definiert es die Weltgesundheitsorganisation (Verfassung der Weltgesundheitsorganisation, 2014). Wenn man diese Aussage sehr genau nimmt, dann dürfte wohl kaum ein Mensch längere Zeit diese Kriterien erfüllen. Gesundheit ist ein schwer fassbarer Zustand, noch komplizierter dürfte es werden, einen normalen Menschen zu beschreiben. Wie kann der normale Mensch definiert werden? Es muss eine Art Momentaufnahme bleiben, denn der Normalmensch der Jetztzeit erfüllt nicht notwendigerweise die Kriterien etwa der Steinzeit, der Antike, des Mittelalters oder der Aufklärung. Geht es hier um Durchschnittswerte, wie etwa Größe und Gewicht oder auch um das Fehlen von Abnormalität? Wie viel Unauffälligkeit darf man beim Standard „normal" erwarten und wie viel positives Auffallen könnte man bei nur normal vermissen? Reicht der normale Mensch als Grundlage für den Therapeuten oder müssen wir eine Spezialversion des normalen Grundtyps erwarten, also den spürbar selbstsicher auftretenden, den beziehungsstiftenden, neutral-aufmerksamen, interessierten und gut belastbaren Menschen, der keinesfalls Anzeichen eines therapiebedingten Ausbrennens zeigt und der alleine schon durch seine da und dort um wohltuende Nuancen gesteigerte Normalität seinem Gegenüber gut tut, weil eine nicht verletzende Reflexionsfläche dargeboten wird?

Normalität leitet sich vom Lateinischen „norma" her und bedeutet ursprünglich rechter Winkel oder Winkelmaß, dann aber Richtschnur, Maßstab, Regel oder Vorschrift (Duden. Das Fremdwörterbuch, 1982). Im Bereich des menschlichen Verhaltens wird Normalität in der Regel dadurch bestimmt, dass ein Individuum sich nicht oder nicht sehr in seinem Verhalten vom in einer Population üblichen Verhalten unterscheidet. Nahe am Normbegriff ist der Standard, wobei hiermit einheitliche oder vereinheitlichte und gemeinhin anerkannte Vorgehensweisen beschrieben werden. Gerade bei einem tatsächlichen oder erwarteten Standard kann der Anspruch entstehen, die eigenen Vorstellungen würden selbstverständlich anstandslos bedient. Das führt häufig zu Enttäuschungen, man beachte die bewusste Trennung. Normalität kann auch als Selbstverständlichkeit bezeichnet werden, als etwas, das uns natürlich und damit nicht verstörend erscheint. Normal heißt damit aber noch nicht, seelisch gesund zu sein. Letzteres bedeutet, auch mit sich selbst im Einklang zu sein. Normal oder auch seelisch gesund ist vermutlich weniger ein Zustand, als ein Prozess mit dem Ziel, vollständig man selbst zu werden und dann zu sein. Carl Rogers prägte die Maxime der fully functioning person (1961).

Wöller und Kruse (2018, S. 4) (zitiert nach Beutler et al., 1994, Luborsky et al., 1985) benennen drei Therapeuten-Faktoren, die vor allem zum Therapieerfolg beizutragen scheinen, „ihre Fähigkeit, ein Arbeitsbündnis herzustellen, ihr Wunsch, dem Patienten wirksam zu helfen und ihre eigene psychosoziale Anpassung." Nicht nur demnach dürfte es keinesfalls unerheblich sein, wie normal, gesund oder auch angepasst ein Psychotherapeut als Mensch in seinen Grundfunktionen ist. Wie eingangs erwähnt, wird häufig erwartet, Therapeuten seien prinzipiell die besseren Menschen oder zumindest eine Edelvariante aus dem Normalbereich. Derlei Ansprüche bedienen aber schnell die Illusion, ein Psychotherapeut sei eben doch eine Art Wunderheiler oder Halbgott. Psychotherapeuten werden sich immer wieder der Frage stellen müssen, wie viele Freiheiten sie sich in der Interpretation ihrer beruflichen Rolle erlauben und wie viele dieser Freiheitsgrade auch verantwortbar sind.

3.3 Kritische Würdigung

Es kann hier nicht definiert werden, welche Kriterien psychischer Stabilität oder Gesundheit ein Therapeut erfüllen sollte, aber es kann zum Selbstcheck anhand der Skalen zur psychischen Gesundheit (Tönnies, Plöhn & Krippendorf, 1996) eingeladen werden. Dort finden sich die Dimensionen Autonomie (Selbstverantwortlichkeit, Selbstsicherheit, Normenunabhängigkeit), Willensstärke (Durchsetzungsvermögen, Durchhaltevermögen, Entscheidungsfähigkeit), Lebensbejahung (Optimismus, Lebensmut, Bejahung der eigenen Persönlichkeit), Natürlichkeit (Selbstöffnung, Spontaneität, Flexibilität), Selbstreflexion (bewusstes Leben, realistische Selbsteinschätzung, dynamisches Selbstkonzept), soziale Integration (intakte Sozialbeziehungen, soziales Engagement, Einfühlungsvermögen), Sinnfindung (Orientierung an Lebenswerten, innerer Halt, konstruktive Bewältigung von Leid) und damit fünf Skalen zum geistig-seelischen Wohlbefinden (Autonomie, Willensstärke, Lebensbejahung, Selbstreflexion, Sinnfindung), sowie zwei Skalen zum sozialen Wohlbefinden (Natürlichkeit, Soziale Integration). Es kann an dieser Stelle sehr empfohlen werden, die eigene seelische Verfassung kritisch einzuschätzen und bei festgestelltem Entwicklungs- oder Veränderungsbedarf in angemessener Weise aktiv zu werden. Wir sollten schließlich von unseren Patienten nicht erwarten, was wir selbst nicht zu leisten bereit oder im Stande sind.

Der gut aufgestellte, verankerte, geerdete und zugleich flexible Mensch wird als Therapeut erfolgreicher sein, als die weniger austarierten Kollegen. Die höhere

Erfolgswahrscheinlichkeit wird nicht nur den Patienten helfen, sondern auch dem Therapeuten selbst und folglich die positiven Kompetenzen dadurch zusätzlich stärken.

Ein persönliches Beispiel sei hier angeführt. Das Schreiben der eigenen Biographie mag für die Schublade sein. Es bedeutet aber auch, sich mit seiner persönlichen Entwicklung auseinanderzusetzen, zu versuchen, zu verarbeiten und Muster zu erkennen. Dies kann jedem therapeutisch Tätigen nur empfohlen werden, um damit mehr Zugriff auf sich selbst zu finden und folglich eher Chef des eigenen Selbst zu werden. Das Schreiben über sich selbst wird Patienten häufig angeraten oder als Intervention eingesetzt.

Was könnte nun den Normalmenschen auszeichnen? Was sollte der Therapeut als wünschenswerte Luxusausgabe oder Edelvariante mehr oder intensiver, vielfältiger oder origineller bieten können? Dazu nun im Folgenden eine empirisch nicht abgesicherte und keinesfalls vollständige Auflistung, die aber auch als persönliche Checkliste genutzt werden darf. Wie viele der folgenden Talente, Soft Skills oder auch Tugenden sehen sie bei sich als gut verwirklicht, immer vorhanden oder auch als unterrepräsentiert oder fehlend an? Was erachten sie als nicht notwendig? Nun zur Checkliste: Philanthropische Grundhaltung; in besonderem Maße ausgeprägte emotionale Kompetenz, Kontinenz und Intelligenz, Empathie; Disziplin, Willenskraft, Ausdauer und Beharrlichkeit; Struktur und Ordnung; gewinnbringende Selbstreflexion; sehr gute Beobachtungsgabe, differenzierte soziale Wahrnehmung; Vigilanz, Achtsamkeit; Lebendigkeit, dynamisches Lebenskonzept; Suche nach Vielfalt als Grundhaltung; in unterschiedlichen Lebenswelten beheimatet sein können; Neugier; Erdung, Bodenhaftung, Natürlichkeit; Ambiguitätstoleranz, Resilienz; Abgrenzungsfähigkeit, Unabhängigkeit; ethische Stabilität; Bindungs- und Beziehungsfähigkeit; hohes Maß an Kommunikationskompetenz; offensives, proaktives Vorgehen; Optimismus; Geduld; Verlässlichkeit; Prioritäten setzen können; geschützter Altruismus; bei sich selbst einen Heimathafen gefunden haben und diesen auch immer wieder ansteuern können.

> **Mal ehrlich**
> Was von den eben genannten Aspekten erscheint ihnen zwar wünschenswert, aber nicht verwirklicht? Was sehen sie andererseits bei sich als gut etabliert an? Rechnen sie dabei immer den systematischen Fehler der Selbstüberschätzung mit ein.

Bei allem Streben nach Normalität und seelischer Gesundheit sollten wir keinem rigiden Verbesserungsgebot anheimfallen und immer mehr Standards zur Übernormierung missbrauchen. Wir sprechen hier von Menschen, nicht von hochgezüchteten Maschinen. Menschen werden immer ihre Eigenarten haben und sollen diese auch behalten. Offenbar erkennen wir ohnehin nur Unterschiede. Wären Therapeuten zu sehr normiert, würden sie somit an Wirkkraft einbüßen. Dem mag auch Gladwell (2010, S. 85) das Wort reden: „We all believed back then that having a certain degree of neurosis made you interesting." Der normale und psychisch Gesunde darf durchaus Probleme erfahren haben oder sie derzeit erleben. Jedoch sollten diese Erfahrungen in letztendlich positiver Weise in einen Entwicklungsprozess integriert werden. Eine Krisenerfahrung kann Krisenkompetenz stärken und damit Resilienz fördern. Die eigene Biographie muss nicht hinderlich sein, sie kann auch ein therapeutisch zu nutzendes Handwerkszeug sein. McLeod (2004, S. 13) formuliert das so: „Your own life-story therefore becomes a resource, within which you can find meaning in response to the issues presented by those who visit you for help."

Sehr konkret sei an dieser Stelle die Hybris erlaubt, Ausschlusskriterien für das

Ergreifen des Psychotherapieberufes zu benennen. Man sollte davon absehen Psychotherapeut zu werden, wenn man seelisch nicht fest im Sattel sitzt. Das bedeutet nicht, dass ein Therapeut nicht auch schon einmal selbst Psychotherapiepatient gewesen sein darf, Marsha Linehan war das ja auch. Er sollte nur zum Zeitpunkt der Therapieausübung nicht selbst psychotherapiebedürftig sein. Wenn eine ausgeprägte narzisstische Bedürftigkeit oder gar ein Helferleiden nach Schmidbauer (1977) vorliegt, wobei dieses Konstrukt der Verifizierung bedürfte, dann sollte vom Helferberuf abgeraten werden. Wo Stellvertreterkriege agieren, kann die Beschäftigung mit dem Leid anderer die eigene Problematik nicht lösen. Misanthropen, Kommunikations- und Beziehungslegasthenikern, man möge diese Wortwahl erlauben, sollte der Therapieberuf ebenfalls keinesfalls kritiklos offenstehen (vgl. ▶ Kap. 8).

werden, damit das Heilmittel nicht unkontrolliert zu Gift wird. McLeod lädt in seinem Berater-Handbuch immer wieder dazu ein, sich als Berater oder Therapeut auf den Prüfstand zu nehmen. Sich seiner Stärken und Schwächen bewusst zu sein, die eigenen Verletzlichkeiten und Unsicherheiten zu registrieren und das persönliche Verständnis therapeutischen Wirkens deutlich zu machen, sollte ein kontinuierlicher Prozess sein (vgl. McLeod, 2004, S. 13).

> **Zum Mitnehmen**
> Eine solide Basis an seelischer Gesundheit und die Fähigkeit, den jeweils geltenden sozialen Normen entsprechen zu können, ist unabdingbare Voraussetzung für das Ergreifen des Psychotherapeutenberufes. Andernfalls werden Patienten Schaden nehmen und die Hilfe geben wollenden Therapeuten mit ihnen.

3.4 Fazit

„Normal" gibt es nicht, bzw. ist unbedingt eine Frage der Definition. „Unnormal" lässt sich da schon eher beschreiben, aber auch das ist kontextabhängig zu sehen und letztendlich ebenso eine Frage der Bedeutungsfestlegung. Der Mensch schätzt sich allzu gerne sehr viel besser ein, als er tatsächlich ist. Vermutlich halten sich die meisten Menschen auch für vergleichsweise gesünder und normaler als dies ihre Mitmenschen jemals sein können. Diese illusionäre Verkennung zum Positiven mag dann sogar dem Seelenheil dienen und somit – individuell betrachtet – psychisch gesund sein. Von angehenden oder praktizierenden und sich in Entwicklungsprozessen befindlichen Psychotherapeuten darf eine regelmäßige kritische Selbstreflexion erwartet

Weiterführende Literatur

DGPPN e. V. (2024). Basisdaten Psychische Erkrankungen, Stand April 2024. ▶ www.dgppn.de/schwerpunkte/zahlenundfakten.html. Zugegriffen: 17. Apr. 2025.

Duden. Das Fremdwörterbuch. (1982). Bearb. von Wolfgang Müller, 4., neu bearbeitete und erweiterte Aufl. Duden.

Gladwell, M. (2010). *What the dog saw and other adventures*. Penguin.

McLeod, J. (2004). *The counsellor's workbook. Developing a personal approach*. Open University Press.

Rogers, C. R. (1961). *On becoming a person: A therapist's view of psychotherapy*. Constable.

Schmidbauer, W. (1977). *Die hilflosen Helfer. Über die seelische Problematik der helfenden Berufe*. Rowolth.

Tönnies, S., Plöhn, S., Krippendorf, U. (1996). *Skalen zur psychischen Gesundheit (SPG)*. Asanger.

Verfassung der Weltgesundheitsorganisation (2014).

Wöller, W. & Kruse, J. (2018). *Tiefenpsychologisch fundierte Psychotherapie*. Schattauer.

Das Wesen der Psychotherapie

Inhaltsverzeichnis

4.1 Grundsätzliche Überlegungen – 16

4.2 Begriffsklärung – 19

4.3 Spezifika – 21

4.4 Kritische Würdigung – 23

4.5 Fazit – 25

Weiterführende Literatur – 25

© Der/die Autor(en), exklusiv lizenziert an Springer-Verlag GmbH, DE, ein Teil von Springer Nature 2025
S. Gerhardinger, *Entwicklung der Therapeutenpersönlichkeit*,
Psychotherapie: Fort- & Weiterbildung, https://doi.org/10.1007/978-3-662-70477-6_4

Die Vergangenheit kann man nicht ändern, sich selbst aber schon, für die Zukunft.
Hans Fallada

> **? Frequently Asked Question**
> Was sind zentrale Elemente der Psychotherapie? Was ist das Therapeutische an dieser Therapie?

4.1 Grundsätzliche Überlegungen

Wenn man die zur Verfügung stehenden und mitunter etwas abweichenden Zahlen betrachtet, so wird deutlich, dass der Psychotherapeutenberuf in Deutschland längst nicht mehr nur von handverlesenen Exoten ausgeübt wird. Das Psychotherapeutenjournal gab die Zahl der in Deutschland arbeitenden Psychologischen Psychotherapeuten und Kinder- und Jugendlichenpsychotherapeuten vor über 10 Jahren mit 36.000 an (Richter, 2013). Wenn man aktuelle statistische Informationen aus dem Bundesarztregister KBV (Kassenärztliche Bundesvereinigung, 2024) zugrunde legt, waren 2024 5848 ärztliche Psychotherapeuten, bzw. Fachärzte für Psychosomatische Medizin und Psychotherapie, 8044 Kinder- und Jugendlichenpsychotherapeuten und 26877 Psychologische Psychotherapeuten tätig, also insgesamt 40769 in der vertragsärztlichen Versorgung psychotherapeutisch Tätige. Hinzu kommen noch 1223 Kinder- und Jugendpsychiater und 6717 Nervenärzte, Neurologen, Psychiater. Laut statista.de gab es 2022 in Deutschland 19344 Einzelpraxen von Psychotherapeuten. In Deutschland arbeiteten zum Vergleich dazu im Jahr 2024 169788 Physiotherapeuten (statista.de). Wenngleich anhand festgelegter Bemessungsgrundlagen immer wieder von einer ausreichenden und flächendeckenden psychotherapeutischen Versorgung in der Bundesrepublik gesprochen wird, gibt es regional unterschiedlich durchaus zum Teil unzumutbar lange Wartezeiten auf einen Psychotherapieplatz. Entlegene ländliche und universitätsferne Regionen zählen da schnell zur psychotherapeutischen Diaspora. Damit ist ein wesentliches medizinethisches Prinzip verletzt, denn nicht jeder psychotherapiebedürftige Bundesbürger hat auch nur annähernd die gleiche Chance auf zeitnahe fachgerechte psychotherapeutische Behandlung. Jeder Versicherte hat das Recht der freien Therapeutenwahl. Dennoch ist es vielmehr Realität als Ausnahme, dass innerhalb einer zumutbaren Wartezeit kein freier Psychotherapieplatz gefunden werden kann. Es besteht dann noch die Möglichkeit, unter gewissen Voraussetzungen auf privat liquidierende Psychotherapeuten zurückzugreifen, dennoch muss insgesamt von einer limitierten Wahlmöglichkeit ausgegangen werden. Damit haftet der Psychotherapie schon aufgrund ihrer bloßen begrenzten Verfügbarkeit eine gewisse Exklusivität an. Es besteht hier nicht die unangebrachte Versuchung, etwa von einem elitären Kreis der Psychotherapieklientel zu sprechen. Jeder praktizierende Psychotherapeut kann sicher sein, dass er bzgl. der zu behandelnden Klientel durchaus eine Auswahl treffen kann. Lange und sehr wahrscheinlich auch zukünftig nicht enden wollende Wartelisten lassen das zu. Es obliegt dem professionell vorgehenden, verantwortungsbewussten Psychotherapeuten, immer wieder aufs Neue eine kritische Auswahl bzgl. der Psychotherapiebedürftigkeit der anfragenden Klientel zu treffen. Nicht jede Lebenskrise, Scheidung, Trauer erfordert eine Psychotherapie. Es zählt zum gereiften Verantwortungsbewusstsein des Psychotherapeuten, nicht therapierelevante Anfragen auch zurückzuweisen.

Therapieberufe gibt es viele und für den hilfesuchenden Menschen ist es oft sehr schwer, sich im reichhaltigen Therapieangebot zurechtzufinden. Welcher Therapeut ist richtig für das aktuelle individuelle Problem? Handelt es sich doch bei einer psychischen Störung um ein prinzipiell eher schwer zu verstehendes und kaum klar zu

4.1 · Grundsätzliche Überlegungen

beschreibendes Problem, so konzentriert sich die Suche dann folgerichtig auf Heilpraktiker, Psychologen, Psychotherapeuten, Psychiater, Gesundheitsberater, wobei die Profession der Anbieter für Hilfesuchende schwer einzuordnen ist. Was aber erwarten Hilfesuchende? Suchen sie einen Wunderheiler, einen Zauberer, einen Schamanen, einen Übermenschen oder gar Messias, einen Gedankenleser, Entertainer, Hellseher und Gesundbeter, zumindest aber eine Art soziales Chamäleon, das sich an jedwede individuelle Problemkonstellation mühelos adaptieren kann. Demgegenüber steht die Erscheinungsform der Heiler, Helfer und Therapeuten. Diese werden über ihre definierte professionelle Rolle hinaus ein Selbstverständnis entwickelt haben, wonach sie ihre Rolle interpretieren. Damit ist es per se schwer, eine Passung zwischen Patientenanliegen und verfügbarer Therapeutenidentität zu finden. Bei all diesen Unklarheitspotentialen ist es überfällig, neben evidenz- oder erfahrungsbasierten Therapieformen Gütekriterien für die Therapeutenpersönlichkeit nicht gerade zu definieren, aber zumindest anzuregen.

Ein geschichtlicher Abriss der Psychotherapieentwicklung würde den Rahmen des vorliegenden Werkes eindeutig sprengen. Dennoch seien einige wenige Aspekte in den Fokus genommen. Hypnose gilt als das älteste Heilverfahren zur Beeinflussung seelischer Probleme. Es handelt sich jedoch bei der Hypnosetherapie nicht nur um eine der frühesten Formen der seelischen Krankenbehandlung, sondern um eine durchaus seriöse und relativ gut untersuchte Therapieform (Grawe et al., 2001, S. 634). Damit hat die Psychotherapie eine jahrtausendealte Geschichte. Es ist verwunderlich, dass zentrale Elemente, wie etwa die Person des Therapeuten, in all diesen Jahren wenig beleuchtet blieben. Lange Zeit galten psychische Störungen, wenn man sie überhaupt als solche wahrnahm und anerkannte, als mögliche Folge dämonischer Besessenheit, weswegen mitunter eher Priester oder Schamanen einen für damalige Verhältnisse psychotherapeutischen Zugang zu den Leiden zu finden versuchten. Es waren also Menschen, die ihr originäres berufliches Wissen, ihre Kompetenzen, Erfahrungen und Paradigmen verwendeten, um eine unbekannte Störung mit bis dato bekannten Mitteln beheben oder heilen zu wollen. „Die Persönlichkeit des Arztes selbst schuf sich ein Ansehen, das sich direkt von der göttlichen Macht ableitete, da die Heilkunst in ihren Anfängen in den Händen der Priester war. So war die Person des Arztes damals wie heute einer der Hauptumstände zur Erzielung des für die Heilung günstigen Seelenzustandes beim Kranken" (Freud, 1890, S. 13). Sicher deutlich weniger fürsorglich oder häufig auch brachial und unmenschlich versuchte die frühe Psychiatrie Menschen wieder zur Vernunft zu bringen. Die Psychotherapie, wie wir sie heute kennen, ist eine Erfindung oder auch Errungenschaft der jüngeren Neuzeit oder Moderne. 1811 besetzte Heinroth den ersten Lehrstuhl für psychische Therapie in Leipzig. 1896 erfolgte die Gründung der ersten „psychologischen Klinik" und die Prägung des Begriffs der klinischen Psychologie durch Lightner Witmer.

Psychotherapie kann man – etwas verkürzt besehen – als in der Hauptsache Erfindung westeuropäischer und zeitversetzt oder in der Folge aus Europa emigrierter westeuropäischer oder auch US-amerikanischer Männer betrachten. Die Grundlagen wesentlicher noch heute maßgeblicher Psychotherapieformen sind demnach prinzipiell eine männliche Domäne. Es kann hier festgehalten werden, dass "all models of psychotherapy and counselling are rooted in White Western values" (Hough, 2014, S. 301). Demnach ist es nicht nur die männliche Perspektive, die originär prägenden Einfluss auf die Psychotherapie hat, sondern auch die Wertewelt einer ethnisch weißen und westeuropäischen bzw. US-amerikanischen Welt. Jeder psychotherapeutisch Tätige sollte sich dieses Umstandes zumindest bewusst sein, um nicht unkritisch-automatisch das Erleben und Verhalten eines Patienten in männlich-weiß-westliche Paradigmen einzupassen.

Die Psychoanalyse und zeitlich bald folgend ihre ersten Derivate ist bzw. sind Breuer, Freud, Adler, Jung und Reich zu verdanken. Gerade Sigmund Freud gilt als der Urvater der Psychotherapie, wenngleich er die früheren Erkenntnisse etwa von Mesmer oder Charcot zu nutzen wusste. Wöchentlich fast tägliche „Therapie-Liegungen" (Grawe et al., 2001, S. 171) gelten nicht nur als älteste, sondern auch als allgemein bekannteste Form der Psychotherapie. Erst in der Weiterentwicklung machen sich etwa Anna Freud oder Melanie Klein einen Namen. Den Behaviorismus, als amerikanisches Pendant zur Psychoanalyse, verantworteten federführend Pavlov, Thorndike, Watson und Skinner. Die notwendige Ergänzung der orthodoxen Verhaltenstherapie ist u. a. den Herren Ellis, Beck und Meichenbaum zuzuschreiben. Carl Rogers hebt die Gesprächspsychotherapie aus der Taufe. Der deutsche Fritz Perls kommt in Wien in Kontakt mit der Psychoanalyse, wird ihr Schüler und Patient und entwickelt nach seiner Emigration in die USA mit Paul Goodman die Gestalttherapie. Milton Erickson entdeckt die altehrwürdige Hypnose als praktikables therapeutisches Verfahren wieder und modifiziert die klassische Hypnose zu seiner Hypnotherapie. Erst die sich noch später entwickelnde Familientherapie oder die spezifischere systemische Therapie, die auf bis dahin längst etablierte Therapieschulen zurückgreifen, haben nicht nur Gründerväter aufzuweisen, sondern auch sehr populär gewordene Frauen, wie Virginia Satir. In der weiteren Folge entstehende und sich mehr oder weniger gut etablierende neue Psychotherapieverfahren sind häufig Abkömmlinge bereits weitverbreiteter Therapieformen. Jetzt finden Therapieschulen oder Therapieformen begründende Frauen auch ihren Eingang in die Hall of Fame der Therapiegründer, wie etwa Marsha Linehan. Aus dem asiatischen Bereich sind es vor allem philosophische oder eher medizinnahe Einflüsse, wie etwa der Zen-Buddhismus und Traditionelle Chinesische Medizin, welche die Psychotherapie bereichern, aber kaum als eigenständige Therapieform betrachtet werden dürfen.

Die Psychotherapie hat viele Grundlagen, Einflüsse und Inspirationen. Philosophie, Religion, Medizin und Biologie sind da primär zu nennen. Weil die Psychotherapie auch Wurzeln in der Theologie hat, könnte man sie etwas sehr plakativ auch als säkularisierten Religionsersatz sehen, als zum Beispiel elaborierte Form der Beichte. „Denn die Psychotherapie geht über die Beichte hinaus, indem sie nicht nur zur Sprache bringen muss, was Patienten vor anderen, sondern auch das, was sie vor sich selbst geheim halten wollen oder besser geheim halten müssen, um ihr seelisches Gleichgewicht aufrechterhalten zu können" (Hardt, 2016, S. 34). Nachdem die Psychotherapie auf die Veränderung des Erlebens und Verhaltens des Menschen fokussiert, ist die relevante Grundlagenwissenschaft die Psychologie. Psychotherapie ist durch die Anwendung psychologischer Beeinflussungsmethoden definiert (Grawe et al., 2001).

Psychotherapie ist ein Heilverfahren, dennoch muss infrage gestellt bleiben, ob die Heilung von psychischer Problematik Wesensmerkmal einer Psychotherapie sein kann. Das würde voraussetzen, ein gesunder psychischer Zustand wäre definiert und gerade das ist sehr in Zweifel zu ziehen. Psychotherapie ist aber auch weit mehr als ein rein palliatives Verfahren. Nach Sigmund Freud ist es Aufgabe der Psychotherapie, neurotisches Leid in gemeines Elend zu verwandeln. „Ich zweifle ja nicht, daß es dem Schicksale leichter fallen müßte als mir, Ihr Leiden zu beheben: aber Sie werden sich überzeugen, daß viel damit gewonnen ist, wenn es uns gelingt, Ihr hysterisches Elend in gemeines Unglück zu verwandeln. Gegen das letztere werden Sie sich mit einem wiedergenesenen Seelenleben besser zur Wehre setzen können" (Freud, 1895, S. 97). Demnach haben Psychotherapeuten sicher nicht die Aufgabe, einen gordischen Knoten zu lösen. Sie müssen die Probleme der Patienten nicht zum Verschwinden bringen oder einen Zustand herstellen, als wären die Probleme nie dagewesen. Frei interpretiert spricht Freud mit der Aussage „Wo Es war, soll Ich werden" schon früh (1933, S. 516) von Empowerment und genau das zählt zum Wesen der Psychotherapie. Es gilt mit therapeutischer Assistenz und Kompetenz einem Patienten dazu zu verhelfen, selbstverantwortlich lösungsorientierter im Umgang mit seinen als gestört erlebten Ich-Anteilen umgehen zu können. Der Therapeut ist und bleibt ein Zeuge und Mit-Beweger einer vom Patienten erwarteten, gemeinsam erarbeiteten und insgesamt freudigen Metamorphose. Diese therapeutische Kunst „… basiert aber letztlich auf handwerklichen Fähigkeiten der Künstler und diese wiederum auf einer wissenschaftlichen Konzeption des Vorgehens" (Wöller & Kruse, 2018, Geleitwort). Oder wie McLeod es benennt: „… I would suggest that psychotherapy is the manifestation of creative human qualities in a facilitating setting in which the task of healing is eased by a critical knowledge of the theories and techniques of twentieth-century praciticners" (McLeod, 2004, S. 2). Spätestens hier drängt sich die Frage auf, inwieweit die moderne Psychotherapie tatsächlich weitestgehend evidenzbasiert oder doch und zu Teilen evtl. auch zu Recht eher eminenzbasiert ist. Letzteres betont die schwer operationalisierbare Komponente Therapeutenpersönlichkeit.

4.2 Begriffsklärung

„Wer die Psychologie liebt, hat oft Anlass, sich der Psychotherapie zu schämen" (Grawe et al., 2001, S. V). Dieses provokative Zitat steht hier nicht, weil es eine unumstößliche Wahrheit ist, es sollte uns aber einladen, einen sehr kritischen Blick zu bewahren. Grawe et al. liefern noch mehr Munition. „Psychotherapie, wie sie sich nicht nur auf den Annoncenseiten von Zeitungen und Zeitschriften, sondern auch in den Regalen der meisten Buchhändler präsentiert, ist zu weiten Teilen ein Eldorado entweder noch lebender oder schon toter Gurus und ihnen gläubig nachbetender Jünger" (Grawe et al., 2001, S. VI). Grawe et al. (2001) beklagen, dass eine konfessionell statt wissenschaftlich ausgerichtete Psychotherapie den Anspruch erhebt, die wahre Psychotherapie zu sein.

Ehe wir uns gängigen Beschreibungen oder Definitionen der Psychotherapie zuwenden, sei ein kleines gedankliches Experiment erlaubt. Wie würde wohl jemand einem psychisch kranken Menschen helfend begegnen, wenn er nichts von Psychotherapie wüsste, wenn er keinerlei definierte psychotherapeutische Kompetenz hätte? Was wären hier einzusetzende hilfreiche Mittel, Methoden und Vorgehensweisen?

Zurück zur Realität. Bevor eine eingehendere Beschäftigung mit möglichen Zielvorgaben zur Entwicklung der Therapeutenpersönlichkeit Sinn macht, sei das Wesen der Psychotherapie näher erörtert. Freud (1890, S. 2) verstand unter psychischer Therapie eine „Behandlung von der Seele aus, Behandlung – seelischer oder körperlicher Störungen – mit Mitteln, welche zunächst und unmittelbar auf das Seelische des Menschen einwirken." Psychotherapie kann definiert werden als „Systematische Erkundung individueller Veränderungswünsche sowie Anregung, diese im Rahmen einer professionellen Unterstützungsbeziehung, die Eigenaktivität und die Nutzung von Ressourcen fördert, zu realisieren" (Preß & Gmelch, 2014, S. 363). Eine sehr viel ausführlichere Definition des Psychotherapieverfahrens findet sich in den Psychotherapierichtlinien des gemeinsamen Bundesausschusses über die Durchführung der Psychotherapie (2024). Halmos (1965) postulierte, dass

Psychotherapie in allen Phasen eine Mischung aus Bemutterung und Analyse mit der Vermittlung von Einsicht ist, wobei das Bedürfnis nach Bemutterung umso stärker ist, desto tiefer die Psychotherapie in das Seelenleben des Patienten eingreift. Ganz knapp zusammengefasst könnte Psychotherapie auch als Assistenz bei der Kalibrierung innerer Zustände beschrieben werden. Diese Definitionen geben viel Interpretationsspielraum. Ist Psychotherapie eher als heilendes Verfahren oder als erklärender, Verständnis bewirkender und verstehender Prozess oder als Methode der Weiterentwicklung und Hilfe zur Reifung der Persönlichkeit der Klientel zu verstehen?

Psychotherapie wird von Therapeuten geleistet, was aber ist ein Therapeut? Ganz sachlich betrachtet ist Psychologischer Psychotherapeut ein gesetzlich geschützter Titel, der seit Inkrafttreten des Psychotherapeutengesetzes von 1999 an eine mehrjährige, staatlich geregelte Weiterbildung gebunden ist. Ein Psychotherapeut erlangt eine Approbation, also eine staatlich anerkannte Zulassung zur Ausübung der Heilkunde. Psychotherapeuten rechnen ihre erbrachten Leistungen über gesetzliche Krankenkassen ab. In den Psychotherapierichtlinien wird darauf verzichtet, die Profession Psychotherapeut zu definieren. Regelungen zur Berufsbezeichnung finden sich in der BPtK Muster-Berufsordnung (Deutsche Bundespsychotherapeutenkammer, 2018). Dennoch bleibt hier sehr viel mehr Auslegungs- und Gestaltungsspielraum bezüglich der Ausgestaltung der Psychotherapeutenrolle als hinsichtlich des Wesens der Psychotherapie. Das muss nicht unbedingt ein Mangel oder Versäumnis sein, kann aber auch zahlreiche Gefahren in sich bergen.

Es gibt zahlreiche Definitionen der Psychotherapie, dennoch seien sie noch um eine eigene bereichert. Psychotherapie ist eine durch einen den geltenden Richtlinien gemäß qualifizierten Therapeuten vom Patienten in Auftrag gegebene bewusste und gezielte lösungsorientierte Beeinflussung oder auch Manipulation von psychischen Störungen mit Krankheitswert, welche als Konventionen, nicht aber als Wahrheiten, in den gängigen Klassifikationsmanualen ICD-10 (Dilling, Mombour & Schmidt, 2015), der schon inkraftgetretenen ICD-11 und DSM-5 (Falkai & Wittchen, 2018) beschrieben sind. Dies erfolgt mithilfe psycho-logischer, also nicht notwendigerweise logischer, Mittel auf dem Weg der Einsicht. Der Patient wird befähigt, sein fehlgeleitetes Erleben und Verhalten zu erkennen und zu verstehen, woraufhin mit je nach Indikation auszuwählenden Methoden eine Veränderung in die vom Patienten gewünschte Richtung eingeleitet wird. Insgesamt bleibt es dabei vorrangiges Ziel, den Patienten zu mehr Unabhängigkeit und zu verbessertem Selbstmanagement zu verhelfen. Die Wirksamkeit der Psychotherapie ist fortlaufend zu evaluieren. Nicht nur gemäß dieser Erläuterung unterscheidet sich die Psychotherapie sehr von z. B. chirurgischen Eingriffen, also therapeutischen Operationen, denn wenn der Patient nicht mitmacht, greift, funktioniert und hilft Psychotherapie nicht und genau das macht den bedeutenden Unterschied etwa zur Chirurgie aus. Der Chirurg kann einen Tumor resezieren, egal ob der anästhesierte Patient dabei irgendwie mithilft oder eben auch nicht.

Psychotherapie folgt keinen Algorithmen, sondern ist eine Heuristik. Es gibt damit keine klar definierten, aufeinander folgenden Einzelschritte zur Problemlösung, sondern eher begrenzte oder auch unklare Informationen, die analysiert werden und Hypothesen generieren, die dann wiederum einen Lösungssuchprozess in Gang setzen. Eine bekannte Heuristik ist das Prinzip Versuch und Irrtum, das aber sicher nicht grundlegend für eine wissenschaftlich fundierte Heilmethode sein darf. Es lässt sich der Begriff Psychotherapie definieren, nicht aber annähernd genau genug das Wesen, die Inhalte und Abläufe, dazu ist Psychotherapie zu vielschichtig. Damit ist Psychotherapie sicher mehr als nur freischaffende

Kunst, aber eben auch keine mittels Theorie fundierte Wissenschaft. Gesetzgeber und Krankenkassen grenzen Psychotherapie von psychologischer Beratung ab. „Dazu gehört etwa die Abgrenzung von ´normalen´ Lebensproblemen und Störungen von Krankheitswert, zwischen Beratung und Psychotherapie, zwischen Therapie und Prävention. Diese Grenzen sind so schwer zu ziehen, weil es sie in Wirklichkeit nicht gibt. Sie liegen nicht in der Sache begründet, sondern sind ein Erfordernis unseres Gesundheitssystems, das diese Abgrenzungen für Krankenkassenregelungen, Krankschreibung, Berufszulassung usw. braucht" (Grawe et al., 2001, S. 9 f.). Ob Psychotherapie oder psychologische Beratung, für den Hilfe suchenden Menschen mag das zunächst egal sein. Was er in jedem Fall aber da wie dort antreffen sollte, ist eine kompetente Fachkraft mit gut entwickelter, ausgereifter Therapeutenidentität.

Weitestgehend konsistent wird eine hohe Effektstärke von Psychotherapie belegt. Ein Patient kann berechtigt davon ausgehen eine sehr gute Wahrscheinlichkeit zu haben, von einer Psychotherapie eine spürbare Verbesserung seines Zustandes erwarten zu dürfen. Es kann zumindest eine relative Wirksamkeit der Psychotherapie als nachgewiesen angenommen werden, wenngleich es dennoch hohe Non-Response Raten gibt und Remissionsraten von ca. 30 % niedrig liegen (Strauß, 2019).

4.3 Spezifika

Entsprechend der Richtlinien des Bundesausschusses der Ärzte und Krankenkassen (Richtlinie des Gemeinsamen Bundesausschusses über die Durchführung der Psychotherapie, 2024) sind nur diejenigen Therapieverfahren zur Anwendung innerhalb der kassenärztlichen Versorgung zulässig, für die der Bundesausschuss eine hinreichende wissenschaftliche Bestätigung und praktische Erfahrung festgestellt hat (Reinecker, 1999). Demnach erfolgt die psychotherapeutische Aus- und Weiterbildung verfahrensbezogen im Rahmen der anerkannten Richtlinienverfahren, da die Psychotherapie sich an diesen Verfahren orientiert und entsprechend organisiert ist (Strauß, 2019). Neben den in Deutschland zunächst ausschließlich anerkannten Richtlinienverfahren Verhaltenstherapie und Psychoanalyse bzw. tiefenpsychologisch fundierte Therapie ist die Systemische Therapie seit 2020 als viertes Richtlinienverfahren zugelassen. Es gibt eine Reihe weiterer zum Teil sehr gut etablierter Therapieverfahren, wie etwa Gestalttherapie, Gesprächspsychotherapie, Hypnotherapie und Schematherapie. An dieser Stelle kann oder muss die Aufzählung auch eingestellt werden, da es noch eine Vielzahl weiterer spezifischer Psychotherapieverfahren gibt und es hier nicht rechtens wäre, mit unscharfen Kriterien eher etablierte von eher weniger etablierten Verfahren abzugrenzen. Aus eigener Erfahrung arbeiten Psychotherapeuten, auch wenn sie niedergelassen sind, selten bis nie durchgängig im Rahmen ihres Standard- oder Richtlinienverfahrens. Orthodoxe Verhaltenstherapie oder Psychoanalyse, wenn es derlei je geben könnte, wird in der Praxis kaum angeboten. Gerade erfahrenere Psychotherapeuten haben neben einer ersten Therapieausbildung Fort- und Weiterbildungen in weiteren Therapieverfahren und arbeiten damit, vielleicht nicht gerade eklektisch, aber dann doch über das Spektrum der Grundqualifikation hinaus. Einem Richtlinienverfahren treu zu bleiben erscheint schon deshalb schwer möglich, weil „Psychotherapie im Allgemeinen und die Verhaltenstherapie im Besonderen sich fortlaufend weiterentwickeln" (Brakemeier & Jacobi, 2017, S. 35). Wie viel Identität, grundlegende Prinzipien oder Wiedererkennungswert dabei verloren geht oder auch erhalten bleibt, mag andernorts diskutiert werden.

All das verliert an Bedeutung, wenn man wiederum Grawe et al. (2001) Glauben schenkt, wonach nicht die wissenschaftliche Methode, sondern die persönliche Beziehung zwischen dem Therapeuten und seinem Patienten ausschlaggebend für den Erfolg einer Psychotherapie ist. McLeod (2004, S. 45) denkt in die nämliche Richtung: „Theory provides a framework, a preliminary map of the territory that might be explored, a set of suggestions for possible directions of travel." Dann aber kommt der Therapeut und seine Beziehungskompetenz ins Spiel und nimmt eine wichtige Rolle ein. Somit sind einmal mehr die Psychotherapeuten in ihrer Entwicklung gefragt, um auf der Basis allgemeiner Grundsätze eine eigene Vorgehensweise zu entwickeln, damit Therapietheorie zum Leben erweckt werden kann. Demnach sind gut entwickelte Psychotherapeuten im übertragenen Sinn die Hefe in einem dadurch aufgehenden Therapieprozess. Psychotherapie ist niemals nur Malen nach Zahlen, ob sie damit schon zum Kunstwerk hochstilisiert werden muss, ist sehr zweifelhaft. Als Kunstwerk könnte Psychotherapie originell, teuer, wertvoll, nicht immer leicht verstehbar, individuell, tiefgründig sein, als Handwerk oder schablonenhaftes Vorgehen hingegen eher mit klaren Vorgaben versehen, kalkulierbar, jederzeit replizierbar, schnell, mit wenig Aufwand, für jeden nutzbar sein. Hier zeigt sich unweigerlich der sich entwickelnde Psychotherapeut, der aus den Basisvariablen, aus den Vorgaben mehr zu machen versteht, als diese grundsätzlich hergeben oder bereithalten. Idealiter wird dann aus 1 + 1 nicht 2, sondern 3 oder gar 4, und in dieser Gabe steckt viel Therapeut oder personale Variablen des Therapeuten. Spitzenköche unterscheiden sich von anderen, denn sie schaffen es gar, ein simples Rührei zum Essensgenuss und unvergesslichen (Geschmacks-)Erlebnis zu machen. Manche Psychotherapeuten vermögen es in ihrem Metier, den Spitzenköchen gleichzukommen. Gemäß der Stufen eines Lernprozesses (Culley & Bond, 2013, vgl. ▶ Kap. 6) kann man mögliche Phasen in einem Therapeutenberufsleben abbilden, die durchaus auch als Entwicklungsschritte zu sehen sind. Eine durch professionelle und personale Kompetenz geleitete Psychotherapie basiert auf großem Erfahrungsschatz und einer gelungenen Integration eben dieser Erfahrungen. Diese daraus resultierende scheinbare Leichtigkeit im Vorgehen des Therapeuten ist sehr oft harter Arbeit, klarer Fokussierung, großer Disziplin und Stringenz geschuldet. Einer Ente oder auch einem Schwan, der majestätisch, scheinbar mühelos über das Wasser gleitet, ist es von außen auch nicht anzusehen, wie sehr unter der Wasseroberfläche paddelt wird, um voranzukommen (vgl. Fox Cabane, 2012, S. 192). Bei aller Professionalität darf dabei die Leichtigkeit des Seins nicht verloren gehen, denn das würde eklatante Einbußen an so sehr notwendiger Kreativität, Spontaneität und Courage bedeuten. „Psychotherapie hat mit zwei Menschen zu tun, die miteinander spielen" (Wöller & Kruse, 2018, S. 457). Spielen sollte ohne das Zwanghafte, Verbissene, rein Rationale auskommen, bzw. muss weitgehend frei davon sein, sonst ist es nicht Spielen. Kahn (1997) wirft die Frage auf, was an Psychotherapie therapeutisch ist und exemplifiziert dies insbesondere anhand des psychoanalytischen und des verhaltenstherapeutischen Paradigmas. Hier wie dort geht es darum, dem Patienten zu neuen Erfahrungen zu verhelfen, mit sich selbst, mit Beziehungen, mit Verhaltensweisen und dies vollzieht sich idealerweise in der therapeutischen Situation.

Psychotherapien gibt es in großer Vielfalt, da ja nicht nur diverse Therapierichtungen zur Verfügung stehen, sondern weil es innerhalb dieser Richtungen wiederum verschiedene Ausformungen und Spezialisierungen gibt. Hinzu kommt noch der Therapeut bzw. die Therapeutenpersönlichkeit, die durch individuelle Ausgestaltung und Interpretation der jeweiligen Therapieform nochmals zu einer Diversifizierung beiträgt. Immer wieder drängt sich die Frage auf, welche Therapie für welchen Patienten, welche Intervention für welche Diagnose, welche Vorgehensweise in welcher Therapiephase am besten zu empfehlen ist. Altmeister Freud benannte da bemerkenswerteweise schon Einschränkungen: „Die psychoanalytische Therapie ist derzeit nicht allgemein anwendbar; ich kenne für sie folgende Einschränkungen: Sie erfordert ein gewisses Maß von Reife und Einsicht beim Kranken, taugt daher nicht für kindliche Personen oder für erwachsene Schwachsinnige und Ungebildete" (Freud, 1898 S. 33). ... „Endlich ist sie nur dann möglich, wenn der Kranke einen psychischen Normalzustand hat, von dem aus sich das pathologische Material bewältigen lässt." (Freud, 1898, S. 33). Die fortwährend offene Frage, welches Psychotherapieverfahren das für die Klientel bessere ist, wurde von Grawe et al. (2001) eindrucksvoll beantwortet und wird darüber hinaus zunehmend an Bedeutung verlieren, wenn man die Entwicklung bei den jeweiligen Ausbildungsinstituten betrachtet. Nach Barthel et al. (2011) erfreut sich die Verhaltenstherapie deutlich mehr Ausbildungskandidaten, als die analytische oder tiefenpsychologisch fundierte Psychotherapie. „Wenn es keinen Nachwuchs mehr gibt, stirbt die Psychoanalyse über kurz oder lang als psychotherapeutisches Behandlungsverfahren aus und lebt nur noch als philosophische Disziplin weiter" (Barthel et al., 2011, S. 340).

4.4 Kritische Würdigung

Wer sagt denn, dass es hilft, ein seelisches Problem zu lösen, nur weil man mit einem anderen Menschen darüber spricht? Gut, der Volksmund sagt, dass reden hilft. Wo und wie ist Psychotherapie mehr als reden? Psychotherapie ist die positive Beeinflussung eines mühseligen und beladenen Menschen mit dem Ziel einer fortan besser verfügbaren emotionalen Homöostase, sozialer Integration, Selbstverwirklichung und persönlicher Zufriedenheit. Diese Aufgabe leisten nicht nur Psychotherapeuten, da gibt es noch viele weitere Protagonisten. Salutogen kann neben einer Psychotherapie auch ein gutes Buch, eine anregende Musik, das Eintauchen in philosophische Werke, ein Perspektiven erweiterndes Gemälde oder das Betrachten einer Skulptur und dergleichen mehr sein. Zwischendurch sei auch die Frage erlaubt, ob sich eine Seele heilen lässt, denn im Wortsinn heißt Psychotherapie Seelenheilung. Mechanische Probleme werden mechanisch behoben, ein Loch wird geflickt oder gestopft. Aber ein Loch in der Seele? Seelen lassen sich nicht nachweisen und was nicht da ist, kann auch nicht bearbeitet werden. Wir heilen, therapieren oder beeinflussen im Psychotherapeutenberuf vielmehr Persönlichkeit, Charakterstrukturen, Prägungen, Kognitionen, Emotionen, Erfahrungen und dem können wir im Grunde wiederum nur helfend durch Persönlichkeit, Emotion, Kognition, Struktur, Erfahrung begegnen. Damit taucht erneut die Frage auf, ob Psychologie, als Grundlagenwissenschaft der Psychotherapie, eher eine Erfahrungswissenschaft oder eine evidenzbasierte empirische Wissenschaft ist. Die Psychotherapie basiert sehr viel auf Erfahrungen und insbesondere ist ein großer Teil ihres Erfolges erfahrenen und gut entwickelten Therapeuten zuzuschreiben. Einmal mehr sollten wir anerkennen, dass bei allem Streben nach Evidenz die Größe Therapeut ein wesentliches Agens in der Psychotherapie ist. Eine Eminenzbasierung will hier nicht verstanden werden als ergebene Therapeutengläubigkeit, sondern als ein Anerkennen der Wirkkraft einer aus der Masse herausragenden Persönlichkeit. Wie viel Einfluss die Therapiemethode und wie viel Einfluss die Therapeutenpersönlichkeit auf den Verlauf und das Ergebnis der Psychotherapie haben, konnten Grawe et al. (2001) nachhaltig belegen. Was noch der intensiveren Erforschung bedarf, ist die Frage, inwieweit sich Psychotherapie durch eine Psychotherapeutin von Psychotherapie durch einen Psychotherapeuten unterscheidet und inwieweit spezielle Männerprobleme bei Psychotherapeutinnen gut oder nicht gut aufgehoben sind, ebenso ob besondere weibliche Probleme von Psychotherapeuten adäquat versorgt werden können.

Psychotherapie kann nicht zum Ziel haben, jemanden wieder auf den rechten Weg zu bringen, denn das würde voraussetzen, dass dieser rechte Weg allgemeingültig beschrieben wäre. Vielmehr bedeutet es, Patienten zu helfen, den Blick für die Vielzahl und die Vielfalt der Wege (wieder) zu gewinnen. Erst dann ist eine Entscheidung möglich, die ein weniger leidvolles und stärker selbst bestimmtes Leben verspricht. Der Psychotherapeut ist Geburtshelfer, Spiegel, Interpret des Materials, das der Patient zur Verfügung stellt. Sein Bemühen gilt nicht der Übermittlung von eigenen oder fremden äußeren Werten, sondern einer Verbesserung der inneren Orientierung des Patienten. Es wird im therapeutischen Prozessverlauf damit immer wieder sich abwechselnde Fokussierungen oder Zentrierungen geben, wie etwa Entlastung, Information, Distanzierungshilfe, Problemstrukturierung, Zielanalyse, Motivation, Intervention, Klärung, Veränderung, Lösung, wobei hierbei immer sowohl vermittelnde als auch abschließende Ziele verfolgt werden.

Wenn man definieren müsste, welche therapeutischen Grundprinzipien, Gestaltungsgrundätze und Elementarinterventionen über alle Therapierichtungen hinweg als basal zu betrachten sind, was würde man da finden? In der Kunst erschafft der jeweilige Künstler auch nicht nur aus sich selbst heraus. Farbmetrik, Kontraste, Perspektiven und Verwendung unterschiedlicher Materialien wird Maler verschiedenster Epochen geleitet haben, da sprechen wir noch nicht von Motiven. Notenlehre, Harmonielehre, Takt und Rhythmus sind dem Musiker eine unverzichtbare Basis, ohne hier auf Stilrichtungen Bezug zu nehmen. Reimschemata, rhetorische Stilmittel und Formate wie Gedicht, Kurzgeschichte, Roman und dergleichen mehr sind Selbstverständlichkeiten für den Literaten, ohne hier auf Inhalte der literarischen Werke eingehen zu müssen. Zumindest eine frühe Antwort auf obige Frage geben Grawe et al. mit dem Statement „… eine offensichtliche Gemeinsamkeit vieler besonders wirksamer therapeutischer Vorgehensweisen scheint uns darin zu liegen, dass sie den Patienten ganz direkt bei der Bewältigung eines ihn drückenden Problems zu helfen versuchen mit Maßnahmen, die spezifisch auf dieses Problem zugeschnitten sind" (Grawe et al., 2001, S. 749). Genannt werden dann unter anderem Interventionen wie Selbstsicherheitstraining, Reizkonfrontation, Entspannungstraining, sexualtherapeutische Übungen, Anleitung zur Selbsthypnose, systemische Interventionen, Wiederaufbau von Verhaltensaktivitäten, Selbstverbalisationstraining, Modifikation irrationaler Leitsätze, Selbstkontrolltraining und Systematische Desensibilisierung. Der Aufbau einer Kompetenzerwartung und damit der Zuversicht beim Patienten, seine Probleme unter Umständen wieder selbst bewältigen zu können und damit auch die aktive Hilfe zur Problembewältigung ist nach Grawe et al. (2001) ebenfalls ein zentrales Wirkmoment in der Psychotherapie.

> **Mal ehrlich**
> Was ist aus ihrer Sicht das Wesen der Psychotherapie, was ist es nicht, was sollte es nicht sein? Dazu im Folgenden ein paar Hilfen zum Nachdenken. Verstehen sie Psychotherapie eher als philosophisch orientierte Klärungshilfe, als Charakterbesserungsschule, als Korrekturhilfe, Seh- und Gehhilfe, als Reset-Möglichkeit, als Wundertüte an Problemlösungsstrategien, als Hilfsmittel in Form von Entscheidungsarchitektur, als Kultivator ungeahnter Möglichkeiten und Ressourcen, als palliatives oder kuratives Verfahren, als pädagogisch orientierte Psychoedukation oder auch als

streng evidenzbasiertes, naturwissenschaftliches Verfahren. Entscheiden sie selbst!

4.5 Fazit

Das Wesen der Psychotherapie zu beschreiben muss bis auf Weiteres ähnlich unvollständig bleiben, als wollte man das Wesen der Malerei, des Kochens, der Religion oder Philosophie erläutern. Es ist möglich, verschiedene Wesensmerkmale, grundlegende Aspekte oder Prinzipien darzulegen, alles Weitere würde der Vielfalt der praktizierten Psychotherapie nicht gerecht werden. Psychotherapie wird immer ein individualisiertes Verfahren bleiben und damit in nicht abzählbarer Erscheinungsform Anwendung finden. Desto vielfältiger, heterogener das Wesen der Psychotherapie ist, desto mehr Spielräume stehen der Entwicklung der Therapeutenpersönlichkeit zur Verfügung. Das mag gut oder schlecht sein.

Zum Mitnehmen

Psychotherapie war grundsätzlich eine Kreation westlicher weißer Männer und begrenzt auf zunächst psychoanalytische und in rascher Folge behavioristische Paradigmen. Psychotherapie ist heute ein sehr differenziert zur Verfügung stehendes, zunehmend evidenzbasiertes Behandlungsverfahren, womit seelisch leidenden Menschen ein besserer Zugriff auf ihre Problematik, Hilfestellung bei der Problemlösung und damit Hilfe zur Selbsthilfe angeboten wird. Erfolgreiche Psychotherapie setzt vielfältig qualifizierte Therapeuten voraus, die neben fundierter Fachkompetenz insbesondere sehr elaborierte Beziehungskompetenzen aufweisen müssen.

Weiterführende Literatur

Barthel, Y., Lebiger-Vogel, J., Zwerenz, R., Beutel, M. E., Leuzinger-Bohleber, M., Schwarz, R., Thomä, H., & Brähler, E. (2011). *Motive zur Berufswahl Psychotherapeut*. Psychotherapeutenjournal, 4(2011), 339–345.

Brakemeier, E.-L. & Jacobi, F. (Hrsg.). (2017). *Verhaltenstherapie in der Praxis*. Beltz

Culley, S. & Bond, T. (2013). *Integrative counselling skills in action* (3rd. edn). SAGE Publications Ltd.

Deutsche Bundespsychotherapeutenkammer (BPtK). (2018). *Muster-Berufsordnung für die Psychologischen Psychotherapeutinnen und Psychotherapeuten und Kinder- und Jugendlichenpsychotherapeutinnen und Kinder- und Jugendlichenpsychotherapeuten*. BPtK.

Dilling, H., Mombour, W., & Schmidt, M.H. (Hrsg.). (2015). *Internationale Klassifikation psychischer Störungen. ICD-10 Kapitel V (F). Klinisch-diagnostische Leitlinien* (10. Aufl.). Hogrefe.

Falkai, P. & Wittchen, H.-U. (2018). *Diagnostisches und Statistisches Manual Psychischer Störungen DSM-5. 2* (korrigierte Aufl.). Hogrefe.

Fox Cabane, O. (2012). *The Charism Myth. Master the art of personal magnetism*. Portfolio Penguin.

Freud, S. (1890). *Psychische Behandlung (Seelenbehandlung)*. Create Space Independent Publishing Platform, 2017.

Freud, S. (1895). *Zur Psychotherapie der Hysterie (aus Studien über Hysterie, 1893 – 1895)*. Studienausgabe Ergänzungsband (1994), Schriften zur Behandlungstechnik. S. Fischer Verlag.

Freud, S. (1898). *Die Sexualität in der Ätiologie der Neurosen. Studienausgabe Band V (1989) Sexualleben*. S. Fischer.

Freud, S. (1933). *31. Vorlesung. Die Zerlegung der psychischen Persönlichkeit. Neue Folgen der Vorlesungen zur Einführung in die Psychoanalyse (1933). Studienausgabe Band I (1989) Vorlesungen zur Einführung in die Psychoanalyse und Neue Folgen*. S. Fischer.

Grawe, K., Donati, R., & Bernauer, F. (2001). *Psychotherapie im Wandel. Von der Konfession zur Profession*: Hogrefe.

Halmos, P. (1965). *The faith of the counsellors*. Constable.

Hardt, J. (2016). Kollateralien der „Internettherapie" – Chancen und Gefahren II. *Psychotherapeutenjournal, 1*(2016), 32–36.

Hough, M. (2014). *Counselling skills and theory* (Forth ed.). Hodder Education.

▶ https://de.statista.com/statistik/daten/studie/281581/umfrage/anzahl-der-praxen-von-psychotherapeuten-und-praxisinhaber-in-deutschland.

► https://de.statista.com/statistik/daten/studie/520500/umfrage/anzahl-beschaeftigter-physiotherapeuten-in-deutschland.

Kahn, M. (1997). *Between therapist and client. The new relationship.* Holt Paperbacks.

Kassenärztliche Bundesvereinigung. (2024). Statistische Informationen aus dem Bundesarztregister.
► https://www.kbv.de/media/sp/2024-12-31-BAR-Statistik.pdf.

McLeod, J. (2004). *The counsellor's workbook. Developing a personal approach.* Open University Press.

Preß, H., & Gmelch, M. (2014). Die „therapeutische Haltung" – Vorschlag eines Arbeitsbegriffs und einer klientenorientierten Variante. *Psychotherapeutenjournal, 4*(2014), 358–366.

Reinecker, H. (1999). *Lehrbuch der Verhaltenstherapie.* DGvT.

Richter, R. (2013). Das Berufsbild von Psychotherapeutinnen und Psychotherapeuten. *Psychotherapeutenjournal, 02*(2013), 118–120.

Richtlinie des Gemeinsamen Bundesausschusses über die Durchführung der Psychotherapie (Psychotherapie-Richtlinie). (2024).

Strauß, B. (2019). Innovative Psychotherapieforschung – Wo stehen wir und wo wollen wir hin? *Psychotherapeutenjournal, 1*(2019), 4–10.

Wöller, W. & Kruse, J. (2018). *Tiefenpsychologisch fundierte Psychotherapie.* Schattauer.

Psychotherapierichtlinie und Musterberufsordnungen

Inhaltsverzeichnis

5.1 **Grundsätzliche Überlegungen – 28**

5.2 **Begriffsklärung – 28**

5.3 **Perspektiven – 29**

5.4 **Fazit – 29**

Weiterführende Literatur – 30

© Der/die Autor(en), exklusiv lizenziert an Springer-Verlag GmbH, DE, ein Teil von Springer Nature 2025
S. Gerhardinger, *Entwicklung der Therapeutenpersönlichkeit*,
Psychotherapie: Fort- & Weiterbildung, https://doi.org/10.1007/978-3-662-70477-6_5

In der Aufstellung unserer Grundsätze sind wir strenger als in ihrer Betätigung.
Theodor Fontane

? Frequently Asked Question
Welche Normen, Richtlinien, welche Vielfalt und Gestaltungsspielräume gibt es in der Psychotherapie?

5.1 Grundsätzliche Überlegungen

Psychotherapie ist in der Einzelanwendung nie ein homogenes Verfahren, das bei unterschiedlichen Patienten in immer gleicher Weise verabreicht wird. Die Psychotherapie wird durch die verschiedenen Therapierichtungen, den diesen zugehörigen Entwicklungsstadien und Strömungen, durch diverse Indikationsstellungen und parallel zu den ICD-10-Diagnosen (Dilling et al., 2015) durch 157 mögliche Diagnosen nach DSM-5 (Falkai & Wittchen, 2018) überaus facettenreich und damit heterogen. Zudem folgt sie bekanntlich keiner genau definierten Handlungsvorschrift. Wenn es tatsächlich so viele Psychotherapien geben sollte, wie es Patienten gibt, wie lassen sich dann allgemeinverbindliche Richtlinien erstellen? Ein heilkundliches Verfahren wie die Psychotherapie muss prinzipiell klar zu beschreibenden Gesetzmäßigkeiten folgen und darf keinesfalls lediglich der Beliebigkeit oder dem freien Gestaltungswillen einzelner Psychotherapeuten anheimgestellt werden. Patienten haben ein Anrecht auf eindeutig definierte, überprüfbare und einzufordernde Grundsätze der Leistungserbringung. Wenngleich in der Psychotherapierichtlinie (Richtlinie des Gemeinsamen Bundesausschusses über die Durchführung der Psychotherapie, 2017) und den jeweiligen Berufsordnungen der Psychotherapeutenkammern der einzelnen Bundesländer Deutschlands Vieles beschrieben, definiert und geregelt ist, bleibt doch ein Anspruch nur stiefmütterlich bedient.

Zentrales Agens in der Psychotherapie ist nachweislich der Therapeut (Grawe et al., 2001), weniger die Strukturen um ihn herum und auch die Methode scheint von geringerer Bedeutung zu sein als die Qualitäten des Therapeuten. Daher nimmt es Wunder, dass weder in der Psychotherapierichtlinie noch in Berufsordnungen dieses zentrale Element intensiver bearbeitet wird.

5.2 Begriffsklärung

„Die vom Gemeinsamen Bundesausschuss (G-BA) gemäß § 92 Absatz 6a des Fünften Buches Sozialgesetzbuch (SGB V) beschlossene Richtlinie dient der Sicherung einer den gesetzlichen Erfordernissen entsprechenden ausreichenden, zweckmäßigen und wirtschaftlichen Psychotherapie der Versicherten und ihrer Angehörigen in der vertragsärztlichen Versorgung zulasten der Krankenkassen. Zur sinnvollen Verwendung der Mittel ist die folgende Richtlinie zu beachten. Sie dient als Grundlage für Vereinbarungen, die zur Durchführung von Psychotherapie in der vertragsärztlichen Versorgung zwischen den Vertragspartnern abzuschließen ist" (Richtlinie des Gemeinsamen Bundesausschusses über die Durchführung der Psychotherapie, 2017, S. 4). Die Psychotherapierichtlinie beschreibt, definiert und regelt damit die Grundsätze und Wesensmerkmale der Psychotherapie, beschreibt Behandlungs- und Anwendungsformen, Leistungserfordernisse und Leistungsumfang, sowie spezifische Verfahren, Dokumentationsgrundsätze und Anforderungen an die Qualität der Leistungserbringer. Gerade bei diesem letzten, sicher zentral wichtigen Punkt, verweist die Psychotherapierichtlinie auf die Psychotherapie-Vereinbarung.

Die jeweiligen Psychotherapeutenkammern der einzelnen Bundesländer Deutschlands haben Berufsordnungen für die Psychologischen Psychotherapeutinnen und

Psychotherapeuten und für die Kinder- und Jugendlichenpsychotherapeutinnen und -psychotherapeuten erarbeitet und verabschiedet. So nennt etwa die Berufsordnung der Psychotherapeutenkammer Bayern (2014, S. 4) als Ziel, „das Vertrauen zwischen Psychotherapeutinnen und Psychotherapeuten und ihren Patientinnen und Patienten zu fördern, den Schutz der Patientinnen und Patienten zu sichern, die Qualität der psychotherapeutischen Tätigkeit im Interesse der Gesundheit der Bevölkerung sicherzustellen, die freie Berufsausübung zu sichern, das Ansehen des Berufs zu wahren und zu fördern, auf berufswürdiges Verhalten hinzuwirken und berufsunwürdiges Verhalten zu verhindern und auf kollegiales Verhalten hinzuwirken." Im Wesentlichen werden in dieser Berufsordnung die Regeln der Berufsausübung und damit Berufspflichten sowie Anforderungen an Strukturqualität, wie etwa die Gestaltung von Praxen beschrieben.

Es ist hierbei sicher notwendig, Richtlinien von der Patientenseite zu beleuchten, mit der Frage, welche Rechte oder berechtigten Ansprüche ein Patient hat. Zu nennen sind hier die Sorgfaltspflicht, die Aufklärungspflicht, die Schweigepflicht und das Abstinenzgebot des Therapeuten, sowie die Klärung der Honorierung und eine klare Trennung der Praxisräume vom privaten Lebensbereich eines Therapeuten. Keinesfalls vergessen werden darf hier das Recht des Patienten auf Privatheit, es steht ihm jederzeit zu, Themen oder Probleme für sich zu behalten.

5.3 Perspektiven

„Wie Psychotherapeuten auszubilden sind, regelt seit 1999 das Psychotherapeutengesetz (PsychThG)." ... „Die Ausbildung ist in der Regel sehr zeit- und kostenintensiv. Psychologen absolvieren sie häufig nebenberuflich in einem Zeitraum von fünf bis sieben Jahren, die Kosten belaufen sich auf ca. 20.000 bis 30.000 € (vgl. u. a. Strauß & Kohl, 2009)" (zitiert nach Barthel et al., 2011, S. 339). Die LMU München beziffert die Kosten einer Psychotherapieausbildung aktuell mit 26.927,50 € (▶ https://www.psy.lmu.de/munip/details/kosten/index.html). Diese umfangreiche Ausbildung schreckt vermutlich manche nur ambivalent entschlossene, wankelmütige potentielle Therapeuten ab und kann dadurch dazu beitragen, sehr motivierte, fachlich-methodisch fundiert qualifizierte Psychotherapeuten einer wachsenden Psychotherapieklientel zur Verfügung stellen zu können.

Die sich entwickelnde Therapeutenpersönlichkeit und anzustrebende Ziele dieser Entwicklung, wie auch die Begleitung und Kontrolle dieser Entwicklung sind in Richtlinien und Ordnungen bisher kaum bis nicht erwähnt. Es ist darauf hinzuwirken, den Einfluss der therapeutischen Haltung, die Wirkkraft der therapeutischen Identität und die Relevanz diverser Persönlichkeits-Skills auf den Therapieerfolg noch eingehender zu erforschen. Derlei Forschungsergebnisse hätten damit unweigerlich Auswirkungen auf das zu definierende Anforderungsprofil von Psychotherapeuten. Wäre das Anforderungsprofil klar beschrieben, müsste dem in den jeweiligen Ausbildungscurricula Rechnung getragen und somit dezidierter und gezielter Einfluss auf die Entwicklung der Therapeutenpersönlichkeit genommen werden. Mit der Psychotherapierichtlinie und den Berufsordnungen sind wichtige Rahmenbedingungen für die Psychotherapie geschaffen. Die nächste notwendige Erweiterung wäre ein Portfolio des Psychotherapeuten, mit den daraus resultierenden Implikationen.

5.4 Fazit

Es ist anzunehmen, dass eher geregelt, definiert oder beschrieben wird, was sich auch gut abbilden lässt. Die Entwicklung der

Therapeutenpersönlichkeit, wie auch die menschlichen Qualitäten der Psychotherapeuten sind ein wenig beforschter und schwer objektivierbarer Bereich. Vermutlich deshalb finden sich dazu wenig nutzbare Forschungsergebnisse. Hier ist eindeutig Handlungsbedarf gegeben.

> **Zum Mitnehmen**
> Bestehende Psychotherapierichtlinien und Musterberufsordnungen beschreiben Qualitätsanforderungen an Psychotherapeuten nur kursorisch oder auch kryptisch. Dies lässt viele Interpretationsspielräume, die einer strukturierten Förderung der Entwicklung der Therapeutenpersönlichkeit nicht zuträglich sind. Derlei potentiell gefährliche Freiräume erfordern empirisch validierte Richtlinien. Bis solche Orientierungsgrößen oder auch verbindliche Standards definiert sind, steht ein in seiner Berufsrolle gut entwickelter, fachlich wie persönlich hochkompetenter und ethisch verantwortlich handelnder Psychotherapeut umso mehr in der Pflicht.

Weiterführende Literatur

Barthel, Y., Lebiger-Vogel, J., Zwerenz, R., Beutel, M. E., Leuzinger-Bohleber, M., Schwarz, R., Thomä, H., & Brähler, E. (2011). *Motive zur Berufswahl Psychotherapeut. Psychotherapeutenjournal,* 4(2011), 339–345.

Berufsordnung für die Psychologischen Psychotherapeutinnen und Psychotherapeuten und für die Kinder- und Jugendlichenpsychotherapeutinnen und -psychotherapeuten Bayerns (2014).

Dilling, H., Mombour, W. & Schmidt, M.H. (Hrsg.). (2015). *Internationale Klassifikation psychischer Störungen. ICD-10 Kapitel V (F). Klinisch-diagnostische Leitlinien* (10. Aufl.). Hogrefe.

Falkai, P. & Wittchen, H.-U. (2018). *Diagnostisches und Statistisches Manual Psychischer Störungen DSM-5. 2* (korrigierte Aufl.). Hogrefe.

Grawe, K., Donati, R., & Bernauer, F. (2001). *Psychotherapie im Wandel.* Von der Konfession zur Profession: Hogrefe.

▶ https://www.psy.lmu.de/munip/details/kosten/index.html.

Richtlinie des Gemeinsamen Bundesausschusses über die Durchführung der Psychotherapie (Psychotherapie-Richtlinie) (2017).

Strauß, B., & Kohl, S. (2009). *Themen der Ausbildungsforschung in der Psychotherapie. Psychotherapeut,* 54, 411–426.

Persönliche Entwicklung im Psychotherapieberuf

Grundlagen, Einflüsse und Zielrichtungen

Inhaltsverzeichnis

6.1 Grundsätzliche Überlegungen – 32

6.2 Entwicklung der Therapeutenpersönlichkeit als gesetzter Standard – 35

6.3 Grundsätzliche Überlegungen – 36

6.4 Modelle – 44

6.5 Das Entwicklungspotential von Krisen – 48

6.6 Kritische Würdigung – 50

6.7 Fazit – 51

Weiterführende Literatur – 52

© Der/die Autor(en), exklusiv lizenziert an Springer-Verlag GmbH, DE, ein Teil von Springer Nature 2025
S. Gerhardinger, *Entwicklung der Therapeutenpersönlichkeit*, Psychotherapie: Fort- & Weiterbildung, https://doi.org/10.1007/978-3-662-70477-6_6

Wir glauben Erfahrungen zu machen, aber die Erfahrungen machen uns.
Eugenè Ionesco

> **Frequently Asked Question**
> Was sind grundlegende Aspekte der Entwicklung der Therapeutenpersönlichkeit? Was formt eine Therapeutenpersönlichkeit, was prägt eine therapeutische Identität?

6.1 Grundsätzliche Überlegungen

Die Entwicklung der Therapeutenpersönlichkeit ist nicht mit dem Ende der Therapieausbildung und der obligatorischen staatlichen Prüfung abgeschlossen, sondern wird ein Berufsleben lang erfolgen. Dabei werden zahlreiche Fragen aufgeworfen. Welche externen und eigenen Erwartungen sind mit dem Wirken eines Psychotherapeuten implizit verbunden? Wer oder was trägt zur Entwicklung von Therapeuten wie viel bei? Ist eine kontinuierliche Therapeutenentwicklung trotz evidenzbasierter und manualisierter psychotherapeutischer Methoden notwendig? Wo sitzen mögliche blinde Flecken aufseiten der Therapeuten und wie können diese beleuchtet werden? Können oder dürfen nur Psychotherapeuten ihre Kollegen entwickeln? Wie lautet die Zielvorgabe einer Entwicklung? Diese und weitere Fragen sollen im Folgenden der Klärung zugeführt werden. Inwieweit sie beantwortet werden können, muss an dieser Stelle noch offen bleiben. Das Kapitel „Persönliche Entwicklung im Psychotherapieberuf" möge das Schirmdach des gesamten Arbeitsbuches bilden, die weiteren Kapitel sollen gleichsam als zuarbeitende und stützende Streben verstanden werden. Wenngleich mit dem Thema der Entwicklung der Therapeutenpersönlichkeit keinesfalls völliges Neuland betreten wird, so fehlt es doch an grundlegender, orientierender und inspirierender Literatur dazu. „In Deutschland steckt die empirische Erforschung der professionellen Entwicklung von Psychotherapeut/inn/en noch in den Kinderschuhen" (Jeschke & Wolff, 2010, S. 32).

Wenn wir es uns hier erlauben, zunächst einen Entfaltungs- oder Wachstumsendpunkt zu fokussieren, dann ergibt sich die Frage, wie das Ergebnis einer gelungenen Entwicklung der Therapeutenpersönlichkeit im Psychotherapieberuf ausfallen soll. Entspricht der komplett entwickelte Psychotherapeut eher einem Magier, einem Druiden, einem Beschwörer, einem Hexenmeister, einem Seelentröster oder eher einem Kopfarbeiter, Intelligenzler, Philosoph und Forscher oder gar einer sachlichen Methodenschleuder? Klischees und Illusionen sind zwar erlaubt, tragen aber nichts zur Erhellung der eingangs gestellten Fragen bei. Ist der Psychotherapieberuf einem Handwerk, wie etwa Schreiner oder Bäcker, vergleichbar oder ist er ein klaren Regeln folgender Beruf wie vielleicht Finanzbeamter oder doch eher der Philosophie oder auch der Kunst sehr nahe? Wie entwickeln sich Ärzte, Beamte, Lehrer, Metzger oder Postboten? Nimmt bei diesen Betätigungsfeldern die berufliche Entwicklung andere Verläufe als im Psychotherapeutenberuf, gibt es hier klarere Entwicklungsstufen oder Entwicklungsstandards als dort? Wenn die Psychotherapie keinesfalls durchgängig planmäßigen Schemata folgt, sondern ein hermeneutisches oder auch offen Hypothesen geleitetes Verfahren (vgl. ▶ Kap. 4) ist, dann liegt es nahe, die Beschäftigung mit der Entwicklung der Therapeutenidentität ebenfalls als erklärenden und verstehenden Prozess aufzufassen. Angehenden Jägern, Skilehrern und ehrenamtlichen Helfern beispielsweise wird gemeinhin neben praktisch Notwendigem auch ein für die Ausübung der Tätigkeit notwendiges Haltungsrüstzeug vermittelt. Psychotherapeuten, deren vorrangige Aufgabe darin besteht, unfertige, störungsbehaftete Menschen mit nicht integrierten Persönlichkeitsanteilen so zu entwickeln, respektive ihnen in derem Entwicklungsbestreben

6.1 · Grundsätzliche Überlegungen

zu assistieren, dass sie ihr Leben besser und mit höherer Qualität bewältigen können, sollten selber eine an Leitlinien orientierte Entwicklung durchlaufen haben. Das eben verwendete „sollten" kann man berechtigt auch dadurch ersetzen, dass dies eine conditio sine qua non sein muss.

Therapieberufe gibt es viele und für den hilfesuchenden Menschen ist es oft sehr schwer, sich im reichhaltigen Therapieangebot zurechtzufinden. Unweigerlich stellt sich die Frage, welcher Therapeut für das aktuelle individuelle Problem der richtige ist. Handelt es sich doch bei psychischen Störungen um ein prinzipiell eher schwer zu verstehendes und mitunter kaum klar zu beschreibendes Problem, so konzentriert sich die Suche dann folgerichtig auf Heilpraktiker, Psychologen, Psychotherapeuten, Psychiater, Gesundheitsberater. Was aber erwarten Hilfesuchende? Wäre es ihnen zu verdenken, wenn sie nicht zumindest insgeheim nach einem Therapeuten mit geheimnisvollen, nahezu allmächtigen Heilkräften suchen, der jeden Seelenwinkel durchleuchten und analysieren kann, dabei aber stets tröstend und bemutternd präsent ist und sich an jedwede individuelle Problemkonstellation mühelos adaptieren kann. Demgegenüber steht das Selbstverständnis der Heiler, Helfer und Therapeuten. Auch sie werden über ihre definierte professionelle Rolle hinaus eine Vorstellung entwickelt haben, wonach sie ihre Funktion interpretieren. Damit ist es per se schwer, eine Passung zwischen Patientenanliegen und verfügbarer Therapeutenidentität zu finden. Darüber hinaus leben wir in einer Welt des rasanten und anhaltenden Wandels. Störungsbilder verändern sich, neue Diagnosen entstehen, gesellschaftliche Normen und Werthaltungen bleiben nie stabil, die Arbeitswelt wird ständig flexibler und digitalisierter. Nach der VUCA-Welt (volatility, uncertainty, complexity, ambiguity) sind wir nun längst in der BANI-Welt angekommen (brittle, anxious, non-linear, incomprehensible) (Cascio, 2020). Da sollte der Therapeut Schritt halten können und sich nicht nur um seiner selbst willen entwickeln, sondern auch, um dem Wandel Rechnung tragen und bedarfsgerecht agieren zu können. Man möge nur bedenken, dass Psychotherapie zu Zeiten von Josef Breuer und Sigmund Freud auch vor dem Hintergrund des viktorianischen Zeitalters betrachtet werden muss. Sexualität und der Umgang damit hatten definitiv einen anderen Stellenwert als im 21. Jahrhundert. Auch war die Psychotherapieklientel hinsichtlich ihres sozialen Status zu damaliger Zeit sicher nicht so bunt gemischt oder heterogen wie heute.

Es ist zumindest anzunehmen, dass dem späteren Therapeuten ein Stück Therapeutenseele bereits in die Wiege gelegt wurde. Entwickeln sich Therapeutenpersönlichkeiten aus sich selbst heraus, ist es die Manifestation einer genetischen Vorgabe? Wie viele Lernprozesse, Reifungsvorgänge sind dem immanent? Kann hier gar von Determiniertheit gesprochen werden, wonach ein erreichter Entwicklungsstand die stringente Folge vorher gegebener Bedingungen ist (Fröhlich & Drever, 1979)? Ist die Entwicklung der Therapeutenpersönlichkeit einem persönlich-privaten Geschehen zuzuschreiben oder vollzieht sich diese insbesondere im Rahmen der Berufsausübung? Ist es ein strategisch-durchdachter Vorgang oder ein irgendwie gelagertes Wachstum? Es mag humanistischen Prinzipien genügen, dem angehenden Therapeuten jederzeit zuzutrauen, sich in eine gute, dem Patienten förderliche Richtung zu entwickeln. Diese idealtypische Haltung wird durch die Wirklichkeit zu oft nicht bestätigt. Patienten tragen durch ihre so sehr unterschiedlichen Probleme, Anliegen und Persönlichkeiten unwillkürlich erheblich zur Entwicklung ihrer Therapeuten bei. Somit erfordert der Psychotherapieberuf sehr viel Flexibilität und dynamische Anpassung. Nicht jedem gelingt dieser kontinuierliche Justierungsprozess.

Die Kriterien und Richtlinien einer Psychotherapeutenausbildung sind weitgehend klar definiert. Es fehlt jedoch ein Zielerreichungskriterium für die Reife der Therapeutenpersönlichkeit. Hierfür gibt es kein Gütesiegel, keinen Goldstandard oder gar eine Art TÜV-Plakette, die in regelmäßigen Zeitabständen neu erworben werden muss. Es wird schwer umsetzbar bleiben zu definieren, welcher Entwicklungsstand notwendige Voraussetzung für welche Art von therapeutischer Arbeit ist, um dann dafür eine spezielle Form einer Reifeprüfung zu konstruieren. Nachdem es bis auf weiteres den Psychotherapeutenpersönlichkeits-TÜV (vgl. ▶ Kap. 20) nur als Gedankenspiel gibt, ist es der persönlichen und im Rahmen von Professionalität verankerten Verantwortung der Tätigen überlassen, sich wenn dann selbst auf den Prüfstand zu stellen. Das werden manche wenige Therapeuten gerne und oft tun, einige selten und eher unreflektiert, viele vermutlich weiterhin selten bis nie. Hybris und Narzissmus sind im Therapieberuf ständige, oft nicht unwillkommene, aber auch potentiell gefährliche Begleiter der Behandler. Einem allgemeinen Phänomen folgend, neigen Psychotherapeuten gewiss ebenfalls dazu, sich selbst zu den besseren Therapeuten zu zählen.

Die Entwicklung der Persönlichkeit von angehenden Psychotherapeuten ist offenbar nicht selbstverständlicher integraler Bestandteil der Ausbildungscurricula. In der Therapieausbildung werden eingehend Techniken vermittelt, es wird deren Anwendung erprobt. Neben der fachlich Orientierung gebenden und auch potentiell persönlichkeitsbildenden Supervision ist Selbsterfahrung ein Standard-Element vieler Ausbildungsschemata. Allerdings wird Selbsterfahrung sehr häufig im Gruppensetting angeboten, was zulasten individueller Aspekte geht. Somit muss die Frage erlaubt sein, inwieweit die Entwicklung der Therapeutenpersönlichkeit allzu oft dem Zufall überlassen bleibt. Im Qualitätsmanagement ist aber zu lernen, dass es Struktur-, Prozess- und Ergebnisqualität gibt.

Von Glückssache, Fügung des Schicksals oder Zufallstreffern ist da nicht die Rede. Die Entwicklung der Therapeutenpersönlichkeit kann eine persönliche Angelegenheit der angehenden und sich fürderhin in verschiedene Richtungen entwickelnden Therapeuten sein. Einzufordern wäre aber, die Persönlichkeitsbildung als einen ebenso konstitutiven Bestandteil einer Therapieausbildung zu verstehen, wie das Erlernen und Anwenden von Expositionsverfahren, der Analyse von Widerständen und dergleichen mehr. Bekanntermaßen lernt der Mensch ganz viel von Modellen. Vor dem unabdingbaren Learning by Doing profitieren angehende Therapeuten von diversen Therapeutenmodellen, deren Verhaltensweisen in unterschiedlichsten Kontexten Vorlagen für die eigene Therapeutenidentität liefern können. Ausbildungsdozenten, Supervisoren und Selbsterfahrungsleiter leisten wichtige Dienste (vgl. ▶ Kap. 11). In der beruflichen Praxis werden dann zuhauf mehr oder weniger taugliche Vorbilder angetroffen. Lernen lässt es sich auch von den Untauglichen, wobei es hier der persönlichen Wahrnehmung und Einschätzung obliegt, ein förderliches handlungs- und haltungsleitendes Modell zu wählen.

Entwicklung ist kein einfach nur schmückendes Accessoire und unterliegt nicht der Entscheidung, sich zu entwickeln oder eben auch nicht. Persönlichkeitswachstum findet natürlicherweise statt, kann aber die unterschiedlichsten Richtungen nehmen. Eine gelungene Entwicklung der Therapeutenpersönlichkeit kann viel Gutes bewirken. Sigmund Freund hatte das klare Ziel, berühmt werden zu wollen. Er wurde es nicht etwa als Medizinprofessor oder wie später angestrebt als Hypnotiseur, wozu er nicht taugte. Er schuf seine eigene Therapieform und vermachte der Welt damit die Psychoanalyse. Albert Ellis hat seine rigide Haltung gegenüber Patienten in seinen späteren Schaffensjahren um deutlich mehr Empathie bereichert, seine Patienten werden es ihm gedankt haben.

6.2 Entwicklung der Therapeutenpersönlichkeit als gesetzter Standard

In „Start With Why" postuliert Simon Sinek (2009), sich zunächst die Warum-Frage zu stellen, dann das Wie zu bestimmen und schließlich das Was zur Geltung kommen zu lassen und eben nicht umgekehrt. Ehe wir genauer fokussieren, was Psychotherapeuten in welcher Form entwickeln kann, sollten wir uns über das Warum klarer werden. Wenn insbesondere die Verhaltenstherapie manualisierte Methoden anbietet, worin zum Teil vorformulierte Interventionen zu finden sind, wie viel Variationsbreite ist da gewünscht oder auch sinnvoll? Ist es damit nicht egal, wer das Manual abarbeitet, so wie es dem Hammer egal sein kann, ob der hammerführende Mensch eher extravertiert oder introvertiert ist? Jeder mit zumindest einer Manual-Anwendung erfahrene Psychotherapeut weiß nur zu gut, dass Leitfäden am Optimalfall orientiert sind. Ein Manual bietet hilfreiche Vorlagen und Strukturierungsleitlinien, stellt Arbeitsmittel und Anweisungen zur Verfügung. Der Nutzer aber erweckt Kraft seiner Therapeutenpersönlichkeit das Handbuch zum für seine Patienten hilfreichen Wirken. Die Ode an die Freude ist eine einfache Melodie und doch macht es gewaltige Unterschiede, ob Beethoven sich daran versuchte, oder jetzt ein Klaviernovize. Wer Vorlagen nicht entsprechend variieren und intonieren kann, wird maximal Handwerker bleiben. Eine zu starre Orientierung an einem Manual kann mitunter zu einer spürbaren Beeinträchtigung therapeutischer Wirkkraft führen. Lassen wir McLeod zu Wort kommen, denn er hat etwas Zentrales sehr gut formuliert: „… the actual techniques employed by the therapists are of lesser importance than the unique character and personality of the therapists themselves. Therapists select techniques and theories because of who they are as persons. Therapy strategies are manifestations of the therapist's personality" (2004, S. 2). Demnach besteht das Einzigartige einer gut entwickelten Therapeutenpersönlichkeit darin, Handwerk und Kunst zu verbinden, einen eigenen Weg und Stil zu finden und sich dabei trotz unterschiedlichster Patientenanforderungen nie selbst zu verlieren. Hierfür sei es nach McLeod (2004) essentiell, sich selbst als Ressource nutzen zu können. Demnach wirkt der Therapeut gestaltend auf seine Arbeitsmittel ein und nicht umgekehrt.

Wenn das Ergebnis einer Psychotherapie von verschiedenen Einflussfaktoren bestimmt wird, so wissen wir spätestens seit Grawe et al. (2001), dass die Therapiemethode darauf Einfluss hat, noch mehr aber die Güte der therapeutischen Beziehung. Der Patient und sein Verhalten werden am Ergebnis maßgeblich beteiligt sein, wie auch viele weitere, beispielsweise äußere Einflüsse. Die Therapeutenpersönlichkeit hat einen bedeutsamen Anteil an der Varianzaufklärung des Therapieerfolges. Eingedenk der vielen Unklarheitspotentiale ist es überfällig, neben immer elaborierter beschriebenen evidenz- oder erfahrungsbasierten Therapieformen insbesondere auch Gütekriterien für die Therapeutenpersönlichkeit zu definieren, mindestens aber anzuregen. Therapeuten assistieren Patienten bei deren Entfaltung und Lebenskompetenzsteigerung, daher sollten alle Seelen-Entwicklungshelfer wichtige Wachstumsschritte zunächst selbst vollzogen haben, ehe sie professionelle Hilfestellung anbieten. Im Sinne von Sigmund Freud, der forderte „Wo Es war, soll Ich werden" (1933, S. 516), verfolgt die Entwicklung der Psychotherapeutenidentität das Ziel, häufig unbewusste, nur scheinbar zufällige Abläufe zu beleuchten und zu definieren, um damit neben einem nicht urbar zu machenden Gebiet der Therapeutenseele, das sich unseres Zugriffs entzieht, doch so viel als möglich bestellbares Land abgewinnen zu können. Letztendlich ist es das Ziel, die größtmögliche Nähe zum eigenen Selbst herstellen zu können und eben nicht Opfer der Kränkung zu werden, noch nicht einmal Herr im eigenen Haus zu sein (vgl. Freud, 1917, S. 284).

Wahre Könnerschaft regnet es nicht wie Sternschnuppen herab, vorhandene Gaben wollen erkannt, aktiviert und genährt werden. Vieles lässt sich lernen. Dennoch wird nicht jeder, der das vorhat, Psychotherapeut und dabei auch noch ein guter werden können. Es bleibt die Frage, wie viel Talent unabdingbar ist. Wenn in Abgrenzung zu Ärzten, die prinzipiell zuständig für Leben und Tod sind, Psychotherapeuten eher für Glück und Unglück der Klientel benötigt werden, dann macht das durchaus einen bedeutsamen Unterschied. Leben und Tod sind definierbar, Glück und Unglück kann Auslegungssache sein und sich dafür zuständig zu fühlen oder gemacht zu werden heißt auch, diesem Thema mit persönlicher Reife, Stärke und Integrität begegnen zu müssen. Die Entwicklung der Therapeutenpersönlichkeit dient damit keinem reinen Selbstzweck, sondern versteht sich als zentrales Element von Qualitätssicherung und Qualitätssteigerung, um den hohen Ansprüchen an den Therapieberuf gerecht zu werden.

Zweifelsohne bestehen diverse Anforderungen an Psychotherapeuten, die unabhängig von der angewendeten Therapiemethode vorhanden sein müssen, respektive erfüllt sein sollten. Derlei Qualitätsmerkmale sind an verschiedener Stelle beschrieben, ein verbindlicher Kanon fehlt aber weiterhin. Die Zielvorgabe dürfte damit zunächst eher in Richtung einer ethisch fundierten freiwilligen Selbstverpflichtung gehen. Neben aller Ethik wird sich therapeutisch richtiges und dem Patienten gerecht werdendes Therapeutenverhalten nicht nur in einer spürbar gesteigerten Therapieeffektivität und damit verringerten Problemen aufseiten der Klientel bemerkbar machen. Auch volkswirtschaftlich wird das von Bedeutung sein, da leistungsfähige Menschen weniger Kosten verursachen und mehr Kapital erwirtschaften.

Ehe es im späteren Verlauf unter verschiedenen Perspektiven näher beleuchtet werden wird, kann räsoniert werden, wie der perfekte Therapeut, das Endprodukt einer optimalen Entwicklung der Therapeutenidentität, aussehen könnte. In Analogie sei zunächst Owen (2015, S. XIII) bemüht, der sich der Frage widmete, wie eine ideale Führungskraft beschaffen sein müsste und dies am Beispiel eines vermeintlich unübertroffen-makellosen Raubtieres verdeutlichte. „The result was a beast with the legs of a cheetah, the jaws of a crocodile, the hide of a rhino, the neck of a giraffe, the ears of an elephant, the tail of a scorpion and the attitude of a hippo. The beast promptly collapsed under the weight of its own improbability." Die angestrebte Schaffung von Perfektion erwies sich in diesem Beispiel als unmöglich und schnell kontraproduktiv. Einen tadellos-mustergültig entwickelten Psychotherapeuten wird es nie geben. Die Entwicklung der Therapeutenpersönlichkeit ausschließlich unter dem Primat der Effizienzsteigerung zu betrachten, wäre ohnehin zu eindimensional. Es entwickelt sich nicht alleine die Therapeutenrolle, sondern der Mensch, der kraft seiner Persönlichkeit diese Rolle trägt. „Most of us have clearer strategies for how to achieve success than we do for how to develop a profound character" (Brooks, 2015, Introduction).

> **Mal ehrlich**
> Zwei Fragen seien jetzt schon einmal erlaubt: Was macht den Profi unter den Psychotherapeuten aus? Was fehlt ihnen aktuell noch zum Profi?

6.3 Grundsätzliche Überlegungen

Wenngleich hier keinesfalls theoretische Grundlagen in ausführlicher Breite dargelegt werden, sollen doch elementare

6.3 · Grundsätzliche Überlegungen

Begriffe wie Entwicklung, Persönlichkeit und Identität beleuchtet und in ihrer Bedeutung geklärt werden.

6.3.1 Begriffsklärung Entwicklung

Fangen wir doch mal ganz traditionell von vorne an. Entwicklung benötigt ein solides Fundament, und je zielgenauer Entwicklung erfolgen soll, desto differenzierter müsste diese Grundlage sein. Man könnte auch beispielhaft sagen, Entwicklung setzt eine breite Aussaat voraus, oder wie es Covey (2004, S. 53) formuliert: „First plant, then crop, there is no other way round." Etymologisch betrachtet bedeutet Entwicklung sich entfalten, sich entwickeln und dabei in einem Prozess voranschreiten. Man kann Entwicklung prinzipiell als kontinuierlichen, auch geradlinigen Vorgang verstehen, so wie ein Baum mit jedem Jahr in die Breite und die Höhe wächst. Ebenso kann man Entwicklung als eben nicht konstant-gleichbleibenden Ablauf sehen, welcher Plateauphasen, Rückwärtsbewegungen oder plötzlich dramatische Veränderungen beinhaltet, wie etwa die Metamorphose von der Raupe zum Schmetterling, mit einem Übergangszustand im Kokon. Wer an Metamorphosen-Beschreibungen auch unter einem humanistischen Gesichtspunkt interessiert ist, möge sich bei Ovid (1997) vertiefen. „Entwicklung kennzeichnet den gesetzmäßigen Prozess der Veränderung von Dingen und Erscheinungen als Aufeinanderfolge verschiedener Formen oder Zustände; besonders die Entfaltung von Anlagen, die in den Anfangsstadien vorgegeben sind, zu ausgebildeten Formen. Der Begriff enthält oft den Gedanken eines immanenten Ziels (Teleologie). Wird dieses Ziel oder die darauf gerichtete Bewegung als ein Wert (besonders sittlich oder religiös) bestimmt, so nimmt der Entwicklungsbegriff einen Wertcharakter an" (Meyers großes Taschenlexikon, 1999). Eine weitere Begriffsklärung von Entwicklung lautet:

„Umfassende Bezeichnung für einen Prozess fortschreitender Veränderung körperlicher und verhaltensmäßiger Merkmale eines Lebewesens, bezogen auf einen bestimmten Zeitabschnitt und meistens im Hinblick auf einen Endzustand betrachtet. ... Im engeren Sinne werden mit Entwicklung solche Prozesse bezeichnet, deren einzelne Abschnitte oder Phasen irreversible Veränderungen darstellen und die in Bezug auf das Organismussystem bzw. auf das Verhalten einen höheren Grad an Differenzierung und Komplexität darstellen" (Fröhlich & Drever, 1979). Entwicklung bedeutet dabei etwas anderes als Reifung, womit Vorgänge beschrieben werden, die aufgrund endogen vorprogrammierter und innengesteuerter Wachstumsprozesse einsetzen und auch im weiteren Verlauf größtenteils von diesen gesteuert werden. Entwicklung hingegen geschieht unter Einbeziehung des Lernens (Fröhlich & Drever, 1979) und beinhaltet damit eine aktive Verarbeitung von Optionen, die durch die Umgebung zur Verfügung gestellt werden. In sensiblen Perioden besteht eine besondere Empfänglichkeit für Entwicklung beeinflussende Außenreize, sodass spezifische Erfahrungen maximal positive oder negative Wirkungen haben. Entwicklung verläuft in Stadien, wobei häufig das Modell der sukzessiven Konstruktion grundgelegt werden kann, wonach ein Stadium auf dem vorausgehenden aufbaut (Montada, 1998). Des Weiteren vollzieht sich Entwicklung über die gesamte Lebensspanne, kann bewusst oder unbewusst erfolgen und bedeutet nicht zwingend Fortschritt. Außerdem kann Entwicklung stagnieren, abbrechen oder nach einem langen Zeitraum wieder beginnen. Entwicklung kann auch in eine nicht erstrebenswerte Richtung gehen.

Die Heranbildung der Therapeutenpersönlichkeit wird prinzipiell den in der Entwicklungspsychologie allgemein beschriebenen Gesetzmäßigkeiten und traditionellen Konzeptionen weitestgehend folgen. Von Entwicklung wird gesprochen „wenn eine

Veränderungsreihe mit mehreren Schritten vorliegt, die eine Richtung auf einen Endzustand aufweist, der gegenüber dem Ausgangszustand höherwertig ist, wenn die Abfolge der Schritte unumkehrbar (irreversibel) ist und die Veränderungen sich als qualitative, strukturelle Transformationen im Unterschied zu nur quantitativem Wachstum beschreiben lassen" (Montada, 1998, S. 1). Entwicklung erfolgt in Übergängen, die durchaus auch Instabilität und Unsicherheit mit sich bringen, kann gewinnbringend oder dem Gesamtergebnis abträglich sein und wird sich interner wie externer Impulsgeber, Motoren und Strukturen gleichermaßen bedienen. Persönlichkeitskonstruktion kann dabei auch bedeuten, Fähigkeiten und Fertigkeiten hinzuzugewinnen, bisherige Vorgehensweisen durch neue zu ersetzen, den etablierten Arbeitsstil zu modifizieren und zu differenzieren oder aber Elemente therapeutischen Handelns hierarchisch zu integrieren und damit Relationen zu definieren (vgl. Montada, 1998). Jedwede Entwicklung braucht eine feste Basis. Das grundlegende Handwerk muss sicher zur Verfügung stehen, um improvisieren zu können. Der Musiker wird zunächst Noten lesen und die Melodie spielen können müssen, ehe er bewusst, gezielt und mit einer bestimmten Intention davon abweichen und variieren kann. Der Psychotherapeut wird im übertragenen Sinn das ABC, die Grundrechenarten, das kleine Einmaleins seines Handwerks beherrschen müssen, um sich von da aus in andere Höhen oder Weiten entfalten zu können.

6.3.2 Begriffsklärung Persönlichkeit

Der Begriff Persönlichkeit ist Allgemeingut. Jeder Mensch sollte die Bedeutung erfassen können und doch fällt es dem Laien ad hoc schwer, diesen Begriff mit eigenen Worten zu definieren. Insbesondere eine Abgrenzung zu Konstrukten wie Charakter oder Temperament ist nicht leicht verfügbar. Eine frühe, weithin bekannte Persönlichkeitslehre stammt von Hippokrates (460–377 v. Chr.) (Neyer & Asendorpf, 2018). Er bezog Temperamentsunterschiede auf das Vorherrschen eines der vier Körpersäfte, Blut, Schleim, gelbe Galle und schwarze Galle, denen er die Persönlichkeitstypen Sanguiniker, Phlegmatiker, Choleriker und Melancholiker zuordnete. Wenn wir bei Hippokrates bleiben, könnte sich hier schon die Frage stellen, wer eher als Psychotherapeut geeignet erscheint, der Sanguiniker, der Melancholiker, der Phlegmatiker, der Choleriker? Oder vielleicht auch keiner davon? Wilhelm Wundt erweiterte die Typenlehre von Hippokrates zu einem zweidimensionalen Modell mit den Bestandteilen Stärke der Gemütsbewegungen und Schnelligkeit des Wechsels der Gemütsbewegungen. Hans Eysenck beschrieb dann die Dimensionen Extraversion und Neurotizismus, um nur ein paar Meilensteine der Persönlichkeitspsychologie zu nennen (Neyer & Asendorpf, 2018).

Persönlichkeit lässt sich definieren als: „Umfassende Bezeichnung für Beschreibung und Erklärung der Bedingungen, Wechselwirkungen und Systeme, die interindividuelle Unterschiede des Erlebens und Verhaltens systematisch erfassen und ggf. eine Vorhersage künftigen Verhaltens ermöglichen" (Fröhlich & Drever, 1979). Darüber hinaus beschreibt Persönlichkeit auch die ausgeprägte Individualität und in besonderem Maße erkennbare Identität eines Menschen (Meyers großes Taschenlexikon, 1999). Dem sei noch eine Definition neueren Datums hinzugefügt: „Unter Persönlichkeit eines Menschen wird die Gesamtheit seiner Persönlichkeitseigenschaften verstanden: die individuellen Besonderheiten in der körperlichen Erscheinung und in Regelmäßigkeiten des Verhaltens und Erlebens" (Neyer & Asendorpf, 2018, S. 2). Persönlichkeit lässt sich nicht gleichstellen mit den Begriffen Charakter oder Temperament, weil diese nur einen Teil der

Gesamtpersönlichkeit darstellen. Charakter kann folgendermaßen beschrieben werden: „In allgemeiner Bedeutung jede an einem Individuum beobachtbare Eigenheit bzw. die Summe aller Eigenheiten, die es ermöglicht, das einzelne Individuum oder Lebewesen … mit anderen zu vergleichen. In etwas engerer psychologischer Bedeutung … die integrierte Gesamtheit aller individuellen Gewohnheiten (habits), Gefühle und Ideale, die das Verhalten des Individuums relativ konstant und vorhersagbar machen. In diesem Sinne ist der Begriff fast gleichbedeutend mit Persönlichkeit aufgefasst" (Fröhlich & Drever, 1979). Temperament hingegen beschreibt den Ausdruck einer vorherrschenden Grundstimmung und ist damit von den Konstrukten Charakter oder Persönlichkeit gut abgrenzbar. Temperament wird definiert als: „Allgemeine und umfassende Bezeichnung für die aus Bewegungs-, Stimmungs- und Reaktionsqualität und -intensität erschlossene Antriebs- und Stimmungsstruktur eines Individuums" (Fröhlich & Drever, 1979). Persönlichkeit ist kein einmal gegebenes stabiles Merkmal, wie etwa die Augenfarbe. Die Persönlichkeit eines Menschen entwickelt sich und dieser Prozess mündet dann in die Ausformung relativ stabiler Eigenschaften. Persönlichkeitsentwicklung setzt zunächst ein hohes Maß an Selbsterkenntnis voraus und bedient sich dann der Selbstakzeptanz und Selbstveränderung gleichermaßen.

Es gibt zahlreiche Ansätze, die Persönlichkeit eines Menschen zu beschreiben, auf Skalen abzubilden oder auch zu interpretieren. Der Begriff des Messens wäre hier strenggenommen falsch. Projektive und objektive Persönlichkeitstests ergeben ein durch Selbst- oder Fremdeinschätzung gewonnenes Bild einer Persönlichkeit. Das Fünf-Faktoren-Modell der Persönlichkeit, oder gängiger einfach nur Big Five der Persönlichkeit (Neyer & Asendorpf, 2018) genannt, hat viele Väter wie Thurstone und Allport. Der Leser darf an dieser Stelle eingeladen werden, sich selbst anhand von fünf Persönlichkeitseigenschaftenskalen einzuschätzen und damit ein Persönlichkeitsprofil auf die Schnelle zu erstellen. Auf der Skala Offenheit gibt es die Pole „vielseitig interessiert, liebt das Ungewöhnliche, denkt sich Verrücktes aus" versus „wenig offen für Neues, achtet das Bewährte, schätzt Konventionen". Auf der Skala Gewissenhaftigkeit gibt es die Pole „zuverlässig, organisiert, selbstdiszipliniert, pflichtbewusst" versus „unvorsichtig, sprunghaft, unachtsam gegenüber Menschen und Dingen". Auf der Skala Extraversion gibt es die Pole „gesellig, aktiv, liebt Spaß, zeigt positive Emotionen, handelt spontan, redet viel" versus „zurückhaltend, ruhig, in sich gekehrt, verhält sich eher schüchtern". Auf der Skala Verträglichkeit gibt es die Pole „kooperativ, gutmütig, umgänglich, mitfühlend, auf Harmonie bedacht" versus „wettbewerbsorientiert, aggressiv, rau im Ton, stur, hart, bisweilen feindselig". Auf der Skala Neurotizismus gibt es die Pole „besorgt und eingespannt, sich selbst bemitleidend, neigt zu Ängsten und Depressionen" versus „entspannt, ungezwungen, zufrieden, selbstsicher, zumeist stressresistent". Eine Selbsteinschätzung anhand dieser Skalen kann nur ein grobes Persönlichkeitsprofil zeichnen, aber immerhin richtungsweisend Orientierung bieten.

Es gibt keine gute oder schlechte Persönlichkeit per se, aber sicher eine bessere oder schlechtere Passung von Therapeutenpersönlichkeit und therapeutischen Anforderungen, respektive Klientel. Die Entwicklung der Therapeutenpersönlichkeit zielt damit immer auch in Richtung der Bedarfe und sollte darauf fokussiert sein, eine bessere Therapeut-Patient-Passung zu erlauben, wenngleich nicht um jeden Preis. Entwicklungsziel kann hier keine konturlose Anpassung an allerlei Auftragslagen sein. Die gut entwickelte Therapeutenpersönlichkeit sollte von der Klientel einfach handhabbar und gewinnbringend nutzbar sein, wohlwissend um die Tatsache, dass es auch Nichtpassungen weiterhin geben wird. Derlei Mismatch sollte aber zum frühest möglichen Zeitpunkt identifiziert werden und müsste dann entsprechende Konsequenzen wie etwa vorzeitige Therapiebeendigung zur Folge haben.

6.3.3 Begriffsklärung Identität

Mit dem Begriff Identität verhält es sich ähnlich, wie mit dem eben behandelten Persönlichkeitsbegriff. Es sind beides häufig gebrauchte Termini der Alltagssprache, die wir in uns eigener Weise verstehen, aber nur mit Mühe und eher unvollständig erklären können. Deshalb sei auch die Identität hier definiert. Der Begriff Identität leitet sich vom lateinischen „idem" her, was grundsätzlich „der nämliche, derselbe" bedeutet (Lindauer, 2006). Identität meint im heutigen Gebrauch: „Vollständige Übereinstimmung in allen Einzelheiten. Bezeichnung für eine auf relativer Konstanz von Einstellungen und Verhaltenszielen beruhende, relativ überdauernde Einheitlichkeit in der Betrachtung seiner selbst oder anderer" (Fröhlich & Drever, 1979). Damit gemeint ist auch eine innere Einheitlichkeit trotz äußerlicher Veränderungen oder wie es Schwanitz (2002, S. 518) sehr einprägsam formuliert: „Identität ist das, was gleich bleibt beim Wechsel der Rollen, und Rolle ist das, was gleich bleibt beim Wechsel der Spieler." Den Definitionen-Schlusspunkt lassen wir Rudolf (2016, S. 53) setzen: „Identität als Gesamtheit erfolgter Identifikationen." Identität kennzeichnet diejenigen Eigenarten, die ein Objekt oder ein Wesen von anderen unterscheidet. Mitunter wird der Begriff Identität auch verwendet, um eine Person zu charakterisieren. Identität bildet sich heraus, durch ein einerseits sich abgrenzen von und ein sich andererseits hinbewegen auf, einem Bedürfnis irgendwo dazuzugehören. Das Entwickeln einer Therapeutenidentität würde demnach voraussetzen, sich von manchen Therapeuten-Modellen abzugrenzen, sich auch abzuheben, den Eigenarten und Wesensmerkmalen anderer Modelle oder Vorbilder aber zuzustreben und aus diesem hin und weg eine eigene Marke zu entwickeln.

Wenn schon die Anforderungen des Psychotherapeutenberufes an sich sehr vielfältig und mitunter unklar definiert sind und wenn die Klientel nicht zu selten multipel beeinträchtigt ist, wenig Zugriff auf sich selbst hat, wenig strukturiert ist, dann braucht es eine Fachkraft, die diesen Anforderungen adäquat begegnen kann. Psychotherapiepatienten haben oft Identitätsprobleme. Es lässt sich mitunter schwer fassen, wie deren Identitätsziel lauten soll. Umso wichtiger ist ein Gegenüber, ein Therapeut, mit fester Identität. Gemäß Martin Buber (2008) wird der Mensch am Du zum Ich, das Ich braucht ein Du. Der sich weiterentwickelnde und von Problemen sich wegentwickeln wollende Patient benötigt einen Haltepunkt, welcher durch eine gut entwickelte Therapeutenpersönlichkeit, eine klar lesbare, stabile und kohärente Identität geboten werden kann. Die Entwicklung einer therapeutischen Identität wird selbstredend auch durch Umgebungsbedingungen beeinflusst. Arbeitsumgebungen und -bedingungen, Kollegen, Vorgesetzte und all die damit verbundenen Normen, Werthaltungen, Philosophien, dos und dont's prägen Identität. Die therapeutische Identität umfasst einerseits die Art der menschlichen Interaktion, wie auch die fachliche Expertise (Rudolf, 2016). Heißt therapeutische Identität, dass ich es anerkenne und dazu stehe z. B. Verhaltenstherapeut zu sein, oder aber gar, dass die Verhaltenstherapie für mich die einzig akzeptable, einzig richtige Therapieform ist und dass ich auch in meiner Alltagsgestaltung stets verhaltenstherapeutischen Prinzipien verpflichtet bin? Ist therapeutische Identität damit so etwas wie eine Religionszugehörigkeit? Hier ist es hilfreich, Identität gemäß erfolgter Definitionen vom Dogma zu unterscheiden.

6.3.4 Entwicklungsverläufe

Die Entwicklung der Therapeutenpersönlichkeit folgt diversen Verläufen und unterliegt unterschiedlichsten Einflüssen, wobei diese erwünscht oder auch nicht gewollt sein können und dabei positive wie negative Ergebnisse bewirken können. Am Beginn der Therapeutenlaufbahn ist keinesfalls klar absehbar, wohin die therapeutische Entwicklung führt. Ob psychologischer Psychotherapeut, ärztlicher Psychotherapeut, psychologischer Berater für Erwachsene, Kinder- und Jugendlichenpsychotherapeut, ob Gruppentherapie oder nicht, ob ambulantes oder stationäres Arbeitsfeld, ob selbständig oder angestellt, ob Vollzeit oder Teilzeit, ob nur Therapeut oder auch Supervisor, Dozent, Coach, Autor, diese Weichenstellungen werden die Entwicklung der Therapeutenpersönlichkeit nachhaltig mit beeinflussen. Der Volksmund sagt, dass Lehrjahre keine Herrenjahre sind und früh sich übt, wer ein Meister werden will. Meisterschaft wird nicht ausschließlich aus sich selbst heraus entstehen können, sondern manche Meister als Anleiter benötigen. Von vielen Meistern lernen zu können oder auch zu dürfen scheint für Wöller und Kruse (2018) längerfristig das aussichtsreichste Prinzip des Wissenserwerbs zu bleiben. „Experts are made, not born" (Rosen & Swann, 2018, S. 154).

Es gibt zahlreiche Faktoren, welche die Entwicklung der Therapeutenpersönlichkeit beeinflussen, wobei diese eine Weiterentwicklung begünstigen oder aber Stagnation bedingen können. Einen sehr anschaulichen Überblick geben Jeschke und Wolff (2010, S. 30). Demnach erleben erfahrene Therapeuten häufiger ein effektiveres Arbeitsleben als Therapeutennovizen. Je mehr Behandlungsmodalitäten und damit breitere und tiefere Expertise ein Psychotherapeut hat, desto positiveren Einfluss hat dies auf seinen Entwicklungsverlauf. Von Bedeutung ist hier nicht nur der Erwerb von Kompetenz, sondern auch die Anwendung derselben. Der Entwicklungsverlauf wird gefördert durch erfahrene professionelle Unterstützung, etwa durch Weiterbildung, Supervision, Intervision oder eine eigene Therapie. Die Klärung und Regulierung beruflicher Motive ist von Bedeutung, zumal die Befriedigung eigener Bedürfnisse einer Weiterentwicklung des Therapeuten wenig förderlich ist. Die Fähigkeit, mit negativen Affekten gut umgehen zu können, die Bereitschaft, Neues auszuprobieren und dabei ein langfristiges persönliches Ziel vor Augen zu haben, wirkt einer Stagnation der Entwicklung entgegen. Allein der klare Wusch, sich weiterentwickeln zu wollen, scheint hilfreich zu sein. Sich weiterzuentwickeln beinhaltet dabei aber auch, sich von manchen bisherigen heiligen Kühen zu verabschieden. „Allmählich entfernte ich mich von meiner eigentlichen Zugehörigkeit zur Medizin und begann, mich den Geisteswissenschaften zu nähern. Das war eine aufregende Zeit, aber auch eine Zeit des Selbstzweifels: Oft fühlte ich mich als Außenseiter, der neue Entwicklungen in der Psychiatrie verpassen könnte und befürchtete zugleich, nur ein Dilettant der Philosophie und Literatur zu werden" (Yalom, 2017, S. 234).

Die Entwicklung der Therapeutenpersönlichkeit muss in der Hauptsache auf eine sicher sinnvolle Begleitung durch Tutoren oder Mentoren verzichten, wenn man von in der frühen Phase der beruflichen Ausformung obligatorischen Supervisions- und Selbsterfahrungsprozessen absieht. Schon alleine die Wahl einer Ausbildungsrichtung basiert nicht selbstverständlich auf ausreichender Vorinformation. Barthel et al. (2011) konnten nachweisen, dass immerhin drei Viertel dazu befragter Ausbildungsteilnehmer angaben, die gängigen psychotherapeutischen Behandlungsverfahren in ihrem Studium inhaltlich nicht entsprechend dargestellt bekommen zu haben. In der Konsequenz kann das bedeuten, dass ein wesentlicher Entwicklungsschritt, nämlich die Wahl der therapeutischen

Schulrichtung, weitgehend von großem Unwissen begleitet wird. In der weiteren Folge sind dann bemerkenswerte Richtungswechsel zu verzeichnen. Nach Eichenberg und Brähler (2008) wandelt sich das anfängliche Interesse an psychodynamischen Therapieverfahren im Laufe des Studiums in eine Präferenz der Verhaltenstherapie.

Ein aus subjektiver Perspektive sicher noch viel zu wenig genutztes, weil nur im vergleichsweise geringen Umfang angebotenes, Entwicklungstool ist die Selbsterfahrung. Selbsterfahrung kann unter anderem zum Ziel haben, ein humanistisches Menschenbild zu vermitteln. Diese Grundanschauung kann durch Wertschätzung, Empathie, die Fähigkeit zum Zuhören und die Stärkung der Kreativität ebenso gekennzeichnet sein, wie durch die Achtung der Würde und der Entscheidungsfreiheit des anderen und ein Mitgefühl für die Schwächen und das Leid des Gegenübers. Selbsterfahrung dient der biographiefokussierten Selbstreflexion, eigene Handlungsmuster, Bindungs- und Konflikterfahrungen sollen erkennbar werden. Das eigene emotionale Erleben ist ein Kernthema der Selbsterfahrung und da Psychotherapie zumeist das Arbeiten mit Gefühlen bedeutet, ist es zwingend notwendig, dass Ausbildungsteilnehmer über eigenes emotionales Erleben reflektieren und über fundierte Erfahrungen in der Regulation von Gefühlen verfügen. Des Weiteren beinhaltet Selbsterfahrung die Selbstanwendung von Interventionen inklusive dem Erleben der Wirkungen. Die Anleitung zu verantwortungsbewusstem und kompetentem therapeutischen Handeln in Form angemessener Reflexion der eigenen Person mit all ihren Möglichkeiten und Grenzen ist ebenfalls ein wesentliches Element von Selbsterfahrung. Darüber hinaus werden noch Themen wie Eignung zum therapeutischen Handeln, Sensibilisierung für den sozialen Kontext psychischer Störungen und des therapeutischen Handelns, Ressourcenorientierung, Burn-out-Prophylaxe und fürsorglicher Umgang mit den eigenen Kräften behandelt. Gerade in der Selbsterfahrung steht das wesentliche Therapeutikum in der Psychotherapie im Fokus, der Therapeut als Mensch mit seinen Entwicklungspotentialen.

Kompetenzentwicklung ist nicht linear und damit keine reine Funktion des Therapeutenalters oder der Therapeutenerfahrung. Über das gesamte Therapeutenberufsleben hinweg kann Entwicklung verschiedene Richtungen nehmen, kann breitflächig mäandern, kann in Wachstum oder Stagnation, Gewinn und Verlust auf persönlicher Ebene münden. Gemäß großangelegter Studien, wie der Minnesota Study als auch der International Study on the Development of Psychotherapists (ISDP), gibt es gesicherte Hinweise darauf, dass sich Therapeuten „nie vollständig positiv entwickeln oder komplett stagnieren. Vielmehr sind beide Anteile, Wachstum und Stagnation, immer zeitgleich vorhanden und nicht als ‚entweder-oder' zu verstehen" (Jeschke & Wolff, 2010, S. 27). Bedenklich stimmen sollte, dass Befragte nur zur Hälfte von einem effektiven Arbeitsleben berichten, dabei etwas überwiegend die langjährig tätigen Therapeuten, und dass ein knappes Fünftel sich emotional aus der Arbeit verabschiedet zu haben scheint (Jeschke & Wolff, 2010). Gemäß der Minnesota Study ist die fortlaufende intensive kritische Betrachtung der eigenen therapeutischen Tätigkeit die beste Möglichkeit, um Stagnation in der professionellen Entwicklung zu verhindern (Jeschke & Wolff, 2010). Interessant ist dabei auch, dass in der so klar beschreibbar und nüchtern-sachlich erscheinenden Diagnostik „erfahrene Kollegen selektiver, interpretierender und präziser in ihrem Vorgehen waren, aufmerksamer für nonverbales und analoges Verhalten waren und regelgeleiteter, mit mehr Begründungen, bewusster und zugleich automatisierter (routinierter) dachten" (Knappe & Härtling, 2017, S. 32). Die Aufrechterhaltung von Entwicklung bedarf

6.3 · Grundsätzliche Überlegungen

beständiger Investition, „"…you have to water the flowers you want to grow" (Covey, 2004, S. 232). Das Erkennen und Nutzen von sich mit zunehmender Berufspraxis durch Erfahrung bietenden Freiräumen ist nicht nur Chuzpe, sondern eine Frage der persönlichen Reife. Auch mit fortschreitender Psychotherapieerfahrung wird es den hier Tätigen eher verwehrt bleiben, einem anderen Profi bei dessen Tätigkeit interessiert beobachtend und lernend beiwohnen zu können und sich damit weitere Sicherheit, Anregung und Knowhow zu holen.

Michelangelo hat offenbar behauptet, Skulpturen zu erschaffen oder eher zu enthüllen und freizulegen, indem er den nicht notwendigen Stein abschlägt und somit ein das Wahre verhüllendes Material entfernt (vgl. Fox Cabane, 2012, S. 27). Demnach wäre die Entwicklung der Therapeutenpersönlichkeit nicht nur ein Sammeln, Integrieren und aufeinander Aufbauen, es wäre auch ein Fokussieren und ein Weglassen. Gerade hierbei unterscheiden sich noch unerfahrene Behandler von Therapieprofis. Angehende Psychotherapeuten sind eher Jäger und Sammler, begierig auf alle Hilfsmittel, wohingegen die erfahreneren sich von unnötigem Ballst befreien, auf manche nicht mehr notwendige Hilfsmittel verzichten können und somit eine gewisse Leichtigkeit begünstigen. Wer wirklich Expertise hat und sich seines Tuns sicher sein kann, braucht keine Nischen zu suchen, muss sich nicht etwa auf den Scientist Practitioner (Brakemeier & Jacobi, 2017) reduzieren. Ein Rückbezug nur auf ethische Vorgaben wie der Maxime Goethes „Edel sei der Mensch, Hülfreich und gut!" (Goethe, 2007, S. 238) mag eine unverzichtbare Grundlage sein, wird in der Summe aber nicht ausreichen.

Es scheint für die Entwicklung therapeutischer Kompetenz sinnvoll und förderlich zu sein, „zunächst einmal *ein* Verfahren vertieft zu erlernen und sich dort zuhause und kompetent zu fühlen, bevor man sich um Integration bzw. Anreicherung ‚verfahrensfremder' Methoden bemüht" (Brakemeier & Jacobi, 2017, S. 934). Demzufolge bedarf es einer stabilen Basis, um Ausflüge in andere noch unbekannte Gefilde machen zu können, auch um immer wieder in den sicheren und bekannten Heimathafen zurückkehren zu können. Dennoch sollte die Erweiterung des therapeutischen Horizonts nicht nur durch spärliche Blicke über den eigenen Tellerrand, sondern durch tatsächliche Ausweitung therapeutischer Methoden Schulen übergreifend erfolgen. Wer nur seine eigene Methode kennt, kann oder muss kritiklos fest daran glauben und von der allein selig machenden Wirkung überzeugt bleiben. Derlei Puristen „wären allenfalls offen für Entwicklungen innerhalb ihres eigenen therapeutischen Ansatzes" (Grawe et al., 2001, S. 23). Psychotherapeuten arbeiten mit abhängigen, entwicklungsgestörten oder entwicklungsblockierten Menschen, daher sollten sie selber umso breiter, flexibler, vielfältiger aufgestellt sein. Gerade hier aber trennt sich wieder einmal die Spreu vom Weizen. Es gibt diejenigen, die sich nachhaltig weiterentwickeln und diejenigen, die ständig und möglicherweise wahllos suchen, doch nichts finden und dennoch glauben, sich zu entwickeln.

Die Entwicklung der Therapeutenpersönlichkeit ist auch deshalb unabdingbar, weil sich die den Therapeuten umgebende Welt ständig in vielfältiger Weise verändert und weiterbewegt. Will der Psychotherapeut nicht den Anschluss verlieren, muss er sich geradezu mit entwickeln. Das so sehr Halt und Orientierung gebende, in mühevoller Ausbildung erworbene Therapieverfahren wird sich auch weiterentwickeln. So haben wir in der Verhaltenstherapie die Wellen eins, zwei und drei erlebt. Die Klientel verändert sich. Der uniformierte, autoritätshörige und kritiklos akzeptierende Patient wird außerhalb einer eigens diesbezüglich zu diagnostizierenden Pathologie kaum mehr anzutreffen sein. Der Psychotherapiepatient wird immer mehr zum gut informierten, kritischen und anspruchsvollen

Kunden mit zumindest für ihn selber klarem Therapieauftrag.

Greve und Greve (2009) werfen die Frage auf, warum so viele Psychotherapeuten nicht nur die erlernte Therapie anbieten, sondern als Supervisoren und Dozenten tätig werden, Kurse und Theorieveranstaltungen anbieten und auch Bücher schreiben. Man kann annehmen, dass es nicht vorrangig der finanzielle Anreiz ist, der zu derlei Zusatzjobs führt. Eher ist zu vermuten, dass diese Erweiterung und Ausdifferenzierung des Tätigkeitfeldes der Selbstverwirklichung dienen mag. Bisher ungenutzte Potentiale können eingesetzt werden und diese Zusatzbelastungen sind in einer persönlichen Bilanz sehr oft eher als Gewinn zu verbuchen „… zumal in einem Beruf, in dem persönliche und professionelle Entwicklung stärker ineinander greifen als in anderen Berufsgruppen" (Jeschke & Wolff, 2010, S. 32). Die Entwicklung der Therapeutenpersönlichkeit soll das Therapeutische im Therapeuten immer mehr zur Geltung bringen, auf dass es nicht nur beim Standardheilkundigen bleibt, der solide und gewissenhaft sein Handwerk verrichtet, aber eben auch nicht mehr. Fragen sie sich doch, wie Quinn (2005, S. 127), immer wieder mal bezüglich ihres eigenen therapeutischen Wirkens: „What separates the episodes of excellence from those of mere competence?"

> **Mal ehrlich**
> Auf welche eigene Therapieerfahrung blicken sie zurück? Welche Erfahrungen haben sie gemacht, als sie sich in die Obhut anderer begeben haben oder begeben mussten? Woran konnten sie bemerken, dass sie in guten Händen eines erfahrenen Fachmannes sind?

6.4 Modelle

In der Psychotherapie sollte man Patienten immer wieder einmal damit konfrontieren, dass sie ihre Komfortzone verlassen müssen, um in eine Wachstumszone gelangen zu können, denn ohne Veränderung wird es keine Veränderung geben. Wenn das evident ist, so müsste es gleichermaßen in der Entwicklung der Therapeutenpersönlichkeit als wenig erschütterbare Wahrheit gelten. „However, each time we leave our comfort zone and conquer new territory, it not only expands our comfort zone but also enlarges us" (Maxwell, 2011, S. 41). Die Entwicklungspsychologie bietet verschiedene Stufen-Modelle für Entwicklung. Von Havighurst (Oerter, 1998) wurde ein Überblick zu den wichtigsten Entwicklungsaufgaben oder auch Entwicklungsthemen in den verschiedenen Lebensaltern vorgelegt. Für die Beschreibung der Entwicklung der Therapeutenpersönlichkeit kann der von Culley und Bond (2013, S. 12) skizzierte Lernprozess, der sich in vier Stufen vollzieht, als Hintergrundfolie dienen. Der Lernprozess beginnt mit „unconscious incompetence", der Therapeut erkennt noch nicht, was er nicht weiß oder kann. Darauf folgt „conscious incompetence", worin das Potential für Verbesserung deutlich wird. Dies mündet in „conscious competence", hier werden Kompetenzen absichtsvoll zum Einsatz gebracht. Die Endausbaustufe dieses Prozesses wird als „unconscious competence" beschrieben, wonach neuerworbene Fähigkeiten und Fertigkeiten Teile des natürlichen Therapeutenrepertoires geworden sind.

Wenn man nun die von Havighurst (vgl. Oerter, 1998, S. 124) beschriebenen Entwicklungsaufgaben als gedankliche Grundlage verwendet, können analog dazu Überlegungen angestellt werden, welche Entwicklungsaufgaben ein Psychotherapeut zu bewältigen hat und damit auch, woran er wachsen oder scheitern kann. Folgende prototypische Entwicklungsschritte können hier nicht als in eindeutiger Abfolge geplantes Vorgehen der Psychotherapeutenentwicklung gelten, sondern verstehen sich als Skizzierung sehr wahrscheinlich, wenn auch nicht bei allen gleichermaßen, anzutreffender Phasen im Therapeutendasein.

6.4 · Modelle

Es gibt die Zeit vor der Therapeutentätigkeit, in der es sich allenfalls vermuten, aber nicht wirklich prognostizieren lässt, dass die Psychotherapie einmal zum Beruf werden wird. Hier aber, in dieser a-priori-Zeit, sind bereits wichtige Weichen gestellt und viele später unverzichtbare Talente, Fähigkeiten, Fertigkeiten, Haltungen und Stile grundgelegt, aber noch nicht ausdifferenziert. Eine vermutlich häufiger implizite oder auch unbewusste Aufgabe besteht darin, diese Begabungen und Neigungen zu entdecken, ihnen nachzugehen und sie zu konkretisieren, oder eben auch nicht.

Ein nächster Schritt wäre sozusagen die tatsächliche Geburtsstunde des Psychotherapeuten. Alle Anlagen sind zwar vorhanden, aber weitgehend noch nicht voll funktionstüchtig. Die Entwicklungsaufgabe besteht nun darin, in das Therapeutenleben hineinzufinden. Es ist eine Zeit großer Verletzlichkeit und Anfälligkeit. Wir sind im Stadium von „unconscious incompetence", weil der angehende Therapeut noch gar nicht überblicken kann, welche Fähigkeiten und Fertigkeiten ihm noch nicht vollumfänglich zur Verfügung stehen. Jetzt heißt es diverse Grundfunktionen zu entwickeln, wie etwa aktiv zuhören zu können. Eine Aufgabe ist die Suche nach Orientierung, um von der Intuition allmählich zur Profession reifen zu können. Hier wäre der Titel Therapeut im Grunde noch verfrüht. Seminare, Fortbildungen, Ausbildungen, Supervisionen, Selbsterfahrung, kollegialer Rat und Vorbilder werden gesucht, genutzt und intensiv konsumiert. Der Psychotherapeut muss wachsen und will genährt werden. Anleitung, Unterstützung, Schutz und Hilfe anzunehmen, ist jetzt vordringliche Entwicklungsaufgabe. Eine sehr frühe Anforderung besteht aber auch darin, die eigenen Grenzen zu definieren, sich abzugrenzen von nicht förderlichen Einflüssen oder nicht bedienbaren Patientenbedürfnissen.

Nach anfänglichen mehr oder weniger gelungenen therapeutischen Gehversuchen und ersten Selbstwirksamkeitserlebnissen wird die Therapeutenpersönlichkeit allmählich immer klarere Konturen annehmen. Die Suche nach Halt und nach Richtung weisenden Manualen ist noch gepaart mit einer positiven kindlichen Unbedarftheit, weswegen der sich entwickelnde Psychotherapeut sich im übertragenen Sinn aufgeschürfte Knie und eine blutige Nase holt, mithin Schrammen da und dort verschmerzen muss. Hier ist es eine wichtige Aufgabe, Schmerztoleranz zu entwickeln, ein Durchhaltevermögen zu etablieren und aus Fehlern lernen zu können. Noch ist viel emotionale Unterstützung und klare Methodenanleitung hilfreich. Dennoch wächst nun auch deutlich Unabhängigkeit. Erste Ansätze von Identität, Charakter, Temperament, Persönlichkeit bezogen auf die Therapeutenrolle werden sichtbar. Die Abgrenzungsfähigkeit wird spürbarer und der Therapeut fängt an sich einen Namen zu machen.

Nach einer längeren Phase der Orientierung sind Therapeutenmodelle genutzt und integriert. Es regiert eine Manual-Gläubigkeit, der Therapeut ist im Ernst des Psychotherapie-Lebens erst einmal angekommen. Wenngleich so benannte Anfängerfehler jetzt noch eher verziehen werden, wird sich der Therapeut nun eindeutig an seinen selbst verantworteten Ergebnissen messen lassen müssen. Dieser Übergang in die therapeutische Selbstständigkeit, wobei dieses eigenverantwortliche Wirken nicht auf eine etwaige Praxisgründung oder Niederlassung bezogen ist, stellt eine wichtige Entwicklungsaufgabe dar. Der Lernprozess oder auch Therapeutenpersönlichkeitsentwicklungsprozess befindet sich jetzt auf der Stufe „conscious incompetence", dem Therapeuten ist zunehmend bewusst, wo es fehlt, hapert und hakt.

Der so viel zitierte Praxisschock ist nicht exklusiv für den ersten Arbeitstag reserviert, er kann in unterschiedlicher Ausprägung immer wieder zuschlagen. Das Verrechnen von Erfahrungen führt zu mehr Klarheit, mehr Orientierung, offenbart

Nachbesserungsbedarf und bewirkt bei gelungener daraufhin erfolgter Neukalibrierung eine Weiterentwicklung, womit eine weitere wesentliche Entwicklungsaufgabe beschrieben ist.

Erfahrung kondensiert nun allmählich, Sicherheit und Klarheit werden häufigere Begleiter. Ein sich Festhalten an Therapiekonzepten ist noch unumgänglich. Weitere therapeutische Schiffbrüche wie auch erste Vorzeigetherapien und solide Leistungserbringung wechseln sich ab. „Untrained helpers tend to have moments of brilliance matched by moments of losing focus and direction" (Culley & Bond, 2013, Preface). Die Aufgabe besteht nun darin, sich akzeptierend noch sehr viel mehr in der Pflicht als schon in der Kür verortet sehen zu können. Talente und Vorlieben werden immer deutlicher, der Drang und der Mut zu ersten Spezialisierungen wachsen. Man muss bedenken, dass diese lange Phase des Hineinwachsens in die Therapeutenrolle eine für die Entwicklung der Therapeutenpersönlichkeit ungeheuer wichtige, prägende und sehr anstrengende ist. „It takes far more energy and work to improve from incompetence to mediocrity than it takes to improve from first-rate performance to excellence" (Drucker, 1999, S. 17).

Nun steht die erste therapeutische Blütezeit an. Wichtige Entscheidungen bezüglich der weiteren Tätigkeit müssen möglicherweise getroffen werden. Zunehmend dominieren Vernunft, Expertise und erworbenes Standing über emotionale Turbulenzen, ein eigener Stil entwickelt sich. Trotz einem scheinbaren angekommen Sein in der Therapeutengilde bedarf es der Fähigkeit, noch zu oft sich spürbar bemerkbar machende Kompetenzdefizite geschickt zu kompensieren, worin ebenfalls eine wichtige Entwicklungsaufgabe zu entdecken ist. Es zeugt von hoher therapeutischer Befähigung, dort Lösungen zu finden, wo es scheinbar keine gibt. Die Entwicklung von Selbstvertrauen und die Gabe, sich selber helfen zu können sind Indikatoren einer gelingenden Entwicklung.

Die nächste unvermeidbare Entwicklungsaufgabe besteht darin, einen eigenen, individuellen therapeutischen Stil auszuformen und zunehmend autonom zu agieren. Je nach Entfaltungsdrang regiert ein mehr oder weniger starker Wunsch nach Freiraum zur Erprobung und Verwirklichung eigener Ziele im Therapieberuf. Man kann diese Phase auch mit der Pubertät vergleichen. Es ist eine Zeit von Sturm und Drang. Bisher klaglos akzeptierte Vorgaben werden kritisch hinterfragt, die Emanzipation steht an. Alte Konzepte werden jetzt erst einmal zu eng, die gewonnene therapeutische Sicherheit erlaubt nun weiterführende Ausflüge und Expeditionen, damit aber wiederum schmerzliche Schrammen und vielleicht auch erste Narben. Diese überaus spannende und desgleichen herausfordernde Phase wird darüber entscheiden, ob sich Entwicklung darin erschöpft, dass Altbekanntes nur in neuem Gewand mit anderem Namen zum Einsatz kommt oder ob tatsächlich Neues entsteht, ein eigenes Produkt, ein – wie aus der Wirtschaft bekannt – Branding.

Dieser Übergangsphase mit einem Schwanken zwischen Autonomie und Abhängigkeit, Selbstüberschätzung und Selbstzweifeln folgt die Phase der eindeutigeren Ausrichtung. Fragen der Spezialisierung rücken in den Fokus. Es sind Plateauphasen zu erwarten und doch lösen sich unentwirrbar erscheinende Probleme auf, Verwicklungen können umso mehr in Entwicklung münden. Die nun vielfältig wechselnden Tempi und Modi in der Behandlung stellen eine Herausforderung und deren gute Bewältigung und Integration eine bedeutsame Entwicklungsaufgabe dar. Wenn diese Phase gut gelingt, kann sich daraus der autarke, starke, charismatische, selbstvertrauende Therapeut entwickeln. Das ist sicher ein gewagtes Postulat, aber auch schwer zu widerlegen.

6.4 · Modelle

Jetzt ergeben sich Flow-Erlebnisse (Csikszentmihalyi, 2008) und Phasen hoher Produktivität, die Arbeit erfolgt auf solider Basis, es gibt vielerlei Zugewinn. Dies kann auch als Aufstiegsphase betrachtet werden. Hier kann man im Rahmen des eingangs erwähnten Lernprozesses vom Stadium der „conscious competence" sprechen. Der Therapeut ist sich seiner Fähigkeiten, aber auch seiner Schwachstellen weitestgehend bewusst und setzt seine Kompetenzen gezielt ein. Die Abgrenzung von anderen stärkt die eigene Identität und doch lautet die Entwicklungsaufgabe, nicht zu sehr der Kultivierung des Einzelkämpferdaseins anheim zu fallen. Spätestens jetzt werden wichtige Weichen für die weitere Berufslaufbahn nicht nur gestellt, sondern dieser Weichenstellung wird auch gefolgt.

Das Noviziat ist nun definitiv vorbei, ab jetzt agiert der voll selbstverantwortliche Psychotherapeut mit allen Weihen. Bei hinzugewonnenen Routinen sind Überlegungen nicht fern, zusätzliche Qualifikationen zu erwerben, vielleicht eine weitere Ausbildung zu beginnen. Hier besteht die Entwicklungsaufgabe darin, nicht einem Perfektionismusstreben oder einem eigenen Vervollkommnungs-Diktat zum Opfer zu fallen, sondern durch sachliches Abwägen von Vor- und Nachteilen persönlich richtige und vertretbare Entscheidungen zu treffen.

Wenn nach allen Anfangswehen die frühe Therapeutenschaffenszeit als Aufbauphase mit vielerlei Zugewinnen und Herausforderungen bewältigt ist, dann kann die darauf folgende mittlere Phase des Therapeutendaseins eine durchaus sehr stabile, hochproduktive und befriedigende Zeit sein. Die Ausrichtung der Therapie ist noch erkennbar Schulen konform, aber längst nicht mehr eindimensional, sondern um manche Elemente verschiedener Therapierichtungen bereichert. Man könnte diese Zeit auch als Karrierephase beschreiben, die Erfolgsorientierung ist eine wichtige Triebfeder.

Wenn Abläufe nahezu automatisiert sind, Routinen in bewährter Weise die Therapie bereichern, klare Abläufe und Strukturen wie von selbst greifen, das eigene Tempo gefunden ist und dergleichen mehr, dann ist der Psychotherapeut in seiner Entwicklung im Stadium der „unconscious competence" angekommen. Es ist nicht mehr erforderlich, bewusst viel planen oder vorbereiten zu müssen, der Therapeut hat bei sich eine Heimat gefunden und ist weg vom reinen Pflichtprogramm längst in der Kür angekommen. Jetzt ist Sicherheit spürbar, das Therapieren geht leicht von der Hand, mutet gar spielerisch an. Es bleiben Freiräume, um zu experimentieren, den eigenen Stil zu modifizieren, Neues zu importieren und immer weiter weg von der grundlegenden Ausbildung Vielfalt in der Therapie zu leben. Hier besteht eine wichtige Entwicklungsaufgabe darin, bei aller erlebten Selbstverständlichkeit die Bodenhaftung nicht zu verlieren und sich der weiterhin aktiven eigenen blinden Flecken bewusst zu sein. In dieser Zeit kann es aber auch sein, dass manche Träume und Ziele vom Anfang der Laufbahn nun endgültig ad acta gelegt werden müssen. Anspruch und Wirklichkeit sind bekanntermaßen nicht wunschgemäß kompatibel. Schon Goethe konstatierte „Es ist dafür gesorgt, daß die Bäume nicht in den Himmel wachsen" (Goethe, 1998, S. 481). Andererseits können jetzt auch konkrete Pläne reifen, eben doch eine Supervisorenausbildung zu machen, als Selbsterfahrungsleiter aktiv zu werden, einen Lehrauftrag anzunehmen oder endlich das so lange schon notwendige und am Markt sträflich fehlende Fachbuch zu schreiben. Wunsch, Fähigkeiten, Belastungsgrenzen und Realität in Einklang zu bringen, kann jetzt die zentrale Aufgabe in der Ausgestaltung der Therapeutenpersönlichkeit sein. Entwicklung kann auch bedeuten, sich von Hinzugewonnenem und passend Gemachtem wieder zu befreien und zu alten Routinen und Wertigkeiten zurückzukehren. Diese Freiheit darf sich der langgediente Psychotherapeut sicher gewähren.

Jeder Psychotherapeut wird irgendwann unausweichlich auf die Zielgerade seiner Schaffenslaufbahn einbiegen. In den letzten Berufsjahren kann eine nachlassende Belastbarkeit eine zu bewältigende Aufgabe sein, aber auch der allmählich immer unausweichlichere Kampf gegen Saturiertheit und eine Alltagsmüdigkeit. Allzu viel Neues kann den erfahrenen Therapeuten nun nicht mehr überraschen, motivieren oder herausfordern. Die sorgsame Planung der Restberufszeit ist eine wichtige Entwicklungsaufgabe. Die Frage nach dem Zweck des eigenen Therapeutendaseins kann sich stellen, denn der Wunsch nach Sinn und Erfüllung im Beruf wird nur bei wenigen je ganz befriedigt sein.

Ähnlich wie man in eine berufliche Rolle hineinfinden muss und dies Zeit und mancherlei Hilfen braucht, so muss man aus dieser Rolle auch wieder herausfinden können. Es gilt, irgendwann das Tempo zu drosseln, Fokussierungen und neue Prioritätensetzungen zuzulassen, die Endlichkeit des eigenen Schaffens zu akzeptieren, sich jetzt dann doch noch manche Rosinen herauszupicken, zu resümieren und allmählich den Landeanflug einzuleiten. In dieser finalen Phase können die letzten Therapien vor dem Ruhestand eine besondere Bedeutung gewinnen. Insgesamt kann es eine spannende Aufgabe sein, sich darüber klar zu werden, wie man als Therapeut in Erinnerung bleiben will und was man als persönliches therapeutisches Vermächtnis betrachten möchte.

Wenn dann doch der Ruhestand unerbittlich die Therapeutenkarriere beendet, so werden es sich manche Profis nicht nehmen lassen, wenigstens noch ein paar Therapiestunden, handverlesene Supervisionen oder auch wichtige Vorträge anzubieten. Wer zu lange wichtig war, dem fällt es schwerer, plötzlich nicht mehr gebraucht zu werden. Es kann aber eine sehr bedeutende Entwicklungsaufgabe sein, tatsächlich einen Schlussstrich zu ziehen und sich ganz der Rolle als Privatmensch zu widmen.

Diese Skizzierung möglicher Entwicklungsphasen und damit verbundener Entwicklungsaufgaben entbehrt einer wissenschaftlich fundierten Grundlage, kann und soll aber zum Nachdenken anregen und helfen, die eigene Entwicklung der Therapeutenpersönlichkeit nicht automatisch, unreflektiert und unbewusst vonstattengehen zu lassen. Zur Abrundung kann an dieser Stelle zum Selbstcheck eingeladen werden: Behandeln sie einen ausgemachten Narzissten und sie werden erfahren, wie weit sie in der Entwicklung einer stabilen Therapeutenpersönlichkeit sind.

6.5 Das Entwicklungspotential von Krisen

Ein Leben ohne Krisen mag im Paradies möglich sein, aber ein solches gibt es ja bekanntlich schon lange nicht mehr. Krise ist definiert als „allgemein schwierige Lage. Psychologie: entscheidender Abschnitt eines psychologischen Entwicklungsprozesses oder bestimmter Lebenssituationen, der für das weitere Persönlichkeitsschicksal bestimmend ist" (Meyer großes Taschenlexikon, 1999). Krisen, bedingt durch innere wie auch äußere Belastungen, beinträchtigen das seelische Gleichgewicht und es bedarf der Aufwendung psychischer Energie, derlei Belastungen zu bearbeiten und Homöostase wieder herzustellen (vgl. Rupp, 2017). Der Literat Max Frisch sah das etwas optimistischer, denn für ihn kann Krise ein produktiver Zustand sein, man muss ihr nur den Beigeschmack der Katastrophe nehmen. Welche Krisen aber schlagen schwer heilende Wunden, führen zu Behinderungen oder machen stärker, unverwundbarer und fördern Kompetenz und Resilienz? Eine Krise ist beileibe kein behaglicher Zustand, aber "… discomfort is a catalyst for learning and change" (Rosen & Swann,

2018, S. 62) oder wie Brooks (2015) behauptet, bringt Glücklichsein viel Freude aber das Leiden kultiviert den Charakter. Bemerkenswert sind Ergebnisse einer Studie von Barthel et al. (2011), wonach 69 % der Ausbildungsteilnehmer in einem psychodynamischen Verfahren und 32 % der Ausbildungsteilnehmer in Verhaltenstherapie psychotherapeutische Vorerfahrungen außerhalb der Selbsterfahrung angaben und dass der Großteil der Befragten diese Therapieerfahrungen als positiv bewertete. Rudolf (2016) weist darauf hin, dass eine eigene Psychotherapieerfahrung der Ausbildungsteilnehmer einerseits die Chance birgt, gemachte positive Erfahrungen dann als Psychotherapeut weiterzugeben. Andererseits besteht auch ein Risiko für zukünftige Psychotherapeuten, persönliche Konflikte nicht aufgelöst zu bekommen oder sich von den eigenen Psychotherapeuten nicht klar genug ablösen zu können und folglich in der so wichtigen Identitätsentwicklung blockiert zu sein (Barthel et al., 2011). Es kann verpflichtender Teil einer Psychotherapieausbildung sein, eine Eigentherapie als Teil der Qualifikation einzufordern (Grawe et al., 2001, S. 11). Die eigenen Erfahrungen als Patient prägen die Entwicklung der Therapeutenpersönlichkeit. Böswillige Ignoranten mögen die vielfältigen eigenen Therapieerfahrungen der Helfer als Beweis des Klischees werten, dass die Psychotherapeuten selber eine Meise haben.

Neben den Krisen wird es über die gesamte Entwicklung der Therapeutenpersönlichkeit hinweg erhoffte, erwartete aber auch gänzlich unerwartete positive und damit inspirierende und leitende Einflüsse geben. Aus eigener Erfahrung war das etwa ein sehr inspirierender Supervisor, die zufällig entdeckten, wirklich guten (Fach-)Bücher, eine außergewöhnliche, sehr beeindruckende Fortbildung wie beispielsweise körperorientierte Verfahren in der Verhaltenstherapie, sehr lehrreiche, unvergessliche Patienten, die Verfügbarkeit besserer Rahmenbedingungen oder auch die Erkenntnis, dass man aus manchen lange so wichtigen und gut passenden Schuhen herausgewachsen ist, wie etwa der orthodoxen Verabreichung der Rational-Emotiven-Therapie.

Ein Psychotherapeut, klinischer Psychologe oder Sozialarbeiter wird unausweichlich ein Berufsleben lang mancherlei Krisen erleben, die unzweifelhaft eine mitunter hohe Belastung darstellen, in jedem Fall aber eine Bewältigung, eine Anpassungsleistung und nicht selten eine Neuprogrammierung erforderlich machen. Gerade in letzterem kann sehr viel Entwicklungschance stecken. Die Liste möglicher Therapeuten-Krisen dürfte nicht abzählbar sein, zumal es keine Festlegung gibt, was hierbei als Krise gilt. Deshalb seien im Folgenden nur ein paar Beispiele genannt. Ein Therapieabbruch kann auch als Entlastung erlebt werden, wenn etwa mit einem Patienten keine tragfähige therapeutische Allianz gefunden werden kann. Der verantwortliche Psychotherapeut wird vermutlich nicht umhin kommen, Selbstzweifel zu erleben, eigene Anteile am ungeplanten vorzeitigen Therapieende als schuldhaft zu erleben, vielleicht auch Scham zu verspüren und sich bei häufigeren Therapieabbrüchen möglicherweise Sorgen um seine Kompetenz und sein berufliches Auskommen machen. Die Krise des Patienten sollte nicht zur Krise des Therapeuten werden, denn er sollte handlungsfähig bleiben. Dennoch wird akute aber auch anhaltende Suizidalität eines Patienten den Therapeuten zumindest an den Rand krisenhaften Erlebens führen können. Der vollzogene Suizid eines Patienten stellt zweifellos eine schwere Belastung für den Therapeuten dar. Rückläufige und insgesamt mangelnde Neuanmeldungen, zu wenige einfache oder erfolgreich verlaufende Therapien, Übergriffe durch Patienten, körperliche Angriffe, aber auch das Feststellen eines eigenen, möglicherweise schwerwiegenden Behandlungsfehlers können Therapeutenkrisen auslösen.

Krisen aufseiten des Therapeuten können auch darin begründet sein, dass sich immer mehr das Erleben von Langeweile in der Therapie breit macht, dass Ideenebbe, Ödnis und Motivationsverlust den Therapiealltag bestimmen. Auch die Wahrnehmung, dass zwischen dem eigenen therapeutischen Vorgehen und dem Wirken von Kollegen erhebliche Diskrepanzen bestehen, die wiederholte Erfahrung, dass die Theorie nie zur Realität passt und damit verbunden sich immer öfter aufdrängende Gedanken, sich nach beruflichen Alternativen umzusehen oder auch doch nur die eigene Herangehensweise und die therapeutische Haltung grundlegend neu ausrichten zu müssen, führen oft zu Zuspitzungen und damit zu Krisen. Wenn Omnipotenzphantasien durch die Realität entmystifiziert werden, kann dies in eine narzisstische Kränkung münden und damit in eine persönliche Kalamität münden. Dazu tragen Beschwerden von Patienten bei, aber auch zum Teil anhaltende negative Rückmeldungen durch Patienten, wie „Das bringt mir nichts!", „Nun geht es mir noch schlechter als vorher!", „Ich kann mit diesen Methoden nichts anfangen!". Schließlich sind private Notlagen eines Therapeuten eine gute Anschubhilfe für berufliche Schwierigkeiten. Krisen können ein letztendlich zwar nicht erwünschtes, dann aber doch positives Agens der Entwicklung der Therapeutenpersönlichkeit sein. Das muss es aber nicht in jedem Fall heißen. Entwicklung nach Krisen kann auch bedeuten, dass aus vormals hoffnungsfrohen, guten Behandlern frustrierte Schmalspurtherapeuten, vorsichtige Schadensvermeider und sich selbst abschottende Zyniker werden. Schädlich kann sich auch auswirken, wenn aus wiederholten oder prinzipiell nicht gut verarbeiteten und damit nicht integrierten Krisen Orientierungslosigkeit, ein konfuser Methodenmix, eine wagemutige Alles-oder-Nichts-Therapie oder eine mit Interventionen überfrachtete Behandlung resultiert. Wenngleich vielleicht eher die Ausnahme, so wäre auch die Konzentration auf reine Feinschmeckertherapien, worin sich der Therapeut in all der Problemgemengelage nur die therapeutisch effektiv zu bearbeitenden Rosinen herauspickt, Produkt einer fehlgeleiteten Entwicklung.

> **Mal ehrlich**
> Was waren ihre bisher schlimmsten Fälle? Welche Patienten oder Psychotherapieverläufe gehen ihnen nicht aus dem Kopf und was sind die Gründe dafür? Was waren ihre bisher besten Fälle? Welche Patienten oder Psychotherapieverläufe sind ihnen jederzeit fast schwärmerisch präsent und warum? Könnten sie benennen, welchen Einfluss derlei längst abgeschlossenen, aber offenbar noch virulenten Fälle oder auch Erfahrungen auf die Entwicklung ihrer Therapeutenpersönlichkeit nahmen?

6.6 Kritische Würdigung

In Wirtschaft oder Technik gilt ein Produkt dann als ausgereift, wenn es stabil, wenig fehleranfällig, zuverlässig, beliebt, erschwinglich, weit verbreitet und dergleichen mehr ist. Sind vergleichbare Kriterien tatsächlich zu verwenden, wenn wir einen ausgereiften Psychotherapeuten charakterisieren wollen? Van Gogh war seiner Zeit weit voraus und wiewohl er bald nach seinem Tod als genialer Künstler entdeckt wurde, konnte er zu Lebzeiten kaum begeistern. Die Entwicklung der Therapeutenpersönlichkeit soll nicht nur dem Therapeuten, sondern auch der Klientel dienen und diese wandelt sich permanent. Die Dynamik in diesem Veränderungsprozess ist hier sicher reiner Stabilität vorzuziehen. Jeder Zugewinn in der Entwicklung der Therapeutenpersönlichkeit auf einer Seite mag Abstriche auf anderer Seite bedeuten können oder müssen. Mehr Empathie kann zulasten der Direktivität gehen, mehr strukturierte, evidenzbasierte Professionalität schmälert sehr wahrscheinlich intuitiv-spontanes Vorgehen oder wie es Brooks (2015, S. 197) benennt „… each virtue comes with its own vice – self-confidence with pride, honesty with brutality, courage with recklessness, and so on." Perfektion wird es also auch hier nicht geben, aber das ahnten wir ja schon. Unumstößliches Primat bleibt aber, dass sich ein Therapeut in seinem therapeutischen Wirken niemals von seinen Patienten wegentwickeln darf, wenn er hilfreich bleiben will.

6.7 Fazit

Wenn die Entwicklung der Therapeutenpersönlichkeit kein reiner Selbstzweck ist, dann muss die Frage erlaubt sein, ob der gut entwickelte Psychotherapeut mehr Erfolg hat. Was aber gilt als ein Therapieerfolg? Eine Heilung oder nur Symptomfreiheit, die Behandlungszufriedenheit des Patienten, es geschafft zu haben, dass der Patient sicher nie mehr eine Psychotherapie in Anspruch nehmen wird (aber das vermag auch ein völlig inkompetenter Therapeut), erreicht zu haben, dass der Patient seine Lage und Probleme besser erkennen kann, dem Patienten zu besserem Selbstmanagement verholfen zu haben oder aber schlichtweg den Patienten befähigt zu haben, seine Lage und Probleme akzeptieren zu können? Voos (2016) zitiert eine Studie von Goldberg et al. (2016), wonach sich die Therapieergebnisse mit zunehmender Erfahrung der Therapeuten eher verschlechtern, wenngleich dies ein 60 : 40 Ergebnis ist und damit nicht allzu dramatisch ausfällt. Die Erfahrung von Psychotherapeuten sollte aber nicht nur an deren Berufsjahren und damit an der Quantität festgemacht werden, sondern an den in diesen Jahren erworbenen Qualitäten. Wenn die Therapeutenpersönlichkeit eine kaum zu messende, aber doch sehr bedeutende Rolle spielt, dann ist es nach wie vor fahrlässig, dass die Entwicklung der Therapeutenpersönlichkeit nicht unbedingter, verpflichtender Bestandteil einer jeden Therapieausbildung ist.

Vom Ende her gedacht sollte man sich nach all dem eben dargelegten gemäß Covey (2004) ganz zu Beginn der Therapeutenlaufbahn klar darüber sein, was man als Psychotherapeut am Schlusspunkt der Karriere erreicht und bewirkt haben möchte und wie man in Erinnerung bleiben will. Diese Klarheit kann Entwicklungsschritte bewusster einleiten und zielgenauer die eigene Entwicklung steuern. Noch ein schneller Selbstcheck: Wenn sie sich eine Linie mit zwei Polen vorstellen und dabei an einem Pol den Anfänger im Psychotherapieberuf verorten und am anderen Pol den Profi. Wo würden sie sich nach dem eben Erfahrenen aktuell einordnen?

Und dann doch noch eine persönliche Bemerkung: Ich möchte endlich der Psychotherapeut sein, der ich sein wollte, ehe ich begann, tatsächlich Psychotherapeut zu werden bzw. dazu ausgebildet zu werden. Als nachhaltig wirksam erlebe ich mich weniger in der Anwendung von Wissen und Techniken, sondern eher wenn ich mich selbst einsetze. Das mag Hybris sein, die aber hier verantwortet werden kann.

> **Zum Mitnehmen**
> Grundlegende Aspekte der Entwicklung der Therapeutenpersönlichkeit lassen sich selbstverständlich benennen, jedoch niemals auch nur annähernd vollständig. Unbedingt erhellend kann es sein, als Psychotherapeut die eigene Biographie zu schreiben, denn darin liegt die Chance der Reflexion, der Konfrontation, der Akzeptanz, des Erklärens, Verstehens und Einordnens. Dies kann damit eine in Eigenregie dosierte Form der Selbsterfahrung und Selbsttherapie sein und es kann der eigenen Kalibrierung und somit dem Patientenwohl dienen.

Weiterführende Literatur

Barthel, Y., Lebiger-Vogel, J., Zwerenz, R., Beutel, M. E., Leuzinger-Bohleber, M., Schwarz, R., Thomä, H., & Brähler, E. (2011). *Motive zur Berufswahl Psychotherapeut. Psychotherapeutenjournal, 4*(2011), 339–345.

Brakemeier, E.-L. & Jacobi, F. (Hrsg.)(2017). *Verhaltenstherapie in der Praxis*. Beltz

Brooks, D. (2015). *The road to character*. Penguin.

Buber, M. (2008). *Ich und Du*. Reclam.

Cascio, J. (2020). Facing the age of chaos. ▶ https://medium.com/@cascio/facing-the-age-of-chaos-b00687b1f51d.

Covey, S. R. (2004). *The seven habits of highly effective people*. Free Press.

Csikszentmihalyi, M. (2008). *Flow. the psychology of optimal experience*. Harper Perennial.

Culley, S. & Bond, T. (2013). *Integrative counselling skills in action* (3rd ed.). SAGE Publications Ltd.

Drucker, P.F. (1999). *Managing oneself. HBR's 10 must read. On managing yourself* (2010, S. 13–32). Harvard University Press.

Eichenberg, C. & Brähler, E. (2008). Beruf „Psychotherapeut": Motivation zur und Zufriedenheit mit der Berufswahl. *Psychotherapie, Psychosomatik, Medizinische Psychologie, 58*, 265–268. Thieme.

Fox Cabane, O. (2012). *The Charism myth. Master the Art Of Personal Magnetism*. Portfolio Penguin.

Freud, S. (1917). *18. Vorlesung. Die Fixierung an das Trauma, das Unbewusste. Vorlesungen zur Einführung in die Psychoanalyse (1915–1917). Studienausgabe Band I (1989). Vorlesungen zur Einführung in die Psychoanalyse und Neue Folgen*. S. Fischer.

Freud, S. (1933). *31. Vorlesung. Die Zerlegung der psychischen Persönlichkeit. Neue Folgen der Vorlesungen zur Einführung in die Psychoanalyse. Studienausgabe Band I (1989). Vorlesungen zur Einführung in die Psychoanalyse und Neue Folgen*. S. Fischer.

Fröhlich, W. D. & Drever, J. (1979). *dtv Wörterbuch zur Psychologie* (12. Aufl.). Deutscher Taschenbuch.

Goethe, J. W. (1998). *Dichtung und Wahrheit*. Reclam.

Goethe, J. W. (2007). *Sämtliche Gedichte*. Insel.

Goldberg, S. B., Rousmaniere, T., Miller, S. D., Whipple, J., Nielsen, S. L., Hoyt, W. T., & Wampold, B. (2016). Do psychotherapists improve with time and experience? A longitudinal analysis of outcomes in a clinical setting. *Journal of Counselling Psychology, 63*(1), 1–11.

Grawe, K., Donati, R., & Bernauer, F. (2001). *Psychotherapie im Wandel. Von der Konfession zur Profession*: Hogrefe.

Greve, W., & Greve, G. (2009). Psychotherapie in Zeiten des Wandels: Einheit in Vielfalt. *Psychotherapeutenjournal, 4*(2009), 366–372.

Jeschke, K., & Wolff, S. (2010). Zwischen Wachstum und Stagnation – Die professionelle Entwicklung von Psychotherapeut/inn/en über die Lebensspanne. *Psychotherapeutenjournal, 1*(2000), 25–33.

Knappe, S. & Härtling, S. (2017). *Diagnostik und Verhaltensanalyse*. Beltz.

Lindauer, J. (2006). *Lateinische Wortkunde. Bildung, Bestand und Weiterleben des lateinischen Grundwortschatzes* (2. Aufl.). Buchner, Lindauer, Oldenburg.

Maxwell, J. C. (2011). *How successful people lead*. Hachette Book Group.

McLeod, J. (2004). *The counsellor's workbook. Developing a personal approach*. Open University Press.

Meyers großes Taschenlexikon. (1999). 7. neu bearbeitete Auflage. Meyers Lexikonredaktion.

Montada, L. (1998). Fragen, Konzepte, Perspektiven. In: Oerter, R. & Montada, L. (Hrsg.) *Entwicklungspsychologie* (4. korrigierte Aufl., S. 1–83). Beltz Psychologie Verlags Union.

Neyer, F. J., & Asendorpf, J. B. (2018). *Psychologie der Persönlichkeit* (6. Aufl.). Springer.

Oerter, R. (1998). Kultur, Ökologie und Entwicklung. In: Oerter, R. & Montada, L. (Hrsg.), *Entwicklungspsychologie* (4. korrigierte Aufl., S. 84–127). Beltz Psychologie Verlags Union.

Ovid (1997). *Metamorphosen*. Reclam.

Owen, J. (2015). *How to Lead* (4th ed.). Pearson.

Quinn, R.E. (2005). *Moments of Greatness. HBR's 10 Must Read. On Managing Yourself* (2010, S. 127–145). Harvard University Press.

Rosen, B. & Swann, E.K. (2018). *Conscious. The Power of Awareness in Business and Life*. Wiley.

Rudolf, G. (2016). *Psychotherapeutische Identität*. Vandenhoeck & Ruprecht.

Rupp, M. (2017). *Notfall Seele. Ambulante Notfall- und Krisenintervention in der Psychiatrie und Psychotherapie* (4., aktualisierte Aufl.). Thieme.

Schwanitz, D. (2002). *Bildung. Alles, was man wissen muss*. Eichborn.

Sinek, S. (2009). *Start with why*. Portfolio Penguin.

Voos, D. (2016). Psychotherapie. Führt zunehmende Erfahrung der Therapeuten zu besseren Ergebnissen? *Psychotherapie im Dialog, 2*, S. 8.

Wöller, W., & Kruse, J. (2018). *Tiefenpsychologisch fundierte Psychotherapie*. Schattauer.

Yalom, I. D. (2017). *Wie man wird, was man ist. Memoiren eines Psychotherapeuten*. btb.

Eine theoretische Annäherung

Inhaltsverzeichnis

7.1 **Grundsätzliche Überlegungen** – 54

7.2 **Begriffsklärung** – 54

7.3 **Kritische Würdigung** – 55

7.4 **Fazit** – 56

Weiterführende Literatur – 57

© Der/die Autor(en), exklusiv lizenziert an Springer-Verlag GmbH, DE, ein Teil von Springer Nature 2025
S. Gerhardinger, *Entwicklung der Therapeutenpersönlichkeit*,
Psychotherapie: Fort- & Weiterbildung, https://doi.org/10.1007/978-3-662-70477-6_7

Es gibt nichts Praktischeres, als eine gute Theorie.
Immanuel Kant

> **? Frequently Asked Question**
> Wenn es eine Theorie zur Entwicklung der Therapeutenpersönlichkeit gäbe, was wären deren Kernaussagen und wie praktikabel wäre diese Theorie?

7.1 Grundsätzliche Überlegungen

Die Entwicklung einer Therapeutenpersönlichkeit vollzieht sich unweigerlich, ob bewusst oder unbewusst, ob gelenkt oder eher zufällig, ob implizit oder explizit. Es lässt sich darüber räsonieren, welche Einflussgrößen dabei wirken, nach welchen Mustern oder Prinzipien diese Entwicklung verläuft, ob es eine bestimmte Reihenfolge der Entwicklungsschritte gibt. Man kann sich auch die Frage stellen, welche Kompetenzen und Qualitäten entwickelt werden müssen und ob es einen Endpunkt und damit eine vollständige Entwicklung, einen Zielzustand gibt. Lässt sich die Entwicklung der Therapeutenpersönlichkeit in einer Theorie abbilden, worin Entwicklungsschritte widerspruchsfrei operationalisiert sind? Was wäre Sinn und Nutzen einer solchen Theorie? Eine Theorie der Entwicklung der Therapeutenpersönlichkeit müsste aufbauen auf einer Theorie der Psychotherapie und psychologischen Beratung. Die Psychotherapie- oder Beratungspsychologie-Theorie müsste Antworten auf wenigstens folgende Fragen geben können: Was sind Gründe für psychische Probleme? Was sind grundlegende Prinzipien der Veränderung? Wie ist die Rolle des Therapeuten oder Beraters definiert? Was sind Kennzeichen einer optimalen Therapeut-Patient-Beziehung? Welche Interventionen müssen bei einer bestimmten Indikation Verwendung finden? Was sind Ziele der Therapie und Beratung? Was sind Erfolgskriterien? Welchen Einfluss haben kulturelle Faktoren, Kognition, Emotion und biologische wie genetische Faktoren auf das Problemverhalten der Patienten und auf den Beratungs- bzw. Therapieprozess? (vgl. McLeod, 2004, S. 47).

In der Beschreibung der Entwicklung der Therapeutenpersönlichkeit stehen wir nicht gerade ganz am Anfang, aber alle Erkenntnisse, Erfahrungen, Überlegungen oder Postulate dazu liegen bisher in sehr unverbundener Form vor. Zentrale Aspekte werden an verschiedenen Stellen beleuchtet, jedoch unterblieb bisher eine strukturierte Integration. Somit müssten zunächst Grundlagen für eine zu definierende Theorie geschaffen werden.

7.2 Begriffsklärung

Wenngleich der Begriff Theorie sehr geläufig zu sein scheint, zumindest theoretisch, sei eine Begriffsklärung angeführt. Eine Theorie widmet sich originär der Betrachtung und Anschauung von Sachverhalten und folglich der ordnenden Verknüpfung und der Zusammenschau von Beobachtungen und Daten (Meyers großes Taschenlexikon, 1999). Fröhlich und Drever (1979) definieren Theorie wie folgt: „Allgemeine und umfassende, vieldeutige Bezeichnung für Aussagen über Einsichten oder Erkenntnisse auf breitester (genereller und abstrakter) Basis, meist formal-begrifflicher Natur und in mehr oder weniger engem Zusammenhang mit Beobachtungen stehend, im Extremfall sogar völlig von Beobachtungen unabhängig oder prinzipiell aller Empirie entgegengesetzt." Davon abzugrenzen ist eine empirische, axiomatische Theorie, die sich auf Erfahrung beruhender Interpretationen bedient und damit über Regeln verfügt. „Diese Regeln erlauben die Zuordnung empirischer Inhalte zu den formalen Sätzen einer Theorie" (Orth, 1974, S. 96). Die Funktion einer Theorie besteht darin, Tatbestände zu erklären, künftige Ereignisse zu prognostizieren und die Realität zu gestalten. Die Theorie prüft ihre eigene Richtigkeit, da sie dem Postulat der Widerspruchsfreiheit unterliegt. Sie dient dem Generieren neuer Theorien. Eine Theorie besteht aus Axiomen, woraus Theoreme abgeleitet werden.

7.3 Kritische Würdigung

Der Versuch einer Theorie der Entwicklung der Therapeutenpersönlichkeit mag einige der eben genannten Kriterien bedienen, andere werden unerreichbar bleiben. Die Funktionen einer Theorie wären vermutlich auch bei einer Theorie zur Entwicklung der Therapeutenpersönlichkeit erfüllt. Axiome und Theoreme zu explizieren wird nach momentanem Kenntnisstand bis auf weiteres an nicht überbrückbare Grenzen stoßen. Die Kriterien einer Theorie sind damit weitestgehend nicht erfüllbar. Daher ist es weniger erstrebenswert, das Postulat einer Theorienbildung zu verfolgen, sondern eher dem Einzelkriterium der Produktivität zu folgen, d. h. Fragen aufzuwerfen, um Antworten zu generieren, die dann dem Kriterium der Anwendbarkeit zuträglich sind.

Die Psychotherapie folgt keinen festgelegten, logisch aufeinander aufbauenden Handlungsschritten, sie ist vielmehr ein offen hypothesengeleitetes Verfahren. Die Psychotherapie hat den Auftrag oder den Anspruch, notleidenden Menschen zu einer Weiterentwicklung bisher maladaptiver Strategien, Denk- und Verhaltensweisen und damit zu einer besseren Lebensbewältigung zu verhelfen. Wenn in der Psychotherapie keine schablonenhaften Vorgänge greifen, dann dürfte dies folgerichtig für die Entwicklung der Therapeutenpersönlichkeit ebenso zutreffen. Somit sollten wir uns an dieser Stelle von der Idee verabschieden, es könnte eine Theorie der Entwicklung der Therapeutenpersönlichkeit aufgestellt werden. Vermutlich müssen wir uns damit begnügen, dass wir allenfalls Vorstufen einer Theorie beschreiben können. Es gab aber auch eine vorsokratische Philosophie. Philosophie hat damit nicht erst mit Sokrates begonnen. Auch wenn die Theorie ausbleiben wird, können Grundlagen geschaffen werden. Sich dem sehr differenzierten Thema Entwicklung der Therapeutenpersönlichkeit empirisch fundierter, vollständiger, fokussierter anzunähern, um damit einen praktikablen, anwendbaren und mancher kritischen Prüfung standhaltenden Wissensstand zu schaffen, sollte aber erstrebenswert und möglich sein. Man wird damit zunächst die Praxis stärken, woraus sich aber folglich durchaus manche eindeutigere Aussagen oder gar Axiome als bisher ergeben können.

Die Psychologie ist die Wissenschaft des Erlebens und Verhaltens mit einem Innenaspekt und einem Außenaspekt. Entwicklung vollzieht sich im Bereich kaum empirisch überprüfbarer innerer Dimensionen. Die Ergebnisse der Entwicklung zeigen sich – auch nur zum Teil – im äußerlich beobachtbaren Verhalten und sind somit prinzipiell messbar, zumindest aber erkennbar. Nur dieser Teil von Entwicklung würde demnach den Kriterien einer Theorie genügen. Was man zumindest an dieser Stelle behaupten kann und was ein zu prüfender Gegenstand für die Zulassung als Axiom einer Theorie sein könnte, sind folgende Hypothesen: Ähnlich wie man nicht nicht kommunizieren kann, können sich Therapeuten nicht nicht entwickeln (vgl. Watzlawick, Beavin, Jackson, 2000). Die Entwicklung als privater Mensch und die Entwicklung als Therapeut lassen sich nicht voneinander trennen, sondern sind interdependent. Die Entwicklung der Therapeutenpersönlichkeit hat kein definiertes Ende. Nur wer sich selbst entwickelt, kann andere Menschen entwickeln, ihnen psychotherapeutisch helfen, denn Dynamik erfordert dynamisches Vorgehen und Vielfalt gebiert Vielfalt. Die Entwicklung der Therapeutenpersönlichkeit lässt sich nicht erzwingen oder beliebig beschleunigen, sie kann eine Vorwärts- oder Rückwärtsentwicklung sein,

Entwicklung kann auch stagnieren. Soweit zu möglichen, weiter auf Theorietauglichkeit zu prüfender axiomatischer Annahmen. Die Entwicklung der Therapeutenpersönlichkeit wird nie zur Gänze empirisch überprüfbar sein, denn neben aller Evidenzbasierung der Psychotherapie ist die nicht nach den Gesetzen des Messens (Orth, 1974) zu erfassende Einflussgröße „Wesen des Menschen" wirksam. Ein hermeneutischer, also verstehender Ansatz wird der Entwicklung der Therapeutenpersönlichkeit insgesamt eher gerecht werden, als der Versuch diesem Thema das Korsett einer Theorie aufzuzwängen.

Wenn man traditionelle Annahmen der allgemeinen Entwicklungspsychologie betrachtet (vgl. Montada, 1998, vgl. ► Kap. 6), wird deutlich werden, dass es derartige klare Kernaussagen für die Entwicklung der Therapeutenpersönlichkeit sehr wahrscheinlich nicht geben können wird. Sollte es tatsächlich wider allen jetzigen Wissens gelingen, eine allen notwendigen und hinreichenden Kriterien genügende Theorie der Entwicklung der Therapeutenpersönlichkeit aufzustellen, was wäre der praktische Nutzen daraus? Viel zu viele Theorien bleiben in der Praxis unentdeckt oder zumindest nicht aktiv. Diesen Theorieleichenbestand noch zu vergrößern scheint nicht unbedingt sinnvoll zu sein. Kettner (2013, S. 240) postuliert, „dass eine Theorie und eine von ihr mitbestimmte Praxis miteinander verwoben sind, sodass sich Unzulänglichkeiten der Theorie früher oder später immer auch in der betreffenden Praxis als praktische Probleme manifestieren."

> **Mal ehrlich**
> Hätten sie sich bisher als Therapeut leichter, besser, erfolgreicher, genauer entwickelt, wenn ihnen dafür eine Theorie zur Verfügung gestanden hätte?

7.4 Fazit

Eine Theorie erklärt nicht nur, definiert nicht nur Wesenheiten, sie zieht auch Grenzen, trennt das Zulässige von anderem. Theorien sind ex-klusiv, sie schließen somit manches aus. Im Thema Entwicklung der Therapeutenpersönlichkeit stecken aber noch sehr viele Aspekte, die weiterer Beachtung, Würdigung und Integration bedürfen. Ein stringentes Streben nach Theorie käme hier in jedem Fall verfrüht. Theorien geben uns vermeintliche Sicherheit. Wir verbinden damit Wahrheit, Richtigkeit und folglich unumstößliche Leitlinien. Eine Theorie dient oft als Goldstandard für unzweifelhaft richtiges Handeln. Wer einer Theorie folgt, muss aber nicht richtig liegen, denn eine Theorie kann falsch sein, auch wenn sie in sich widerspruchsfrei und in ihren Axiomen unwiderlegbar ist. Umgangssprachlich sagen wir gerne, dass etwas theoretisch klar sei, praktisch aber eben nicht. Theorien sind theoretisch, Psychotherapeutenentwicklung ist vornehmlich praktischer Natur und damit sieht man sich mit schwer überbrückbaren Diskrepanzen konfrontiert.

> **Zum Mitnehmen**
> Es gibt keine wissenschaftliche Theorie der Entwicklung der Therapeutenpersönlichkeit und es wird sie vermutlich auch in absehbarer Zeit nicht geben. Was es aber gibt sind Heuristiken, die in den richtigen Händen sehr viel Unterstützung auf dem Weg der Therapeutenpersönlichkeitsentwicklung bieten. Der Weg zu weiterem Erkenntnisgewinn ist bereitet.

Weiterführende Literatur

Fröhlich, W.D. & Drever, J. (1979). *dtv Wörterbuch zur Psychologie.* (12. Aufl.). Deutscher Taschenbuch.

Kettner, M. (2013). Philosophische Behandlung von Psychotherapie. Indikationen, Risiken und Nebenwirkungen. *Psychotherapeutenjournal , 3,* 239–245.

McLeod, J. (2004). *The counsellor's workbook. Developing a personal approach.* Open University Press.

Meyers großes Taschenlexikon (1999). *7. neu bearbeitete Auflage.* Meyers Lexikonredaktion.

Montada, L. (1998). Fragen, Konzepte, Perspektiven. In: Oerter, R. & Montada, L. (Hrsg.) (1998). *Entwicklungspsychologie* (4. korrigierte Aufl., S. 1–83). Beltz Psychologie Verlags Union.

Orth, B. (1974). *Einführung in die Theorie des Messens.* Kohlhammer.

Watzlawick, O., Beavin, J. H., & Jackson, D. (2000). *Menschliche Kommunikation.* Formen, Störungen, Paradoxien: Verlag Hans Huber.

Einflussgrößen in der Psychotherapie

Inhaltsverzeichnis

Kapitel 8   Motive zur Wahl des Psychotherapeutenberufes – 61

Kapitel 9   Inspiration durch Vorbilder – 71

Kapitel 10   Konfrontation mit der Realität – 75

Kapitel 11   Rahmenbedingungen und Einflussgrößen – 83

Kapitel 12   Prinzipien therapeutischen Handelns – 89

Kapitel 13   Die therapeutische Haltung: Eine Stilfrage? – 97

Kapitel 14   Merkmale des guten Therapeuten – 107

Kapitel 15   Eine Typologie: Vielfalt in der Psychotherapeutengilde – 117

Motive zur Wahl des Psychotherapeutenberufes

Inhaltsverzeichnis

8.1 Grundsätzliche Überlegungen – 62

8.2 Begriffsklärung – 63

8.3 Motive für die Wahl des Psychotherapeutenberufes – 64

8.4 Pro und Contra für die Wahl des Psychotherapieberufes – 67

8.5 Fazit – 68

Weiterführende Literatur – 69

© Der/die Autor(en), exklusiv lizenziert an Springer-Verlag GmbH, DE, ein Teil von Springer Nature 2025
S. Gerhardinger, *Entwicklung der Therapeutenpersönlichkeit*,
Psychotherapie: Fort- & Weiterbildung, https://doi.org/10.1007/978-3-662-70477-6_8

Es gibt bei jeder Handlung 1) das wirkliche Motiv das verschwiegen wird 2) das präsentable eigenständliche Motiv.
Friedrich Wilhelm Nietzsche

? Frequently Asked Question
Was motiviert Menschen, den Psychotherapieberuf zu ergreifen? Wie bewusst und klar sind diese Motive? Wie korrelieren Motive der Berufswahl mit der Therapeutenentwicklung und letztendlich auch mit Effektivität, Effizienz und Arbeitszufriedenheit?

8.1 Grundsätzliche Überlegungen

Man sollte den passenden Beruf wählen, andernfalls ist ein Berufsleben lang Mühsal, Überlastung oder auch Unterforderung und insgesamt Unzufriedenheit zu erwarten. Aber was ist ein richtiger Beruf und vor allem richtig für wen? Einem kleinwüchsigen Menschen würde man kaum raten, sich um eine Karriere als Profi-Basketballspieler zu bemühen. So etwas scheint auf der Hand zu liegen. Hier ist die körperliche Konstitution ein zumindest schwer zu kompensierender Nachteil. Dem klassisch extravertierten Gesellschaftsmenschen, einem Socializer, würde man vermutlich nicht empfehlen, sein ganzes Berufsleben lang in einem Einmannteam Leuchtturmwärter zu sein. Das mag etwas plakativ klingen, soll es aber auch. Welche Anhaltspunkte finden wir bzgl. der Motive der Berufswahl bei Psychotherapeuten? Gibt es Orientierungshilfen für eine möglichst gute spätere Passung von Beruf und Person? Welche Entwicklungsschritte begünstigen bestimmte Motive der Berufswahl und wie und wo beeinflusst der gewählte Beruf die persönliche und professionelle Entwicklung? Auch bei diesem Thema werden bei genauerer Betrachtung mehr Fragen entstehen, als Antworten darauf zu finden sind, aber das liegt in der Natur des zu untersuchenden Gegenstandes.

In der Bundesrepublik Deutschland arbeiten derzeit 40.769 Psychologische Psychotherapeuten, ärztliche Psychotherapeuten, Kinder- und Jugendlichenpsychotherapeuten (vgl. ▶ Kap. 4) und eine viel größere, nicht zu beziffernde Menge an psychologischen Beratern, Psychologen und Sozialpädagogen in Beratungsstellen, Kliniken und diversen sonstigen Einrichtungen und Diensten. Was beseelt all diese Menschen, in einen helfenden Beruf zu gehen, sich dem Auftrag der psychologischen Hilfe für oder auch der psychotherapeutischen Behandlung von Menschen zu stellen? Erfolgt diese Berufswahl bewusst, freiwillig, wohlüberlegt, mit Kalkül oder doch zumindest im Einzelfall eher zufällig, den äußeren Umständen geschuldet, fremdbestimmt oder gar notgedrungen? Es sind sicher sehr unterschiedliche zugrunde liegende Motive, welche die Berufswahl Psychotherapeut mitbestimmen. Hinzu kommt noch, dass sich die Zielvorstellung hinsichtlich des zu wählenden Berufes durchaus stark unterscheiden kann. Wird der Therapeutenberuf als ein Job unter vielen gesehen, als eine mehr oder weniger passende und akzeptable Form der Einkommensquelle? Handelt es sich um einen anzustrebenden Beruf, womöglich eine Berufung, sogar eine Passion oder Mission, also weit mehr als nur eine berufliche Tätigkeit? Gibt es ein Ranking der Berufe hinsichtlich Attraktivität, gesellschaftlichem Ansehen und persönlicher Kosten-Nutzen-Bilanz? Es gibt diese Ranglisten, aber beeinflussen sie tatsächlich überzufällig häufig die zu treffende Berufswahl? Vielmehr ist anzunehmen, dass nicht nur objektivierbare, rationale Gründe Entscheidungen bahnen, sondern insbesondere mancherlei ganz persönliche Beweggründe, die damit sicher nicht per se unvernünftig sein müssen.

Nach Sigmund Freud zählt der Beruf des psychotherapeutischen Analysierens zu einem von drei unmöglichen Berufen. „Machen wir einen Moment halt, um den Analytiker unserer aufrichtigen Anteilnahme zu versichern, daß er bei Ausübung seiner Tätigkeit so schwere Anforderungen erfüllen soll. Es hat doch beinahe den Anschein, als wäre das Analysieren der dritte jener ‚unmöglichen' Berufe, in denen man des ungenügenden Erfolgs von vornherein sicher sein kann. Die beiden anderen, weit länger bekannten, sind das Erziehen und das Regieren" (Freud, 1937, S. 94). Zu Zeiten Freuds war die Psychotherapie vornehmlich oder gar ausschließlich definiert durch analytisches Vorgehen im Rahmen der klassischen Psychoanalyse. Wenn man nun Freuds damalige Sichtweise auf aktuelle Gegebenheiten überträgt, so könnte man sich fragen, warum jemand aus freien Stücken Psychotherapeut wird, wenn doch auf der Hand liegt, welche Belastungen damit verbunden sind und wie unscharf Erfolgskriterien beschrieben sind. Vermutlich ist der Psychotherapieberuf trotz aller Restriktionen und Belastungen in der Summe doch sehr viel attraktiver, als dies auf den ersten Blick anzunehmen wäre. Eine weitere Erklärung für die Wahl eines nach Freud unmöglichen Berufes könnte sein, dass diese Entscheidung eben nicht ganz freiwillig, nicht völlig bewusst aus freien Stücken erfolgt. Möglicherweise liegt Wolfgang Schmidbauer (1977) nicht zur Gänze falsch, wenn er ein Helferleiden beschreibt. Tragen frühe Erfahrungen und Entbehrungen zur Entwicklung maladaptiver Schemata bei, welche uns dann unbewusst aber zielsicher in einen Kompensationsversuch und letztendlich nicht zu gewinnenden Kampf leiten? Laufen wir wie die Lemminge innerlich getrieben in den Therapieberuf, weil unser Helfer-Leiden und unsere narzisstische Bedürftigkeit uns keine andere Wahl lassen? Ist nicht schon die Psychologie und folglich auch die Psychotherapie möglicherweise die Krankheit, für deren Heilung sie sich hält?

Hier eine Wahrheit finden zu wollen wäre anmaßend und vertane Liebesmüh. Die tatsächlichen individuellen Motive der Berufswahl sind sehr heterogen und in der Summe nicht vollumfänglich bewusst oder zu explizieren. Im Folgenden seien nun bis dato gewonnene Erkenntnisse zusammengetragen. Möge dies der persönlichen kritischen Reflexion dienen und bei Bedarf der einen oder anderen Korrektur den Weg bereiten.

8.2 Begriffsklärung

Die Begriffe Motiv und Motivation sind uns, wie viele andere Fachtermini auch, so geläufig, dass wir mit Selbstverständlichkeit davon ausgehen, deren Bedeutung erfasst und verstanden zu haben. Zur Sicherheit seien diese psychologischen Begriffe dennoch kurz skizziert. Motiv kann wie folgt definiert werden: „Motiv (motive) wird manchmal der spezifische Erregungs- und Spannungszustand genannt, der im Organismus in Bezug auf eine bestimmte Situation zielgerichtetes Verhalten in Gang bringt und es aufrechterhält. Die Gründe können dabei als bewusst oder unbewusst klassifiziert werden" (Fröhlich & Drever, 1979). Motivation hingegen bedeutet: „Motivation (motivation). (1) Aus dem Lat. motivus (Bewegung auslösend) stammende allgemeine und umfassende Bezeichnung für intervenierende Prozesse, die das Verhalten hinsichtlich seiner Auftretenswahrscheinlichkeit, Dauerhaftigkeit, Intensität und Zielorientiertheit mitbestimmen und dabei vorwiegend auf innere Prozesse wie z. B. Antriebe, Bedürfnisse, Drang, Einstellungen, Interessen, Triebe oder Willen und weniger auf äußere Reize zurückführbar sind." Oder auch „(2) Hypothetisches Konstrukt zur Erklärung des Verhaltens, z. B. zur Beantwortung der Frage, warum jemand in einer bestimmten Situation so und nicht anders handelt" (Fröhlich & Drever,

1979). Motiv kann demnach beschrieben werden als überdauernde Handlungsbereitschaft oder Wertungsdisposition, es ist somit ein Grund, ein Anlass etwas zu tun, Initiative zu ergreifen. Durch die Anregung eines Motivs entsteht ein aktueller Prozess, eine Motivation, wodurch Richtung, Intensität und Ausdauer einer Aktivität bestimmt werden. Es resultiert also aus einem Anlass Energie, die zielgerichtet bewegt, bis das Ziel erreicht und damit der Motivationsprozess abgeschlossen werden kann.

Es lassen sich explizite von impliziten Motiven unterschieden und grundsätzlich kann man in die Segmente Leistungsmotiv, Machtmotiv und Anschlussmotiv kategorisieren. Eine weitere Spezifizierung besteht darin, Annäherungsmotive und Vermeidungsmotive zu unterschieden. Annäherungsmotive könnte man philosophisch oder auch frei nach Nietzsche als eine Freiheit zu, also als Freiheit, sich auf etwas zuzubewegen, verstehen, demgemäß wäre das eine qualifizierte Freiheit. Diese Art der Freiheit galt Nietzsche als höherwertige Form der Freiheit im Vergleich zu einer Freiheit von (vgl. Störig, 1988, S. 525). Im Rahmen damit vornehmlich intrinsisch motivierter Berufswahl könnten antizipierte positive Effekte wie etwa Selbstverwirklichung, persönliche Weiterentwicklung, Schaffung eines gesellschaftlichen Mehrwerts, Sinnhaftigkeit des Wirkens, Befriedigung von Autonomie- aber desgleichen Zugehörigkeitsbedürfnissen, größtmögliche Passung von Person und Tätigkeit, Befriedigung von innewohnender Neugier, Ausübung einer spannenden und außergewöhnlichen Tätigkeit, Wertschätzung und Anerkennung und so manches mehr Annäherungsmotive sein. Liegen Vermeidungsmotive einer Berufswahl zugrunde, dann entspräche dies nach Nietzsche (vgl. Störig, 1988, S. 525) oder generell philosophisch betrachtet einer Freiheit von, einer negativen Freiheit, einer Vermeidung von Unannehmlichkeiten, von Ärger, Benachteiligung, Selbstwertbeschädigung, finanzieller Abhängigkeit, Müßiggang. Hier könnte man auch eher eine extrinsische Motivation als handlungsleitend sehen.

Eine Berufswahl trifft man zwangsläufig erst einmal zum ersten Mal, also ohne Vorerfahrungen und Orientierung gebende Erkenntnisse. Somit befindet sich der Berufswähler im Stadium unbewusster oder nicht vollumfänglich bewusster Inkompetenz (vgl. Culley & Bond, 2013, vgl. ▶ Kap. 6). Ohne eine gewisse Naivität, Unbedarftheit, ohne Illusionen und Hoffnungen wird es hier sicher nie ganz vonstattengehen.

8.3 Motive für die Wahl des Psychotherapeutenberufes

Werden angehende Psychotherapeuten erst durch Weichenstellungen etwa in Pubertät oder spätestens Adoleszenz auf diese Spur gebracht oder werden in einer Persönlichkeitsentwicklung nicht doch sehr viel früher richtungsweisende Meilensteine gesetzt? In der Entwicklung der Therapeutenpersönlichkeit muss davon ausgegangen werden, dass die Saat längst vor einer anstehenden Berufswahl ausgebracht wurde, sie heimlich und ungebraucht schlummerte und reifte und jetzt, zum Zeitpunkt der Berufswahl, aus dem Boden sprießte. Die Blüte und der Bestand kommen, wenn dann, erst später. Man kann annehmen, dass die Entscheidung für den Psychotherapeutenberuf vielleicht nicht gerade komplett Resultat eines Naturtalents oder einer angeborenen Begabung ist, dass aber schon sehr früh erste Entwicklungsschritte dahin gemacht werden, dass prägende Erfahrungen wirken, dass Inspirationen und Vorbilder Spuren hinterlassen, dass erste attraktive Vorstellungen entstehen.

Halten sie doch hier kurz inne, um sich selbst folgende Fragen zu stellen: Wann wurde mir erstmals bewusst, dass ich eine Neigung zum Zuhören, Verstehen und

8.3 · Motive für die Wahl des Psychotherapeutenberufes

Helfen habe? Wann wurde ich von meinem Umfeld, meinem Freundeskreis als Kummerkasten oder Seelenklempner erkannt? Welche Imagines prägten meine ersten Vorstellungen von Psychotherapie? Wann entstand die Idee, Therapeut werden zu wollen oder zu können? Welche anderen Berufe wären für mich neben der Psychotherapie noch infrage gekommen? Wie klar war mein Wissen über den Psychotherapeutenberuf, als ich meine Berufswahl traf?

Es lassen sich sicherlich sehr viele Motive für die Wahl des psychotherapeutischen Berufes auflisten, ein paar gängige seien hier genannt, keinesfalls aber mit Anspruch auf Vollständigkeit oder Ausschließlichkeit. Der Psychotherapieberuf ist …

- ein interessanter, außergewöhnlicher Beruf, der eine gewisse Extravaganz aufweist.
- ein Beruf, ohne allzu stringente Vorgaben, ohne zu sehr einengende Normen, ohne klare Erfolgskontrollen, ohne spürbare Aufsicht von außen.
- ein nie langweilig werdender Beruf, denn kein Mensch gleicht dem anderen und kein psychisches Problem und dessen Gründe waren schon einmal genauso anzutreffen, wie beim aktuellen Patienten.
- ein Beruf, der eine flexible Gestaltung der Tätigkeit, ein selbständiges und eigenverantwortliches Arbeiten erlaubt.
- ein krisensicherer Job.
- ein Beruf, der vielfältige Variationsmöglichkeiten und Einsatzbereiche über den Grundberuf Psychotherapeut hinaus bietet.
- ein Beruf mit gesellschaftlichem Ansehen.
- Ein Beruf, der Selbstwerterhöhung, Selbstwirksamkeit, Erfolgserlebnisse erleben lässt.
- ein Beruf, der Sinnfindung im Arbeitsleben gut ermöglichen kann.
- ein Beruf, worin – primär für Individuen – viel bewirkt werden kann.
- ein Beruf, in dem persönliche Ideologien nicht außen vor bleiben müssen.

Es gibt jedoch nicht nur derlei positiv konnotierte Motive. Nicht selten scheint ein anerkennendes Therapeutenberufs-Image im Vordergrund zu stehen, wobei im deutlich bedeutsameren Hintergrund eine gewichtige Nebenbedeutung und ein Hintersinn deutlich wird. Vermutlich wiederum etwas plakativ kann dies in folgendem fiktiven, aber durchaus auch ganz nahe an der Realität angesiedelten Statement verdeutlicht werden: „Du machst da einen ganz tollen und wichtigen Job" wird offen ausgesprochen. Was nur dabei gedacht wird, ist: … „den ich keinesfalls machen möchte!" Überspitzt formuliert könnte damit auch gemeint sein: „Helfen als Beruf ist etwas Schönes und Gutes, aber eben nur für die eingefleischten Samariter!"

Weitere durchaus reflexionswürdige, beeinflussende oder gar prägende Faktoren bei der Wahl des Psychotherapeutenberufes können beispielsweise sein, sehr früh eine eigene Einschränkung, Störung oder psychische Verletzung erlebt zu haben. So hat Albert Ellis, Gründer der Rational-Emotiven Therapie, als Kind bei sich extreme Schüchternheit erlebt und sich durch seine Redeangst oder auch ferndiagnostisch gefasst soziale Phobie so manche „normale" Erfahrungen verbaut. Er stellte sich seinen Defiziten oder auch Einschränkungen, ließ sich durch philosophische und psychologische Literatur anregen, erlebte die Wirksamkeit seines Vorgehens und entwickelte daraus eine sehr praktikable und bei entsprechender Indikation überaus wirkungsvolle Therapieform. Shame attacking exercises konnte er somit nicht nur im distanzierten Modus eines versierten Therapeuten applizieren, sondern aufgrund eigener Erfahrung authentisch und damit umso gewinnbringender seiner Klientel nahebringen. Es sind aber nicht nur diese klar umgrenzen Defizite, die eine Bahnung in den Therapieberuf begünstigen. Manche späteren Psychotherapeuten sahen sich schon früh in der Herkunftsfamilie damit konfrontiert, psychische Hilfestellungen da und dort zu leisten, gemäß dem Motto, wer sich dazu eher berufen fühlt, der möge das dann auch tun. Anlass dafür können psychisch auffällige oder behinderte Geschwister, psychisch belastete Elternteile, anhaltende familiäre Konflikte und dergleichen mehr sein. Bei solchen Kriseneinsätzen früh Kompetenzen als empathischer Zuhörer, Versteher, Analyst, Ideengenerator und couragierter Problemlöser zeigen zu können kann ein Meilenstein in der Therapeutenpersönlichkeitsentwicklung sein.

Die Wahl des Psychotherapeutenberufes macht zur Voraussetzung, dass bereits vorher eine Berufswahl erfolgte bzw. ein Studium absolviert wurde. Die Wege in die Psychotherapie sind dabei keinesfalls homogen. Ärzte tendieren eindeutig zu einer psychoanalytischen Therapieausbildung, zumal hier basale psychologische Erkenntnisse nicht vorausgesetzt werden, während Psychologen überwiegend eine verhaltenstherapeutische oder gesprächspsychotherapeutische Ausbildung absolvieren (Grawe et al., 2001). Somit wird die Wahl der Weiterbildungsrichtung von einer ersten Berufsentscheidung maßgeblich mitbestimmt. Ob Verhaltenstherapie oder doch eher Psychoanalyse bzw. psychodynamisch fundierte Psychotherapie hängt zu Teilen auch davon ab, welchen Klärungsbedarf Therapeuten bei sich selbst befriedigen wollen. „Es ist deswegen auch gar nicht erstaunlich, dass Psychotherapeuten, die in der Psychotherapie auch etwas für sich selbst suchen, sich in der Regel nicht zur Verhaltenstherapie, sondern zu klärungsorientierten Therapien hingezogen fühlen und der Verhaltenstherapie wenig abgewinnen können" (Grawe et al., 2001, S. 753). In eine ähnliche Richtung zielt folgende Aussage: „Es kann davon ausgegangen werden, dass die Motivation zum Ergreifen des Berufes Psychoanalytiker in einem stärkeren Maß als bei anderen Psychotherapierichtungen von einem inneren Interesse an Erkenntnissen über das eigene Selbst und das Selbst anderer geprägt ist. Damit besteht ein enger Bezug zum Konzept der Bedeutung der eigenen Heilung und des Einflusses einer eigenen Psychotherapie auf eine spätere Berufswahl" (Barthel et al., 2011, S. 343). Eine verhaltenstherapeutische Ausbildung zu machen und damit mit größerer Wahrscheinlichkeit auch einen Beruf als Verhaltenstherapeut zu wählen hat oft auch sehr pragmatische Gründe. Die Verhaltenstherapieausbildung erscheint übersichtlicher, billiger, weniger zeitaufwendig, als eine Ausbildung in tiefenpsychologischen Verfahren. Außerdem reklamiert die Verhaltenstherapie für sich nicht zu Unrecht sehr viel Evidenzbasierung. Sollte man daraus den Schluss ziehen, die mehr der Tiefenpsychologie zuneigenden angehenden Therapeuten sind tendenziell eher einsichtsorientiert, tiefschürfend und vielleicht auch geheimnisvoll oder gar esoterisch? Wären demnach Verhaltenstherapeuten einer eher nüchtern-sachlich vorgehenden Problemlösergilde zuzuordnen? Diese klischeehafte Simplifizierung würde der Sachlage keinesfalls gerecht werden können, zumal es weit mehr in der psychotherapeutischen Landschaft Tätige gibt als nur orthodoxe Verhaltenstherapeuten oder auch Tiefenpsychologen.

Für die weitere Entwicklung, für das im Sinne der Patienten, wie auch der Therapeuten gleichermaßen gelingende Therapieren ist eine Ausgewogenheit egoistischer und altruistischer Motive vonnöten. Helfen wollen, Sendungsbewusstsein, soziale Kontrolle haben sicher ihre Berechtigung, eine unter dem Strich ausgeglichene oder eher positive persönliche Kosten-Nutzen-Bilanz bestimmt auch. Eine nicht passgenaue Berufswahl wirkt sich mit sehr hoher Wahrscheinlichkeit störend oder gar behindernd auf eine positive Entwicklung aus. Ein Schlüssel muss ins Schloss passen, sonst sperrt er nicht oder zumindest nicht gut, tut also seinen Dienst nicht oder nur mit Reibungsverlusten. Effektivität und Effizienz haben frühe Grundlagen. Daher sollte man sich nicht nur a priori, sondern fortlaufend immer wieder einmal die Frage stellen: Wie gut passt dieser Beruf zu mir? Es wäre zu recherchieren, ob und wie viele Studien es zu den Motiven der Berufswahl bei Krankengymnasten, Schreinern, Bankkaufleuten, Busfahrern und Entsorgungstechnikern gibt und es wäre zumindest interessant darüber zu sinnieren, warum das eine eher Gegenstand des Interesses ist als das andere. Den richtigen Beruf zu wählen ist häufig mehr als Zufall. Hier ist aber auch das so oft bemühte Bauchgefühl verantwortlich zu machen, wobei sich dies bei der Richtungsgebung einer Entscheidung im Grunde unbewusster Gedanken bedient. Die kluge und angemessene Berufswahl ist grundlegend für ein in Einklang bringen von Arbeitswelt und Privatwelt. Wir sollten prinzipiell berufliche Tätigkeiten anstreben, die zu unserer Grundausstattung passen, die eine gute Übereinstimmung zwischen privatem und beruflichem Rollenverständnis erlauben, dann ist es sehr viel eher wahrscheinlich, zu den Besten unserer Möglichkeiten auflaufen zu können. Es ist eine wesentliche Entwicklungsaufgabe, eine passende Tätigkeit zu wählen und es ist eine große Aufgabe, sich in diesen Beruf hinein zu entwickeln. Man darf annehmen, dass es je nach grundlegenden Motiven der Berufswahl unterschiedliche Entwicklungen der Therapeutenpersönlichkeit gibt. Der Mensch ist gut beraten, dorthin zu gehen, wo er Inspiration findet. Es kann auch eine Entwicklungsaufgabe sein, diesen Beruf, aus welchen Gründen auch immer, wieder aufzugeben. Das wäre bei bestimmten Anlässen sehr professionell.

> **Mal ehrlich**
> Steigen sie noch einmal kurz aus dem Lese- und Konsummodus aus. Was würden sie ihrer Klientel bei einer anstehenden Berufswahl raten, wenn sie etwas raten dürften? Welche Kriterien wären ihnen wichtig? Ist Psychotherapie ein Job für Einzelgänger, für Nonkonformisten, für autonome Persönlichkeiten? Wie verändern sich ihre eigenen Motive im Laufe der beruflichen Tätigkeit? Wie viele vormals eher unbewusste Motive sind nun bewusster? Wie viele Illusionen wurden bis zum heutigen Tag korrigiert oder zerstört?

8.4 Pro und Contra für die Wahl des Psychotherapieberufes

Folgt man Wirth (2005), so wählen Psychotherapeuten ihren Beruf, weil sie auf der Suche nach ihrem wahren Selbst sind. Postuliert wird gar, dass ein narzisstisches Grundproblem einer derartigen Berufswahl grundgelegt sei. Nicht wenige Therapeuten entstammen problematischen Familien und haben damit in ihren Herkunftsfamilien die Aufgabe übernommen, das Familiensystem zu stabilisieren. Damit lernen die späteren Therapeuten recht früh, sich psychotherapeutisch zu verhalten. Das verleiht Kompetenz und kann selbstwertsteigernd sein. Es kann aber auch eine Achillesferse werden, indem eine Anfälligkeit für die Probleme anderer zum selbstverständlichen Habitus geworden ist.

Es wäre vermessen zu glauben, es gäbe eindeutige Kriterien für oder gegen die Wahl des Psychotherapeutenberufs. Die überwiegende Zahl der praktizierenden Psychotherapeuten wird nicht frei von Ambivalenzen eine eindeutige Berufswahl getroffen haben. Darüber hinaus werden sehr viele Therapeuten sowohl Eigenschaften oder Verhaltensweisen aufweisen, die eher zum gewählten Beruf prädestinieren, als auch darin hinderlich sein können. In der Summe aber sollte der Mensch zum Beruf passen. Im Folgenden daher einige sehr subjektive Denkanstöße oder Orientierungshilfen:

Warum man, aus Sicht des Autors, nicht Psychotherapeut werden sollte:

- Wenn man Menschen nicht wirklich mag, schätzt und respektiert.
- Wenn man keine Freude an der Problemlösung hat.
- Wenn man unkommunikativ ist und insgesamt wenig Interaktionskompetenz hat.
- Wenn das eigene Bindungsverhalten nicht sicher genug geprägt ist.
- Wenn man Job und Privatleben strikt getrennt haben will.
- Wenn man klare Vorgaben, definierte Aufgaben und Aufträge braucht.
- Wenn man bei sich selbst nicht wirklich zu Hause ist und aufgrund mangelnder Introspektions- und Reflexionsfähigkeit wenig Zugang zu sich selbst findet.
- Wenn voyeuristische Tendenzen vordergründig sind. Wenn es bevorzugt um das Betrachten außergewöhnlicher Menschen und deren Lebensprobleme geht, dann sollte man lieber die Soaps im Fernsehen nutzen.
- Wenn man erhebliche eigene psychische Probleme hat.
- Wenn das Helfen die vorrangige Möglichkeit ist, eigene Einsamkeit oder soziale Isolation auszugleichen.
- Wenn sich nach Schmidbauer (1977) ein deutliches Helfersyndrom zeigt.
- Wenn die Psychotherapie Machtbedürfnisse befriedigen soll.
- Wenn der unbedingte Wunsch besteht, über geheilte Individuen die Welt zu verbessern und damit eine ideologische Rigidität dominiert.
- Wenn das eigene Weltbild sehr enge Grenzen hat und damit ein tolerantes Verstehen verunmöglicht.

Warum man aus Sicht des Autors sehr wohl Psychotherapeut werden sollte:
- Wenn man das Mysterium Mensch näher kennen lernen, besser verstehen und punktuell beeinflussen möchte.
- Wenn große Neugier auf Menschen, deren Lebensverläufe und Persönlichkeitsentwicklungen besteht, wobei hier die persönliche Neugier nicht das Agens sein darf, sondern das therapeutische Interesse.
- Wenn man sich gut auf sich selbst verlassen kann und will.
- Wenn man die Absurditäten und Brutalitäten des zwischenmenschlichen Lebens nicht nur aus Zeitungen, Büchern, Fernsehsendungen, Soaps oder Filmen erfahren will.
- Wenn man die Dynamik im Berufsleben schätzt und bereit ist, die vielfältig sich bietenden Optionen zu nutzen.
- Wenn man ein Entwickler ist.

8.5 Fazit

Zur Zufriedenheit mit der Berufswahl Psychotherapeut zitieren Eichenberg und Brähler (2008) eine Studie der Universität Leipzig, wonach ein Großteil der insgesamt 488 zur berufsspezifischen Lebenszufriedenheit befragten niedergelassenen Psychologischen Psychotherapeuten sich insgesamt eher zufrieden äußerte. Bemerkenswert dabei ist allerdings, dass die Befragten Unzufriedenheit benannten hinsichtlich der finanziellen Lage, dem Bereich Freizeit und Hobby und dem Bereich Gesundheit. Die Psychotherapeuten schilderten sich als belasteter als die Allgemeinbevölkerung. Dennoch kann der Beruf Psychotherapeut durchaus als erstrebenswerte Tätigkeit angesehen werden, jedoch auch versehen mit deutlichen Belastungen und Einschränkungen. Fraglich bleibt, wie sich im Einzelfall die Teilbereiche letztendlich zugunsten einer insgesamt positiven Zufriedenheitsbilanz beeinflussen. Ein nicht zu vernachlässigender Aspekt ist dabei, dass Psychotherapeuten sehr viel Zeit, Energie und Geld in eine langjährige oft berufsbegleitende sehr teure Weiterbildung investieren. Die anschließenden Verdienstmöglichkeiten sind jedoch wenig dazu geeignet, weit überdurchschnittliches

Einkommen zu erzielen. „Die schlechte Honorierung psychotherapeutischer Arbeit steht außerdem im Kontrast zu den hohen Belastungen, die mit einer psychotherapeutischen Tätigkeit einhergehen" (Eichenberg & Brähler, 2008, S. 267). Somit sind es andere und intrinsische Motive, die Berufszufriedenheit bedienen und im positiven Bereich halten. Man müsste sich fragen, wie viele Psychotherapeuten ihren Beruf tatsächlich freiwillig aufgeben. Nach persönlicher Erfahrung ist hier die Drop-out-Rate eher gering. Offenbar sind die meisten Psychotherapeuten mit ihrer Berufswahl sehr zufrieden. Nicht wenige entwickeln sich innerhalb des gewählten Berufes und nehmen neben der Therapeutenrolle weitere Funktionen an, wie Supervisor, Lehrbeauftragter, Selbsterfahrungsleiter, Coach, Prüfer, Buchautor. Damit ist dies aber kein Verlassen des einstmals gewählten Grundberufes, keine Flucht aus der Profession, sondern eine Diversifizierung, auf dass Neugier, Leistungsmotiv und manche narzisstische Bedürftigkeiten weiter gut genährt werden können.

> **Zum Mitnehmen**
>
> Berufswahl ist deutlich mehr als Zufall oder Schicksal. Mitunter liegt dieser auch die Ausführung eines unbewussten Programmes zugrunde. Das mag sein. Ziel sollte es aber bleiben, die unbewusste Motivation so weit als möglich bewusst zu machen, nur so kann mit hoher Wahrscheinlichkeit ein auch lebenslang passender Beruf gefunden werden.

Weiterführende Literatur

Barthel, Y., Lebiger-Vogel, J., Zwerenz, R., Beutel, M. E., Leuzinger-Bohleber, M., Schwarz, R., Thomä, H., & Brähler, E. (2011). *Motive zur Berufswahl Psychotherapeut. Psychotherapeutenjournal, 4*(2011), 339–345.

Culley, S. & Bond, T. (2013). *Integrative counselling skills in action* (3rd ed.). SAGE Publications Ltd.

Eichenberg, C. & Brähler, E. (2008). Beruf „Psychotherapeut": Motivation zur und Zufriedenheit mit der Berufswahl. *Psychotherapie, Psychosomatik, Medizinische Psychologie, 58*, 265–268. Thieme.

Freud, S. (1937). *Die endliche und unendliche Analyse. Gesammelte Werke, Werke aus den Jahren 1932–1939*. S. Fischer.

Fröhlich, W.D. & Drever, J. (1979). *dtv Wörterbuch zur Psychologie* (12. Aufl.). Deutscher Taschenbuch.

Grawe, K., Donati, R., & Bernauer, F. (2001). *Psychotherapie im Wandel. Von der Konfession zur Profession*: Hogrefe.

Schmidbauer, W. (1977). *Die hilflosen Helfer. Über die seelische Problematik der helfenden Berufe*. Rowolth.

Störig, H.J. (1988). *Kleine Weltgeschichte der Philosophie*. Fischer Taschenbuch.

Wirth, H.J. (2005). *Gurutum und Machtmissbrauch in der Psychotherapie. Psychotherapie im Dialog 2/2005* (S. 136–140). Übergänge und Grenzen.

Inspiration durch Vorbilder

Inhaltsverzeichnis

9.1 Grundsätzliche Überlegungen – 72

9.2 Vorbilder – 73

9.3 Kritische Würdigung – 74

9.4 Fazit – 74

Weiterführende Literatur – 74

© Der/die Autor(en), exklusiv lizenziert an Springer-Verlag GmbH, DE, ein Teil von Springer Nature 2025
S. Gerhardinger, *Entwicklung der Therapeutenpersönlichkeit*,
Psychotherapie: Fort- & Weiterbildung, https://doi.org/10.1007/978-3-662-70477-6_9

Sei du selbst! Alle anderen sind schon vergeben.
Oscar Wilde

❓ Frequently Asked Question
Wozu braucht es Vorbilder? Welche Psychotherapeuten sind beispielgebende Orientierungsgrößen?

9.1 Grundsätzliche Überlegungen

Beispielgebende Menschen gibt es genug, je nachdem, wofür man sie sucht oder braucht. Die Auswahl richtiger, passender, förderlicher Vorbilder wird die Entwicklung der Therapeutenpersönlichkeit nachhaltig beeinflussen können. Hier stellt sich zunächst die Frage, welche Kriterien herangezogen werden, um ein Modell als den eigenen Zwecken dienlich erscheinen zu lassen. Die Wahl eines Vorbildes wird sehr wahrscheinlich nicht rein zufällig, unbewusst oder ohne jegliche Vorerfahrung erfolgen. Es wird sicher die Intuition, eine Voreinstellung, ein Bedürfnis oder auch eine Erwartungshaltung eine Auswirkung haben. Vorbilder werden vermutlich eher angenommen, wenn sie mit der eigenen Grundausrichtung, der Primärpersönlichkeit kompatibel sind, wenn sie zum eigenen Typ passen.

Wenn man nun allzu strenge philosophische oder auch physikalische Überlegungen beiseite stellt, so kann man zumindest behaupten, dass nichts aus sich selbst heraus entsteht. Sich Entwickelndes wird sich immer gewisser Grundlagen bedienen. In seiner Biographie „Wie man wird, was man ist", konstatiert Irvin D. Yalom, vermutlich im fortgeschrittenen Alter von mancher Hybris befreit und um viele Erfahrungen reicher, „Vielleicht ist es an der Zeit, die Vorstellung, dass ich mich vollkommen selbst erschaffen habe, fallen zu lassen" (Yalom, 2017, S. 145). Er beschreibt seinen Hausarzt als Vorbild und er beschloss, ihm nachzueifern und den Trost, den er von ihm bekommen hatte, an andere weiterzugeben. Daraufhin widmete er sein Leben dem seelischen Leid anderer (Yalom, 2017). Nur sich selbst als Richtschnur zu nehmen, mag vielen Menschen genügen, darf aber sehr kritisch betrachtet werden, wenn eine tatsächlich gelingende Entwicklung erwartet wird. „He that is taught only by himself has a fool for a master" (Maxwell, 2009, S. 96).

Auf dem Weg in den Therapieberuf und auch durch ihn hindurch gibt es zahlreiche Inspirationen, Anschubhilfen, Orientierungsgrößen und Lernhilfen, die allerdings sehr unterschiedlich genutzt werden können. Es gibt verschiedene Möglichkeiten und Modelle des Lernens. Es lässt sich habituieren, respondent oder operant lernen. Wir können durch Versuch und Irrtum lernen oder – oft effektiver – durch Einsicht. Eine weitere Option liegt darin, am und vom Modell zu lernen. Die psychologische Forschung belegt, dass wir von sogenannten Coping Models mehr lernen können als von Mastery Models. Kurz gesagt heißt das: Was uns mit Perfektion vorgemacht wird, mag uns faszinieren, ob wir es in ähnlicher Weise einfach nachmachen können, wird schwer bis mitunter unmöglich sein. Können wir dagegen einem Modell bei der Problemlösung beiwohnen, so lernen wir den Lösungsweg, die Tricks und Kniffe und lassen damit eine größere Kompetenz entstehen. Sehr wahrscheinlich lernt der sich entwickelnde Psychotherapeut auf allen der eben beschriebenen Wege hinzu. Die Entwicklung der Persönlichkeit ist kein determinierter Selbstläufer, wir brauchen die Anregung und Unterstützung der uns umgebenden Welt. Ob bewusst oder nicht, werden vermutlich alle praktizierenden Psychotherapeuten irgendwann in ihrer Identitätsentwicklung von mindestens einem Therapeuten-Vorbild beeinflusst worden sein. Vorbild- oder Anregungscharakter müssen damit nicht nur leibhaftige Menschen sein. Sigmund Freund umgab sich mit antiken Figuren und insgesamt zahlreichen Gegenständen, die ihn begreifen ließen, die ihm Analogien ermöglichten. Seine Sammlung ist noch immer eindrucksvoll in seiner letzten Wirk- und Wohnstätte, dem jetzigen Sigmund-Freud Museum in London Hampstead, zu betrachten. Anderswo scheint das Nutzen von Vorbildern selbstverständlicher sein. Thomas Mann erinnert in seinem Werk „Lotte in Weimar" (1967) in seinem Schreibstil auffallend an Goethe, das mag verschiedene, hier nicht aufzuhellende Gründe haben. Die Beatles, die Rolling Stones und Bob Dylan inspirierten sich gegenseitig und das hat sicher keiner der jeweiligen Karrieren und auch nicht dem Musikpublikum geschadet, im Gegenteil.

Aus eigener Erfahrung waren es Freud, Rogers, Yalom und Ellis, die Vorbilder im Therapieverständnis wurden. Diese Melange zeigt schon, dass kein Modell zur Gänze übernommen wurde. Persönlich wertvolle und erstrebenswerte Segmente wurden kopiert, bearbeitet und integriert.

Phänomene der Nachahmung sind im Grunde nicht durch mathematische Formeln abzubilden, auch wenn wir derlei Wissenschaftlichkeit gerne um der Beweiskraft willen hätten. Man könnte der Meinung sein, dass die Identifikation mit einem Vorbild nur einmal oder nur am Beginn der Einwicklung der Therapeutenpersönlichkeit stattfindet. Dem dürfte nicht so sein. Es wäre zumindest wünschenswert, wenn Therapeuten von derlei Einflüssen stetig erreicht werden würden, ohne dabei zu erwarten, dass ein Therapeut ständig auf der Suche und beharrlich in einem Prozess der Selbst-Kalibirierung sein sollte. Es lässt sich nicht messen, wie die Entwicklung der Therapeutenpersönlichkeit mit der Auswahl an und Nutzung von Vorbildern tatsächlich korreliert. Wahrscheinlich werden am Beginn der Berufskarriere die herausragenden Berühmtheiten ins Auge fallen und mit zunehmender Berufsvita speziellere Beispielgeber gesucht und gefunden werden.

9.2 Vorbilder

Im Folgenden findet sich eine Auswahl an möglichen Vorbildern in der Psychotherapeutengilde, welche der Inspiration dienen mag und Identifikationsmöglichkeiten bieten kann. Es gebietet der Respekt, die Reihe an Beispielen von Vorbildern mit dem Altmeister zu beginnen, denn gemäß Yalom (2017, S. 145) ist eindeutig „... dass Freud das ganze Gebiet der Psychotherapie erfunden hat." Damit er hier nicht wieder vergessen wird, sei an dieser Stelle aber parallel dazu auch Freuds kongenialer Kollege Josef Breuer genannt. Freud sind heute noch sehr gängige „Weisheiten" oder „Wahrheiten" der Psychotherapie zu verdanken, wie etwa „Der Traum ist der Wächter des Schlafes, nicht sein Störer" (Freud, 1900, S. 240). Ein oder auch der Gründervater der modernen Psychotherapie bietet bei aller notwendigen und angebrachten kritischen Betrachtung noch immer genügend Aspekte, die Respekt und Nacheiferung auslösen können.

Potentielle Vorbilder, die im Verborgenen wirken, werden zu oft unerkannt bleiben. Ein Vorbild wird für die breite Masse eher eine Person sein, die einen gewissen Bekanntheits- oder Berühmtheitsgrad hat. Da sind beispielsweise zu nennen Alfred Adler und die Individualpsychologie, Carl Gustav Jung und die Archetypen, Viktor Frankl und die Logotherapie, Anna Freud und die Abwehrmechanismen, Carl Rogers und die Gesprächspsychotherapie, Fitz Perls und die Gestalttherapie, Jakob Levy Moreno und das Psychodrama, Otto F. Kernberg und die Psychotherapieforschung, Christa Rohde-Dachser und die Borderline-Therapie, Joseph Wolpe und die Systematische Desensibilisierung, Albert Ellis und die Rational Emotive Therapie, Frederick Kanfer und die Selbstmanagementtherapie, Marsha Linehan und die Dialektisch Behaviorale Therapie, Virginia Satir und die Familienskulpturen, Mara Selvini Palazzoli und die systemische Familientherapie, Jeffrey Young und die Schematherapie, John Watkins und die Ego-State-Therapie, Francine Shapiro und Eye Movement Desensitization and Reprocessing, Irvin Yalom und die Gruppentherapie, Moshe Feldenkrais und seine Feldenkrais-Methode, Johannes Heinrich Schultz und das Autogene Training, Edmund Jacobson und die Progressive Muskelrelaxation und hier könnte man seitenweise prinzipiell zum Vorbild taugliche Psychotherapieberühmtheiten nennen. Das würde allerdings den Rahmen des Vorhabens deutlich überschreiten. Die eben getroffene Auswahl erfolgte nach eindeutig subjektiven Kriterien und stellt keine Rangreihe dar. Diese Sammlung sollte nur anregen darüber nachzudenken, wer denn möglicherweise in der eigenen Therapeutenentwicklung dann und wann ein beispielgebendes Vorbild war oder auch ist. Alle diese Berühmtheiten haben Meilensteine im Rahmen der Psychotherapieentwicklung zu verantworten. Inwieweit sie auch als Therapeuten tatsächlich herausragend und für ihre Klientel hilfreich waren, lässt sich daraus nicht automatisch ableiten.

> **Mal ehrlich**
> Welche Spuren möchten sie als Psychotherapeut hinterlassen? Wie sollen sich Kollegen und Patienten an sie als Therapeut erinnern? Wofür möchten sie Vorbild sein? Was sollten andere von ihnen lernen können?

9.3 Kritische Würdigung

Vorbilder gibt es unzählige, gute wie schlechte. Es bedarf schon eines gewissen Talents, sich dabei die passenden und förderlichen Modelle zu suchen. Es benötigt manche Fähigkeit, um ein Vorbild nicht nur zu bewundern, sondern auch praktisch nutzbare Ableitungen daraus zu ziehen.

9.4 Fazit

Es ist nicht ehrenrührig einem oder mehreren Vorbildern nachzueifern, sofern man eben nicht nur kopiert und damit lücken-

haft übernimmt, sondern vorbildgebende Haltungen assimiliert, akkommodiert, an die eigene Persönlichkeit adaptiert und damit etwas Neues kreiert. Vorbilder sind keine Lehrherren und keine Meister in einem handwerklichen Verständnis, sie sind eher Lichtgestalten. Noch immer beklagen angehende Psychotherapeuten, dass sie in ihrer Ausbildung nicht intensiv der durch einen erfahrenen Kollegen angebotenen Psychotherapie beiwohnen konnten. Nur so hätten sie die Möglichkeit, von einer vermeintlichen oder auch tatsächlichen Koryphäe zu profitieren und so das psychotherapeutische Handwerk live zu studieren. Diese wichtige Lernmöglichkeit setzt den darin einwilligenden Patienten voraus. Es müsste erforscht werden, wie sehr eine Psychotherapie durch die Anwesenheit eines stillen Beobachters oder Zaungastes beeinträchtigt oder vielleicht auch bereichert wird. Und es gilt zu bedenken, dass manche erfahrene Psychotherapeuten nicht unbedingt gerne zustimmen, intensiv bei ihrer Arbeit beobachtet oder studiert zu werden.

> **Zum Mitnehmen**
> Vorbilder dürfen kostenfrei genutzt werden. Das ist kein Plagiat, man nimmt den Modellstehern dadurch nichts weg. Alle Vorbilder hatten sicher selber Vorbilder. Jeder Schriftsteller war vorher Leser.

Weiterführende Literatur

Freud, S. (1900). *Die Traumdeutung. Studienausgabe Band II (1989)*. S. Fischer Verlag.
Mann, T. (1967). *Lotte in Weimar*. S. Fischer.
Maxwell, J. C. (2009). *How successful people think*. Hachette Book Group.
Yalom, I. D. (2017). *Wie man wird, was man ist. Memoiren eines Psychotherapeuten*. btb.

Konfrontation mit der Realität

Inhaltsverzeichnis

10.1 Grundsätzliche Überlegungen – 76

10.2 Das Problem mit der Realität anhand beispielhafter Einblicke – 77

10.3 Kritische Würdigung – 80

10.4 Fazit – 81

Weiterführende Literatur – 81

© Der/die Autor(en), exklusiv lizenziert an Springer-Verlag GmbH, DE, ein Teil von Springer Nature 2025
S. Gerhardinger, *Entwicklung der Therapeutenpersönlichkeit*,
Psychotherapie: Fort- & Weiterbildung, https://doi.org/10.1007/978-3-662-70477-6_10

Oft weckt Not Talent.
Ovid

> **Frequently Asked Question**
> Wenn ein Psychotherapeut auf die Realität trifft, was passiert da? Ist mit einem Praxisschock zu rechnen? Wo liegen Potentiale für Schaden oder Entwicklung?

10.1 Grundsätzliche Überlegungen

Jeder Berufsanfang ist ein Eintreten in unbekanntes Terrain und bekanntermaßen ist aller Anfang schwer. Im Praxiseinsatz oder auch Ernstfall wird das nicht notwendigerweise beruhigend sein. Allzu oft wird der Übergang von der Ausbildung ins selbstverantwortliche berufliche Wirken so empfunden, als würde man nur mit einem Zertifikat in der Hand an die Front geschickt, allein und ohne Orientierung. Die Wirksamkeit von Psychotherapie ist hinlänglich gut belegt (vgl. Jacobi et al., 2011). Somit hat der nun tätig werdende Psychotherapeut ein wirksames Verfahren zur Verfügung, aber auch die mögliche Hypothek, dass es nun an ihm liegt, daraus auch eine für den jeweiligen Patienten hilfreiche Therapie zu machen. Der Psychotherapeut betritt die Bühne. Kann er seinen Text, seine Bewegungen, kann er seine Rolle ausfüllen, auch ohne Souffleuse? Wird sein Auftritt dem Publikum gefallen, wird es Applaus geben? Darf Dankbarkeit erwartet werden? Der Psychotherapeutenberuf ist noch um ein Stück unkalkulierbarer, als der eines Schauspielers. In der psychotherapeutischen Praxis gibt es kein Drehbuch und auch das Publikum ist anders. Es wählt vorher nicht bewusst aus, welches Stück es sehen möchte, hat aber sehr hohe Erwartungen. Oder noch etwas anders formuliert: „Während Psychologie aus Büchern, Experimenten, beobachtend, reflektierend erlernt werden kann, und dies genauso für die Grundlagen der Psychotherapie gilt, wird es für eine angehende Psychotherapeutin tendenziell dann wieder richtig spannend, wenn tatsächlich der erste Patient vor der Tür steht. Bis dahin mögen Freunde, Familienangehörige und Kommilitonen in mir zwar schon immer die ‚tieferschauendere' Lebensberaterin gesehen haben, aber ob das stimmte?" (Kunde & Normann, 2015, S. 75). Ein möglicher Praxisschock ist aber nicht nur dem geschuldet, dass prinzipiell erst einmal Novizen, also noch unerfahrene Therapiedienstleister, Patienten versorgen. Trotz bester Vorbereitung auf den Therapieberuf in Form fundierter mehrjähriger Weiterbildung, durch Studium der verfügbaren aktuellen Fachliteratur, durch effektive Supervision und Selbsterfahrung und eine parallel dazu förderliche persönliche Entwicklung ist mit einem Phänomen immer zu rechnen: Psychotherapiepatienten wissen nichts von den Theorien und Praktiken der Therapeuten, sie oder vielmehr ihre Probleme orientieren sich nicht am Heilmittel. Das sorgt häufig für Verwirrung und Verunsicherung bei Psychotherapeuten und erfordert Reorganisation. Ein Navigationssystem würde verlauten lassen: „Ihre Route wird neu berechnet."

Wie gut korrelieren Erwartungen, Wertmaßstäbe, Haltungen, Ziele der Therapeuten mit den Erwartungen, Wertmaßstäben, Haltungen, Zielen der Klientel? Wie gelingt Match statt Mismatch? Dafür bedarf es mancher Ambiguitäts- und Frustrationstoleranz, beträchtlicher Kreativität, Improvisationskunst und Intuition. Doch woher kommen all diese Attribute der Menschenführung? Selbst in der Sozialwirtschaft wird es als immer notwendiger angesehen, Führungskräfte zu entwickeln. Es gibt neben den klassischen Ausbildungscurricula noch keine speziellen Entwicklungsprogramme für Psychotherapeuten.

10.2 Das Problem mit der Realität anhand beispielhafter Einblicke

Bei der Beschreibung von Patienten bemühen Psychotherapeuten häufig die jenen in den Mund gelegte Redensart „Wasch mir den Pelz, aber mach mich nicht nass". Gemeint ist damit Vieles, z. B. der Wunsch von Patienten, alle Probleme loswerden zu können, ohne etwas dafür tun zu müssen, Veränderungen erwarten zu dürfen, ohne dass im Leben etwas verändert werden muss, glücklicher, erfolgreicher und beliebter sein zu können, als es dem Durchschnitt entspricht, ein voll ausgenutztes Leben mit allerlei Spezialabenteuern in völliger Ruhe und Sicherheit führen zu können, insgesamt ein völlig anderer Mensch zu werden und dabei doch ganz der gleiche zu bleiben. Diese Patientenerwartungen treffen dann auf einen Psychotherapeuten, der zunächst über Risiken, Nebenwirkungen und mögliche Therapieschäden aufklärt, der eine Erfolgsgarantie der Psychotherapie verneint, der Psychotherapie als Hilfe zur Selbsthilfe deklariert, der Symptomverschlechterungen während der Therapie prognostiziert, der von harter Arbeit und Hausaufgaben für den Patienten spricht und Vieles mehr. Da kann man durchaus ernüchterte Aussagen hören wie: „Wenn diese Psychotherapie die Lösung sein soll, dann möchte ich lieber mein Problem behalten!" Mag es da verwundern, wenn sich mancher Psychotherapiepatient so vorkommt, als säße er im falschen Film? Zeichnet das eben geschilderte Szenario nicht eher das Bild vom Psychotherapeuten als allzu sachlich-nüchtern agierenden Miniwissenschaftler, wohingegen der Patient insgeheim vielleicht doch eher den schamanengleichen Tausendsassa erwartet, der mit Räucherstäbchen und allerlei sonstigen Kunstgriffen agiert, somit Hoffnung, Motivation wie auch Kräfte des Patienten unmerklich nährt und ungefragt Heilung in die Wege leitet?

Es ist neben aller Kerntherapiekompetenz basaler Auftrag eines Psychotherapeuten, seine Therapiewelt mit der Therapieerwartungswelt des Patienten möglichst kompatibel zu machen. Die Vermittlung dafür notwendiger Kompetenzen, Orientierungshilfen oder gar Strategien ist nicht unbedingt hervorstechendes Element in aktuell gültigen Ausbildungscurricula. Daher ist eher der gut entwickelte Therapeut gefordert. Ein Sprichwort besagt, dass man den Wert eines Edelsteins erkennt, wenn man ihn aus der Fassung bringt. Die Ausbildung in der Praxis und durch praktische Erfahrungen ist unersetzbar. Vermutlich braucht es ein Erleiden mancher Misserfolge und Debakel, um notwendiges Rüstzeug zu erlernen.

Was bewirkt der Praxisschock? Wie viele Therapeuten erleben in welcher Intensität diese Kluft zwischen erworbenem theoretischen Wissen und den tatsächlichen Anwendungsmöglichkeiten? Ein Praxisschock muss nicht nur ganz am Anfang der Berufskarriere auftreten. Bedenklich wäre es allerdings, wenn derartige Erfahrungen den beruflichen Alltag fortlaufend kennzeichnen. Unvermeidliche belastende Begegnungen mit den Realitäten im Psychotherapieberuf werden nicht folgenlos bleiben. Es stellen sich dabei viele Fragen. Wie viele ausgebildete Psychotherapeuten geben auf, hängen ihren Beruf an den Nagel, suchen nach beruflichen Alternativen? Wie viele entwickeln sich daraus positiv, werden erfahrener, vielfältiger, flexibler und resilienter? Wie viele halten einfach nur durch, kämpfen sich durchs Berufsleben, leiden darunter und richten bei sich und ihrer Klientel Schaden an? In der Regel sehen sich Psychotherapeuten vielerlei Erwartungen ausgesetzt, wiewohl diese Erwartungen zu oft nicht klar definiert sind und somit sehr viele Interpretationsspielräume und Gestaltungsmöglichkeiten lassen. Psychotherapeuten sind mit Ansprüchen an sich selbst konfrontiert, wobei die eigenen inneren Antreiber nicht immer mit persönlicher Kompetenz und Performanz in Einklang zu bringen sind. Patienten, Angehörige, Kostenträger, Öffentlichkeit, Gesellschaft, Gesundheitswesen und die Ethik haben vielfältige und unterschiedliche Anforderungen. Daher ist es zu erwarten, dass der angehende Psychotherapeut in ein ungeahntes Spannungsfeld gerät. Dazu gesellt sich noch ein von außen, wie auch selbstauferlegter Erfolgsdruck, wobei der Erfolg einer Psychotherapie schwer festzustellen ist. Besteht er darin, dass keine weitere Verschlechterung eintritt oder in einer Stabilisierung auf höherem Funktionsniveau, in einer Linderung, Besserung oder auch Heilung?

Die Realität konfrontiert uns mit oftmals gerne ausgeblendeten Fakten. Verschlechterungen in oder durch die Psychotherapie sind mit 5–10 % zu beziffern, ein Non-Response, also ausbleibende Verbesserungen, sogar mit 10–50 % (vgl. Jacobi, Uhmann & Hoyer, 2011). Auch wenn hier eine weite und damit nicht allzu aussagekräftige Spannbreite genannt wird, ist wenigstens die Non-Response Rate sehr ernüchternd. Unwirksam wird eine Psychotherapie insbesondere dann, wenn es zum Therapieabbruch kommt. Laut einer GKV-Pressemitteilung (2022) ergab eine Versichertenbefragung, dass 37 % der gesetzlich Versicherten während der Behandlung schon ihre Therapeutin oder ihren Therapeuten gewechselt, weil sie mit dem Behandlungsverkauf unzufrieden waren.

Schulz et al. (1999) zitieren eine Studie, wonach 37–45 % der Patienten eine Psychotherapie bereits nach den ersten Sitzungen abbrechen. In deren eigener Untersuchung mit insgesamt 35 Personen konnten sie nachweisen, dass immerhin 74 % der Befragten hohe oder gar sehr hohe Erwartungen an die Psychotherapie hatten, 23 % benannten ihre Erwartungen als mittelmäßig. Das Verständnis für die Ursachen der eigenen Probleme rangiert gemeinsam mit der Erwartung des Erwerbs von Bewältigungsstrategien an erster Stelle, knapp gefolgt von der Erwartung eine eigene Veränderung bewirken zu können, sowie Unterstützung in und durch die Psychotherapie zu erhalten (Schulz et al., 1999). Hohe oder auch sehr hohe Erwartungen laufen prinzipiell Gefahr, nicht erfüllt oder auch enttäuscht zu werden. Bei den Ursachen für Therapieabbrüche identifizierten Schulz et al. (1999) als eindeutigen Spitzenreiter die Unzufriedenheit mit der Therapie generell. Sehr häufig wurden folglich auch die Therapiemethoden, der Mangel an Therapiefortschritten und eine negative Beziehung zum Therapeuten als Abbruchgründe genannt. Patienten brechen die Therapie aber auch aus dem Gefühl heraus ab, sich schützen zu müssen. Sie äußern Angst vor dem weiteren Therapieverlauf sowie Angst vor einer Verschlimmerung ihrer Beschwerden. Problematisch erscheint hier, dass die Behandler diese massive Besorgnis ihrer Patienten oftmals nicht bemerken und aufzufangen versuchen. Alarmierend dabei ist vor allem, dass der Studie zufolge die Hälfte der Befragten ihre Unzufriedenheit über den Verlauf der Therapie dem Therapeuten mitgeteilt hatte, wobei dabei der Großteil keine entsprechende Resonanz von den Behandlern erhielt. Somit blieb dieser notwendige Hinweis und der Wunsch nach Veränderung der Therapie ungehört. „Zentral für die Entscheidung, eine Therapie abzubrechen oder nicht, scheint eine transparente Vorgehensweise zu sein: das heißt, Patienten müssen zu Beginn und im Verlauf der Behandlung informiert, Ziele und Vorgehensweise mit ihnen abgesprochen werden" (Schulz et al., 1999, S. 270). Aktuellere, aber den früheren Befunden ähnliche Ergebnisse finden sich in einer von Jacobi, Uhmann und Hoyer (2011) durchgeführten Studie mit 1776 untersuchten Psychotherapien einer verhaltenstherapeutischen Hochschulambulanz. Abbrüche gibt es demnach in allen Therapiephasen. Bedenklich stimmt, dass lediglich 32 % derjenigen Patienten, die eine Therapieanfrage gestellt hatten, die Therapie auch antraten bzw. antreten konnten. Therapiemisserfolge waren bei 11,2 % der Stichprobenpatienten zu verzeichnen, wobei diese Misserfolgsraten offenbar keinen Zusammenhang mit der Therapieerfahrung der Therapeutinnen und Therapeuten hatten. Dies kann als gute Nachricht für die noch früh in ihrer Entwicklung stehenden Psychotherapeuten betrachtet werden. Mangelnde Erfahrung produziert nicht per se schlechtere Ergebnisse. Eine schlechte Nachricht muss hier aber ebenso Platz finden. Zwar wird nur maximal jede 25. Therapie von Therapeut oder Patient als mit zumindest leichter Verschlechterung einhergehend eingeschätzt wird, hierbei ist aber zu berücksichtigen, dass dem Selbstwert dienliche, Dissonanz reduzierende oder auf einer Tendenz zu sozialer Erwünschtheit basierende Verzerrungen aktiv sein können. Therapieabbrüche lassen sich unterscheiden in einerseits unproblematische oder leicht nachvollziehbare Abbrüche, also z. B. infolge von Besserung des Zustandsbildes, eines Wohnortwechsels oder einer akuten somatischen Erkrankung. Andererseits gibt es problematische Abbrüche wegen z. B. Terminschwierigkeiten, nicht tragfähiger therapeutischer Allianz oder aber auch Abbrüche durch den Therapeuten wegen anzunehmender unzureichender Therapiemotivation des Patienten (vgl. Jacobi et al. 2011). In ihrer Masterarbeit zum Thema „Abbrüche in der Psychotherapie" konnte Ruppert (2014) anhand einer Stichprobe von 362 Patienten eine Therapieabbruchrate von 19,3 % nachweisen. Swift (2015) geht davon aus, dass etwa jeder fünfte Patient entscheidet, seine Psychotherapie vorzeitig zu beenden. Er benennt weiter oben bereits dargelegte Abbruchgründe und rät zu acht Strategien, um das Abbruchrisiko zu minimieren. Ganz zu Beginn einer Therapie sollte detailliert über die Funktionsweise von Psychotherapie informiert werden, da es sich bei Patienten sehr häufig um Erstnutzer handelt, die entsprechend unsicher oder auch ängstlich sein können. Auch sollten von Anbeginn, wenn möglich, die Präferenzen der Patienten berücksichtigt werden. Schon mit dem Start sollte das Therapieende geplant werden, denn der Patient sollte wissen, mit welchem Zeitaufwand er zu rechnen hat und was ihm nach der Therapie noch an Hilfen zu Verfügung steht. Der Patient sollte über Veränderungsmuster und dabei auch über mögliche Rückfälle in Kenntnis gesetzt werden. Im weiteren Verlauf der Therapie gilt es, etwa durch die Ermöglichung kleiner Fortschritte, immer wieder die Hoffnung zu stärken, die Motivation zu steigern, das Arbeitsbündnis zu fördern und die Behandlungsfortschritte mit den Patienten zu diskutieren. Eine Anwendung eben genannter Strategien mag dem Therapie-Novizen vermutlich nicht selbstverständlich in den Sinn kommen, ist er doch mit allerlei anderen Notwendigkeiten, dabei prinzipiell der adäquaten Anwendung von Techniken, beschäftigt. Dennoch sollte die Etablierung genannter Strategien ein keinesfalls zu vernachlässigendes Element in der Entwicklung der Therapeutenpersönlichkeit darstellen.

Der mit hehren Erfolgserwartungen angetretene Psychotherapeut kann es mitunter als schmerzhaft und auch schuldhaft erleben, wenn ein Patient trotz großem Therapeuteneinsatz eine Therapie ohne Ankündigung abricht und auch für eine Aufklärung der Gründe nicht mehr erreichbar ist. Wenngleich die Gründe für eine ungeplante vorzeitige Beendigung damit im Vorborgenen bleiben, kann ein Therapieabbruch immer auch als eine Art Kritik des Patienten an der Qualität der Therapie gewertet werden, mag der Therapeut dafür verantwortlich zu machen sein oder auch nicht. Es ist ohnehin kaum davon auszugehen, egal in welchem Bereich, dass Erwartungen von der Realität zur Gänze erfüllt werden. Wie groß die Diskrepanz ist, hat vielerlei Ursachen, jedoch scheint es in der Anwendung der Psychotherapie Disbalancen, Enttäuschungen oder Des-illusionierungen auf Therapeuten- und Patientenseite gleichermaßen zu geben, die in der immer wieder nachweisbaren Intensität so nicht unvermeidbar auftreten müssten. Patienten und Therapeuten haben unterschiedliche Therapieziele. In einer Studie mit 473 ambulanten Psychotherapiepatienten, teilgenommen haben 58 Verhaltenstherapeuten und 45 psychodynamische Therapeuten, nannten die Therapeuten mehr als doppelt so viele Therapieziele wie die Patienten. Die Psychotherapeuten fokussierten dabei eher auf Probleme und Symptome, wohingegen Patienten als Ziel vorrangig eine Verbesserung ihrer Beziehungen, ihres Wohlbefindens und ihrer existenziellen Probleme nannten. Auch zwischen den Therapieverfahren zeigten sich Unterschiede, wonach Verhaltenstherapeuten Coping-Strategien betonten und psychodynamische Psychotherapeuten die Förderung von Beziehungsregulation und persönlichem Wachstum anstrebten (Voos, 2015). Diesen Studienergebnissen zufolge liegt hier eine schon von Anbeginn der Psychotherapie ernst zu nehmende Gefahrenquelle für ein Auseinanderdriften von Erwartungen und Realität. Die möglichst eindeutige Klärung der Auftragslage, ein gemeinsames Verständnis von Therapiezielen und ein steter Abgleich von Auftragslage, Zielen und Vorgehensweise werden Therapeuten und Patienten viel Ungemach, Enttäuschung und Unzufriedenheit ersparen können.

Ein frühzeitiger, im Grunde unmittelbarer Abgleich der jeweiligen Patienten- und Therapeutenerwartungen mit der Realität am Beginn einer Therapie müsste ein unverzichtbarer Standard sein. Besprochen und aufeinander abgestimmt werden sollten die Rahmenbedingungen der Therapie, die Klärung von Rollen, zu erwartendes Erleben und Verhalten der Therapiebeteiligten, die Möglichkeiten der Orientierung an den Patientenerwartungen, die Form der Vermittlung von berechtigter Hoffnung, Initiativen zur Stärkung der Compliance und Modalitäten eines kritischen Monitorings des Therapiefortschrittes. Trotz aller Sorgfalt, aller nutzbar gemachten zur Verfügung stehenden Kompetenzen, trotz Hilfestellung durch Kollegen bleibt unausweichlich die Erfahrung zu machen, dass nicht wenige Patienten scheinbar mehr psychopathologisches Wissen und ein besseres Verständnis von wirksamer Psychotherapie haben, als ein Psychotherapeuten-Novize. Dies kann durch eigene mehrmalige Erfahrung sicher bestätigt werden.

10.3 Kritische Würdigung

Es ist anzunehmen, dass Lehrer, Erzieherinnen, Hausärzte und so viele andere Berufsgruppen auch vom Praxisschock nicht verschont bleiben. Die Arbeit mit Menschen birgt in sich noch mehr die Gefahr des Unkalkulierbaren, als die Arbeit mit unbelebter Materie. Andersherum steckt darin aber auch sehr viel Lernpotential und das wiederum kann die Angelegenheit ein Berufsleben lang sehr interessant, zur Herausforderung und zur Quelle kontinuierlicher Weiterentwicklung machen. Unabdingbare Voraussetzung dafür ist eine oben schon benannte Ambiguitäts- und Frustrationstoleranz, gepaart mit einer substantiellen Resilienz, einer frechen Neugier und Veränderungsbereitschaft, sowie einer couragierten Dynamik. Abschließend dazu eine von mir immer wieder mit pädagogischer Absicht zitierte Aussage: „Um als Therapeut effektiv für Patienten zu bleiben, sollten wir uns und unseren Kollegen erlauben, ‚therapiewidrig' narzisstisch, bedürftig, erwartungsüberlastet, neidisch, rachsüchtig, ängstlich oder hilflos zu sein – weil wir in der therapeutischen Beziehung eben auch das sind, was alle sind, die sich in Beziehungen zurechtfinden müssen. Die Akzeptanz, Reflexion und dann evtl. nötige Herausnahme dieser Seiten aus der therapeutischen Beziehung oder auch deren utilisierende patientenorientierte Kultivierung befreit von der manchmal übermächtigen Idee, dass wir als Therapeuten es in unserem Leben irgendwie besser auf die Reihe bekommen sollten als andere Berufe" (Lieb, in Holm-Hadulla, R., Kriz, J. & Lieb. H im Gespräch mit Broda, M. & Senf, W., 2015, S. 333). Oder frei nach Goethe: „Hier bin ich Mensch, hier darf ich's sein" (Goethe, 2000, S. 28).

> **Mal ehrlich**
> Woran können sie sich noch genau erinnern, als ihr allererster Patient zu ihnen zur Psychotherapie kam? Welche Emotionen, Kognitionen, Impulse und Verhaltensweisen waren da aktiv? Wie haben sie sich beholfen?

10.4 Fazit

Der Praxisschock, wie intensiv er auch immer ausfallen wird und wie bewusst er wahrgenommen werden kann und will, wird eintreten, vermutlich in verschiedener Form immer wieder, sehr wahrscheinlich mit zunehmender Berufsdauer in abnehmender Funktion. Wenn man beim Baden ins Wasser geht, ist man oft schnell frustriert anerkennen zu müssen, dass es sehr kalt ist, zu kalt, damit hätte man nicht gerechnet. Darüber hinaus kann es einen gefährlichen Eindruck machen. Selbstzweifel, Zaudern und ein Aus- oder Zurückweichen werden das Wasser nicht wärmer machen. Die Empfehlung lautet: Rein ins Wasser, so couragiert als möglich. Wer schwimmen kann, wird sich schnell freischwimmen. Wer nicht gut genug schwimmen kann, möge hier sofort umkehren.

Zum Mitnehmen
Ein Praxisschock kann auch gelinder als ein holpriges, nicht störungsfreies Hineinfinden in die Berufsausübung umdeklariert werden. Begrifflichkeiten ändern dennoch nicht notwendigerweise den Sachverhalt. Mit einer Nichtübereinstimmung aus Erwartung und Realität ist zu rechnen. Dies wird bei den meisten Psychotherapeuten entwicklungsförderliche Bedingungen schaffen. Manche werden davon nicht profitieren und damit sich und ihrer Klientel nicht nutzen oder auch schaden.

Weiterführende Literatur

Goethe, J.W. (2000). *Faust. Der Tragödie erster Teil.* Reclam.
Holm-Hadulla, R., Kriz, J. & Lieb. H im Gespräch mit Broda, M. & Senf, W. (2015). Ist Beziehung alles und ohne Beziehung nichts? Standpunkte. Therapeutische Beziehung. *Psychotherapie im Dialog, 4*(2004), 321–333.
▶ https://www.gkv-spitzenverband.de/gkv_spitzenverband/presse/pressemitteilungen. (14.12.2022).
Jacobi, F., Uhmann, S. & Hoyer, J. (2011). Wie häufig ist therapeutischer Misserfolg in der ambulanten Psychotherapie. Ergebnisse aus einer verhaltenstherapeutischen Hochschulambulanz. *Zeitschrift für Klinische Psychologie und Psychotherapie, 40*(4), 246–256.
Kunde, A. & Normann, D. (2015). Die Dosis macht's. Psychodynamische Supervision in der Praxis. *Psychotherapie im Dialog,1*(2015), 75–79.
Ruppert, C. (2014). *Abbrüche in der Psychotherapie.* Unveröffentlichte Masterarbeit, Züricher Hochschule für Angewandte Wissenschaften.
Schulz, M., Winkler, K., & Schröder, A. (1999). Motive für das Abbruchverhalten von Patienten bei ambulant durchgeführter Psychotherapie. *Report Psychologie, 4*(1999), 266–271.
Swift, J.K., (übersetzt von Holzer, Flückinger & Keller). (2015). Therapieabbrüche verhindern. Acht wirksame Strategien. *Psychotherapie im Dialog, 4*(2015), 46–50.
Voos, D. (2015). Psychotherapieforschung. Patienten und Psychotherapeuten haben unterschiedliche Therapieziele. *Supervision Psychotherapie im Dialog, 1*(2015), 6.

Rahmenbedingungen und Einflussgrößen

Inhaltsverzeichnis

11.1 Grundsätzliche Überlegungen – 84

11.2 Eine Auswahl von Rahmenbedingungen – 84

11.3 Exkurs: Eine kleine Studie – 85

11.4 Kritische Würdigung – 87

11.5 Fazit – 87

Weiterführende Literatur – 88

© Der/die Autor(en), exklusiv lizenziert an Springer-Verlag GmbH, DE, ein Teil von Springer Nature 2025
S. Gerhardinger, *Entwicklung der Therapeutenpersönlichkeit*, Psychotherapie: Fort- & Weiterbildung, https://doi.org/10.1007/978-3-662-70477-6_11

Wessen wir am meisten im Leben bedürfen, ist jemand, der uns dazu bringt, das zu tun, wozu wir fähig sind.
(Ralph Waldo Emerson).

> **? Frequently Asked Question**
> Was sind günstige oder auch ungünstige Rahmenbedingungen für eine gelingende Entwicklung der Therapeutenpersönlichkeit?

11.1 Grundsätzliche Überlegungen

Wenn jemand aus dem Rahmen fällt, so wird dies sprichwörtlich als etwas Unpassendes empfunden. Ein Rahmen begrenzt, grenzt damit ein und aus, schafft Distanz. Rahmenbedingungen geben Orientierung, stecken ein Terrain ab, geben Halt, definieren aber auch die Bandbreite, innerhalb welcher Bewegung möglich ist. Rahmenbedingungen in der Entwicklung der Therapeutenpersönlichkeit gibt es sehr viele, wiewohl diese nicht unbedingt als solche auf den ersten Blick wahrgenommen werden. Mancherlei Voraussetzungen und äußere Umstände mögen einer gelingenden, zielführenden und erstrebenswerten Entwicklung der Therapeutenpersönlichkeit eher hinderlich oder abträglich sein. Verschiedene andere aber dürften bei entsprechender Nutzung sehr viel dazu beitragen können, dass sich eine therapeutische Identität ausformt, Gestalt annimmt und sich dynamisch und fokussiert entwickelt. Gute Rahmenbedingungen sind damit auch ein Tor zur Freiheit der Gestaltung beruflichen Vorgehens, wobei das Annehmen und Nutzen derartiger Chancen ein hohes Maß an Verantwortung erfordert.

11.2 Eine Auswahl von Rahmenbedingungen

Ehe ein Psychotherapeut, psychologischer Berater oder Sozialarbeiter therapeutisch tätig wird, hat er nach dem Studium in der Regel eine therapeutische Aus- oder Weiterbildung durchlaufen. Die Güte der Erfahrungen darin oder damit sollte Entwicklung positiv beeinflussen, doch das ist mitnichten selbstverständlich. Die Qualität von Dozenten, Inhalte von Seminaren, verschiedene Typen von Supervisoren und tiefgreifende oder nur pflichthaft abgearbeitete Selbsterfahrung spielen da eine durchaus wichtige Rolle und hinterlassen Spuren. Derlei Spuren können zu wichtigen Wegen werden oder aber als Narben firmieren. Welche Erfahrungen das private Leben des Psychotherapeuten bereit hält oder zulässt, kann ebenfalls als bedeutsame Rahmenbedingung betrachtet werden. Der Einsatzort des therapeutischen Wirkens kann Entwicklung begünstigen, kann zur Stagnation oder gar zur Rückentwicklung führen. Manche Menschentypen benötigen die Freiheit der Selbständigkeit, um sich bestmöglich nach der eigenen Façon entfalten zu können, andere aber fühlen sich für Entwicklung sicherer im Kollegenkreis und in einem Angestelltenverhältnis. Das autarke Arbeiten im ambulanten Setting kann Entwicklung schon alleine deshalb fördern, weil hier wenige Vorgaben anzutreffen sind und somit ein Suchen, Finden und Definieren unerlässlich ist. Die zu versorgende Klientel wird je nach Einsatzort sehr verschieden sein. Störungsbilder, Intensität und Akutheitsgrad von Störungen, Patientencompliance und letztendlich auch Abbrecher- oder Erfolgsquoten werden sich unterscheiden und damit Einfluss auf Entwicklungsprozesse nehmen. Es mag in Entwicklungsverläufen stabilisierend sein, eine homogene Patientengruppe zu versorgen. Die stärkere Herausforderung und damit das größere Entwicklungspotenzial bietet aber eine eher heterogene Klientel. Sind Kollegen als Begleiter im Arbeitsprozess verfügbar, so können diese inspirierend, anstachelnd, ermutigend aber auch ängstigend, hemmend oder lähmend wirken. Etwaige Mentoren können uns zu den Besten unserer Möglichkeiten verhelfen, wohingegen manche Vorgesetzte sehr wohl auch dafür zuständig sein können, schrittweise in die innere Kündigung zu gehen. Nicht vergessen werden sollte, dass im klinischen Bereich, zum Teil auch in Beratungsstellen, der mitunter intensive Kontakt zu anderen, ebenfalls therapeutisch tätigen Berufsgruppen eine nicht zu unterschätzende Einflussgröße auf die Entwicklung der Therapeutenpersönlichkeit darstellen kann. Musik-, Kunst-, Sport- oder Ergotherapeuten, Spezialisten in tiergestützter Therapie, Psychiater und Krankenpfleger haben unterschiedliche Paradigmen, gehen auf dasselbe Thema mit anderen Mitteln zu, das wird den wachen Geist nicht unbeleckt lassen. Der Zugang zu Fachliteratur wird nicht nur durch die Bestückung einer Klinikbibliothek geregelt, sondern beispielsweise auch durch Tipps von Kollegen, die hilfreich sein oder auch ganz ausbleiben können. Der selbständige Therapeut kann seine weiteren Fort- oder Weiterbildungsmaßnahmen, die Inanspruchnahme von Intervision, Supervision oder Balintgruppen selbst bestimmen, das mag für diesen ein Segen, kann aber auch mitunter eine qualitätsmindernde Gefahrenquelle sein. In hierarchisch strukturierten Arbeitssystemen können Vorgaben die therapeutische Entwicklung einschränken, einseitig in eine Richtung lenken oder aber durch mehr oder weniger sanften äußeren Druck zu spätem Glück verhelfen. Das Ansehen, das die jeweilige berufliche Position am Einsatzort hat, kann Entwicklung begünstigen oder jeden Esprit nehmen. Ein ansteckender und im positiven Sinne befeuernder Spirit einer Organisation oder Einrichtung mag ebenso ein wichtiges Agens für Entwicklung förderliche Haltungen sein. Hier ließe sich noch manches anführen. Wenngleich die eben genannten Beispiele wenig eindeutig verwertbare Aussagekraft haben, können sie doch jeweils in verschiedenen Richtungen wirksam sein.

11.3 Exkurs: Eine kleine Studie

Das Thema und die Form der Bearbeitung der Entwicklung der Therapeutenpersönlichkeit entstand in der Vorstellung des Autors und ist dort auch ausdifferenziert worden. Umfangreiches Literaturstudium war dabei sehr hilfreich, inspirierend und Orientierung gebend. Es dauerte im Manuskriptentwicklungsprozess dann aber doch eher lange, bis der im Grunde naheliegendste Gedanke kondensierte: Warum nicht diejenigen befragen, um die es geht: Therapeuten. Daher wurde kurzerhand ein schnell zu bearbeitender Fragebogen entwickelt (siehe Anhang), der sicher nicht den Testgütekriterien entspricht, das war aber auch nicht vorrangiges Ziel. Anhand von elf Fragen sollten Psychologen, angehende oder auch schon approbierte Psychotherapeuten auf einer je fünfstufigen Skala ankreuzen, welche Einflüsse sie als wie stark auf die Entwicklung der eigenen Therapeutenpersönlichkeit betrachten. Insgesamt nahmen 232 Kolleginnen und Kollegen an der Befragung teil. Die Ergebnisse lauten wie folgt: Private Beziehungserfahrungen nahmen für 0 Befragte gar nicht, für 29 wenig, für 73 mäßig, für 101 stark und für 29 sehr stark Einfluss auf die Entwicklung ihrer Therapeutenpersönlichkeit. Die private Lebensgestaltung (Interessen, Hobbies etc.) nahm für 5 Befragte/n gar nicht, für 41 wenig, für 99 mäßig, für 75 stark und für 12 sehr stark Einfluss auf die Entwicklung ihrer Therapeutenpersönlichkeit. Eigene Therapieerfahrungen (nicht nur bezogen auf Psychotherapie) nahm für 58 Befragte gar nicht, für 65 wenig, für 39 mäßig, für 53 stark und für 16 sehr stark Einfluss auf die Entwicklung ihrer Therapeutenpersönlichkeit. Persönliche Krisen nahmen für 4 Befragte gar nicht, für 52 wenig, für 70 mäßig, für 73 stark und für 32 sehr stark Einfluss auf die Entwicklung ihrer Therapeutenpersönlichkeit. Berufliche Krisen nahmen für 36 Befragte gar nicht, für 61 wenig, für 65 mäßig, für 52 stark und für 13 sehr stark Einfluss auf die Entwicklung ihrer Therapeutenpersönlichkeit. Therapeutenvorbilder nahmen für 8 Befragte gar nicht, für 21 wenig, für 83 mäßig, für 88 stark und für 31 sehr stark Einfluss auf die Entwicklung ihrer Therapeutenpersönlichkeit. Erfahrungen mit psychischen Problemen und Störungen (eigene Erfahrungen, Erfahrungen im Umfeld) nahmen für 5 Befragte gar nicht, für 61 wenig, für 80 mäßig, für 63 stark und für 22 sehr stark Einfluss auf die Entwicklung ihrer Therapeutenpersönlichkeit. Einflüsse durch Therapieerfahrungen (Ereignisse und Erlebnisse mit Patienten) nahmen für 2 Befragte/n gar nicht, für 5 wenig, für 47 mäßig, für 126 stark und für 51 sehr stark Einfluss auf die Entwicklung ihrer Therapeutenpersönlichkeit. Die Therapieausbildung nahm für 6 Befragte gar nicht, für 40 wenig, für 81 mäßig, für 87 stark und für 17 sehr stark Einfluss auf die Entwicklung ihrer Therapeutenpersönlichkeit. Supervision nahm für 9 Befragte gar nicht, für 22 wenig, für 81 mäßig, für 81 stark und für 39 sehr stark Einfluss auf die Entwicklung ihrer Therapeutenpersönlichkeit. Selbsterfahrung nahm für 14 Befragte gar nicht, für 27 wenig, für 76 mäßig, für 79 stark und für 35 sehr stark Einfluss auf die Entwicklung ihrer Therapeutenpersönlichkeit. Zur besseren Übersichtlichkeit erfolgt eine tabellarische Zusammenschau der Ergebnisse. In manchen Fragebögen blieben wenige Vorgaben unbeantwortet, dies muss als fehlende Angabe verzeichnet werden (Tab. 11.1).

Wenn man die Einzelantworten mit einer unterlegten Rangreihe von 0 bis 4 gewichtet, so ergibt sich als Spitzenreiter unter den Einflussgrößen gemäß Selbstauskunft der Befragten: Einflüsse durch Therapieerfahrungen. Private Beziehungserfahrungen werden dann als zweitwich-

Tab. 11.1 Einflüsse auf die Entwicklung der Therapeutenpersönlichkeit

	gar nicht	wenig	Mäßig	stark	sehr stark
Private Beziehungserfahrungen	0	29	73	101	29
Private Lebensgestaltung	5	41	99	75	12
Eigene Therapieerfahrungen	58	65	39	53	16
Persönliche Krisen	4	52	70	73	32
Berufliche Krisen	36	61	65	52	13
Therapeuten-Vorbilder	8	21	83	88	31
Erfahrungen mit psychischen Problemen	5	61	80	63	22
Einflüsse durch Patienten	2	5	47	126	51
Therapieausbildung	6	40	81	87	17
Supervision	9	22	81	81	39
Selbsterfahrung	14	27	76	79	35

tigste Einflussgröße benannt. Supervision folgt dann auf Platz drei als wichtige Einflussgröße auf die Entwicklung der eigenen Therapeutenpersönlichkeit. Dies zeigt, dass von den Antwortenden Einflüsse aus unterschiedlichen Richtungen wahrgenommen werden. Die bedeutsamste Einflussgröße sind demnach die Erfahrungen mit der Klientel. Somit dürften Patienten die wichtigsten Entwicklungshelfer sein. Deutlich wird aber auch, dass sich private Entwicklung von beruflicher nicht trennen lässt und dass Supervisionserfahrungen offenbar mehr Einfluss haben, als eine hauptsächlich theoretisch ausgerichtete Therapieausbildung. Wenngleich sich hieraus keine wissenschaftlich belastbare Aussagekraft ableiten lässt, so gibt dieses Ergebnis doch deutliche Hinweise darauf, die Bearbeitung des Themas Entwicklung der Therapeutenpersönlichkeit breit gefächert zu gestalten.

11.4 Kritische Würdigung

Wir alle sind mit Rahmenbedingungen konfrontiert, die mehr oder weniger entwicklungsförderlich sein mögen. Der findige Geist oder auch der auf einer guten Entwicklungsschiene befindliche Therapeut wird es vermögen, Gewinnbringendes daraus zu destillieren. Es wird aber auch bei Manchen beste Bedingungen geben, die nicht auf fruchtbaren Boden fallen, ungenutzt bleiben, vielleicht als Entwicklungssprungbretter gar nicht wahrgenommen werden. Lebensgeschichtliche Einflüsse auf die Entwicklung seiner Therapeutenpersönlichkeit sind von Yalom (2017) lesenswert dargestellt.

> **Mal ehrlich**
> Wo sehen sie bei sich Bedingungen, die einem Korsett gleichen oder doch da und dort einengen und Spielräume begrenzen? Wo sehen sie heimliche oder auch ganz greifbare Förderer ihrer Entwicklung?

> ▶ **Eigenes Beispiel**
> Der Berufseinstieg und die Tätigkeit als Psychologe in der Chirurgie ist einer klinisch psychologischen Entwicklung grundsätzlich nicht sonderlich förderlich, andererseits schafft sie Energie, Tatendrang und Entdeckergeist. Wo es keine psychotherapeutischen Kollegen und damit keine definierten Entwicklungshelfer gibt, dienen andere und die Rahmenbedingungen unfreiwillig als Lotsen, Motoren und zum Teil als negative Vorbilder. Auch diese geben Orientierung. Das Beobachten mancher ärztlicher Kollegen im Patientengespräch hat sehr viel dazu beigetragen, therapeutisches Basisverhalten als eigenes therapeutisches Heiligtum zu hegen und zu pflegen. ◀

11.5 Fazit

Wenn wir den Ergebnissen der vorgestellten eigenen kleinen Erhebung Glauben schenken, so müssen wir attestieren, dass es gerade auch die Patienten sind, die uns ausbilden, weiterentwickeln und besser machen können. Während der therapeutischen Weiterbildung können diese wichtigen Erfahrungen in den da noch verpflichtenden Supervisionen bearbeitet, aufgearbeitet, integriert und nutzbar gemacht werden. Danach ist es eher dem ohnehin schon gereiften Therapeuten vorbehalten, durch derlei Erfahrungen in Eigenregie nur noch weiter zu wachsen.

> **Zum Mitnehmen**
> Ob es originär günstige oder ungünstige Einflüsse auf die Entwicklung der The-

rapeutenpersönlichkeit gibt, muss in diesem Rahmen unbeantwortet bleiben. Es gibt sehr viele verschiedene Einflüsse. Erfahrungen, die unsere Patienten, unser Privatleben und Therapeutenmodelle für uns zur Verfügung stellen, sind dabei ganz wichtige Größen.

Weiterführende Literatur

Yalom, I. D. (2017). *Wie man wird, was man ist. Memoiren eines Psychotherapeuten.* btb.

Prinzipien therapeutischen Handelns

Inhaltsverzeichnis

12.1 Grundsätzliche Überlegungen – 90

12.2 Begriffsklärung – 90

12.3 Prinzipien in der Psychotherapie – 90

12.4 Kritische Würdigung – 93

12.5 Fazit – 94

Weiterführende Literatur – 94

© Der/die Autor(en), exklusiv lizenziert an Springer-Verlag GmbH, DE, ein Teil von Springer Nature 2025
S. Gerhardinger, *Entwicklung der Therapeutenpersönlichkeit*,
Psychotherapie: Fort- & Weiterbildung, https://doi.org/10.1007/978-3-662-70477-6_12

Die Taten eines Menschen sind die Konsequenzen seiner Grundsätze. Sind die Grundsätze falsch, so werden die Taten nicht richtig sein.
Bernhard Lichtenberg

? Frequently Asked Question
Was sind grundlegende Psychotherapie-Prinzipien? An welchen Prinzipien soll oder muss sich ein Psychotherapeut orientieren?

12.1 Grundsätzliche Überlegungen

Die therapeutische Allianz und deren Tragfähigkeit ist die Basis für effektives psychotherapeutisches Arbeiten. „Die verändernde Kraft der Therapie ist nicht intellektuelle Einsicht, auch nicht Interpretation oder Katharsis, sondern vielmehr eine tiefe, authentische Begegnung zwischen zwei Menschen" (Yalom, 2017). Das Vorgehen in der Psychotherapie benötigt grundlegende Gesetzmäßigkeiten, denn jede Beliebigkeit ist mit professionellem Vorgehen nicht vereinbar. Die Patient-Therapeut-Beziehung in der Psychotherapie ist ein sehr sensibles Medium, gehorcht eigenen Gesetzmäßigkeiten und kann die Quelle für Erfolg und Schaden gleichermaßen sein. „Aus psychotherapeutischer Sicht ist deutlich, dass jede psychotherapeutische Behandlungsbeziehung eine Abhängigkeitsbeziehung und damit ein ‚Anvertraut-Sein' bedingt. Diese psychische Abhängigkeit ist in fachlicher Sicht sogar erforderlich, um eine psychotherapeutische Wirkung erzielen zu können, da der Patient sich in einer vertrauensvollen Beziehung, die an die Eltern-Kind-Interaktion angelehnt ist, (zumindest) teilweise mit seinem Therapeuten und dessen Bewältigungskompetenzen identifizieren und identifizieren soll" (Schleu et al., 2018, S. 14). Dieses sich anvertrauen macht Patienten noch zusätzlich verletzlich. Sie befinden sich in einem ungeschützten Modus. Es bedarf großer Achtsamkeit und Sorgfalt aufseiten des Therapeuten, hier zu verschwimmen drohende Grenzen umso deutlicher einzuhalten. Der Person-Person-Faktor ist nach Halmos (1965) das Rückgrat der Psychotherapie.

Berufsordnungen, Psychotherapierichtlinien, Psychotherapieschulen spezifische Vorgehensweisen und Therapie-Manuale sind notwendige Orientierung gebende, handlungsleitende und eine gewisse Verlässlichkeit schaffende Instrumente. Zugrunde liegen sollten dem klare und allgemein akzeptierte Prinzipien.

12.2 Begriffsklärung

Der Begriff Prinzip leitet sich vom lateinischen „principium" ab und hat damit die Ursprungsbedeutung Anfang. Im heutigen Gebrauch steht Prinzip für Regel, Richtschnur, Grundlage, Grundsatz, Grundgesetz, Gesetzmäßigkeit, Idee, die einer Sache zugrunde liegt, nach dem etwas aufgebaut ist oder auch als allgemein verbindliche Handlungsanweisungen in der Ethik (Duden. Das Fremdwörterbuch, 1982; Meyers großes Taschenlexikon, 1999). Ein Prinzip ist als Gesetzmäßigkeit anderen Gesetzmäßigkeiten übergeordnet.

Prinzipien therapeutischen Handelns in der Psychotherapie sollten allgemeingültig, Therapieschulen übergreifend und unabhängig vom Entwicklungsstand des Therapeuten wirksam sein. Wenn dem so wäre, dann wären derlei Therapie-Prinzipien nahe an Axiomen einer Theorie.

12.3 Prinzipien in der Psychotherapie

Grundlegend für Prinzipien in der Psychotherapie sind die von Beauchamp und Childress (2008) entwickelten medizinethischen Prinzipien des Respekts vor der Autonomie des Patienten, der Fürsorge, der Gleichheit und Gerechtigkeit, der Wahrhaftigkeit, der Vertraulichkeit und das Prinzip der Nichtschädigung (Schleu et al., 2018). Im Folgenden seien diese medizinethischen Prinzipien erläutert.

Das Prinzip des Respekts vor der Autonomie des Patienten besagt, dass der Patient das Selbstbestimmungsrecht hat zu entscheiden, was mit ihm geschieht. Der Patient kann in eine Therapie einwilligen oder diese auch ablehnen. In jedem Fall soll er zur Entscheidungsfindung vom Behandler, ob Arzt oder Psychotherapeut, detailliert über die Krankheit, ihre möglichen Folgen wie auch über die Behandlung und deren mögliche Folgen informiert werden. Dies beinhaltet die Achtung von Lebensplänen, Zielen und Wünschen des Patienten, denn der Therapeut ist Spezialist bezüglich der Wahl der Mittel der Therapie, der Patient ist maßgeblich verantwortlich hinsichtlich der Ziele der Therapie (Birnbacher & Kottje-Birnbacher, 2006). Dieses Selbstbestimmungsrecht bleibt dem Patienten auch im Verlauf einer Therapie erhalten, er bleibt, Selbst- oder Fremdgefährdung ausgeschlossen, autonom in seiner Entscheidung für oder gegen ein Verhalten (Brakemeier & Jacobi, 2017). Eine weitere Einschränkung des Selbstbestimmungsrechts des Patienten ist Thema in der stationären Psychiatrie, wenn Zwangsmaßnahmen erforderlich werden, die den Patienten vor sich selbst bzw. vor seinem von der Krankheit belagerten Selbst schützen sollen.

In enger Anlehnung an den Hippokratischen Eid kann das Prinzip der Nichtschädigung oder Schadensvermeidung gesehen werden, mit den Grundgedanken primum non nocere oder salus aegroti summa lex esto, wonach das Heil des Kranken höchstes Gesetz sei. Jede Therapie ist ein Eingriff in die Unversehrtheit des Patienten. Die chirurgische Operation beispielsweise wird nicht ohne Narben bleiben. Die Berücksichtigung des Prinzips der Nichtschädigung ist damit immer ein Abwägen zwischen Wirkung und Nebenwirkungen von Interventionen. In der Psychotherapie können unter anderem aufdeckendes Vorgehen, Deutung, Exposition, Konfrontation, Skulpturarbeit, Psychodrama und viele weitere Interventionen sehr wohl auch Unheil zu Tage fördern und damit den Patienten belasten oder destabilisieren. Es ist im Vorfeld nie zur Gänze absehbar, in welchem Ausmaß die Intervention hilft oder schadet. Der Therapeut steckt in einem Dilemma und muss häufig die Kosten-Nutzen-Abwägung und damit die Entscheidung für den Einsatz einer Intervention ohne vollumfängliche Einwilligung des Patienten treffen. Der Patient vertraut sich dem Therapeuten und seiner Kompetenz an, das zählt zum Wesen der Therapie. Dennoch ist so weit als möglich auf eine partizipative Entscheidungsfindung (shared decision making) hinzuarbeiten. In jedem Fall sind Interaktionsstörungen, Behandlungsfehler und Übergriffe und Missbrauch jeder Art (vgl. ▶ Kap. 17 und 18) unbedingt zu vermeiden.

Das Prinzip der Fürsorge beinhaltet ein aktives Zutun und Handeln zum Wohle des Patienten. Der Therapeut setzt proaktiv Maßnahmen ein, die zur Linderung, Besserung oder Beseitigung von Schädigungen und Störungen dienen. Dies geschieht im Rahmen einer informierten Einwilligung. Größtmögliche Transparenz, ein Abstimmen von Dauer und Intensität der Therapie und das Beachten therapeutischer Grenzen sind diesem Prinzip immanent. Ein Chancen-Risiken-Abgleich zur Verfügung stehender Interventionen soll dem Patienten den bestmöglichen Behandlungsnutzen erbringen. Fürsorge beinhaltet aber auch das Abwenden eines Schadens von anderen. Das Prinzip der Fürsorge geht über das Prinzip der Nichtschädigung hinaus, da es nicht nur die Verhinderung von Schädigungen beinhaltet, sondern aktives Handeln bedeutet, welches das Wohl des Patienten fördert und ihm nützt.

Gleiche Fälle sollen gleich behandelt werden, das besagt das Prinzip der

Gerechtigkeit und Fairness. Dies ist beispielsweise in der Organtransplantation ein nicht einhaltbarer Grundsatz, da prinzipiell weniger Spenderorgane zur Verfügung stehen, als benötigt werden. In der Psychotherapie gibt es ebenfalls eine Unterversorgung. Nicht alle Psychotherapiebedürftigen erhalten einen Psychotherapieplatz, zumindest nicht im Rahmen akzeptabler Wartezeiten. Die Chance auf einen Behandlungsplatz hängt unter anderem auch ab vom Versorgungsgrad in einer Region, von der Art der Erkrankung, wie auch von zum Beispiel der Beharrlichkeit mancher Patienten. Privatpatienten scheinen bei der Psychotherapieplatzsuche grundsätzlich im Vorteil zu sein. Gerechtigkeit würde hier bedient werden, wenn Psychotherapeuten ihre Versorgungsintensität bei gut versorgten Patienten begrenzen, um wartenden Patienten Zugangsmöglichkeiten zu eröffnen, aber auch wenn schwere Fälle den leichteren Fällen vorgezogen werden würden (vgl. Brakemeier & Jacobi, 2017).

Diesen vier Grundprinzipien kann noch ein weiteres hinzugefügt werden, das Prinzip der Loyalität (vgl. Birnbacher & Kottje-Birnbacher, 2006). Loyalität beinhaltet einerseits die Verschwiegenheit des Therapeuten und damit die Grundlage für eine Vertrauensbeziehung, wie auch die Abstinenz in vielerlei Hinsicht. Loyalität dem Patienten gegenüber bedeutet ebenso die Verpflichtung zur Wahrhaftigkeit und die Bereitschaft, einem Patienten zur Verfügung zu stehen. Bezüglich der Abstinenz sieht beispielsweise die Bundespsychotherapeutenkammer in ihrer (Muster-) Berufsordnung (Deutsche Bundespsychotherapeutenkammer, 2018) vor, dass nach Behandlungsende mindestens ein Jahr vergangen sein muss, ehe Psychotherapeuten privaten und damit auch sexuellen Kontakt mit ehemaligen Patienten aufnehmen dürfen. Abstinenz bedeutet darüber hinaus, die professionelle Beziehung nicht durch Verhaltensweisen, wie etwa einem Duzen des Patienten, aufzuweichen. Ein Sie in der Therapie verunmöglicht Nähe nicht. Eine Beschränkung bei der Erhebung und Speicherung von Daten fällt ebenfalls unter das Abstinenzgebot.

Eine gleichzeitige Befolgung aller eben genannter medizinethischen Prinzipien in der Psychotherapie wird ein der Realität nie gerecht werdendes Ansinnen bleiben. Der aktiv fürsorgliche Therapeut wird immer auch mit dem Selbstbestimmungsrecht des Patienten kollidieren. Prinzipien dürfen hier nicht als sakrosankte Dogmen verstanden werden, eine Güterabwägung ist stets erforderlich. Eigene Abfragen in Workshops ergaben ein immer gleiches Ergebnis. Die befragten Psychologen, Sozialarbeiter, Ärzte und Psychotherapeuten votierten sehr deutlich überwiegend für das Prinzip der Selbstbestimmung als ihnen wichtigstes Prinzip in der Psychotherapie.

Neben diesen der Medizin entlehnten ethischen Prinzipien gibt es in der Psychotherapie vielerlei weitere mehr oder weniger systematisch beschriebene Regeln oder Grundsätze. Prinzipiell bestimmt der Therapeut die Regeln oder auch Rahmenbedingungen der Therapie. Dies beinhaltet auch, Anforderungen an den Patienten explizit zu formulieren. Therapie darf kein Erzählen von Problemen bleiben, es hat die Bearbeitung derselben zum Ziel, was immer auch bedeuten wird, sich bietende Spielräume bei Bedarf maximal auszureizen. Wenngleich hier nicht von absoluten Wahrheiten gesprochen werden kann, so haben die elf Gesetze der Therapie (Kanfer et al., 2012, S. 479 f.) trotz aller Plakativität hohen Gebrauchswert: „(1) Verlange niemals von Klienten, gegen ihre eigenen Interessen zu handeln! (2) Arbeite zukunftsorientiert, suche nach konkreten Lösungen und richte die Aufmerksamkeit auf die Stärken von Klienten! (3) Spiele nicht den ‚lieben Gott', indem Du Verantwortung für das Leben von Klienten übernimmst! (4) Säge nicht den Ast ab, auf dem Klienten sitzen, bevor Du Ihnen geholfen hast, eine Leiter zu bauen! (5) Klienten haben immer recht!

(6) Bevor Du ein problematisches Verhalten nicht plastisch vor Augen hast, weißt Du nicht, worum es eigentlich geht! (7) Du kannst nur mit Klienten arbeiten, die anwesend sind! (8) Peile kleine, machbare Fortschritte von Woche zu Woche an und hüte Dich vor utopischen Fernzielen! (9) Bedenke, dass die Informationsverarbeitungskapazität von Menschen begrenzt ist! (10) Wenn Du in der Therapiestunde härter arbeitest als Deine Klienten, machst du etwas falsch! (11) Spare nicht mit Anerkennung für die Fortschritte von Klienten!"

Prinzipiell sollten in der Psychotherapie die Klärung der Auftragslage, Zielorientierung, Ressourcenorientierung, Lösungsorientierung, Prozessorientierung (Orientierung an aktuellen emotional-motivationalen Prozessen des Patienten), Feedbackorientierung und kontinuierliche Patient-Therapeut-Kooperation unverzichtbare Grundsätze sein.

12.4 Kritische Würdigung

Prinzipien wirken nicht automatisch von sich aus, nur weil es sie gibt. Ein Akzeptieren und Gutheißen von Grundsätzen bedeutet noch nicht, sich an ihnen zu orientieren, sie in der Berufsausübung auch zu leben. Das Befolgen von Prinzipien ist noch lange keine Gewähr für professionelles Arbeiten. Es kann davon ausgegangen werden, dass jeder Psychotherapeut nach bestimmten Grundhaltungen vorgeht, wie sehr diese dem eigenen Tun unauffällig innewohnen oder wie eindeutig diese eigenen Regeln auch immer sein mögen. Gerade dem noch früh in der Entwicklung befindlichen Therapeuten werden Orientierung gebende Prinzipien helfen, den rechten Weg zu finden. Es bleibt aber die Frage, wer autorisiert ist, für die Psychotherapie geltende Maßstäbe aufzustellen, wer die Richtigkeit dieser Prinzipien gewährleistet und wie Therapeuten von diesen Prinzipien erreicht werden. Es wäre einer Erhebung wert, um der Frage nachzugehen, ob in unterschiedlichen Therapiephasen bestimmte Therapieprinzipien in besonderem Maß aktiv sind. Ein in der Entwicklung seiner Therapeutenpersönlichkeit schon weiter fortgeschrittener Psychotherapeut wird manche Maximen verinnerlicht haben und damit nicht mehr bewusst darauf zurückgreifen. Aber auch latente Prinzipien wirken und sind unverzichtbare Grundlage für ein Improvisieren und Extemporieren, für eine aus dem Hut gezauberte Lösung, für das Zelebrieren hoher Therapiekunst. Prinzipien sollten jederzeit klar kommunizierbar sein, wenn z. B. ein Patient fragt: „Nach welchem Prinzip gehen sie vor?" Voraussetzung dafür ist der selbstreflexive, orientierte und verantwortungsbewusste Therapeut.

Patienten bestimmen die therapeutische Interaktion maßgeblich mit, damit gestalten auch die Prinzipien der Patienten die Therapie. Schulte (1996) hat beispielsweise ein Rating der Ausprägung des Basisverhaltens von Patienten entwickelt, wonach die Therapienachfrage und Therapieinanspruchnahme, die Mitarbeit, die Selbstöffnungsbereitschaft, die Bereitschaft zum Erproben neuer Verhaltensweisen und das Durchführen von Hausaufgaben des Patienten eingeschätzt werden können. Letztendlich wird damit die Compliance abgebildet. Ist der Patient gemäß dieser Kriterien nicht oder nur eingeschränkt therapierbar, weil basale Voraussetzungen fehlen, so können dadurch auch alle therapeutischen Prinzipien ins Leere laufen.

> **Mal ehrlich**
> Hätten sie vor dem Lesen dieses Kapitels fünf zentrale Prinzipien der Psychotherapie benennen können? Was ist ihnen prinzipiell wichtig in der Psychotherapie?

▶ **Eigene Beispiele**

Prinzipiell wird jeder Patient in der ersten Therapiestunde mit den Aussagen konfrontiert: „Ich kann sie nicht heilen!". „Die tatsächliche Psychotherapie wird nicht in der Psychotherapiestunde erfolgen, sondern draußen im wirklichen Leben. Probleme müssen dort bearbeitet werden, wo sie entstehen!" „Psychotherapie ist eine Befähigungsinitiative und damit Hilfe zur Selbsthilfe!" Wichtig ist auch: Einem gebrechlichen Menschen die Straße zu helfen ist prinzipiell gut, wenn diese Person aber nicht über die Straße wollte, ist das grundsätzlich schlecht oder gar falsch! Mit diesem Bild kann das bei der Befolgung der Prinzipien Respekt vor der Autonomie des Patienten und Fürsorge entstehende Dilemma gut veranschaulicht werden. Ein gut verinnerlichtes persönliches Prinzip heißt: In der Psychotherapie gilt es sich auf die Lauer zu legen, zu warten wie die Katze vor dem Mauseloch, bis sich eine gute Gelegenheit ergibt, bis der Patient aus der Deckung kommt und etwas anbietet. Dann ist es notwendig beherzt zuzugreifen und diesen Fang zu bearbeiten. Diese Maßgabe kann etwas abgewandelt auch folgendermaßen beschrieben werden. Vermutlich sind wir auch so etwas wie Fallensteller. Wir legen die Schlinge aus, warten bis der Patient sich darin verfängt und dann ziehen wir zu. Das hat nichts Mörderisches. Vielmehr ist damit gemeint: Wenn der Patient Ansatzpunkte verrät, wenn er die Abwehr und die Vermeidung ein wenig vernachlässigt, wenn er einen Blick hinter die sozial verträgliche Fassade gewährt, dann offenbart er tatsächlich therapierelevante Aspekte. Auf diese Chance gilt es zu warten. Man muss sie aber auch erkennen können und muss couragiert genug sein, diese Option auch zum Wohle des Patienten zu nutzen. Hier geht es nicht darum, als Therapeut einen großen Fang zu machen oder eine Trophäe zu erringen. ◄

bewusstes therapeutisches Handeln. Sicher zu vermeiden wäre eine zwanghafte Prinzipientreue, die eine individuelle, dynamische, situationsadäquate Psychotherapie durch ein zu enges Korsett verunmöglichen würde. Eine Orientierung an Grundsätzen ist bestimmt nicht nur den eher Unsicheren oder den Novizen anzuempfehlen, auch die große Meisterschaft währt ohne solides Fundament nicht lange. Prinzipien mögen, ähnlich einer DNA, von außen nicht sichtbar sein, aber sie werden sich in Haltungen Ausdruck verleihen. Haltung könnte die persönliche Interpretation oder auch die individuelle Einfärbung eines Prinzips sein.

> **Zum Mitnehmen**
> Der Psychotherapeut ist nicht dazu verpflichtet, sich an Prinzipien, wie sie eben dargelegt wurden, zu orientieren, keine Berufsordnung schreibt ihm das vor. Es muss aber dringend empfohlen werden, die medizinethischen Prinzipien, wie auch die Gesetze der Therapie zu befolgen. Verpflichtend befolgt werden sollte das Prinzip der Abstinenz. Dies beinhaltet keine behandlungsüberschreitenden Bedürfnisse zu bedienen, wie auch im Rahmen der Anonymität keine persönliche oder private Beziehung zwischen Patient und Therapeut zuzulassen. Das unverzichtbare Prinzip der Neutralität fokussiert auf eine unvoreingenommene, nicht vorauswählende oder bewertende Haltung des Therapeuten. Diese Grundsätze müssen Allgemeingut sein, zum Wohle und Schutz von Patient und Therapeut gleichermaßen.

12.5 Fazit

Prinzipien tragen positive wie negative Aspekte in sich, bleiben aber unbestritten die unverzichtbare Basis für verantwortungs-

Weiterführende Literatur

Beauchamp, T. L., & Childress, J. F. (2008). *Principles of biomedical ethics* (6. Aufl.). Oxford University Press.

Weiterführende Literatur

Birnbacher, D., & Kottje-Birnbacher, L. (2006). Ethische Fragen bei der Behandlung von Patienten mit Persönlichkeitsstörungen. *Psychotherapie, 11*(2), 248–256. CIP-Medien.

Brakemeier, E.-L., & Jacobi, F. (Hrsg.) (2017). *Verhaltenstherapie in der Praxis*. Beltz

Deutsche Bundespsychotherapeutenkammer. (BPtK) (2018). *Muster-Berufsordnung für die Psychologischen Psychotherapeutinnen und Psychotherapeuten und Kinder- und Jugendlichenpsychotherapeutinnen und Kinder- und Jugendlichenpsychotherapeuten*. BPtK.

Duden. Das Fremdwörterbuch. (1982). *Bearb. von Wolfgang Müller* (4., neu bearbeitete und erweiterte Aufl.). Duden Verlag.

Halmos, P. (1965). *The faith of the counsellors*. Constable.

Kanfer, F. H., Reinecker, H., & Schmelzer, D. (2012). *Selbstmanagementtherapie*, (5. Aufl:.). Springer.

Meyers großes Taschenlexikon. (1999). (7. neu bearbeitete Aufl.). Meyers Lexikonredaktion.

Schleu, A., Tibone, G., Gutmann, T., & Thorwart, J. (2018). Sexueller Missbrauch in der Psychotherapie. Notwendige Diskussion der Perspektiven von Psychotherapeuten und Juristen. *Psychotherapeutenjournal, 1,* 11–19.

Schulte, D. (1996). *Therapieplanung*. Hogrefe.

Yalom, I. D. (2017). *Wie man wird, was man ist. Memoiren eines Psychotherapeuten*. btb.

Die therapeutische Haltung: Eine Stilfrage?

Inhaltsverzeichnis

13.1 Grundsätzliche Überlegungen – 98

13.2 Haltungen in der Psychotherapie – 98

13.3 Haltungs- und Stützhilfen – 99

13.4 Haltungen in Abhängigkeit von der Therapierichtung – 102

13.5 Manipulation in der Psychotherapie: Ein Tool, eine Haltung oder ein Kunstfehler? – 103

13.6 Eine Stilfrage? – 104

13.7 Kritische Würdigung – 104

13.8 Fazit – 105

Weiterführende Literatur – 106

© Der/die Autor(en), exklusiv lizenziert an Springer-Verlag GmbH, DE, ein Teil von Springer Nature 2025
S. Gerhardinger, *Entwicklung der Therapeutenpersönlichkeit*,
Psychotherapie: Fort- & Weiterbildung, https://doi.org/10.1007/978-3-662-70477-6_13

Stil ist nichts Endgültiges, sondern beständiger Wandel.
(Walter Gropius)

? Frequently Asked Question
Braucht es in der modernen Psychotherapie zusätzlich zur therapeutischen Expertise eine bestimmte Haltung? Gibt es gute und schlechte Haltungen aufseiten der Psychotherapeuten?

13.1 Grundsätzliche Überlegungen

Die Entwicklung der Therapeutenpersönlichkeit verfolgt prinzipiell das positive Ziel, Therapeuten für Patienten verträglicher und nachhaltig hilfreicher werden zu lassen. Entwicklung basiert auf vielen Segmenten und verändert dann wiederum diese Teilbereiche. Hiervon betroffen sind Eigenschaften, Kernkompetenzen, Prinzipien und eben auch Haltungen oder Stile. Es bleibt grundsätzlich diffizil, Haltungen von Einstellungen, Grundannahmen, Ethik, Philosophie, Persönlichkeitseigenschaften, therapeutischen Prinzipien, Paradigmen und den unterschiedlich in Erscheinung tretenden Therapeutentypen trennscharf abzugrenzen. Auch Schwimmtrainer, Lehrer und Physiotherapeuten zeigen Haltungen. Fraglich bleibt, ob das Gebaren in bestimmten Berufen von entscheiderer Bedeutung ist, als in anderen. Der Habitus des Akkordarbeiters wird das Ergebnis seines Tuns vermutlich weniger beeinflussen, als die Attitüden eines Therapeuten in einem mitunter sehr mäandernden Beruf wie der Psychotherapie. Hier kann die Haltung das tragende Gerüst sein, um das herum sich Kompetenzen und Techniken erst hilfreich entfalten können.

13.2 Haltungen in der Psychotherapie

Haltung bedeutet grundsätzlich Körperstellung, im übertragenen Sinn auch die mehr oder weniger umfassende Einstellung einer Persönlichkeit (Fröhlich & Drever, 1979; Meyers großes Taschenlexikon, 1999). Der Begriff Einstellung hingegen „meint in der Psychologie die Bereitschaft, auf ein Objekt, eine Sache oder eine Person stets in gleicher Weise zu reagieren" (Nawratil & Rabaioli-Fischer, 1983, S. 74). Gemäß der genannten Definitionen bleibt es schwer, eine klare Unterscheidung zwischen Haltung und Einstellung zu treffen. Fortan soll vornehmlich von Haltungen die Rede sein. Haltungen haben eine kognitive Komponente, wie Werthaltungen oder Einstellungen, und eine Ausdruckskomponente, gemeint ist dabei das offen gezeigte Verhalten. Haltung kann authentisch, zeitlich stabil und konsistent sein. Dennoch können Haltungen grundsätzlicher Natur und damit relativ konstant oder aber auch eher situationsabhängig sein. Preß und Gmelch (2014, S. 365) „sehen die therapeutische Haltung als das zentrale Therapeutenmerkmal an." Attitüden sind nicht einfach nur ein Kondensat erworbener Skills. Wie aber legt sich ein Psychotherapeut eine Haltung zu oder nimmt eine Haltung an? Wer oder was prägt Haltungen?

Therapeutische Basisvariablen wie Empathie, unbedingte Wertschätzung und Echtheit (Rogers, 2017) gelten gemeinhin als Grundhaltungen in der Psychotherapie, als scheinbar selbstverständliche Basics. Die therapeutische Haltung wird an der Schnittstelle von Theorie und Praxis wirksam. Sie kann verstanden werden als die Vorgehensweise, worin sich die grundlegenden Annahmen über Psychotherapie im Verhalten von Therapeuten zeigen, wie auch als die Art, in der Therapeuten ihr Therapieverständnis und ihre therapeutischen Prinzipien aktiv werden lassen. Darunter versteht sich die Verkörperung der Sichtweise von Psychotherapie eines Therapeuten. Haltung ist Ausdruck davon, wie ein Therapeut sein Wissen und Können beruflich lebt. Die Haltung eines Psychotherapeuten speist sich aus dessen grundsätzlichen ethisch-philosophischen Überzeugungen, seinen theoretischen Grundlagen und seinen Erfahrungen mit sich und seinem therapeutischen Vorgehen, wie auch aus seinen in der therapeutischen Interaktion gewonnenen Erfahrungen (vgl. Preß & Gmelch, 2014). Prinzipiell kann davon ausgegangen werden, dass der Psychotherapeut Sachkundiger für den Prozess ist, der Patient versorgt die Psychotherapie mit Themen (vgl. ► Kap. 12). Diese Rollenverteilung wird ihren Niederschlag in bestimmten Haltungen finden.

Nun sei als Reflexionshilfe ein Einblick in mögliche Therapeutenhaltungen gegeben, ohne Anspruch auf Vollständigkeit erheben zu wollen. Die therapeutische Haltung bedient sich unterschiedlichster Erscheinungsformen. Wenn sie beispielsweise geschwisterlich, partnerschaftlich, mütterlich oder väterlich erscheint, so sind dafür grundlegende Beziehungserfahrungen handlungsleitend. Zur Profilierung von Haltungen kann es hilfreich sein, sie als Gegensatzpaare zu formulieren. Die therapeutische Haltung kann zum Beispiel konservativ oder progressiv, empathisch oder provokativ, validierend oder pädagogisch-belehrend, manipulativ oder offen-partizipativ, barmherzig oder hartherzig-berechnend, bewusst oder unbewusst, persönlich-privat oder sachlich-fachlich distanziert, humorvoll oder todernst, schonend oder fordernd, klärend oder verändernd, paternalistisch oder kooperativ und Selbständigkeit begünstigend, aktiv oder passiv, kritisch oder gutgläubig, direktiv-autoritär oder laissez-fair-freiheitlich, akzeptierend und wertschätzend oder neutral und kühl sein. Diese Liste ließe sich noch ausgiebig fortsetzen. Hier ein Richtig oder Falsch zu definieren wäre anmaßend und würde jedweder Grundlage entbehren.

Der jeweilige therapeutische Habitus wird Ausdruck der Therapeutenpersönlichkeit sein und wird Rückschlüsse auf die Identität und den Typus eines Therapeuten erlauben. Es ist davon auszugehen, dass sich therapeutische Haltungen im Laufe eines Therapeutenlebens verändern, Akzentuierungen erfahren oder auch durch andere ersetzt werden.

13.3 Haltungs- und Stützhilfen

Wie bereits angemerkt, kann hier nicht grundsätzlich zwischen guten und schlechten Haltungen unterschieden werden. Wenn dies möglich wäre, wäre ein einfacher Rat zu geben, welche Haltungen abgelegt und welche angenommen werden sollten oder müssten. Aus eigenem und anderer langgedienter Therapeuten Erfahrungsschatz lassen sich dann aber doch ein paar Stolpersteine finden, die hier einladen sollen zum Innehalten, zur kritischen Prüfung, um dann möglicherweise die eine oder andere Inspiration aufzunehmen. Im Folgenden seien nun Aussagen angeführt, die ein gewisses Beharrungsvermögen haben. Derartige Statements sind keine Wahrheiten, aber sehr wahrscheinlich Ausdruck einer zugrunde liegenden Haltung. Exemplarisch genannt seien hier: „Psychische Erkrankungen sind so wenig selbstverschuldet wie körperliche Erkrankungen." „Für eine erfolgreiche Psychotherapie ist eine genaue Störungsdiagnose wichtig." „Transparenz fördert die Qualität der Therapiebeziehung." „Bei unmotivierten Patienten kann der Therapeut sein Engagement auf ein Minimum beschränken." „Eine Begegnung auf Augenhöhe ist unbedingt anzustreben." „Menschen mit psychischen Problemen brauchen klare Vorgaben, strukturierte Hilfen, oft auch Druck, da sie nicht in der

Lage sind, ihre Probleme aus eigenem Antrieb zu lösen." „Der Patient trägt die Lösung in sich." „Übertragung von Verantwortung an den Patienten ist unerlässlich." „Das therapeutische Vorgehen orientiert sich primär an Ressourcen." „Psychotherapie gleicht eher einem Marathonlauf, weniger einem Sprint." „Psychotherapie darf auch Spaß machen." „Man muss vom Patienten nicht geliebt werden, don't make friends." „Wenn ein Patient nach reiflicher Überlegung und aus freiem Willen entscheidet, sich selbst zu töten, so ist das zu akzeptieren." Und so weiter, hier ließe sich noch manches anführen. Stellen sie sich doch bitte zwischendurch die Frage, wie ihre eigenen „Wahrheiten" lauten.

Haltungen oder Einstellungen führen insbesondere dann in den Bereich ethischer Dilemmata (vgl. ▶ Kap. 19), wenn sie starr und dogmatisch sind. Zur Anregung und möglicherweise auch als Haltungserweiterungshilfe dazu nun diverse Aspekte und Ideen. Wenn wir Metaphern für das Psychotherapeutenwirken bemühen und uns dabei als Lotse, Bergführer, Hebamme, Detektiv oder Archäologe ausgeben, dann stecken dahinter erkennbare Haltungen. Patienten kommen nicht selten in die Psychotherapie, um dort ihr Paket abzugeben, worin ihre Probleme aber auch die Verantwortung liegen, mit dem impliziten Anspruch, der Therapeut möge das Paket annehmen und bearbeiten. Eine Grundhaltung könnte hier sein, derlei Pakete nicht kritiklos anzunehmen, denn sie sind in der erwarteten Form nicht handhabbar. Die allgemeine Spielmethodik benennt Grundsätze, Regeln oder auch lediglich Vorgehensweisen, die in der Spielvermittlung Anwendung finden sollten. Diese Grundsätze wie vom Bekannten zum Unbekannten, vom Leichten zum Schweren, vom Einfachen zum Komplexen könnten auch handlungsleitende Haltungen in der Psychotherapie sein. Hinzufügen ließe sich noch – und sicher nicht nur für tiefenpsychologisches Vorgehen – von der Oberfläche in die Tiefe. Die Umsetzung eben benannter Grundsätze böte Patienten Möglichkeiten gut anzudocken, Veränderungsarbeit auf bewährten eigenen Erfahrungen aufzubauen und schnelle erste kleine Erfolge zu erzielen. Dies wird der Stärkung der Compliance nur förderlich sein, denn „… pick low-hanging fruit, focusing on something that could be done easily and without causing a lot of stir" (Meyerson, 2001, S. 72). Jede Therapie ist zeitlich begrenzt und kann niemals alle Probleme, Bedürfnisse, Wünsche und Ziele eines Patienten in einem Aufwasch bearbeiten. Eine Grundhaltung wie „Kratzen sie nicht, wo es nicht juckt" (vgl. Yalom, 2017, S. 374) kann damit Therapieökonomie, Effizienz und Fürsorge für den Patienten auf einfache Weise unterstützen. Die Bedeutung der Beziehungsgüte für den Erfolg einer Psychotherapie wird immer wieder betont und belegt. Die Güte oder Tragfähigkeit der therapeutischen Allianz ist häufig weniger eine Frage der eingesetzten Technik, als vielmehr der therapeutischen Haltung. Es lässt sich einmal mehr behaupten (vgl. ▶ Kap. 4), dass die therapeutische Haltung im übertragenen Sinne ein Treiber ist, welcher eine Psychotherapie in Gang setzt. Fehlen diese zwischenmenschlichen Steuersignale, bleibt Behandlung ein technisches Bemühen. Durch die therapeutische Haltung wird die Theorie zum Leben erweckt. Selbstredend schlüpfen Psychotherapeuten in ihre Rolle, dennoch muss das Spielen dieser Rolle von größtmöglicher Aufrichtigkeit getragen sein (vgl. Halmos, 1965, S. 57).

Psychotherapiepatienten weisen manche Ich-Schwäche, fehlende Orientierung und damit eine sozusagen arg wackelige Haltung auf. Das bietet freie Bahn für direktives Vorgehen des Therapeuten. Hier ist sehr sorgsam und reflektiert mit der Machtfülle und dem Einflussspielraum des Therapeuten umzugehen. Eine klare Haltung oder auch Zurück-Haltung wird dafür gerade in kritischen Situationen unabdingbar sein. Haltungen können als Paradigmen

13.3 · Haltungs- und Stützhilfen

die orientierenden Landkarten im mitunter diffusen, technikschwangeren und störanfälligen Therapiegeschehen sein. Wobei auch dabei kein kritikloses Handhaben anzuraten ist, denn „…a map can be wrong or it could be the wrong map" (Covey, 2004, S. 23). Grundausrichtungen bieten den Vorteil, dass sie als energiesparende Gewohnheit eingesetzt werden können. Nicht immer über alles nachdenken und entscheiden zu müssen, spart unserem Gehirn viel Energie. Dies geschieht durch die Nutzung von Habit Loops (Duhigg, 2014), also Gewohnheitsschleifen bestehend aus einem Auslöser, einer sich daraus ergebenden Routine und einer darauf folgenden Belohnung. Hier ist kritisch anzumerken, dass man damit therapeutisches Vorgehen keinesfalls Automatismen und Ritualen überantworten sollte. Den Autopiloten aber bewusst und kritisch reflektiert in ausgewählten Situationen einzusetzen, dürfte auch eine zu empfehlende Haltung sein.

Psychotherapie ist harte, anstrengende und belastende Arbeit. Ständig Minen, Kaputtes oder Abgestorbenes finden zu müssen, ist einer positiven Stimmung nicht gerade zuträglich. Daher sollte die therapeutische Haltung dem Patienten auch erlauben, Angenehmes zu erleben. Die Leichtigkeit des Seins ist jedoch nicht gerade ein Charakteristikum der Psychotherapie. „Humor kann eine wichtige therapeutische Ressource sein, die den Umgang mit schwierigen Therapiesituationen erleichtern kann" (Wöller & Kruse, 2018, S. 117). Humor ist demnach nicht nur ein Tool (vgl. ▶ Kap. 22), sondern kann sich auch im Habitus manifestieren. Eine grundsätzlich positive, optimistische, lösungsorientierte Haltung sollte nicht erzwungen oder gekünstelt ins Spiel gebracht werden. Eher Lösungen als Probleme zu sehen, hat aber schon Steve de Shazer postuliert indem er verlautbarte, dass über Probleme zu sprechen Probleme generiert und über Lösungen zu sprechen Lösungen kreiert (de Shazer, 1985). Dies wird aber auch den Superbossen als Attitüde unterstellt:

„They almost universally embrace the axiom that there are no problems, only solutions" (Finkelstein, 2016, S. 30). Eine dabei noch anders akzentuierte therapeutische Haltung besteht in der Überzeugung, dass das höchste Ziel eines Sklaven nicht sein kann, etwa nur Sklavenaufseher zu werden, da ist noch viel mehr möglich. Die Freiheit, als sehr hohes Gut, ist anzustreben und dabei ist es auch ein suggestives Element einer Haltung, nicht nur eine Freiheit von Problemen, sondern auch eine Freiheit zu besserer Lebensgestaltung als selbstverständliches Therapieziel zuzulassen.

Ein Gütekriterium der Haltung zeigt sich in der Konsistenz derselben. Erweist sich der Therapeut als stimmig, lesbar, verlässlich in seinem Auftreten, so wird dies vom Patienten als kalkulierbar und Sicherheit gebend empfunden werden. Wenngleich therapeutische Haltung als eher stabil in Erscheinung tritt, ist es ein Qualitätsmerkmal des Therapeuten, in seinem Gebaren dynamisch-flexibel auf Therapiesituationen und Patientenbedarfe reagieren zu können oder auch durch proaktives Zeigen einer Haltung Richtungen vorgeben zu können. Die therapeutische Haltung sollte dazu beitragen, effektiver funktionierende Patienten zu entwickeln, indem zum Beispiel das Therapeutenverhalten mit den Grundbedürfnissen der Klientel korrespondiert. Brakemeier und Jacobi (2017, S. 114) empfehlen, einem Bindungsbedürfnis mit einer zugewandten, wertschätzenden und empathischen Grundhaltung zu begegnen. Die Patientenbedürfnisse nach Kontrolle und Orientierung erfordern Respekt vor den Ansichten der Patienten, Vermeidung von Machtkämpfen und rechthaberischem Auftreten, Eröffnung von Wahlmöglichkeiten, Verwirklichung einer adaptiven Grundhaltung, Transparenz und Herstellen von Verstehbarkeit, Wissenstransfer und Psychoedukation, Vermittlung von Perspektivität und Hoffnung. Für die Befriedigung von Bedürfnissen nach Lustgewinn bzw. Unlust- und Schmerzvermeidung sind ein angemessenes Gesprächstempo, angebotene Erholungsphasen, Humor und sorgsamer Umgang mit der einer Psychotherapie immanenten Belastungen anzuraten. Dem Bedürfnis nach Selbstwerterhöhung kann durch positive Verstärkung und Gewährung von Möglichkeiten zur Selbstdarstellung Raum gegeben werden.

Abstinenz und Neutralität des Psychotherapeuten sind nicht mit einer unbeteiligten oder kalten therapeutischen Haltung gleichzusetzen. Sie bringen zum Ausdruck, dass Therapeuten keine eigenen Wünsche und Bedürfnisse in der therapeutischen Beziehung befriedigen, sich auch bei Konflikten eines Patienten zurückhalten und dabei eben nicht in irgendeiner Form parteiisch sein sollen (Staats, 2017, S. 61). Eine abstinente Haltung offenbart sich auch darin, die eigenen Emotionen gut kontrollieren zu können und prinzipiell darauf zu achten und dafür zu sorgen, dass immer wieder auftauchenden eigenen Impulsen, wie etwa Ärger oder Missbilligung zu zeigen, nicht stattgegeben wird. Eine überzeugende und gewinnende Therapeutenhaltung wird dem Patienten helfen, manche seiner Skrupel und Hemmungen besser umschiffen zu können: „Persuasion promotes understanding; understanding breeds acceptance; acceptance leads to action. Without persuasion, even the best turnaround plans will fail to take root" (Garvin & Roberto, 2005, S. 33). Der Anschein von Naivität, eine vorgeblich nichtwissende Haltung und damit zu vermutende Absichtslosigkeit des Therapeuten können ein sehr hilfreiches Antidot gegen natürliche Patientenvorbehalte und mancherlei Reaktanzen sein. Durchgängig Respekt für die Eigenarten des Patienten vorzuhalten, Interesse für seine Geschichte zu zeigen, Akzeptanz für seinen Lebensweg zu bekunden, Bereitschaft ihn wohlwollend bei neuen Zielsetzungen zu begleiten, Entschiedenheit, ihm Grenzen zu setzen, wenn Beschädigungen drohen, sind nicht einfach nur therapeutische Werkzeuge oder angenommene Prinzipien. Derlei Therapeutenverhalten kulminiert entweder in einer stabilen Haltung oder aber bleibt ein Etikettenschwindel (vgl. Rudolf, 2016, S. 56).

Man möge als Psychotherapeut Haltung bewahren, ob es die richtige ist, wird sich zeigen. Lieber aber noch eine falsche Haltung als keine identifizierbare, denn ein Patient sollte Information bekommen dürfen, ob er mit diesem Therapeuten arbeiten kann oder will. Haltung soll etwas Stützendes sein, ein nicht einengendes aber haltgebendes Korsett etwa. Haltung kann auch als Impetus verstanden werden, als von innen kommendes Eingliedern nüchterner Therapieprinzipien und Interventionen in ein wärmendes und glaubwürdiges Gewand.

13.4 Haltungen in Abhängigkeit von der Therapierichtung

Grundsätzlich sollten therapieförderliche, dem Therapeuten entsprechende und dem Patienten gerecht werdende Haltungen therapeutisches Allgemeingut sein. Dennoch gibt es in den jeweiligen Therapieschulen unterschiedlich definierte oder auch obligate Haltungen. Die wissenschaftlichen und handlungsleitenden Prinzipien der kognitiven Verhaltenstherapie (vgl. Reinecker, 1999) münden sicher auch in eine therapeutische Haltung. Die sehr auf Transparenz achtende Therapie schafft konkrete Möglichkeiten für neues Lernen und zielt prinzipiell darauf ab, den Patienten zu eigenständiger Bewältigung von Problemen zu befähigen, somit agiert der Therapeut gleichsam als Selbstmanagement-Coach. Ein rein explorierend, gewähren-lassendes Auftreten wäre dafür kontraindiziert. In den Anfängen der Psychoanalyse prägte nicht nur das Primat der Abstinenz die Therapeutenhaltung, sondern auch das Postulat der optimalen Frustration, mit der Absicht, dadurch beim Patienten Therapiematerial zu provozieren (Kahn, 1997). Freud (1917) empfahl aber auch konkreteres-direktiveres Vorgehen. „Nur bei gewissen sehr jugendlichen oder ganz hilf- und haltlosen Personen können wir die gewollte Beschränkung nicht durchsetzen. Bei ihnen müssen wir die Leistung des Arztes mit der des Erziehers kombinieren …"(S. 417). Die klientenzentrierte Psychotherapie nährt sich an humanistischen Idealen und Haltungen. Beratung versteht sich als Technik den Klienten zu lehren einen geistigen und emotionalen Habitus anzunehmen, der dazu verhilft, seine eigenen Probleme selbst zu lösen (Rogers, 1992). Die generell positive Haltung besteht darin, einen Klienten in seiner Entwicklung zu begleiten, sodass eine zunehmende Integration seiner Persönlichkeit zu sehr viel besserer Problemlösekompetenz verhilft. Haltung zeigt sich auch im Wording: „Rogers called the people with whom he worked ‚clients' rather than ‚patients' (Kahn, 1997, S. 38). Die Encounter-Bewegung forderte eine schonungs- und grenzenlose Attitüde der Echtheit und Offenheit (Kahn, 1997), sodass etwaige Gefühle von Verliebtheit in eine Patientin vom Therapeuten unbedingt und klar zu kommunizieren wären. In der systemischen Therapie ist die Überzeugung, dass es einen Indexpatienten als Anzeichen für die Kommunikations- und Interaktionspathologie eines Systems geben müsse, eine Grundannahme, die Haltung der Allparteilichkeit aber notwendiges Gegenstück dazu. Wenngleich derlei Spezifika einzelne Therapierichtungen charakterisieren, so sind grundlegende Haltungen Schulen übergreifend anzutreffen und das ist sicher sinnvoll und gut.

13.5 Manipulation in der Psychotherapie: Ein Tool, eine Haltung oder ein Kunstfehler?

Manipulation als psychologischer Begriff bedeutet Beeinflussung, Steuerung fremden Denkens, Fühlens und Verhaltens, meist ohne dass sich die Betroffenen der Steuerung bewusst werden. (Meyers großes Taschenlexikon, 1999). Darf ein Psychotherapeut manipulieren, soll oder muss er das sogar? Ist es nicht gar erklärtes Ziel einer Psychotherapie, in maladaptive Muster korrigierend einzugreifen? Man möchte meinen, dafür ist ein Therapeut zuständig. Allerdings sollten diese Eingriffe oder Manipulationen im Auftrag und mit dem Einverständnis des Patienten erfolgen. Dabei kann die Anwendung einer Technik durchaus beinhalten, dass dem Patienten aktuell nicht vollumfänglich bewusst ist, was da gerade vor sich geht. Manipulation ist im alltagssprachlichen Gebrauch häufig negativ konnotiert, erkennen wir doch darunter schnell einen äußeren Eingriff, der uns gegen unseren Willen Schaden zufügen kann oder gar zufügt. Edmüller und Wilhelm „… verstehen unter Manipulation den bewussten oder unbewussten Einsatz unfairer Verhaltensweisen" (2012, S. 9). Psychotherapeuten werden aber auch dafür bezahlt, ihre Klientel zu manipulieren. Sie sollen Kraft ihrer erlernten Techniken und sicher auch mithilfe ihrer Therapeutenpersönlichkeit Störungen beheben, Leid verringern oder gar beenden, Akzeptanz begünstigen und Lebensqualität, Zufriedenheit und bestenfalls Glück finden helfen. Das lateinische Adjektiv „manipulare" bedeutet übersetzt „zu einem Manipel gehörig" (vgl. Duden. Das Fremdwörterbuch, 1982), darin ist zunächst nichts Verwerfliches zu finden. Wie man Manipulation auch immer verstehen oder deuten will, es wird ein Grenzlinienbegriff bleiben. "There is a fine line between manipulating people and motivating them" (Maxwell, 2011, S. 63). Manipulation hat viele Gesichter. „Drohen, schwindeln, nicht verstehen wollen, Informationen zurückhalten, blockieren, ausweichen, verzetteln, verwässern, Scheinargumente einsetzen, die Person angreifen, erpressen, schmeicheln – das sind nur einige von sehr vielen Arten zu manipulieren" (Edmüller & Wilhelm, 2012, S. 10 f.). Wer an Abwehrmaßnahmen oder Gegenstrategien bei

Manipulationsversuchen interessiert ist, möge bei Edmüller und Wilhelm (2012) nachlesen.

13.6 Eine Stilfrage?

Sehr oft bemühen wir den Stilbegriff und sprechen bei Menschen von einer persönlichen Note. Stil wird definiert als die charakteristische Eigenart menschlicher Leistungen, besonders auf dem Gebiet der Sprache und Kunst, im weiteren Sinne auch für die Art und Weise des Verhaltens (Meyers großes Taschenlexikon, 1999). Jeder Therapeut wird seinen eigenen Stil haben, wobei es hier den Definitionsfetischisten vorbehalten bleiben mag, den Stil von der Haltung, vom Typ, von Prinzipien, Einstellungen, Grundkompetenzen, professionellen Standards und dergleichen mehr abzugrenzen.

Der Stil eines Therapeuten kann in vielerlei Hinsicht beschrieben werden. Im Folgenden findet sich eine Liste mit Adjektiva, die mögliche Therapeuten-Stile beschreiben können: old school, tiefgründig, leichtfüßig, charmant, prüde, ernst, klar, nebulös, altbacken, modern, weltmännisch, kleinkariert, temperamentvoll, unterkühlt, energisch, kraftvoll, sensibel, kunstvoll, bieder, schnörkellos, glamourös, exzentrisch, messerscharf, unkonventionell, natürlich, originell, oberflächlich, unverbindlich, bezaubernd, belebend, philosophisch-intellektuell, emotional, pfiffig, provokativ, Schulen konform, humorvoll, bodenständig-geerdet, konfrontativ, flexibel, situationsangemessen, narrativ, fordernd, vorsichtig, metaphorisch, mutig, geheimnisvoll, fürsorglich-bemutternd, missionarisch-lehrmeisternd, transparent, distanziert, optimistisch, autoritär, jovial-kumpelhaft, ausdauernd, fokussiert, seelsorgerisch, bedächtig, esoterisch, direktiv, charismatisch, brachial, unkonventionell, disziplinorientiert, innovativ, hochmotiviert, gelassen, kalkulierbar, magisch-zauberhaft, salbungsvoll, bedingungslos ehrlich. Es mag spätestens jetzt offenkundig werden, dass unzählige Kombinationen aus den Pools Typus, Haltung, Stil, Prinzip, Identität, Persönlichkeit möglich sind. So kann der Typus Pädagoge oder Lehrmeister durchaus in seiner Haltung eher old school vertreten, dabei aber sehr transparent auftreten, von überaus sympathischem Gepräge sein und modernste Interventionen anzubieten haben.

> **Mal ehrlich**
> Welche Haltung und welchen Stil würden sie als sie kennzeichnend angeben, wenn sie danach befragt würden, wenn sie dies nutzen müssten, um ein Therapeutenportfolio zu erstellen? Zum Einstieg ins Nachdenken mag McLeod helfen, wenn er fragt: „…are you an activist, a reflector, a theorist or a pragmatist?" (2004, S. 38).

▶ **Eigenes Beispiel**
Meine eigene Haltung wurde im Laufe des therapeutischen Wirkens mutiger, konfrontativer, provokativer und weniger abstinent, was persönliche Aussagen oder Therapieinputs betrifft. Ich wurde experimentierfreudiger und weitgefächerter, aber auch geduldiger. Therapieprozesse wie auch Supervisionsprozesse vergleiche ich gerne mit dem Vorgang des Goldwaschens. Man hat einen undefinierbaren Klumpen Erde auf dem Teller, bewegt diesen in endlos anmutenden Kreisbewegungen im Wasser und hat dabei unerschütterlich darauf zu warten, ob der Waschvorgang das Unnötige entfernt und den wahren Fund präsentiert. Als Therapeut müssen wir oft lange ausharren, bis Klienten die heißen Themen auspacken und anbieten, dann aber sollten wir für den Zugriff bereit sein. Die Epizentren psychischer Belastung werden nicht sofort offenkundig. ◀

13.7 Kritische Würdigung

Haltungen in der Psychotherapie mag es nicht gerade wie Sand am Meer geben, aber doch immerhin in sehr differenzierter

Form. Hier muss unbeantwortbar bleiben, wie und wo derlei Haltungen generiert wurden. Haltungen werden sich während der Berufsausübung verändern. Welche Zielform das Ergebnis einer gelungenen Entwicklung der Therapeutenpersönlichkeit ist, kann hier nur einen Diskussionsprozess eröffnen. Mit all ihren Fähigkeiten, Haltungen, Stilen, Typologien, Einstellungen Kompetenzen, Techniken, Philosophien und dergleichen mehr sollen Psychotherapeuten Patienten von der krankmachenden Einfalt nicht einfach nur zur grenzenlosen Vielfalt führen. Sie sollen all ihr Vermögen einsetzen, um notwendige Fokussierungen zu begünstigen. Dabei fungieren sie auch als Entscheidungsarchitekten mit der Verantwortung, den Kontext zu organisieren, in dem Patienten Entscheidungen treffen können (vgl. Thaler & Sunstein, 2009, S. 3). Und noch weiter gedacht: „Having too many choices/options depletes your willpower and consequently you are less prone to make a decision" (Baumeister & Tierney, 2011, S. 99 f.). Das spricht klar dafür, als Therapeut den Entscheidungsrahmen mit dem Patienten zu erarbeiten und trotz Erweiterung des Möglichkeitsraumes auf Ziel-Fokussierung hinzuwirken.

Wenn man den Ausführungen von Schmidt-Tanger (2011, S. 95) folgt, dann ist festzuhalten: „7 % der Kommunikation besteht aus inhaltlicher Information, 93 % ist die Verpackung dieser Information." Das mag die Bedeutung von Haltung im Vergleich zur Therapietechnik unterstreichen. Zur Kultivierung der therapeutischen Haltung kann es hilfreich sein, bei den Coaches Anleihen zu nehmen, die ja prinzipiell nichts Negatives wegmachen, sondern das vorhandene Positive erweitern und zur Blüte bringen sollen. Dafür können folgende Leitprinzipien sehr hilfreich sein: Der Klient ist kompetent, kreativ und reich an Ressourcen, ihm ist mit Wertschätzung, Empathie und selektiver Aufmerksamkeit zu begegnen. Es benötigt Respekt und Respektlosigkeit gleichermaßen gegenüber limitierenden Überzeugungen und dysfunktionalen Verhaltensmustern. Hilfreich ist es, sich ein Nicht-Wissen und Neugier zu bewahren. Man möge durch die Brille des Klienten sehen und dessen Weltkarte erforschen. Das Herausgehen aus der Opferrolle ist zu begünstigen. Immer ist auch das Vertrauen zu stärken, dass die bestmögliche Entscheidung ohnehin schon zum Greifen nahe ist. Man sollte jedem Verhalten Sinn zusprechen, Körperwahrnehmung und Intuition nutzen und schließlich unbedingt das Neuland der Komfortzone vorziehen (vgl. Drath, 2014, S. 22 ff.). Eine Klärung der eigenen therapeutischen Haltung dürfte für die Effektivität der Psychotherapie und die Psychohygiene des Therapeuten gleichermaßen überaus förderlich sein.

13.8 Fazit

Im körperlichen Bereich weist eine schlechte Haltung auf Probleme hin und führt häufig auch zu weiteren Beeinträchtigungen. Dieser Analogie folgend kann getrost angenommen werden, dass eine unklare, zweifelhafte oder unangemessene therapeutische Haltung das Gesamtgefüge einer Psychotherapie mit hoher Wahrscheinlichkeit stark beeinträchtigt. Wenngleich derlei Grundeinstellungen noch immer nicht in richtig oder falsch klar unterschieden werden können, mag Kants kategorischer Imperativ handlungsleitend sein: „Die Maxime deiner Handlungsweise soll geeignet sein, allgemeingültiges Gesetz zu werden" (dtv-Atlas zur Philosophie, 1992). Oder wie es der Volksmund nennt: „Was du nicht willst, das man dir tu, das füg auch keinem and'ren zu". Diejenige Haltung, die ein Therapeut anderen anbietet oder zumutet, sollte er auch für sich selbst reklamieren und als hilfreich deklarieren können. Entwicklung lebt nach Dweck (2017) von einem „growth mindset", ein „fixed mindset „lässt uns im Status Quo, in der Komfortzone verharren. Eine wachstumsorientierte innere Haltung sollte der Psychotherapeut seiner Klientel unbedingt voraushaben.

> **Zum Mitnehmen**
> So modern, differenziert und evidenzbasiert die Psychotherapie auch sein mag oder werden kann, manche Grundhaltungen werden das notwendige Salz in der Suppe bleiben oder drastischer formuliert: Psychotherapie ist die Bearbeitung menschlicher Probleme durch einen leibhaftigen Menschen, daher werden menschliche Haltungen darin immer mitwirken und ganz sicher unverzichtbar bleiben. Eine im Laufe des eigenen Therapeutenlebens immer prägnanter gewordene Grundhaltung muss hier noch Platz finden. Wir sind sicher verantwortlich für unser professionelles Handeln in den 50 min einer Therapiestunde. Wir sind sicher nicht verantwortlich für das gesamte Leben eines Patienten, dafür, ob jemand seine gesamten Lebensprobleme in den Griff bekommt oder nicht. Das ist keine feige Abwendung von den Hotspots, keine falsche Bescheidenheit, sondern eine der Realität geschuldete basale Haltung.

Weiterführende Literatur

Baumeister, R. F., & Tierney, J. (2011). *Willpower. Why self-control is the secret to success.* Penguin.
Brakemeier, E.-L., & Jacobi, F. (Hrsg.) (2017). *Verhaltenstherapie in der Praxis.* Beltz.
Covey, S. R. (2004). *The seven habits of highly effective people.* Free Press.
de Shazer, S. (1985). *Keys to Solution in Brief Therapy.* W.W. Norton & Company.
Drath, K. (2014). *Coaching Techniken.* Haufe.
dtv-Atlas zur Philosophie. (1992). *Texte und Tafeln.* Deutscher Taschenbuch Verlag.
Duden. Das Fremdwörterbuch. (1982). *Bearb. von Wolfgang Müller* (4., neu bearbeitete und erweiterte Aufl.). Duden Verlag.
Duhigg, C. (2014). *The power of habit. Why we do what we do in life and business.* Random House.
Dweck, C. S. (2017). *Mindset. Changing the way you think to fulfil your potential.* Random House.
Edmüller, A., & Wilhelm, T. (2012). *Manipulationstechniken.* Haufe.
Finkelstein, S. (2016). *Superbosses.* Portfolio Penguin.
Freud, S. (1917). 27. Vorlesung. Die Fixierung an das Trauma, das Unbewusste. *Vorlesungen zur Einführung in die Psychoanalyse (1915 – 1917). Studienausgabe Band I (1989). Vorlesungen zur Einführung in die Psychoanalyse und Neue Folgen.* Fischer.
Fröhlich, W. D., & Drever, J. (1979). *dtv Wörterbuch zur Psychologie* (12. Aufl.). Deutscher Taschenbuch Verlag.
Garvin, D. A., & Roberto, M. A. (2005). Change through persuasion. HBR's 10 must read. On change management. *Harvard Business Review, 2011.* 17– 33.
Halmos, P. (1965). *The faith of the counsellors.* Constable.
Kahn, M. (1997). *Between therapist and client. The new relationship.* Holt Paperbacks.
Maxwell, J. C. (2011). *How successful people lead.* Hachette Book Group.
McLeod, J. (2004). *The counsellor's workbook. Developing a personal approach.* Open University Press.
Meyers großes Taschenlexikon. (1999). 7. neu bearbeitete Aufl. Meyers Lexikonredaktion.
Meyerson, D. E. (2001). *Radical change, the Quiet way. HBR'S 10 must read. On change management, 2011* (S. 59–77). Harvard Business Review Press.
Nawratil, G., & Rabaioli-Fischer, B. (1983). *Sozialpsychologie leicht gemacht.* Ewald von Kleist Verlag.
Preß, H., & Gmelch, M. (2014). Die „therapeutische Haltung" – Vorschlag eines Arbeitsbegriffs und einer klientenorientierten Variante. *Psychotherapeutenjournal, 4*(2014), 358–366.
Reinecker, H. (1999). *Lehrbuch der Verhaltenstherapie.* DGvT Verlag.
Rogers, C. R. (1992). *Die nicht-direktive Beratung. Counseling and Psychotherapy.* Fischer.
Rogers, C. R. (2017). *Der neue Mensch.* Klett-Cotta.
Rudolf, G. (2016). *Psychotherapeutische Identität.* Vandenhoeck & Ruprecht.
Schmidt-Tanger, M. (2011). *Charisma-Coaching. Von der Ausstrahlungskraft zur Anziehungskraft.* Junfermann Verlag.
Staats, H. (2017). *Die therapeutische Beziehung.* Vandenhoeck & Ruprecht.
Thaler, R. H., & Sunstein, C. R. (2009). *Nudge.* Penguin Books.
Wöller, W., & Kruse, J. (2018). *Tiefenpsychologisch fundierte Psychotherapie.* Schattauer.
Yalom, I. D. (2017). *Wie man wird, was man ist. Memoiren eines Psychotherapeuten.* btb.

Merkmale des guten Therapeuten

Inhaltsverzeichnis

14.1 Grundsätzliche Überlegungen – 108

14.2 Kernkompetenzen von Psychotherapeuten – 109

14.3 Kritische Würdigung – 114

14.4 Fazit – 114

Weiterführende Literatur – 115

© Der/die Autor(en), exklusiv lizenziert an Springer-Verlag GmbH, DE, ein Teil von Springer Nature 2025
S. Gerhardinger, *Entwicklung der Therapeutenpersönlichkeit*,
Psychotherapie: Fort- & Weiterbildung, https://doi.org/10.1007/978-3-662-70477-6_14

Der Rettende faßt an und klügelt nicht.
Johann Wolfgang von Goethe

> **Frequently Asked Question**
> Woran erkenne ich einen guten Psychotherapeuten?

14.1 Grundsätzliche Überlegungen

In der Musterberufsordnung der Bundespsychotherapeutenkammer (Deutsche Bundespsychotherapeutenkammer, 2018) sind Grundsätze, Regeln, Pflichten und Formen der Berufsausübung beschrieben. Wie gut ein Psychotherapeut sein soll oder muss, welche Qualitätsmerkmale er aufweisen sollte, wird darin nicht erörtert. Der gute Therapeut ist eine schwer zu spezifizierende Angelegenheit, stellt sich doch die Frage: Gut für wen? Wer beurteilt die Therapeutengüte? Der Therapeut selbst, seine Patienten, die Kostenträger, eine Öffentlichkeit? Ist die Therapeutengüte Geschmackssache, wie etwa beim Wein? Ein Wein mag trocken oder lieblich, fruchtig, vollmundig oder herb, rot, rosé oder weiß sein, davon hängt nicht die Güte ab. Es gibt zugrunde liegende Qualitätskriterien wie etwa Ausgewogenheit oder Bekömmlichkeit und derlei Qualitäten sollten jederzeit bemerkbar sein, auch wenn Vieles Geschmackssache bleibt. Dies könnte bei Psychotherapeuten analog als Kriterium gelten. Wann ist ein Künstler gut? Wenn er den Kritikern standhält? Wenn das Publikum anhaltend applaudiert? Wenn er viel von seinen Produkten verkauft? Wenn er sich lange am Markt hält? In der Musik gibt es ungeheure Vielfalt, Dur und Moll sind aber für alle gleich. Daher sollten auch in der Psychotherapie Grundelemente Therapeuten- und Schulen übergreifend identifizierbar sein. Der gute Therapeut mag vornehmlich im Auge des Betrachters bzw. Nutzers entstehen, aber ein wesentliches Kriterium besteht einmal mehr darin, bei sich selbst eine gute Heimat gefunden zu haben, sich selbst zu beherrschen und damit eindeutig Kapitän des eigenen Schiffes zu sein. „Self-mastery and self-discipline are the foundation of good relationship with others. You have to like yourself before you like others" (Covey, 2004, S. 185).

Halten sie hier kurz inne: Wenn sie ad hoc auf einer DinA5-Seite die wesentlichen Charakteristika eines guten Therapeuten skizzieren sollten, wie sähe das Ergebnis aus?

Woher weiß ein Psychotherapeut, was als gut gilt? Heißt gut, eine Therapietechnik fehlerlos anwenden zu können oder wird ein „gut" vergeben, wenn ein Patient die Therapie in glücklichem Zustand verlässt? Viele praktizierende Therapeuten haben eigene Patientenerfahrung im Rahmen einer Psychotherapie. Rudolf (2016) zitiert Befunde, wonach bei Weiterbildungsteilnehmern je nach Therapierichtung 27 % (Verhaltenstherapie) bis 64 % (tiefenpsychologisch fundierte/analytische Psychotherapie) psychotherapeutische Vorerfahrungen hatten. Zumindest diese Population hatte mehr oder weniger intensiven Kontakt zum lebenden Modell und damit reichlich Orientierungsmöglichkeit. Das mag in mehrerlei Hinsicht hilfreich gewesen sein. Yalom (2017) wusste nach einer derartigen Erfahrung zumindest umso genauer, wie besser nicht vorzugehen ist (vgl. ▶ Kap. 21). Es sei an dieser Stelle ein erster Definitionsversuch erlaubt: Der gute Therapeut ist der stets emotional ausgeglichene, dabei aber jederzeit in jede Richtung schwingungsfähige, sehr sorgsam und ausgewogen aktiv zuhörend kommunikative Ansprechpartner. Er ist ein weitreichend gebildeter, humorvoller, sehr empathischer, ohne Unterlass annehmbar authentisch auftretender, seine Mitmenschen sehr schätzender Philanthrop. Charismatisch versteht er es, den neuesten Stand der Psychotherapieforschung leichtfüßig einzusetzen. Mit einem immer individuell angepassten Methoden- oder Interventionspotpourri kann er in höchst transparenter Weise die kompliziertesten Problemgemengelagen stets im Einvernehmen mit dem Patienten in Windeseile in klar umgrenzte und lösbare therapeutische Ziele transferieren. Dabei ist der Therapeut jederzeit auch als Mensch präsent, ohne seine professionelle Rolle zu verlassen. Er kennt und wahrt seine Grenzen, löst dabei nicht nur explizit genannte Probleme, sondern verhilft dem Patienten zu einem besseren Ich, zu persönlichem Wachstum und damit zu deutlich mehr Ich-Integration, Wohlbefinden und Lebensqualität. Wird es ihnen hier beim Lesen schon mehr als unbehaglich, weil ein derartiger Therapeut viel eher dem Bild von Superman oder Messias entspricht und somit für Normalsterbliche unerreichbar erscheint? Vielleicht könnte es einen solchen Therapeutentypus in etwas gelinderer Ausprägung tatsächlich geben, dann aber nur in sehr begrenzter Stückzahl. Das wiederum würde den Bedarfen der so vielen Therapiebedürftigen nicht entgegenkommen bzw. gerecht werden. Käme sich ein Patient bei einem solchen Super-Therapeuten nicht schmerzlich klein, unbedeutend und abhängig vor? Würden damit nicht auch hinderliche Klischees bedient? Ist der wirklich gute Therapeut nicht ausdrücklich fern von jeder vermeintlichen Perfektion zu suchen? Ganz oft wird Therapie auf Augenhöhe gewünscht, mit einem zum Universalheilsbringer hochstilisierten Helfer kann man nie auf Augenhöhe sein. Auch wenn gut der natürliche Feind von besser ist, sollte man auf der Hut sein. Wir leben bekanntlich in einer Upgrade-Kultur, Optimierungsimperativ und Perfektionismuswahn scheinen Normen und Standards zu setzen. Wenn es tatsächlich gelänge, den perfekten Psychotherapeuten zu entwickeln, so wäre dieser letztendlich ausgereift und nicht mehr entwicklungsfähig. Er würde aber dann bei der sattsam bekannten Dynamik in der Psychotherapie nicht lange im Perfekten verortetet bleiben.

14.2 Kernkompetenzen von Psychotherapeuten

Was ist das Therapeutische am Therapeuten? Die professionelle Kompetenz von Psychotherapeuten ergibt sich aus dem Fachwissen, klinischen Fertigkeiten, technischen Skills, Sorgfalt und Gewissenhaftigkeit (Trachsel et al., 2018). Dabei darf Kompetenz nicht als stabiler Zustand, sondern als ein sich weiterentwickelndes Kontinuum verstanden werden. Niemand kann Psychotherapeuten tatsächlich zwingen, sich fort- oder weiterzubilden. Die approbationserhaltende Fortbildungspflicht stellt nicht sicher, dass ein Fortbildungsangebote nutzender Therapeut dadurch tatsächlich intendiert, seine Kompetenzen zu erweitern, respektive dass ihm dies bei aller Absicht auch gelingt. Vielmehr mag es schon als wichtiges Gütekriterium eines Psychotherapeuten angesehen werden, die intrinsische Motivation zur professionellen Weiterentwicklung zu zeigen. „Die kontinuierliche persönliche Weiterbildung kann als moralische Tugend von Psychotherapeuten angesehen werden" (Trachsel et al., 2018, S. 57).

Die Kernkompetenzen von Psychotherapeuten zu beschreiben mag nach leidlichem Literaturstudium noch ein vergleichsweise Leichtes sein. Diese aber zu operationalisieren, sie lehr- oder lernbar zu machen und letztendlich auch als Gütekriterium der Überprüfbarkeit anheimzustellen, bleibt ein höchst schwieriges und nicht suffizient lösbares Unterfangen. Vermutlich liegt gerade darin der Grund, warum Kernkompetenzen nicht schon längst regelhafter Bestandteil der Ausbildungscurricula und kontrollierbarer zentraler Bestandteil der Therapeutenprüfung bzw. Approbationsprüfung sind. Im Folgenden seien Oberkategorien der Therapeutenkompetenz wie Fachwissen, klinische Fertigkeiten, technische Skills, Sorgfalt und Gewissenhaftigkeit beispielhaft benannt und können damit möglicherweise auch als Selbsteinschätzungsmöglichkeit und Anregungspotential dienen. Fachwissen als therapeutische Kernkompetenz mag man als trivial voraussetzen, jeder praktizierende Sozialarbeiter, Facharzt, Psychologe oder Psychotherapeut verfügt über Sachkenntnis und Spezialwissen, selbstverständlich. Wie viel, wie aktuell, wie gut verstanden und integriert, wie spezifisch, breit oder tief, wie orthodox oder auch ausgefallen dieses Fachwissen tatsächlich ist, fällt sehr unterschiedlich aus. Man wird nicht ernsthaft von Therapeuten verlangen wollen, stets am neuesten Stand der Wissenschaft zu sein, das lässt eine durch Digitalisierung nur noch unbeherrschbarer gewordene Informationslawine nicht mehr zu. Man darf aber sehr wohl von ihnen erwarten, auch Fachliteratur neueren Datums in schöner Regelmäßigkeit durchzuarbeiten und dieses Wissen der Klientel zur Verfügung zu stellen. Die hier so bezeichneten klinischen Fähigkeiten fokussieren auf die Etablierung einer tragfähigen therapeutischen Allianz. Die Bedeutung der Therapeut-Patient-Beziehung kann nicht oft genug betont werden. „… the therapist provides for the client a relationship unlike any the client has had before" (Kahn, 1997, S. XI). Damit unterstützt die therapeutische Beziehung die Therapie nicht nur, sie ist, zumindest für Kahn (1997), die Therapie. Beziehungsgestaltungskompetenz ist die Basistechnik psychotherapeutischen Handelns (Brakemeier & Jacobi, 2017). Zu beachten ist, dass jede Psychotherapie im Grunde lange vor dem ersten tatsächlichen Face-to-Face-Kontakt zwischen Therapeut und Patient beginnt. Menschenbilder, Rollenerwartungen, persönliche Vorlieben und Antipathien, Unverträglichkeiten und Begehrlichkeiten laufen dem eigentlichen Therapiebeginn unweigerlich voraus.

Brakemeier und Jacobi (2017, S. 38) definieren 14 psychotherapeutische Kompetenzen, die unmittelbar Einfluss auf die Beziehungsgestaltung nehmen. „Effektive Therapeuten … verfügen über zwischenmenschliche Fähigkeiten (u. a. gute sprachliche Ausdrucksfähigkeit, gute zwischenmenschliche Wahrnehmung, affektive Schwingungsfähigkeit, Wärme, Akzeptanz, Empathie, Fokus auf den anderen richten können); erzeugen Vertrauen und Zuversicht, demonstrieren Verständnis (…); können mit den verschiedensten Patienten ein gutes Arbeitsbündnis entwickeln (…); stellen ein für den jeweiligen Patienten plausibles, konsistentes, akzeptables psychologisches (…) Erklärungsmodell für dessen Beschwerden bereit; leiten aus diesem Störungsmodell stringent einen Behandlungsplan ab (…); verhalten sich glaubhaft und überzeugend, wecken Hoffnung und positive Erwartungen und motivieren damit den Patienten zur Mitarbeit; haben den Therapiefortschritt im Blick (…) und erkundigen sich regelmäßig in authentischer Weise, wie es dem Patienten geht (…); sind flexibel und können ihr Erklärungsmodell und ihren Behandlungsplan anpassen (…); vermeiden schwierige und schmerzhafte Themen nicht, was bisweilen durchaus auch ein konfrontatives Vorgehen erfordert (…), Schwierigkeiten in der therapeutischen Beziehung werden nicht ausgeblendet, sondern unmittelbar therapeutisch genutzt und bearbeitet; vermitteln Hoffnung und Optimismus (…), hierbei werden Ressourcen und Stärken des Patienten mobilisiert (…); sind sich der Diversität auf Patientenseite bewusst (…), hierbei müssen Therapeuten sich ihres eigenen entsprechenden Hintergrunds, ihrer eigenen Persönlichkeit und ihrer Rolle im therapeutischen Beziehungsprozess bewusst sein; kennen sich und ihre eigenen psychologischen Prozesse gut und bringen keine eigenen Anteile und persönliches Material in die Therapie ein (…); kennen die beste wissenschaftliche Evidenz, die für die Behandlung des jeweiligen Patienten relevant ist und haben ein gutes Verständnis für die biopsychosozialen Grundlagen des Problemverhaltens (…); entwickeln sich fortlaufend psychotherapeutisch weiter (…)" (Brakemeier & Jacobi, 2017, S. 38 f.). Treffender lässt sich das kaum beschreiben. Noch

14.2 · Kernkompetenzen von Psychotherapeuten

etwas knapper fasst sich Rudolf (2016, S. 59 f.), der die Charakteristika eines guten Therapeuten beschreibt als: „Anhaltendes Interesse für mitgeteilte und nicht ausgesprochene Botschaften eines anderen Menschen; Fähigkeit, den Patienten auf sich selbst neugierig zu machen und sich selbst wohlwollend zu begegnen; ertragen können von negativen Zuständen anderer (Schmerz, Verzweiflung, Resignation, Sinnlosigkeit, Erregung); Fähigkeit, Entwertung und Feindseligkeiten anderer zu ‚entgiften'; Fähigkeit, eigene alters- und geschlechtstypische Sichtweisen zu reflektieren; Fähigkeit eigene Grenzen zu erkennen." Auch Rief (2019) definiert notwendige Therapeutenkompetenzen, die in Aus- und Weiterbildung gefördert werden sollten. Wer weitere Anregung nutzen will, vertiefe sich bei Yalom (2002), der in 85 kurzen Kapiteln beschreibt, was einen guten Therapeuten ausmacht. Exemplarisch seien Tipps genannt wie: Räumen sie Wachstumshindernisse aus dem Weg; lassen sie zu, dass der Patient Ihnen wichtig ist: kreieren sie für jeden Patienten eine neue Therapie, der Therapeut hat viele Patienten, der Patient nur einen Therapeuten; nutzen sie Ihre eigenen Gefühle als Arbeitsmaterial; machen sie sich in jeder Sitzung Notizen; machen Sie Hausbesuche; ignorieren sie nie die Angst vor der Therapie; befragen sie die signifikanten anderen, erkundigen sie sich über frühere Therapien; hüten sie sich vor Berufsrisiken; genießen sie Ihre berufsbedingten Privilegien. Brakemeier und Jacobi, Rodolf und Yalom skizzieren damit notwendige, weitreichende und sehr differenzierte Kompetenzanforderungen an einen Psychotherapeuten, die uns als selbstverständlich und plausibel erscheinen, so aber sicher nicht jederzeit in vollem Umfang bereitgestellt und abrufbar sind.

Die Beziehung zwischen Therapeut und Patient ist die Grundlage, auf der therapeutische Arbeit stattfindet, „eine Einbettung der Technik erlaubt und unseren Patienten eine angstfreiere Begegnung mit emotionalen, kognitiven und realen Zuständen und Situationen erlaubt" (Broda & Senf, 2004, S. 397). Es gibt deutliche Hinweise darauf, dass ein vom Patienten als herzlich, einfühlend und aufgeschlossen erlebter Psychotherapeut bessere Behandlungserfolge erzielen kann (Grawe et al., 2001). Empathisch sein bedeutet, den inneren Bezugsrahmen des anderen möglichst exakt wahrzunehmen, mit all seinen emotionalen Komponenten und Beziehungen, gerade so, als ob man die andere Person wäre, jedoch ohne jemals die „Als-ob" Position aufzugeben (Rogers, 1992). Dies ist nur möglich, wenn es gelingt, eine mit dem Patienten gemeinsame Sprache zu sprechen, den Patienten mit den therapeutischen Worten auch erreichen zu können und dies setzt die Anpassungsfähigkeit des Therapeuten voraus (vgl. Wöller & Kruse, 2018). Hier ist auf Therapeutenseite ein stückweit doch das soziale Chamäleon gefragt. Sachlicher formuliert ist psychologische Flexibilität auf Therapeutenseite unabdingbar, um der Realität des Pluralismus professionell begegnen zu können (Rief, 2019). Für derlei so vielfältig zu bedienende Aspekte scheint auch eine grundsolide emotionale Intelligenz unverzichtbar zu sein. Emotionale Intelligenz kann verstanden werden als die Fähigkeit, sich selbst und soziale Beziehungen effektiv zu managen. Studien scheinen zu belegen, dass sehr erfolgreiche Führungspersönlichkeiten Stärken in verschiedenen Bereichen der emotionalen Intelligenz aufweisen (Goleman, 2000). Psychotherapeuten benötigen diverse Führungsqualitäten, sollen sie doch Patienten aus dem Seelentief heraus in ein zufriedeneres, problemfreieres und selbstbestimmteres Dasein führen. Selbstbewusstsein bedeutet, die eigenen Emotionen lesen und verstehen zu können, eine realistische Einschätzung eigener Stärken und Schwächen vornehmen zu können und ein starkes und positives Selbstwertgefühl zu haben. Selbstmanagement beinhaltet die Fähigkeit, die eigenen Emotionen kontrollieren zu können, sich selbst und seine Verantwortlichkeiten regulieren zu können, über Anpassungsfähigkeit und Leistungsfähigkeit zu verfügen und sich bietende Gelegenheiten ergreifen zu können. Soziales Bewusstsein zeigt sich durch Empathie, organisatorisches Bewusstsein und Dienstleistungsorientierung. Motivation bedeutet durch Leidenschaft für die Arbeit und die Herausforderungen angetrieben zu werden, den Erfolg um des Erfolges willen erreichen zu wollen. Empathie versteht sich als die Fähigkeit, die Gefühle anderer zu berücksichtigen, insbesondere wenn Entscheidungen getroffen werden. Soziale Fähigkeiten bewirken z. B. durch Überzeugungskraft andere in gewünschte Richtungen bewegen zu können (Goleman, 1996; Goleman, 2000).

Psychotherapeutisches Arbeiten erfordert zunächst vielerlei Selbstkompetenzen wie Souveränität, gute Selbstorganisation und persönliche Führung, Selbstwahrnehmung und Selbstreflexion, Lebensfreude und Optimismus, authentische Ausdrucksfähigkeit, Stresstoleranz, Ziel- und Ergebnisorientierung, Lern- und Veränderungsbereitschaft, vernetztes Denken und Handeln, Risikobereitschaft und Risikobewusstsein, Erkennen und Wahren eigener Grenzen, Selbstmotivation und Verantwortungsbewusstsein. Diese Selbstkompetenzen sind unbedingt vonnöten, um die darüber hinaus notwendigen Sozialkompetenzen gewinnbringend einsetzen zu können. Insbesondere im Bereich der Entwicklung von Führungskräften beschriebene Sozialkompetenzen sind u. a.: Menschenkenntnis, Achtsamkeit und Einfühlungsvermögen, Kontakt- und Beziehungsfähigkeit, Team- und Integrationsfähigkeit, systemisches Verständnis, Motivations- und Führungsfähigkeit, Umgang mit Konflikten, Takt und Stil, verbale und nonverbale Kommunikation, Menschenkenntnis. Für die Psychotherapie als bedeutsam hinzuzufügen sind Sozialkompetenzen wie die Fähigkeit, den Patienten auf sich selbst neugierig zu machen und sich selbst wohlwollend zu begegnen, ein anhaltendes Interesse sowohl für mitgeteilte wie auch für nicht ausgesprochene Botschaften und die Grundhaltung, zwar das Problem, nicht aber die das Problem tragende Person zu bewerten (Culley & Bond, 2013). Die Eignung und Bereitschaft zu altersgerechter Kommunikation, die Fähigkeit zur Wahrnehmung und Differenzierung eigener und fremder Affekte, Kognitionen, Wünsche und Erwartungen, die Gabe der Selbststeuerung eigener Affekte und Verhaltensimpulse und ein gutes Maß an Strukturiertheit sind unerlässlich. Letzteres auch unter dem Gesichtspunkt, dass man die ohnehin Verwirrten nicht noch zusätzlich verwirren sollte. Das Ertragen von negativen Zuständen anderer wie Schmerz, Verzweiflung, Resignation, Sinnlosigkeit, Erregung und die Fähigkeit, Entwertung und Feindseligkeit anderer zu „entgiften" dürfen hier nicht vergessen werden (Rudolf, 2016). Zusammengefasst geht es im Grunde um die Kompetenz, immer wieder von der Problem- zur Möglichkeitssicht zu wechseln, „… see solutions where most people see confusion … bring out the best in others" (Rosen & Swann, 2018, S. 185). Soziale Fähigkeiten einzusetzen kann auch bedeuten, mit einer bestimmten Absicht freundlich zu sein (Goleman, 1996). Ein weiterer zentraler Baustein psychotherapeutischer Kompetenz ist die Methodenkompetenz. Die technischen Skills beinhalten die sachgemäße Anwendung therapeutischer Techniken. Hierbei muss auf einschlägige Fachbücher und Manuale verwiesen werden, alles andere würde den Rahmen dieses Kapitels sofort explodieren lassen. Exemplarisch sei an technischen Skills nur benannt: Fachlich-konzeptionelle Kompetenzen, wie etwa Kenntnisse über wissenschaftlich begründete psychotherapeutische, psychologische, biologische und soziologische Modelle psychischer Erkrankungen, deren Verbreitung, Verlauf sowie ihre Prävention, Behandlung und Rehabilitation; Kenntnisse und Nutzung verschiedener Versorgungsbereiche und Kooperation mit anderen Gesundheitsberufen; weitreichende diagnostische Fähigkeiten; Fähigkeiten und Fertigkeiten in der kritischen Rezeption und Anwendung wissenschaftlich begründeter psychotherapeutischer Behandlungsverfahren, -methoden und -techniken; Fähigkeit zu differenzierten therapeutischen Entscheidungen im therapeutischen Prozess. Technische Kompetenz erweist sich aber nicht nur im Wissen, sondern vor allem im Können. Welcher erfahrene Therapeut lässt sich von einem Kollegen schon mal kritisch prüfend assistieren, wenn er etwa etwas Neues ausprobiert? Woher weiß der Therapeut, dass er ein Manual richtig gelesen und die Anwendung beschriebener Techniken ausreichend verstanden hat?

Sorgfalt und Gewissenhaftigkeit sind in den medizinethischen Prinzipien (vgl. ▶ Kap. 12) beim Punkt Loyalität bereits beschrieben. Darüber hinaus kann darunter aber auch verstanden werden, durch besondere Achtsamkeit mehr aus einer Intervention zu machen, als wenn sie nur einem Handbuch getreu abgerufen wird. Sorgfaltspflicht oder Gewissenhaftigkeit können sich darin manifestieren, eine therapeutische Allianz nicht nur herstellen zu können, sondern sie je nach Therapiephase auch zu modifizieren. In der Anfangsphase der Psychotherapie sind Themen wie Vorbereitung auf die Therapie und Psychoedukation zunächst unerlässlich. Dies unterstützt das "Bewusstsein einer Mitverantwortung für den therapeutischen Prozess und wirkt einer passiv-rezeptiven Haltung entgegen" (Wöller & Kruse, 2018, S. 86). Dem hinzu gesellen sich zentrale Aspekte wie Entlastung, Entängstigung, Vertrauensbildung, Generieren von Hoffnung, Ressourcenarbeit. Der Aufbau einer tragfähigen Allianz ist hier von herausragender Bedeutung. Inmitten der Therapie wird dann hart gearbeitet, Themen sind Konfrontation, Durcharbeiten, Provokation, Arbeit an Emotionen und Kognitionen. Jetzt wird Veränderungsdruck aufgebaut, sicher nicht immer nur vonseiten des strukturierenden Therapeuten. Gegen Ende der Therapie wird der Patient immer mehr zum Selbstmanagement angehalten, der Therapeut zieht sich in seiner Aktivität bewusst zurück, der Weg aus der Therapie heraus wird geebnet, es erfolgt ein Therapeuten-Fade-out (vgl. Lammers, 2017, S. 327). Der gute oder auch bessere Therapeut wird seinen Interaktionsmodus sehr zielführend an die jeweiligen Therapiephasen adaptieren können und idealiter in jeder dieser Phasen andere seiner Qualitäten ausspielen oder auch einsetzen können.

> **Mal ehrlich**
>
> Würden sie zu sich selbst gerne, vertrauensvoll in die Psychotherapie gehen? Wenn ja oder nein, warum? Wenn es, wie auch immer definierte, Kategorien von Therapeuten gäbe, wo würden sie sich jetzt einordnen: 1a: bestmöglich; 1: sehr gut; 2: gut; 3: befriedigend; 4: ausreichend; 5: mangelhaft; 6: ungenügend. Die Noten 4, 5, 6 sind nicht akzeptabel, nehmen sie sich bitte selbst aus dem Geschäft. Wer zu guter Selbstreflexion fähig ist, dürfte sich nicht bei 1a einordnen. Zu positive Eigenbewertung sollte eine dem Menschen immanente Selbstüberschätzungstendenz einberechnen (vgl. Goleman, 2014, S. 74).

▶ **Eigenes Beispiel**

Aus eigener Erfahrung heißt, angelehnt an die verschiedenen Stufen sprachlicher Kompetenz, therapeutisches Können Level C2 statt Level A0 bieten zu können und damit die Komplexität eines Falles verstehen zu können. Das sollte beinhalten, losgelöst von klassifikatorischer Diagnostik, den im Ursprungssinn von Diagnose Durchblick zu finden, Motive, Melodie und wiederkehrende Themen in der Patientenproblemgemengelage zu erkennen. Immer war es für mich erstrebenswert, fast ein Sport, für jeden Patienten handlungsleitend eine Überschrift zu finden, zu fokussieren, zu komprimieren, zu klarifizieren und damit auf ein Ziel zu präzisieren. Die Reduktion von Komplexität ist in der Psychotherapie von entscheidender Bedeutung. ◄

14.3 Kritische Würdigung

Menschen, die im Alltag oft zu verschwinden glauben, die an einer positiven Wahrnehmung durch ihre Mitmenschen mehr als zweifeln, sollten in den Genuss eines Therapeuten kommen, der bei ihnen einen emotionalen Zustand auslöst, als einzigartiges Individuum wahrgenommen und behandelt zu werden. Wer könnte daher besser die Güte eines Therapeuten beurteilen, als die zu versorgende Klientel? Daher sollte es Standard sein, in regelmäßigen Abständen in einer Therapie, zumindest aber nach der Probatorik, in der Mitte und am Ende der Therapie, Patienten einen kurzen Rückmeldefragebogen zu geben. Zur Einschätzung könnten etwa Kompetenzbereiche wie Fähigkeit zur Gestaltung einer tragfähigen Beziehung, therapeutisches Fachwissen, Fähigkeiten im Einsatz von Techniken, Sorgfalt, Verlässlichkeit, Engagement kommen. Diese Aufzählung kann nur ein Ideengeber sein. Ein derartiger Feedback-Fragebogen sollte Grundlage einer im Gespräch zu erfolgenden (Zwischen-)Reflexion sein.

Die Güte eines Psychotherapeuten wird sich nie nur aus den der Psychotherapie immanenten Quellen speisen, denn der Psychotherapeut schlüpft als Privatmensch in seine berufliche Rolle und hat daher sein Privatleben immer bei sich. „Ein guter Therapeut kann auf Dauer nur der sein, der einen guten privaten Ausgleich hat und deshalb zur Befriedigung persönlicher Bedürfnisse nicht Patienten heranziehen muss" (Reimer, 2004, S. 386).

Die wahren Künstler scheinen wir gut daran zu erkennen, dass sie offenbar ohne jede Anstrengung etwas Beeindruckendes produzieren. So oft hört man beim Betrachten eines Picasso Werkes die Aussage: "Drei Pinselstriche, das kann ich auch". Wir wissen, dass das nicht stimmen kann, sonst gäbe es so viel mehr Picassos. Der wirklich gute Therapeut wird hart dafür arbeiten müssen, die Vielzahl an möglichen Gütekriterien mehr als nur annähernd oder punktuell zu erfüllen. Gütekriterien und damit Anforderungen an einen Psychotherapeuten ändern sich sicher auch abhängig vom Zeitalter, von Regionen, Ländern und Kulturen, vom Zeitgeist im Allgemeinen und selbstverständlich auch von sich wandelnden Patientenbedarfen. Manche Qualitätskriterien oder auch selbst auferlegte Standards werden sich im Laufe der Therapeutenentwicklung modifizieren. Schwerpunkte werden vermutlich anders gesetzt, zentrale Qualitätsstandards sollten aber Bestand haben. In der Psychotherapie verändern sich nicht nur Patienten, auch die Therapeuten werden Erfahrungen machen und gegebenenfalls Veränderungspotentiale nutzen. Hier werden die einen eine deutlichere und positivere Entwicklung nehmen, die anderen aber für vielerlei Inspiration blind und taub bleiben. Dort, wo die größten blinden Flecken hartnäckig sitzen, hat das Licht wenig Einfallsmöglichkeit, um Erhellendes zu bringen.

14.4 Fazit

Mit Nutzung der oben dargelegten Kompetenzen, die zum Teil auch als Schlüsselqualifikationen zu betrachten sind, erschließt sich der Weg zum Patienten und zu einer erfolgreichen Psychotherapie. Welche Kompetenzen wichtiger sind, als andere, welche grundlegend und welche darauf aufbauend sind, lässt sich schwer bewerten und müsste im Grunde von Patienten beurteilt werden. Vor einigen Jahren wurde eine professionelle Neugierde befriedigt. In einer offenen Gesprächsgruppe des Sozialpsychiatrischen Dienstes Weiden war bewusst das Thema „Woran erkenne ich einen guten Therapeuten?" gewählt worden. Unter Moderation wurde diskutiert und nach Zurufen zusammengefasst genannt: Gleicher Hintergrund, gleiche Ebene; Ruhe ausstrahlen; Fähigkeit zur Abgrenzung; Sorgfalt; Vertrauen, kennen lernen; verschwiegen; nicht zu kopflastig; Gründlichkeit; Patient als Mensch sehen, Menschlichkeit, Wärme; Handeln mit Einverständnis des Patienten; Zeit nehmen; Einfühlungsvermögen; Liebe zu seinem Beruf, nicht nur Profitorientierung; Kontakt finden, Wellenlänge treffen; einfach da sein; Berufung, Engagement; Sympathie, Chemie muss stimmen; Verständnis; gutes Selbstmanagement; muss sein Handwerk verstehen, etwas können; neue Anstöße geben; Loyalität; Eigenverantwortung des Patienten fördern, Hilfe zur Selbsthilfe; auf Probleme eingehen; positives Modell; Hoffnung geben; Struktur, Prioritäten setzen; Gedanken zusammenfassen, auf den Punkt bringen; Glaubwürdigkeit; Humor. Diese Originalzitate sind ganz nahe an dem, was in der Fachliteratur zur Therapeutenkompetenz beschrieben wird. Erfreulich, dass mitunter die Praxis ganz gut zur Theorie passt.

Die jeweiligen Therapeuten-Kompetenzen lassen sich nicht einfach nur aneinanderreihen, aufsummieren und zu einem Ganzen formen, das größer und besser wird, desto mehr hineingesteckt wird. Das Können eines Psychotherapeuten ist ein sensibles, aus Teilkompetenzen geformtes Gebilde. Systemisch betrachtet wird die Veränderung in einem Kompetenzteilbereich das Gesamtkonzept verändern. „When we change one part of the chemical formula, we change the nature of the result" (Covey, 2004, S. 86). Ob Evidenz-basierte oder Eminenz-basierte Therapie, ob Charismatiker oder Empiriker, in keinem Fall wird effektives therapeutisches Handeln ohne eine Vielzahl an Kompetenzen zustande kommen können. Es gibt zahlreiche Alltagssituationen, in denen Menschen entscheiden, ohne dass ihnen die zugrunde liegenden Zusammenhänge kognitiv bewusst sind. Intuition ist kein angeborenes Wesensmerkmal, vielmehr erwächst diese Gabe für die richtigen Entscheidungen aus gemachten Erfahrungen. Auch wenn wir den intuitiv agierenden Psychotherapeuten als die vielleicht edlere Variante ansehen wollen, so ist er doch nur ein erfahrener, solider Handwerker, der sein Rüstzeug kunstgleich zu einem wirkungsvollen und sicher auch verdeckt bleibenden Remedium verdichtet.

> **Zum Mitnehmen**
> Es gibt zahlreiche Hinweise, um einen guten Therapeuten erkennen zu können und doch kann keiner für sich genommen als verlässlich gelten. Der Patient wird den für ihn guten Therapeuten entdecken. Damit dies auch für die Entwicklung der Therapeutenpersönlichkeit genutzt werden kann, braucht es dafür kontinuierliche und strukturierte Rückmeldungen.

Weiterführende Literatur

Brakemeier, E.-L., & Jacobi, F. (Hrsg.) (2017). *Verhaltenstherapie in der Praxis.* Beltz.
Broda, M., & Senf, W. (2004). Die therapeutische Beziehung als Boden für therapeutisches Handeln. In: *Psychotherapie im Dialog 4/2004, Therapeutische Beziehung* (S. 397–398). Georg Thieme Verlag.
Covey, S. R. (2004). *The seven habits of highly effective people.* Free Press.
Culley, S., & Bond, T. (2013). *Integrative counselling skills in action* (3. Aufl.). SAGE.
Deutsche Bundespsychotherapeutenkammer. (BPtK) (2018). *Muster-Berufsordnung für die Psychologischen Psychotherapeutinnen und Psychotherapeuten und Kinder- und Jugendlichenpsychotherapeutinnen und Kinder- und Jugendlichenpsychotherapeuten.* BPtK.
Goleman, D. (1996). *What makes a leader? HBR's 10 must read. On emotional intelligence, 2015* (S. 1–21). Harvard University Press.
Goleman, D. (2000). *Leadership that gets results. HBR's 10 must read. On managing people, 2011* (S. 1–27). Harvard University Press.

Goleman, D. (2014). *Focus. The hidden driver of excellence.* Bloomsbury.

Grawe, K., Donati, R., & Bernauer, F. (2001). *Psychotherapie im Wandel. Von der Konfession zur Profession.* Hogrefe.

Kahn, M. (1997). *Between Therapist and Client. The New Relationship.* Holt Paperbacks.

Lammers, C.-H. (2017). Die therapeutische Beziehung in der Verhaltenstherapie. *Psychotherapeutenjournal, 4,* 324–330.

Reimer, C. (2004). Grenzen und Gefahren der therapeutischen Beziehung. In: *Psychotherapie im Dialog 4/2004, Therapeutische Beziehung* (S. 381–386).

Rief, W. (2019). Die Zukunft der Psychotherapie in Deutschland und die Frage nach Verfahrensorientierung und -integration. Von der verfahrensorientierten zur kompetenzorientierten Psychotherapie-Qualifikation. *Psychotherapeutenjournal, 3,* 261–268.

Rogers, C.R. (1992). *Die nicht-direktive Beratung. Counseling and Psychotherapy.* Fischer.

Rosen, B., & Swann, E. K. (2018). *Conscious. The power of awareness in business and life.* Wiley.

Rudolf, G. (2016). *Psychotherapeutische Identität.* Vandenhoeck & Ruprecht.

Trachsel, M., Gaab, J., & Biller-Adorno, N. (2018). *Psychotherapie-Ethik.* Hogrefe.

Wöller, W., & Kruse, J. (2018). *Tiefenpsychologisch fundierte Psychotherapie.* Schattauer.

Yalom, I. D. (2002). *Der Panama-Hut oder Was einen guten Therapeuten ausmacht* (7. Aufl.). btb Taschenbücher,

Yalom, I. D. (2017). *Wie man wird, was man ist. Memoiren eines Psychotherapeuten.* btb.

Eine Typologie: Vielfalt in der Psychotherapeutengilde

Inhaltsverzeichnis

15.1 Begriffsklärung – 118

15.2 Grundsätzliche Überlegungen – 118

15.3 Typenkatalog – 119

15.4 Kritische Würdigung – 122

15.5 Fazit – 122

Weiterführende Literatur – 123

© Der/die Autor(en), exklusiv lizenziert an Springer-Verlag GmbH, DE, ein Teil von Springer Nature 2025
S. Gerhardinger, *Entwicklung der Therapeutenpersönlichkeit*,
Psychotherapie: Fort- & Weiterbildung, https://doi.org/10.1007/978-3-662-70477-6_15

Auch was wir am meisten sind, sind wir nicht immer.
Marie von Ebner-Eschenbach.

> **Frequently Asked Question**
> Gibt es den typischen Psychotherapeuten? Welche Therapeutentypen lassen sich unterscheiden?

15.1 Begriffsklärung

Es wurde schon dargelegt, welche Attribute, Eigenschaften, Erscheinungsformen Psychotherapeuten eher unkritisch zugeschrieben werden (vgl. ▶ Kap. 2). Tatsächlich scheint die Spezies Psychotherapeut eine sehr vielfältige Typologie vorzuhalten, wobei dies beispielsweise bei Ärzten, Kellnern oder Lehrern so ähnlich sein dürfte. Wie hinlänglich bekannt, gibt es nicht nur verschiedene Therapierichtungen, sondern auch innerhalb jeder Therapierichtungen zahlreiche Spezifizierungen und mit jedem neuen Patienten kann eine weitere Ausformung entstehen. Eine Typologie, hier nicht wirklich wortgetreu als Lehre der Typen zu verstehen, setzt voraus, dass es Typen gibt. Was aber ist eine Type? In der Drucktechnik ist dieser Begriff sachlich definiert. Type bezeichnet eine abstrakte Einheit, stellt also ein Alleinstellungsmerkmal oder zumindest ein Unterscheidungsmerkmal dar. Im Duden Fremdwörterbuch (1982) findet sich bei Type: „Mensch von ausgeprägt absonderlicher, schrulliger Eigenart, komische Figur." Das ist keine wertneutrale Beschreibung, eher schon pejorativ konnotiert. Schon sind wir wieder nahe am Klischee.

Vermutlich ergibt sich ein Psychotherapeutentyp aus verschiedenen Bestandteilen. Die Grundlage bildet die Primärpersönlichkeit des Menschen, der in die Therapeutenrolle schlüpft. Ausbildung und Kompetenzerwerb, Erfahrungen aus der Praxis und weitere Entwicklungseinflüsse formen Haltungen und prägen einen individuellen Psychotherapiestil. Dies alles mündet dann in eine mehr oder weniger auffallende, eigenartige, einzigartige, sonderbare oder auch sympathische, charismatisch-anziehende oder gegebenenfalls auch verstörend schrullige Therapeutentype. Typen ziehen Aufmerksamkeit auf sich und können einen guten Nährboden für manches Klischee bilden.

15.2 Grundsätzliche Überlegungen

Verschiedene Therapeutentypen tragen dazu bei, dass die sehr vielfältige Psychotherapielandschaft dann doch wieder eine Fokussierung erfährt und in individuellem Gewand erscheint. Ein bestimmter Therapeutentyp zu sein ist für sich genommen keinesfalls negativ, sollte aber reflektiert sein. Es dürfte professionellem Auftreten zuzuschreiben sein, Patienten nicht nur erfahren oder erspüren zu lassen, mit welcher Therapeutentype sie in der gerade beginnenden Psychotherapie konfrontiert sind, sondern die eigene Typologie durchaus frühzeitig offenzulegen. Eine mangelnde Passung zwischen Therapeut und Patient kann auch als Behandlungsfehler gelten (vgl. ▶ Kap. 18), wird aber mindestens den Therapieerfolg schmälern. Ein echter Typ kann sehr hilfreich sein, um Patientenbedürfnisse bezüglich Sicherheit, Kontrolle und Orientierung zu befriedigen. Echt ist hier der therapeutischen Basisvariable Echtheit zuzuordnen und bedeutet, dass der Phänotyp des Therapeuten tatsächlich seiner Type entspricht und nicht nur als Fake oder Mimikry blendet und täuscht. Die Akzentuierung einer Type kann als Ergebnis der Therapeutenentwicklung betrachtet werden und dabei mehr oder weniger gelungen und hilfreich für Patienten sein.

15.3 Typenkatalog

Einen Typenkatalog hier vorzustellen unterliegt immer einer subjektiven Selektion, einer Gewichtung und Einfärbung. Somit kann die folgende, mitunter etwas provokativ anmutende Auflistung keinen empirisch abgesicherten Standards genügen. Sie wird nicht erschöpfend oder vollständig sein, aber sie mag zum weiteren Nachdenken, zu einer möglichen Selbstzuordnung und vielleicht auch zum Schmunzeln einladen. Die Beschreibung von Typen soll sich dabei nicht auf klassische Persönlichkeitseigenschaften oder Dimensionen der Persönlichkeit reduzieren, auch sollen keine Persönlichkeitsakzentuierungen oder gar Persönlichkeitsstörungen, die es ja auch bei praktizierenden Psychotherapeuten gibt, darunterfallen. Es lassen sich hier nicht klar voneinander abgrenzbare Typen in schöner Ordnung aufreihen, sondern eher nur unscharf unterscheidbare Erscheinungsbilder darstellen.

So treffen wir immer mal wieder auf Psychotherapeuten, die sich in ihrer therapeutischen Leistungserbringung gerne als **Theoretiker oder Wissenschaftler** verstehen. Sie haben damit nicht nur die therapierelevanten Themen des aktuellen Patienten im Blick, sondern das individuelle Problem vor dem Hintergrund einer Theorie, einer Wissenschaft. Der Theoretiker ist fasziniert von neuen Erkenntnissen der Therapieforschung und experimentiert mit seinem Patienten. Seine Praxis ist irgendwie auch ein Labor, er bleibt der Orthodoxie verpflichtet, ein gewisser Faktenfetisch ist nicht von der Hand zu weisen. Man möge ihn den Professor nennen.

Wir erleben den **Helfer**, der sich als Gutmensch versteht. Sein Anliegen ist es, dem Patienten zu geben, was er so sehr entbehrt. In vielerlei Hinsicht selbstlos gibt dieser Typus mehr als er müsste oder sollte, übernimmt sehr viel Verantwortung und versteht das aber als Selbstverständlichkeit. Sein Beruf ist eine Passion. Der Gutmensch speist sich aus dem Aufblühen des Patienten und dessen deutlich ausgedrückter Dankbarkeit.

Dem **Abenteurer** ist nichts zu fremd, zu gefährlich oder zu reizlos. Er liebt das Neue, Aufregende und Risikoreiche und nimmt daher Patienten durch seine Interventionen immer wieder auf Expeditionen und Entdeckungsreisen mit. Seine verwegene, aber auch couragierte Art macht Eindruck, bewegt, kann aber die eher ängstlichen Patienten schnell verschrecken. Mit Zartbesaiteten findet dieser verwegene Typ wenig gemeinsame Basis.

Eine Schulen konforme, evidenzbasierte und eventuell gar noch manualisierte Psychotherapie ist dem **Esoterik-Typen** zu nüchtern, farblos, technisch. Er nutzt therapiefremde Haltungen und Interventionen, um andere Zugänge zur Seele des Patienten zu legen. Seine Expertise verblüfft in der Breite, nicht unbedingt in der Tiefe. Er bleibt als Guru zauberhaft und überraschend, aber auch wenig greif- oder verstehbar.

Der **sorgfältige oder auch akribische Typ** geht mit hoher Gewissenhaftigkeit vor, Fehler passieren ihm höchst selten, auf ihn ist Verlass. Ehe eine Intervention eingesetzt wird, bedarf es langer Planung und sorgfältigen Abwägens. Bei aller geschätzten Sicherheit droht es derlei Therapeutentypen eine Behandlung in ein zu starres Korsett zu zwängen. Bewegung und Eigendynamik werden allzu schnell Opfer einer grundsätzlichen Haltung der Risikominimierung.

Der **Weise** beeindruckt durch ungeheuren Weitblick. Die Winkel der Lebensweisheit scheinen ihm allesamt bekannt zu sein, er kann jedes Patientenproblem in einen größeren philosophischen Zusammenhang stellen. Für ihn gibt es die Banalität nicht. Fraglich bleibt dabei durchaus, wie viel praktische Hilfestellung bei aller Intellektualität diesem Therapeutentypen noch möglich oder erlaubt ist, zumal das Praktische als bloße Trivialität firmieren mag.

Wenn es stimmt, dass für manche Patienten die Psychotherapie eine „rent a friend"-Möglichkeit darstellt, dann ist der **Kumpeltyp** dafür wie geschaffen. Er begibt sich immer auf Augenhöhe, alle Standesdünkel oder Allüren sind ihm fremd. Heilsam ist nach seiner Auffassung vor allem die Beziehung und in die investiert er als kameradschaftlicher Therapeut deutlich. Der nötige therapeutische Abstand und auch die wichtige Unabhängigkeit des Therapeuten können dabei schnell verloren gehen. Die Grenzen zwischen professionellen, persönlichen und privaten Interaktionsthemen verschwimmen völlig.

Ob Psychotherapie eine Kunst, eine Wissenschaft oder ein Handwerk ist, kann dem **Geheimnisvollen** nicht entlockt werden. Er bleibt eine Sphinx, undurchschaubar für seine Patienten und erhält sich dadurch die Aura des Besonderen. Er fasziniert, weckt Neugierde und Hoffnung und kultiviert ein therapeutisches Nirvana. Der Patient wartet dabei oft sehr lange unbefriedigt auf Substanz.

Der **Entertainer** versucht den Patienten bei Laune zu halten, denn wo gute Stimmung ist, haben Probleme wenig Platz. Therapie wird nie langweilig, ist immer abwechslungsreich und macht mitunter auch richtig Spaß. Problematisch ist dabei, dass die Psychotherapie zum Event oder zur Show verkommt. Nur ein restlos begeisterter Patient ist ihm ein Kriterium für Erfolg. Er tut alles für den nötigen Applaus, damit kann aber auch eine gefährliche Nähe zur Effekthascherei entstehen.

Richtlinien, Berufsordnungen, Standards und Evidenzen belasten das therapeutische Vorgehen des **Nonkonformisten** nicht. Er vertraut seinen eigenen Wegen, seiner Intuition, zaubert ungewöhnliche Lösungsansätze aus dem Hut und gewährleistet damit immer eine einzigartige, individuelle Psychotherapie. Inwieweit er damit der so oft benötigte Richtungsgeber sein kann, kann sehr in Zweifel gezogen werden.

Der **distinguierte Edeltherapeut** oder auch Upper Class Seelenspezialist steht gemäß Versorgungsverpflichtung allen Patienten zur Verfügung, in seiner Selbstwahrnehmung ist er aber geschaffen für handverlese Eliteklienten. Seine Kleidung, sein Habitus, die Gestaltung seiner Praxisräume, einfach alles weist darauf hin, dass hier eine Luxus-Psychotherapeutentype zur Verfügung steht. Der gemeine Patient ist ihm zuwider und eine abzuarbeitende Pflichtaufgabe, wofür er sich eigentlich zu schade ist.

Psychotherapie ist für ihn so etwas wie ein sportlicher Wettkampf, deshalb setzt der **Champion** alles daran, seine Matches zu gewinnen oder wenigstens ausreichend Punkte zu sammeln. Sein Tempo ist hoch und er versucht schnellstmöglich einen Abschluss zu machen. Jeder Siegerpokal ist wichtig. Daher werden auch eher dürftige Ergebnisse hochstilisiert. Verlierertypen finden bei ihm wenig Anschluss.

Der **Psychotherapie-Handwerker** ist eine hemdsärmlige, geradlinige und praktisch orientierte Type. Für Probleme gibt es Lösungen, man braucht dazu das richtige Werkzeug, einen Plan und die nötige Anstrengung und fertig. Tiefergehendes Geschwafel und der Zielerreichung hinderliche Gefühlsduselei werden nach Kräften ausgeblendet.

Der **Pädagoge** erkennt die Ursache der seelischen Probleme seiner Patienten in falscher Lebensführung und genehmigt sich daher ein erzieherisches Vorgehen. Der Notleidende will auf den rechten Weg gewiesen und dabei mit praktischer Hilfestellung begleitet und unterstützt werden. In besonderer Ausprägung finden wir den Lehrer-Typ, der es eben besser weiß, instruiert und mit Wissen füttert, Hausaufgaben gibt und Lernerfolgskontrollen macht. Der Lehrmeister berät und instruiert, bedient ein häufiges Patientenbedürfnis, trägt aber damit wenig zur Autonomieentwicklung bei.

Eine **der Katharsis verpflichtete Type** gestaltet die Psychotherapie als Redekur, letztendlich vergleichbar mit einer Beichte. Die Reinwaschung der Seele, das Verzeihen und Vergeben und spirituelle Elemente sind für ihn ein wesentliches Hilfsmittel. In besonderer Ausprägung wird man in ihm den Seelsorger erkennen. Eine Lossprechung ist als psychotherapeutische Intervention aber noch nicht in den Kanon der wirkungsvollen Verfahren aufgenommen.

Die gute, nährende **Mutter** oder auch der verständnisvolle Vater als Therapeutentyp praktizieren eindeutig Reparenting als durchgängige Basisintervention. Therapie ist schwer genug, deshalb mutiert der verständnisvolle, unterstützende Typ absichtsvoll zur Harmoniemaschine, vermeidet Konfrontation und Seelenbelastung wo es nur geht und schafft der Seele des Patienten wenigstens in der Therapiestunde ein weiches Bett. Salbungsvoll vermittelt er, dass es immer ein Licht am Ende des Tunnels gibt und dass alles gut wird. Eine so gestaltete Wohlfühltherapie mag Seelenwellness sein, aber Gefahr laufen, die Patientenabhängigkeit in schädlicher Weise zu fördern.

Therapie ist Sache des Therapeuten, deshalb achtet der **Boss** klar auf seine Richtlinienkompetenz. Dieser Typ beherrscht die Psychotherapie, Kritik ist nicht angebracht, eher schon Bewunderung. Das mag manchen klischeehaften Vorstellungen durchaus entsprechen. Der Patient mag folgsam sein, inwieweit er dabei sich selbst entdeckt, findet und vertraut, bleibt mehr als fraglich.

Der **Rätsellöser-Typ** sieht sich eher einem Detektiv oder Archäologen verwandt. Sein Impetus ist und bleibt es, Indizien zu sammeln, Teile zu einem Ganzen zusammenzubasteln und damit eine Seelenverletzung möglichst vollständig aufzuklären. Dabei läuft er Gefahr, seine eigenen Interessen weit voranzustellen. Sein Vorgehen erfüllt ihn, um es hilfreich zu gestalten, müsste der Patient im Fokus bleiben.

Der **Künstler** empfängt den Patienten als Rohling, aus dem er durch Hinzufügen und Wegnehmen, durch Modellieren und Einfärben ein Kunstwerk entstehen lässt. Die geheilte Seele des Patienten ist Produkt der Schaffenskraft des Künstler-Typen. Er delektiert sich an seiner Kunst, der Patient steht ihm dabei allenfalls Modell.

Nur nicht unter die Räder kommen, Abstand halten, sich nicht anstecken, keine emotionalen Verwicklungen riskieren. Der **Selbstfürsorgliche** ist trotz aller Hilfestellung für den Patienten seinem eigenen Wohlergehen verpflichtet. Das birgt die Gefahr, dass mancher Bedürftige am langen Arm des Therapeuten verhungert.

Der **Ideologie-Typ** behandelt nicht einfach Patienten, er macht die Welt damit ein Stück besser. Er ist von humanistischem Gedankengut beseelt, seine Mission erstreckt sich nicht auf die Individualtherapie. Sein Beitrag zu einer verbesserten Welt ist ihm ein unbedingt zu erfüllender Grundauftrag. Der aus seiner Sicht ideologisch noch nicht gereifte Patient wird Teil der Inszenierung.

Der **Moralapostel-Typ** wird schnell zum Richter auflaufen, er sieht weniger die Not, als das Böse, das zurechtgerückt oder gar verurteilt werden muss. Strafe dient der Resozialisierung, der gute Zweck scheint alle Mittel zu heiligen. Scham und Schuld werden hierdurch sehr viel mehr genährt als korrigiert und gut bearbeitet.

Menschen in seinen Bann ziehen zu können und ihnen mithilfe seiner Strahlkraft zu den besten der eigenen Möglichkeiten zu verhelfen ist Wesensmerkmal des **Charismatikers**. Dieser Typ scheint ganz einfach nur positiv besetzt, aber doch irgendwie von einer anderen Welt zu sein.

Und es gibt noch den **Normal-Typus**, der solide, unaufgeregt, emotional stabil, methodisch ausgewogen, berechenbar, verlässlich, unspektakulär, solide seinen Job macht. Klischees werden dabei nicht bestätigt, die Therapie wirkt nicht Wunder, hilft aber.

Damit soll genug sein. Der Typen-Katalog ist bei erster Bearbeitung dann doch viel ausführlicher geworden, als zunächst gedacht und stellt dennoch nur einen Ausschnitt dar. Vermutlich konnten sie eigene Anteile in verschiedenen der genannten

Typen entdecken, ziemlich sicher haben sie manche Kolleginnen und Kollegen erkannt.

Wöller und Kruse (2018, Geleitwort) mögen aber noch zu Wort kommen: „Auch die Idee vom uniformen Therapeuten gilt es aufzulösen. Wünschenswert und zurzeit noch nicht evidenzbasiert möglich ist eine Antwort auf die Frage ‚Welche Therapeutenpersönlichkeit vermag welche therapeutische Methode bei welchem Patiententypus wirksam einzusetzen‘?"

Jetzt stünde noch an, eine Patiententypologie nachzureichen. Es soll sein Bewenden damit haben, die Typologie von Steve de Shazer (1999) anzuführen, wonach sich das Patientengut in die Kategorien Besucher, Klagende und Kunden einteilen lässt. Aufgabe und Ziel des Therapeuten ist es darauf hinzuwirken, aus flüchtigen Besuchern Auftraggeber zu machen, um dann diese zunächst oft hauptsächlich Klagenden in einen Kundenstatus mit immer klarerem Auftrag überzuführen. Es kann zu dem Gedankenexperiment eingeladen werden, nun kurz zu überlegen, welche oben genannten Therapeutentypen dazu wohl am ehesten geeignet erscheinen.

15.4 Kritische Würdigung

Welcher Patient passt zu welchem Therapeutentyp? Passt zu den dependenten, zwanghaften Patienten, eher der normierte Therapeut oder doch eher der Abenteurer, der Grenzen überschreitet und damit neues Terrain erkundet? Ist den depressiven Patienten der Entertainer anzuempfehlen oder doch eher die nährende Mutter oder der verständnisvolle Vater? Braucht der ängstliche Patient den Gewissenhaften oder vielleicht doch den Nonkonformisten? Sind die Narzissten bei den Edeltherapeuten wirklich gut aufgehoben? Benötigen die Borderliner den Normal-Typus und die Dissozialen den Lehrer oder gar Richter? Landen die eher strukturierten, problemlöseorientierten Patienten häufiger in einer Verhaltenstherapie, die philosophisch angehauchten eher in einer existentiellen Therapie und die klärungsbedürftigen Patienten wahrscheinlicher in der Psychoanalyse? Man könnte diese Gedankenspiele fast endlos weitertreiben, ein brauchbares Ergebnis würde kaum zu erwarten sein. Es muss der Probatorik und der kritischen Prüfung durch Patient und Therapeut überlassen bleiben, hier eine notwendige Passung für den angestrebten Therapieerfolg feststellen zu können oder eben die Therapie zu beenden, ehe sie beginnt. Stark limitiert wird die zielgenaue Therapeutensuche auch dadurch, dass viele Patienten wenig Wissen darüber haben, worauf sie bei einer beginnenden Psychotherapie achten sollten. Eine weitere erhebliche Einschränkung liegt darin, dass Psychotherapieplätze gemäß der bekannt langen Wartezeiten nicht bedarfsdeckend zur Verfügung stehen. Somit wird aus pragmatischen Gründen oder wegen zu großer seelischer Not eine allzu genaue Therapeutensuche oftmals unterbleiben.

Prinzipiell mag darauf hingewiesen sein, dass eine allzu gute Passung zwischen Therapeut und Patient auch therapieschädlich sein kann. Sympathie beispielsweise wird durch empfundene Ähnlichkeit (Cialdini, 2004) gefördert. Erlebte Ähnlichkeit mag Sicherheit geben. Dennoch gilt es in der Therapie, Unterschiede zu schaffen, die tatsächlich einen Unterschied machen, um Entwicklungen zu fördern und Veränderungen erlebbar zu machen.

> Mal ehrlich
> Kennen sie ihre Type und wenn ja, welche Type sind sie? Ist dieser Therapeutentyp passend für sie oder liebäugeln sie mit einer anderen Variante?

15.5 Fazit

Den typischen Psychotherapeuten gibt es sicher nicht. Vielmehr ist eine große Bandbreite anzutreffen, wobei die Ausprägungen des jeweiligen Typus unterschiedlich stark in Erscheinung treten, sodass es mitunter schwerfällt, tatsächlich eine Type zu erkennen. Es ist ein wesentliches Element der Entwicklung der Therapeutenidentität, sich seiner eigenen Typik klar zu werden, reflektiert damit umzugehen und gegebenenfalls zu korrigieren. Der Psychotherapeut macht nicht einfach nur Psychotherapie, er ist – zumindest ein Teil der – Psychotherapie. Eine typische Qualität kann für den Therapieerfolg nur förderlich sein. Eine als Typ zu erstrebende absolute Einzigartigkeit muss dabei außerhalb der Realität bleiben. Therapeutentypen a la Halbgott oder Wunderheiler werden Patienten nicht helfen, Typen sollten in Reichweite sein und bleiben.

> **Zum Mitnehmen**
> Ein Patient weiß in der Regel nicht, auf wen er zu Beginn einer Psychotherapie trifft. Es sollte ein Qualitätsstandard sein, den neuen Patienten darüber aufzuklären, welcher Therapeutentyp ihm gegenübersitzt. Ein Patient hat definitiv ein Anrecht zu erfahren, wem er seine Seele in Obhut gibt. Eine erste Antwort darauf könnte lauten: „Ich arbeite kognitiv-verhaltenstherapeutisch, gehe dabei eher provokativ-fordernd vor. Ich bin davon überzeugt, dass die Entstehung von Neuem neue Wege braucht. Dabei verstehe ich mich als Entwickler und werde sie couragiert auf neue Gleise zu setzen versuchen. Was sie bei aller Empathie hier nicht erwarten dürfen, ist eine reine Seelenpflegbehandlung mit Klärungsanteilen. Hier geht es zur Sache und das heißt auch, dass Therapie anstrengend ist und mitunter weh tun kann."

Weiterführende Literatur

Cialdini, R. B. (2004). *Die Psychologie des Überzeugens* (3. Aufl.). Verlag Hans Huber.
de Shazer, S. (1999). *Der Dreh. Überraschende Wendungen und Lösungen in der Kurzzeittherapie.* Heidelberg. Carl-Auer-Systeme-Verlag.
Duden. Das Fremdwörterbuch. (1982). *Bearb. von Wolfgang Müller* (4., neu bearbeitete und erweiterte Aufl.). Duden Verlag.
Wöller, W., & Kruse, J. (2018). *Tiefenpsychologisch fundierte Psychotherapie.* Schattauer.

Komplikationen und Gefahren

Inhaltsverzeichnis

Kapitel 16 Risiken und Nebenwirkungen – 127

Kapitel 17 Störungen der therapeutischen Interaktion – 135

Kapitel 18 Lediglich ein Kunstfehler? – 149

Kapitel 19 Ethische Herausforderungen – 161

Risiken und Nebenwirkungen

Inhaltsverzeichnis

16.1 Grundsätzliche Überlegungen – 128

16.2 Beispiele für Mögliche riskante Nebenwirkungen – 131

16.3 Kritische Würdigung – 132

16.4 Fazit – 133

Weiterführende Literatur – 133

© Der/die Autor(en), exklusiv lizenziert an Springer-Verlag GmbH, DE, ein Teil von Springer Nature 2025
S. Gerhardinger, *Entwicklung der Therapeutenpersönlichkeit*,
Psychotherapie: Fort- & Weiterbildung, https://doi.org/10.1007/978-3-662-70477-6_16

Die Tür zum Glück geht nach außen auf – wer sie ‚einzurennen' versucht, der verschließt sie nur.
Sören Kierkegaard.

? Frequently Asked Question
Ist die Psychotherapie gefährlicher, als man annimmt?

16.1 Grundsätzliche Überlegungen

Jede Therapie kann Schaden anrichten, die Gründe dafür sind vielfältig. Ehe ein Medikament zugelassen wird, muss es seine Wirksamkeit und Verträglichkeit unter Beweis stellen, nicht zu vermeidende Nebenwirkungen müssen sich dabei auf ein verträgliches Maß beschränken. Die Evidenzbasierung der Psychotherapie schreitet voran. Was noch sehr im Verborgenen liegt sind mögliche Risiken und Nebenwirkungen der Psychotherapie. Es fehlt nach Rief (2019) dramatisch an Untersuchungen zu Negativeffekten. Wer kann behaupten, dass Psychotherapie positive Effekte bewirkt? Psychotherapie ist nicht garantiert hilfreich, eher muss man von dieser Annahme abrücken, wenn in einer von Strauß (2015) zitierten Studie zwischen 33 und 65 % der befragten Patienten entweder auf die Therapie nicht reagierten oder gar eine Verschlechterung ihres Zustandes erfuhren. Nach Knappe und Härtling (2017) treten Symptomverschlechterungen bei immerhin 5 bis 10 % aller Patienten und zu jedem Zeitpunkt innerhalb des therapeutischen Prozesses auf. Es gibt aber offenbar auch Evidenz für den positiven Outcome. „Dem durchschnittlichen Psychotherapiepatienten geht es am Ende der Behandlung besser als 80 % vergleichbarer Patienten, die keine Behandlung erhalten haben. Andererseits bedeutet eine Effektstärke von .85 auch, dass Psychotherapie im Durchschnitt bei 20 % der behandelten Patienten überhaupt keine Verbesserung erzielt" (Grawe et al., 2001, S. 48). Inwieweit eine Psychotherapie erfolgreich sein kann, hängt auch von der Kombination des Störungsbildes mit der Therapieintensität zusammen. „70 % der Patienten mit akuten psychischen Störungen können nach 25 Sitzungen als klinisch signifikant verbessert angesehen werden. Bei Patienten mit chronischen Störungen sind dagegen nach 25 Sitzungen nur etwa 60 % der Patienten klinisch signifikant gebessert" (Wöller & Kruse, 2018, S. 41). In Spektrum der Wissenschaft (2022) verlautbart Prof. Margraf, dass durchschnittlich 70 % der Patienten deutlich vom einer Psychotherapie profitieren. Insbesondere Angststörungen lassen sich psychotherapeutisch sehr erfolgreich behandeln. Bei psychotischen Störungen sind die Befunde schlechter. Neben der Einflussgröße Störungsbild gibt es vielerlei weitere Prädiktoren für Erfolg oder Misserfolg einer Psychotherapie. Ein Patient muss letztendlich auch therapiebarsein und die Kompetenz und der Entwicklungsstand der beauftragten Psychotherapeuten spielt ebenso eine gewichtige Rolle.

Nebenwirkungen werden von ehemaligen Psychotherapiepatienten in einer Spannbreite von 5 bis 30 % berichtet, wobei erfolgreiche Therapien auch eine geringere Nebenwirkungsbelastung mit sich brachten (vgl. Brakemeier & Jacobi, 2017, S. 928). Aufgrund der höheren Therapiedosis bei vergleichsweise geringerer Therapiedauer sind negative Nebenwirkungen in stationären Psychotherapien und bei Gruppentherapien wahrscheinlich häufiger als bei ambulanten Einzeltherapien (vgl. Brakemeier & Jacobi, 2017, S. 928). In einer Onlinebefragung wurden 195 ehemalige Psychotherapiepatienten befragt, von denen immerhin 183 (93,8 %) berichteten, negative Effekte in der Psychotherapie erfahren zu haben, wie etwa durch intrapersonelle Veränderungen, Stigmatisierung oder im Bereich der Partnerschaft, wobei therapeutisches Fehlverhalten nur in geringem Maße benannt wurde (Ladwig et al., 2014). „Vor dem Hintergrund des ethischen

16.1 · Grundsätzliche Überlegungen

Grundprinzips der Schadensvermeidung und der Notwendigkeit der Legitimation des Einsatzes klinisch-psychologischer Interventionen ist es ein Zeichen von Professionalität, sich mit Risiken und Nebenwirkungen in der Psychotherapie explizit zu befassen" (Jacobi, Uhmann & Hoyer, 2011). Zu den Risiken einer Psychotherapie zählt, dass sie trotz sachgerechter Verabreichung wenig oder auch nicht hilft oder eben auch schadet, bis hin zu sehr massiven Beeinträchtigungen. In diesem Spektrum ist prinzipiell alles möglich. Ein grundsätzliches Problem besteht darin, an den falschen Therapeuten zu geraten, sodass die Patient-Therapeut-Passung nicht tragfähig genug ist, um eine effektive Therapie zu ermöglichen. Eine weitere Bedrohung liegt selbstverständlich in einer nicht fachkundig durchgeführten Therapie begründet, wobei dies eindeutig der Inkompetenz oder mangelnden Professionalität des Therapeuten zuzurechnen ist. Vorübergehende Verschlechterungen des Befindens des Patienten sind ein einzukalkulierendes Phänomen. Eine Befindensverschlechterung mag unmittelbar mit der Therapie zusammenhängen, aber auch unabhängig davon durch Veränderungen von Lebensumständen, Krisen, gesundheitlichen oder wirtschaftlichen Problemen, Trennungen und Verlusten, die der Patient erlebt, zu erklären sein. Eine weitere Gefahr für Patienten besteht darin, durch unethisches Verhalten des Therapeuten Schaden zu nehmen. Hier ist jedoch schnell der Bereich der Risiken und Nebenwirkungen verlassen und es muss eher von Behandlungsfehlern, zu ahndenden Kunstfehlern oder Verletzungen der Abstinenz gesprochen werden (vgl. ▶ Kap. 18). Unter Nebenwirkungen ist „das Auftreten anderer – und dabei nachteiliger – Effekte als der angestrebten Therapieziele" (Strauß, 2015, S. 17) zu verstehen. Davon sind Therapieschäden als „das Auftreten unerwarteter, anhaltender und für den Patienten erheblich nachteiliger Auswirkungen der Therapie" (Strauß, 2015, S. 17) abzugrenzen.

Sehr wahrscheinlich ist davon auszugehen, dass manche Psychotherapeuten ein höheres Potenzial haben, für Risiken oder Nebenwirkungen verantwortlich zu sein. Andererseits wird es auch aufseiten der Patienten vulnerablere geben. Insbesondere Patienten mit einer Borderline-Störung firmieren gemeinhin aufgrund deren emotionaler Instabilität als wie rohe Eier zu behandelnde Menschen und dürften daher besonders empfänglich für Risiken und Nebenwirkungen sein (vgl. Strauß, 2015). Es ist zumindest weiterer Forschung wert zu erhellen, ob es in unterschiedlichen Therapierichtungen unterschiedliche Risiken und Nebenwirkungen gibt und wie das jeweilige Schädigungspotenzial zu bewerten ist.

Was unter die Kategorie Risiko und was unter die Kategorie Nebenwirkung oder auch Therapieschaden fällt ist schwer trennscharf auseinanderzuhalten. Nebenwirkungen lassen sich beschreiben als unerwünschte therapiebedingte Folge einer lege artis durchgeführten Psychotherapie und damit als nicht gänzlich zu vermeiden (vgl. Brakemeier & Jacobi, 2017, S. 923). Davon abzugrenzen sind Therapiefehler, die als Technikfehler, Fehler in der Indikationsstellung oder als unethisches, übergriffiges Verhalten auftreten können (Brakemeier & Jacobi, 2017). Nebenwirkungen können negativ sein, oder aber ein unerwartet positives Add-on. Beispielsweise könnte ein Patient aufgrund des Vorbildes eines vielfach belesenen, humanistisch gebildeten Therapeuten seine Liebe zur schöngeistigen Literatur und damit ein Hobby entdecken. Das wäre eine kostenfreie, unerwartete, positive Nebenwirkung, die dem therapeutisch sinnvollen Aufbau positiver Aktivitäten dient. Es wird zu Vieles im Dunkeln bleiben, was als unbeabsichtigtes Nebenprodukt einer Psychotherapie segensreiche Wirkung entfaltet.

Risiken und Nebenwirkungen in der Psychotherapie sind ein zweischneidiges Schwert. Sie betreffen nicht nur Patienten, sondern eher unvermutet auch Therapeuten z. B. in Form von emotionaler

Ansteckung, Traumatisierung oder auch durch Stalking (vgl. ▶ Kap. 25). Aber auch zu erfolgreiche Therapien, die wie am Schnürchen zu laufen scheinen, sind riskant. Eine derart reibungsfrei verlaufende Therapie tut wohl, blendet aber womöglich Vieles aus. Allmachtsansprüche werden dadurch allzu leicht genährt. Riskant sind aber auch zu viele mühselige, störanfällige, stagnierende Therapien. Diese können Therapeuten nachhaltig verunsichern und damit kann die nötige Überzeugungskraft (vgl. ▶ Kap. 24) und die Schwungkraft erlahmen. Eine negative Nebenwirkung der Psychotherapie kann für Therapeuten auch darin bestehen zu erleben, dass die Leichtigkeit des Seins verloren geht. Die Illusion vom prinzipiell funktionierenden Menschen, der Glaube an das Gute wird gefährdet, wenn die permanent erlebte Abnormalität zur Normalität wird. Dadurch können sich Maßstäbe verschieben. Es besteht aber auch die Möglichkeit positiver Nebenwirkungen. Der Therapeut könnte von jedem bearbeiteten Patientenproblem auch in seiner eigenen Persönlichkeitsentwicklung profitieren, wir üben ja immer auch mit. Ein Schwimmtrainer wird mitunter auch selbst ins Wasser gehen und das Training der anderen kann auch ihn ertüchtigen.

Aus eigener Erfahrung kann dazu berichtet werden: Mit jedem selbst geleiteten Kurs Autogenes Training verbesserte sich die eigene Entspannungsfähigkeit mithilfe dieser Methode, denn einen Kurs zu leiten heißt, auch selbst zu entspannen. Die Erkenntnisse aus Meichenbaums (1995) Selbstverbalisationstraining und das Wissen um die potentielle Wirkung individueller formelhafter Vorsätze im Rahmen des Autogenen Trainings (Thomas, 1989) ließen trotz Knochenhautentzündung einen Stockholm Marathon mit gebetsmühlenartig selbst applizierter Formel „ruhig, entspannt, kraftvoll" bewältigen. Auch das Stressimpfungstraining (Meichenbaum, 1995) konnte oft selbst erfolgreich praktiziert werden. Als langjähriger Leiter eines selbst konzipierten Selbstsicherheitstrainings verinnerlicht man manche Grundannahmen und übt sich auch im Alltagsleben immer wieder in Selbstbehauptung. Selbstsicherheitstraining färbt ab.

Wenn man schwimmen lernen will, muss man ins Wasser gehen. Dabei kann man freilich auch ertrinken oder mit durchaus größerer Wahrscheinlichkeit das Schwimmen erlernen. Eine Psychotherapie frei von Risiken oder Nebenwirkungen wird es nicht geben, es sei denn, man beschränkt sich auf nur vom Patienten ausdrücklich gewünschte minimal invasive Interventionen. Selbst das birgt unzählige Risiken, in jedem Fall aber die Gefahr, gegen medizinethische Prinzipien aller Art verstoßen zu können. Es sei hier die Hypothese erlaubt, dass der noch junge Therapeut mit sehr viel Überzeugung, Theoriestärke und Enthusiasmus ans Werk gehen und manches Risiko, manche Nebenwirkung ausblenden oder auch noch nicht gut genug erkennen wird. Der erfahrene Therapeut mag positiv geläutert manche Naivität gegen Realitätssinn eingetauscht haben. Er könnte aber auch da und dort zu sehr desillusioniert sein und eher das Problem in der Lösung erkennen, als die Lösung selbst. Es wird eine Funktion gelingender Entwicklung sein, Gefährdungspotentiale richtig einschätzen zu können und Hilfe adäquat zu dosieren. Jede Medizin kann bei falscher Applikation tödlich sein. Der gut entwickelte Therapeut vermag vermutlich mehr Indikatoren zu verrechnen, um Wohl und Wehe seiner Interventionen frühzeitiger einschätzen und ggf. korrigieren zu können. Jeder Eingriff ist riskant, wie minimal invasiv er auch sein mag. Der langgediente Chirurg beispielsweise hat Erfahrung mit krisenhaften Interventionsverläufen, hat damit eine therapeutische Resilienz entwickelt und kann eher fachmännisch justieren und korrigieren als ein Novize. Eine Nebenwirkung oder auch unerwünschte Wirkung kann den Weg weisen zu adäquateren Interventionen. Der erfahrene Therapeut mag offensiver aufklären wollen, er wird gemeinhin unabhängiger sein und nicht mehr so sehr vom Verbleib seiner Klientel in der Therapie abhängig sein. Das schafft Freiräume. Bedenklich stimmt, dass Therapeuten sich offenbar leicht verschätzen und ausbleibende Therapiefortschritte oder gar Verschlechterungen unter der Therapie nicht identifizieren (vgl. Wöller & Kruse, 2018, S. 294). Wenn dem so ist, dann dürften in die Therapie eingestreute Risiken und Nebenwirkungen auch weiterhin zu oft unterhalb der Wahrnehmungsschwelle liegen.

16.2 Beispiele für Mögliche riskante Nebenwirkungen

Hinsichtlich möglicher Risiken und Nebenwirkungen in der Psychotherapie kann hier wiederum nur eine orientierende Auflistung erfolgen. Das Aufzählen oder Benennen soll eher als Denkanstoß dienen, als Einladung, sich in Eigenregie weiter und intensiver mit diesem Thema zu beschäftigen. Ein großes Risiko besteht zunächst darin, dass eine indizierte und notwendige Psychotherapie nicht zustande kommt, weil es inakzeptable Wartezeiten auf einen Ersttermin gibt, weil die Kontaktaufnahme mit dem Psychotherapeuten nur zu handverlesenen Zeiten möglich und damit sehr kompliziert ist, weil die Entfernung vom Wohnort des Patienten bis zum Praxissitz des am ehesten erreichbaren Therapeuten zu weit oder aufgrund mangelnder Transportmöglichkeiten nicht bewältigbar ist. Darüber hinaus lassen Mythen, falsche Annahmen, Ängste, negative Aussagen aus dem Umfeld von einer Kontaktaufnahme oftmals eher zurückschrecken. Bei aller Warnung vor überfrachteter, zu intensiver, zu brachialer, zu aufdeckender oder zu sehr konfrontativer Therapie besteht doch auch die Gefahr, andersherum eine zu seichte Therapie anzubieten. Ein Verharren im Nichtschwimmerbecken, im knietiefen Wasser ist einfach für Patient und Therapeut gleichermaßen. Man kann schon mal zwanzig Psychotherapiesitzung mit Phantasiereisen zubringen, das wird wenig riskant und nebenwirkungsarm sein, wenn man vernachlässigt, dass es sich dabei wohl kaum um eine indikationsspezifische tatsächliche Psychotherapie handelt. Hier stellt sich die Frage: Hilft das wirklich dem Patienten oder macht es dem Therapeuten den Job leichter? Massiver Erwartungsdruck kann für Patient und Therapeut gleichermaßen riskant sein, da dieser einer angemessenen Planung und Dosierung einer Psychotherapie oft zuwider läuft. Eine Stigmatisierung durch Aufnahme einer Psychotherapie kann eintreten, auch wenn nur der Patient davon weiß, welche Hilfe er in Anspruch nimmt. Es kann aber zu Selbstetikettierungen kommen wie etwa: „Wer zur Psychotherapie geht, muss verrückt sein, sonst müsste er dort nicht hin." Es besteht immer die Gefahr, einen Zugewinn an Lebensqualität, eine notwendige Symptomreduktion zu teuer durch zu intensive und damit schädigende Interventionen zu erkaufen. Mit einer zumindest kurzfristigen Verschlechterung der Symptomatik oder auch einer Problemaktualisierung muss immer gerechnet werden, da die Psychotherapie aufdeckt, sensibilisiert und damit auch Ängste intensivieren kann. Motivationseinbrüche sind einzukalkulieren, insbesondere wenn die Anfangshoffnung dann doch einer unausweichlichen Stagnation oder auch nur Plateauphasen im Lernprozess weichen muss. Ein zu differenzierter Einblick in die eigene Problematik kann dazu führen, dass Patienten das Schadensausmaß erst richtig bewusst wird, was die ohnehin gebeutelte Seele noch zusätzlich belasten wird. Dies kann auch durch eine schonungslose Aufdeckung verdrängter Probleme geschehen. Wo die Abwehr ausgehebelt ist, steht die Seele erst einmal schutzlos da. Eine wenn auch unbeabsichtigte Suggestion nicht real vorhandener Probleme kann in diesem Stadium fatale Wirkung haben. Zu intensives Arbeiten an der Beziehung führt zu

Ängsten und Vermeidung gerade bei Patienten, die habituell Schwierigkeiten mit interpersoneller Nähe haben. Patienten können auch Opfer nicht reflektierter Gegenübertragungsreaktionen ihrer Therapeuten werden und sich dies gemäß maladaptiver kognitiver Programmierung auch noch als eigene Schuld oder persönliches Versagen als Psychotherapiepatient zuschreiben. Eine Destabilisierung, eine Symptomverschiebung, die Exazerbation psychotischer Symptomatik, generell eine Dekompensation oder auch das Triggern von selbstverletzendem Verhalten, zunehmende Suizidalität oder auch Suizidversuche können im Rahmen von Psychotherapie erwartet werden. Das über das Ziel hinaus Schießen nach absolviertem Selbstbehauptungstraining, die angedeutete Metamorphose vom Duckmäuser zum Draufgänger kann Probleme in der Partnerschaft, im Arbeitsleben oder sonstigen sozialen Umfeld heraufbeschwören. Wenngleich das Ziel der Psychotherapie prinzipiell auch darin besteht, Patienten zu mehr Unabhängigkeit zu verhelfen, kann die zunehmende Entwicklung einer Abhängigkeit vom Therapeuten zur riskanten Nebenwirkung werden. Bei stationären Aufenthalten besteht die Gefahr, durch Konflikte mit Mitpatienten oder Teammitgliedern Schaden zu nehmen oder durch die Hospitalisierung im therapeutisch intendieren Vorankommen beeinträchtigt zu werden. Bei dieser Risiken- und Nebenwirkungsliste, wäre sie jedem Patienten mit Beginn einer Psychotherapie vollumfänglich bewusst, müsste man häufiger den Spruch erwarten: „Bitte nicht helfen, mir geht es eh nicht gut."

Zur Objektivierung möglicherweise wirksamer Nebenwirkungen und Risiken kann der Einsatz von Verfahren wie beispielsweise des Inventars zur Erfassung negativer Effekte von Psychotherapie (Ladwig et al., 2014) als Selbstbeurteilungsinstrument oder der Vanderbilt Negative Indicators Scale (Suh et al., 1986) als Fremdbeurteilungsinstrument empfohlen werden.

16.3 Kritische Würdigung

Die Beziehung zwischen Therapeut und Patient ist essentiell für das Gelingen einer Therapie, die „Chemie" muss stimmen. Es gilt, Störungen diesbezüglich zu identifizieren und das nicht erst dann, wenn der Patient für sich die Reißleine zieht und die Therapie abbricht. Ist das Wohlfühlen des Patienten ein Kriterium? Wie sehr soll oder darf sich ein Patient wohlfühlen? Hier geht es nicht um Seelen-Wellness, um ein reines Streicheln der Seele. Eine zwischenzeitliche Verschlechterung der Symptomatik kann auch auf einen erfolgreichen Therapieverlauf hinweisen. Bedarf es einer Schaden-Nutzen-Analyse? Wie viel potentiellen Schaden sollte ein Therapeut bei einem Patienten akzeptieren oder tolerieren? Was würde ich bei mir als Patient hinnehmen? Wie sehr haben auch belastende Interventionen ihre Berechtigung? Es lassen sich immer Argumente finden, warum bei einem Patienten vermeintlich schädigende Interventionen bewusst als Heilmittel eingesetzt werden. Sollten zum Selbstschutz und zum Schutz des Patienten Videoaufzeichnungen jeder Psychotherapiesitzung obligatorisch sein, wie dies in USA punktuell schon praktiziert wird? Das wäre in Teilbereichen hilfreich, würde aber die Einzigartigkeit der Patient-Therapeut-Beziehung einschneidend verändern. Muss zukünftig für die Psychotherapie eine Art Beipackzettel, wie er bei Medikamenten üblich ist, obligat werden? Zu praktikablen Lösungen besteht derzeit noch große Distanz, in jedem Fall mangelt es weitreichend an einer konstruktiven Fehler- und damit Lernkultur.

> **Mal ehrlich**
> Wie viele Risiken einer Psychotherapie hätten sie ohne vorherige Anreicherung durch dargebotene Fakten benennen können? Welche Risiken und Nebenwirkungen nehmen sie in der Psychotherapie für sich und ihre Patienten wahr?

> **Eigene Erfahrungen**

Im Rahmen eigener ehrenamtlicher Tätigkeit als Telefon-Bereitschaftsdienstmitarbeiter in der Versorgung suizidaler Krisen wurde im Telefongespräch mit einer Krisenpatientin schnell deutlich, dass es sich um akute Suizidalität handelt. Aktuell sprachen damals von 100 etwa 40 für das Leben, 60 für den Tod. Im Rahmen eines angebotenen Brückenschlages bot die Anruferin ihre Telefonnummer an, mit der Forderung, diese nur wie besprochen zu einer Kontaktaufnahme am nächsten Tag zu verwenden, nicht aber, um den Rettungsdienst zu schicken. Das ergab ein Dilemma und das bewusste Eingehen eines nicht kalkulierbaren Risikos. Die Entscheidung fiel dafür, die Selbstbestimmung der Anruferin zuzulassen und die Möglichkeit zu nutzen, ihr als in sie vertrauender und verlässlicher Mensch dienen zu können. Der Anruf am Tag darauf brachte Gott sei Dank eine lebende Patientin ans Telefon, die sich für die geleistete Hilfe bedankte. Aus derart risikoreichen und mit möglichen negativen Folgen für den Therapeuten behafteten Fällen lässt sich viel lernen. Die Entwicklung der Therapeutenpersönlichkeit wird dadurch spürbar und nachhaltig beeinflusst. Mitunter braucht es derlei Grenzerfahrungen, um zukünftig sinnvolle und vertretbare Spielräume definieren zu können. ◄

16.4 Fazit

Es ist nicht einfach nur ein Merkmal des guten, fürsorglichen oder fortschrittlichen Psychotherapeuten, seine Patienten mit Beginn der Psychotherapie adäquat aufzuklären, das ist tatsächlich eine Psychotherapeutenpflicht. „2013 wurde das Gesetz zur Verbesserung der Rechte von Patientinnen und Patienten vom Deutschen Bundestag verabschiedet. Seitdem sind Ärzte und Psychotherapeuten rechtlich verpflichtet, ihre Patienten vor jeder Behandlung mündlich aufzuklären. Dies beinhaltet auch eine Aufklärung über die möglichen Nebenwirkungen und Risiken, die eine Psychotherapie bergen kann" (Brakemeier & Jacobi, 2017, S. 921). In welcher Form, wie intensiv und wie detailliert dokumentiert das stattfindet, bleibt noch zu sehr individuelle Auslegungssache. Darüber hinaus ist eine Sensibilisierung von Therapeuten für das Auftreten von negativen Nebenwirkungen unbedingt als Element zumindest in therapeutischen Weiterbildungen zu fordern. Nur der entsprechend sensibilisierte Therapeut wird derlei Probleme frühzeitiger erkennen und sie der Bearbeitung zugänglich machen.

> **Zum Mitnehmen**
> Psychotherapie ist hilfreicher, als sie gefährlich sein kann, dennoch sind mitunter massive Gefahren nicht von der Hand zu weisen. Das bewusste Ernst- und Wahrnehmen dieser Gefahrenpotentiale, das Entwickeln einer Lernkultur und die Etablierung von hilfreichen Formen des Umgangs mit Fehlern sind noch unterentwickelte Bereiche im Psychotherapeutenberuf.

Weiterführende Literatur

Brakemeier, E.-L., & Jacobi, F. (Hrsg.) (2017). *Verhaltenstherapie in der Praxis*. Beltz.

Grawe, K., Donati, R., & Bernauer, F. (2001). *Psychotherapie im Wandel. Von der Konfession zur Profession*. Hogrefe.

Jacobi, F., Uhmann, S., & Hoyer, J. (2011). Wie häufig ist therapeutischer Misserfolg in der ambulanten Psychotherapie. Ergebnisse aus einer verhaltenstherapeutischen Hochschulambulanz. *Zeitschrift für Klinische Psychologie und Psychotherapie, 40*(4), 246–256.

Knappe, S., & Härtling, S. (2017). *Diagnostik und Verhaltensanalyse*. Beltz.

Ladwig, I., Rief, W., & Nestoriuc, Y. (2014). Welche Risiken und Nebenwirkungen hat Psychotherapie? – Entwicklung des Inventars zur Erfassung Negativer Effekte von Psychotherapie (INEP). *Verhaltenstherapie, 2014*(4), 252–263.

Meichenbaum, D. W. (1995). *Kognitive Verhaltensmodifikation*. Beltz Psychologie Verlags Union.

Rief, W. (2019). Die Zukunft der Psychotherapie in Deutschland und die Frage nach Verfahrensorientierung und -integration. Von der verfahrensorientierten zur kompetenzorientierten Psychotherapie-Qualifikation. *Psychotherapeutenjournal, 3,* 261–268.

Spektrum der Wissenschaft. (2022). Therapieerfolg. Was wirklich hilft. ▶ https://www.spektrum.de.

Strauß, B. (2015). Risiken und Nebenwirkungen von Psychotherapie. Eine Einführung. *Psychotherapie im Dialog, 4,* 16–19.

Suh, C. S., Strupp, H. H., & O'Malley, S. S. (1986). The Vanderbilt process measures: The Psychotherapy Process Scale (VPPS) and the Negative Indicators Scale (VNIS). In L. S. Greenberg & W. M. Pinsof (Hrsg.), *Guilford clinical psychology and psychotherapy series. The psychotherapeutic process: A research handbook* (S. 285–323). Guilford Press.

Thomas, K. (1989). *Praxis des Autogenen Trainings. Selbsthypnose nach I.H. Schultz, Grundstufe/Formelhafte Vorsätze/Oberstufe* (7. Aufl.). Trias-Thieme.

Wöller, W., & Kruse, J. (2018). *Tiefenpsychologisch fundierte Psychotherapie.* Schattauer.

Störungen der therapeutischen Interaktion

Inhaltsverzeichnis

17.1 **Begriffsklärung – 136**

17.2 **Grundsätzliche Überlegungen – 136**

17.3 **Eine Sammlung möglicher Interaktionsstörungen – 137**

17.4 **Störungsprophylaxe und Interaktionsschutz – 145**

17.5 **Kritische Würdigung – 146**

17.6 **Fazit – 147**

Weiterführende Literatur – 148

Probleme kann man niemals mit derselben Denkweise lösen, durch die sie entstanden sind.
Albert Einstein

> **Frequently Asked Question**
> Was stört die Arbeitsbeziehung zwischen Therapeut und Patient? Welche Gefahrenquellen und Probleme sind zu erwarten und was kann Abhilfe schaffen?

17.1 Begriffsklärung

Interaktion wird definiert als „Bezeichnung für die wechselseitige Beeinflussung von Individuen und Gruppen hinsichtlich ihrer Einstellungen und Handlungen durch Kommunikation (symbolische Interaktion)." „Als Interaktionsanalyse bezeichnet man ein von Bales erstelltes Bezugssystem zur Erfassung der Qualität und Intensität in Gruppen" (Fröhlich & Drever, 1979). Die wissenschaftlich fundierte Beurteilung der Güte oder Effizienz der Patient-Therapeut-Interaktion und das Identifizieren von Störquellen und deren Auswirkungen würde strukturierte Interaktionsanalysen erforderlich machen, die aber in realen Therapiesituationen eine erhebliche Störquelle darstellen würden. Somit wäre eine Aufdeckung von Störfaktoren mithilfe der Schaffung einer Störung kontraproduktiv.

17.2 Grundsätzliche Überlegungen

Auch wenn es in vorausgehenden Kapiteln schon mehrmals dargelegt wurde, sei es wegen der besonderen Bedeutung hier nochmals betont. Eine tragfähige und damit gelungene therapeutische Allianz ist bei weitem wichtiger als die Wahl der Methode. Unabhängig von Problem oder Methode korreliert die Qualität der therapeutischen Beziehung konsistent und positiv mit dem Behandlungsergebnis (Wöller & Kruse, 2018). Eine gute therapeutische Beziehung ist notwendige Voraussetzung für die Entwicklung von Vertrauen und bildet die stabile Grundlage für die Veränderungsarbeit (Staats, 2017). Denn: „When people perceive disapproval, criticism, or simply a lack of confidence and appreciation, they tend to shut down … primarily, shutting down means disconnecting intellectually and emotionally" (Manzoni & Barsoux, 1998, S. 60). Die therapeutische Beziehung als wesentliches Agens in der Psychotherapie ist nach Staats (2017) durch zentrale Elemente gekennzeichnet, wie einer Übereinstimmung von Patienten und Therapeuten in Hinsicht auf Therapieziele, einer Einmütigkeit bezogen auf die therapeutischen Aufgaben, also die Art der Arbeit auf diesem Weg, und einer gemeinsamen Idee bzgl. der emotionalen Bindung. Dieses tragende Skelett der Therapie und alle diesem Gerüst hinzuzufügenden Therapietechniken sind jedoch sehr störanfällig. Dazu lässt sich noch ausführen, dass Therapieziele nicht nur spezifisch, messbar, anwendbar, realistisch und terminierbar formuliert sein sollten, sie müssen auch ausreichend libidinös besetzt sein, um sich für eine aussichtsreiche Therapieplanung zu eignen (Wöller & Kruse, 2018). Notwendigkeit und Ziel oder auch Sinn einer Intervention sollten stets mit dem Patienten abgeklärt sein.

Die Frage nach Erstauftreten von Henne oder Ei stellt sich auch in der Psychotherapie, wenn man räsoniert, ob eine lege artis durchgeführte Behandlung die therapeutische Allianz verbessert oder aber eine gute Therapiebeziehung den Einsatz von Techniken nur noch mehr Effektivität und Effizienz verleiht. Eine Antwort findet sich bei Lammers (2017), wonach zwischen der therapeutischen Beziehungsgestaltung und verhaltenstherapeutischen Techniken ein bilateraler Zusammenhang besteht. Eine gute therapeutische Beziehung erhöht den Erfolg eingesetzter Techniken, ebenso wie zielführender Methodeneinsatz die Qualität der therapeutischen Beziehung stärkt.

Ob Interaktionsstörungen, ethische Dilemmata oder gar Kunst- und Behandlungsfehler, derlei Probleme korrelieren mit der Therapeutenentwicklung. Sie formen Entwicklung, andererseits wird der ausgereiftere Therapeut auch frühzeitiger und besser mit Störungen aller Art umzugehen wissen. Es ist anzunehmen, dass am Beginn der therapeutischen Laufbahn Interaktionsstörungen umso mehr irritieren und verunsichern. Später können sie vermutlich eher gewinnbringend in den Dienst der Therapie gestellt werden, sind wichtige Hinweise auf die Pathologie des Patienten oder aber eigene blinde Flecken, Kompetenz- und Entwicklungsdefizite. Das könnte bedeuten, von der Bedrohung zur Chance oder Herausforderung zu gelangen, ganz gemäß des transaktionalen Stressmodells. Der schwierige Mitmensch lehrt uns viel und zeigt uns insbesondere unsere verwundbaren Stellen.

17.3 Eine Sammlung möglicher Interaktionsstörungen

Zwischenmenschliche Begegnung, Interaktion und Kommunikation ist eine sehr komplexe und sensible Angelegenheit und daher ungemein störanfällig. In der Psychotherapie muss davon ausgegangen werden, dass Störquellen mit höherer Potenz als im Alltag anzutreffen sind, da zumindest auf Patientenseite Störungen im Interaktionsverhalten zum zu therapierenden Krankheitsbild zählen. Freud (1900) betonte, dass es ein Widerstand sei, was immer die Fortsetzung der Arbeit stört. Aber auch eine andere Störquelle wurde von ihm benannt: „Mit den Leuten, die uns in der ärztlichen Ordination besuchen, um in einer Viertelstunde den Jammer ihres langen Lebens auszubreiten, weiß ja der Analytiker nicht viel anzufangen" (Freud, 1917a, b, c, S. 248).

Wir alle kennen aus alltäglichen Begegnungen eine Vielzahl an sehr anstrengenden bis gar toxisch auf uns wirkenden Mitmenschen. Dramatisierende Aufmerksamkeitsheischer, selbstverliebte Narzissten, extrem anstrengende Dependente, Normensprenger, Vermeider, Querulanten, selbstbeweihräuchernde Egomanen und Egozentriker, ermüdende Langweiler, nicht zu bremsende Dauerredner, hochexplosive Choleriker, verletzende Zyniker, Dauer-Mundfaule, unkorrigierbare Besserwisser, grenzüberschreitend Neugierige, gefährlich Aggressive, unablässige Verantwortungs-Delegierer, zwanghafte Pedanten, tölpelhaft-ungelenke Plaudertaschen, ausufernde Platzhirsche, unverbesserliche Regel-Ignoranten, nichtssagende Bassd-scho-Menschen (dt. passt-schon-Menschen), zum Fremdschämen herausfordernde Dauer-Peinliche, klassische Opfer, Energievampire, skrupellose Vorteilsnehmer, idealisierende Lobhudler säumen immer wieder unseren Weg. Der Normalbürger kann diesen schwierigen Mitmenschen aus dem Weg gehen, der professionelle Therapeut muss darauf reagieren. Jede Variante des schwierigen Mitmenschen ist eine eigene Herausforderung.

Es seien hier plakativ einige ausgewählte störungsassoziierte Beeinträchtigungen der Patient-Therapeut-Interaktion anhand verschiedener, auch in der Psychotherapie schwieriger Mitmenschen benannt, wobei sich diese Beispiele nicht immer an den Diagnosegruppen orientieren oder darunter zu subsumieren wären.

Ein nicht ausreichend motivierter Patient ist eine erhebliche Störquelle, denn dadurch erfährt die Zusammenarbeit ein massives Leck. Schwung und Inhalt gehen immer wieder verloren. Das Hilfe einfordernde und gleichzeitig Hilfsangebote wegen so empfundener Sinnlosigkeit ablehnende Verhalten depressiver Patienten kann das therapeutische Vorgehen nachhaltig stören, insbesondere wenn der Therapeut sehr motiviert und bemüht ist, den Patienten von seiner Depression befreien zu wollen. Darüber hinaus offenbaren depressive Patienten häufig Schuldgefühle, so arg viel Aufmerksamkeit und Energie des

Therapeuten zu beanspruchen und doch kein echter Responder zu sein, wohinter sich durchaus nicht geäußerte Erwartungen vermuten lassen. Nicht selten bringen Patienten Geschenke mit, aus reiner, aufrichtiger Dankbarkeit. Vielleicht tun sie das aber auch mit dem Bestreben, etwas ausgleichen zu wollen, um nicht mehr so sehr in der Schuld des Therapeuten zu stehen. Geschenke könnten auch durch die Absicht initiiert sein, den Behandler zu Sonderleistungen zu bringen. Der wahre Grund für ein Geschenk an den Therapeuten ist damit kaum herauszufinden. Insbesondere wenn derlei Aufmerksamkeiten häufiger und in größerem Wert das therapeutische Geschehen begleiten, bedingen sie nicht nur ein mögliches ethisches Dilemma (vgl. ▶ Kap. 19), sondern sind generell eine zu beachtende Störgröße. Einem Psychotiker mit floridem Wahnerleben, ohnehin eher selten Kunde in der Psychotherapie, sollte man nicht beweisen wollen, dass es für dessen Erleben keine reale Grundlage gibt. Immer wieder sind grenzüberschreitende Patienten anzutreffen, die vielleicht nicht gerade auf dem Schoß des Therapeuten sitzen wollen, aber zu gerne ihre Therapeuten duzen würden und sich außergewöhnlich intensiv immer wieder in deren Nähe einfinden. In eine ähnliche Richtung gehen neugierige Patienten, die sich allzu offensiv nach Alter und Berufserfahrung oder dem Privatleben des Therapeuten erkundigen, sich scheinbar sorgen, dass der Therapeut nicht gut genug bezahlt wird und dergleichen mehr. Hier kann die bewährte Gegenfrage manche Zwickmühle von vornherein vermeiden helfen und weiterer Patientenneugierde Einhalt gebieten.

Manche Patienten scheinen Psychotherapie auch als „rent-a-friend"-Möglichkeit zu verstehen, das mag dem Therapeuten schmeicheln, stellt aber unbedingt eine Störung der komplementären Interaktion dar. Es gibt Patienten, die haben offenbar nichts oder wenig zu sagen, imponieren durch langes Schweigen, sodass auch der Versuch, nonverbales Verhalten zu spiegeln wenig Zugang zum Erleben des Patienten erlaubt. Manche Patienten zeigen darüber hinaus eine insgesamt hartnäckige aktive Passivität (Heard & Swales, 2017). Es ist dann mehr als fraglich, ob eine Psychotherapie, klassischerweise eine Redekur (vgl. Halmos, 1965, S. 3), das richtige Heilmittel ist. Denn sich durch Reden zu kurieren oder ein chimney sweeping zur Bereinigung durchzuführen, wie es die Anno O genannte Berta Pappenheim erstmals so bezeichnete (Lahann, 2006), setzt Redebereitschaft voraus. Der Gegenpol zum Schweiger ist der logorrhoeische Patient, der seinen Sprechwasserfall nicht beenden kann oder will und somit dem Behandler keinen Raum lässt seine therapeutische Kompetenz zu entfalten. Wer durch unablässiges Sprechen imponiert, sichert sich zumindest Kontrolle in einer Interaktion. Die Logorrhoe kann aber auch als Vermeidungsverhalten verstanden werden, denn wenn manche Themen sehr stark besetzt werden, finden andere, vielleicht bedeutendere Themen wenig Platz. Damit ist der Sprechdurchfall eine eindeutige Interaktionsstörung. Manche zwanghaften Seelen müssen alles ganz genau wissen, wollen jede Information notieren und stellen detaillierteste Fragen. Diese im Volksmund oft als Pedanten, Nervensägen oder Korinthenkacker bezeichneten Mitmenschen mögen Therapeuten auf die Nerven gehen. In jedem Fall sollten diese nicht dem Druck des Zwanges unterliegen und im therapeutischen Vorgehen zum Co-Zwängler werden. Das punktuell aufblitzende überhöht idealisierende Verhalten etwa von Patienten mit einer Borderline-Störung mag Balsam auf die Therapeuten-Seele sein. Die oft postwendende Abwertung oder auch der Vernichtungsversuch jeglicher therapeutischen Kompetenz trifft dann den Behandler aber völlig unerwartet und oft im ungeschützten Modus. Diese permanente Stabilität der Instabilität, der anhaltende emotionale Druck, das hohe Arousal und die oftmals unersättlichen Ansprüche dieser Patienten können auch den ansonsten sattelfesten und im Gleichgewicht befindlichen Heilkundler ins Schleudern bringen. Die etwas weniger pathologisch idealisierenden Patienten lobhudeln beispielsweise durch Aussagen wie „Vielen Dank, dass ich jetzt bei ihnen Therapie machen darf, ich habe gehört, sie sind der weitaus beste Therapeut in der Gegend. Ich habe ja schon einige Therapeuten erlebt, da war nichts Gutes dabei, sie aber sind eine wahnsinnig große und vielleicht meine letzte Hoffnung!" Derlei Aussagen offenbaren höchste Erwartungen und können damit Therapeuten unter Druck setzen. Diese Hypothek kann den Behandler in seinem Vorgehen unfrei machen, etwa indem er Patienten nun eben nicht mit von diesen ungeliebten Interventionen konfrontiert. Idealisierende Tendenzen können auch den Eindruck entstehen lassen, ein grandioser Therapeut oder eine einzigartig begabte Therapeutin zu sein (Wöller & Kruse, 2018), wobei der Impuls genährt werden kann, diesem Imago durch eine besonders hochwertige Therapie entsprechen zu wollen. Damit ist die Interaktion permanent Störgrößen ausgesetzt. Narzisstische Klienten bezirzen ihre Seelendoktoren und stellen sie parallel dazu mit hohen und im Grunde unerfüllbaren Ansprüchen immer wieder auf den Prüfstand, sodass ein Therapeut dies als anstrengende und letztendlich nicht zu gewinnende Dauerbegutachtung erleben kann. Neben den klassischen Narzissten gibt es aber auch in ihrem Habitus abwertende Menschen, die allzu schnell verwundert und enttäuscht reagieren, indem sie etwa verlautbaren „Ach so, Herr Dr. Gerhardinger, sie sind also Psychologe, hm, jetzt dachte ich sie seien Arzt, weil sie ja einen Doktortitel haben, na ja, gut, da werden sie mir schon helfen können, hoffe ich." Nahezu automatisch scheint sich daraufhin die Therapeutenfaust heimlich zu ballen, aber alle „dir zeig-ich's"-Impulse sind fehl am Platz. Hier ist vielmehr anzuraten, die vom Patienten verklausuliert gezeigte Enttäuschung zu thematisieren, denn „bei entwertenden Patienten besteht die Gefahr die hinter der Maske von Arroganz und Unnahbarkeit verborgene Not nicht zu erkennen" (Wöller & Kruse, 2018, S. 363). Freud (1917c, S. 430) sah keine Behandlungserfolgsaussichten bei Narzissten. „Die Beobachtung läßt erkennen, daß die an narzißtischen Neurosen Erkrankten keine Übertragungsfähigkeit haben oder nur ungenügende Reste davon. Sie lehnen den Arzt ab, nicht in Feindseligkeit, sondern in Gleichgültigkeit. … Sie zeigen keine Übertragung und darum sind sie auch für unsere Bemühung unzugänglich, durch uns nicht heilbar." Histrionische Patienten drücken in aller gebotenen Dramaturgie eine echte Not unecht aus, sodass es für den Therapeuten einer Herkulesaufgabe gleicht, an den wahren Problemkern heranzukommen. Derlei Schauspiele, die in immer neuen unglaublich anmutenden Patientenerlebnissen gipfeln, resultieren in erheblichen Interaktionsstörungen. Dependente Patienten haben die Gabe, so lange Tipps, Entscheidungen und Führung durch den Therapeuten einzufordern, bis dieser möglicherweise entnervt in die Knie geht, nachgibt, die Wünsche bedient und damit die Dependenz nur noch weiter nährt und bestätigt. „Hilflos-abhängige Patienten können sich ihnen zunächst als ‚gute' Patienten präsentieren. Sie befolgen die Regeln der Behandlung … kurz, sie machen es ihnen leicht, passen sich ihren Bedürfnissen an und geben ihnen das Gefühl, dass sie eine gute Therapeutin oder ein guter Therapeut sind. … Möglicherweise bemerken sie nicht sofort, dass sie mehr als üblich direktiv werden, erklären und anleiten, Empfehlungen und Ratschläge geben, und überprotektiv für den Patienten zu denken und zu sorgen beginnen" (Wöller & Kruse, 2018, S. 355).

Eine weitere Spezies ist der vermeidende Patient mit seiner ja-aber-Haltung, der immer Gründe finden wird, auch beste therapeutische Interventionen als nicht umsetzbar zu klassifizieren. Dieses ständige ins Leere laufen kann eine um sich greifende Therapeutenhilflosigkeit anschwellen lassen. Auch fremdmotivierte Patienten lassen viel Therapeuteneinsatz versanden. Es gibt Patienten, die notwendige Rahmenbedingungen nicht einhalten können oder wollen, die immer zu spät kommen, zwischendurch telefonieren oder ganz oft zur Toilette müssen und dann auch nicht selten die Therapiestunde wegen eines wichtigen anderen Termins vorzeitig verlassen müssen. Da mag sich mancher Therapeut und sein Angebot sicher nicht entsprechend wertgeschätzt fühlen. Es gibt erfahrungsgemäß auch sehr anspruchsvolle Patienten, denen der Therapieraum stets irgendwie zu kalt, zu warm, zu schlecht belüftet ist, die das Mobiliar als zu unbequem empfinden, die ständig nach einem Glas Wasser verlangen oder auch ganz einfach ein Bein hochlegen müssen. Hier stellt sich die Frage, wie weit ein Therapeut derlei Ansprüchen stattgeben soll oder muss, denn Psychotherapie ist ein sensibles Unterfangen und störanfällig genug, als dass vermeidbare Störquellen noch zusätzlich belastend sein sollten. Die therapeutische Interaktion wird gestört durch unglaubwürdige Patienten, bei denen man nie weiß, was vom Berichteten tatsächlich der Wahrheit entspricht und was vermutlich einer noch nicht offenkundigen Pathologie entstammt, wobei hier mitunter auch die landläufig bekannten Aufschneider und Großmäuler auftreten. Manche Patienten ergehen sich immer wieder in Belanglosigkeiten und nehmen damit der Psychotherapie Tiefgang, Dynamik und Zielführung. Patienten mit chronischen körperlichen Erkrankungen lancieren dieses Thema oft und beharrlich weit vor der psychischen Problematik, sodass dem Psychotherapeuten der Zugriff verstellt bleibt, zumal er für primär körperliche Störungen nicht zuständig ist.

Patienten mit somatoformen Störungen haben an den aktuellen Therapeuten häufig große Erwartungen, gerade auch deshalb, weil ihnen Vorbehandler meist nicht helfen konnten und diese Patienten somit den Eindruck gewinnen mussten, dass man ihnen nicht gerecht wurde (Wöller & Kruse, 2018). Manche Patienten sind durch Krankheiten oder hohes Alter in ihrer Aufnahme- und Verarbeitungskapazität und -geschwindigkeit beeinträchtigt, sodass der Therapeut sein Tempo immer wieder drosseln und seine Angebote noch sorgfältiger dosieren muss, wenn Interaktionsstörungen vermieden werden sollen. Der süchtige Patient fällt oftmals durch stark manipulatives und täuschendes Verhalten auf, wobei dies der Pathologie und nicht der Schlechtigkeit des Patienten zugeschrieben und bearbeitet werden muss, um sich nicht schlichtweg hintergangen zu fühlen und damit eine Interaktionsstörung sprießen zu lassen. Ein mit sexuellen Problemen belasteter Patient mag Hemmungen bei sich spüren und derlei Hemmungen auch beim Therapeuten auslösen, ein sehr intimes Thema offen anzusprechen. Beharrliches um den heißen Brei herumreden führt aber unweigerlich zur Störung der Interaktion. Trauernden Patienten kann keine direkt wirksame Hilfestellung angeboten werden, um die Trauer aufzulösen. Beschränkt bleiben auf Zuhören, Verstehen, Validieren, Trösten ist aber manchen Aktivtherapeuten zu wenig. Hier darf die Patient-Therapeut-Passung nicht aufs Spiel gesetzt werden. Es gibt sehr stark Druck ausübende Patienten, die z. B. noch in der gerade laufenden Therapiestunde eine existenziell wichtige Entscheidung finden müssen, sodass der Therapeut sehr stark in seinem Aktionsradius Einengung erlebt und den Drang verspürt, händeringend nach schnellen Lösungen zu suchen.

„Suizidalität schließlich setzt alle Therapeuten unter Druck wegen der Endgültigkeit des möglichen Todes und der Frage der inneren und äußeren therapeutischen Verantwortung" (Birnbacher & Kottje-Birnbacher, 2006, S. 252). Suizidale Patienten, insbesondere bei lange anhaltender Suizidalität, sorgen für Anspannung und ständige

17.3 · Eine Sammlung möglicher Interaktionsstörungen

Hab-Acht-Haltung beim Therapeuten, sodass die nötige Stabilität für fundierte Psychotherapie verloren gehen kann. Aggressive Patienten, Rüpel und Grobiane stellen einen Angriff auf die Unversehrtheit des Therapeuten dar. Die unkorrigierbaren Jammerlappen, ständig alles anders sehenden Streithammel und weder zu Aufgabestellungen in der Therapie noch zu Hausaufgaben zu bewegenden Faulpelze sollen diesen nun doch recht umfangreich geratenen Überblick fürs Erste komplettieren.

Es wäre zu kurz gedacht und dem Thema nicht angemessen, Interaktionsstörungen nur durch schwierige Menschen, wie sie in jedem Patientengut sicher anzutreffen sind, verschuldet anzusehen. Interaktionsstörungen werden durch Patientenvariablen und Therapeutenverhalten gleichermaßen verursacht. Eine dritte Quelle ist das Aufeinandertreffen dieser beiden Komponenten und die daraus entstehende Eigendynamik. Hier seien, um Neugierde zu wecken, die von Willi (2012) beschriebenen Kollusionen benannt. Kollusion kennzeichnet dabei ein eigenen Gesetzmäßigkeiten folgendes Zusammenspiel. Bezogen auf den Therapieprozess können sich depressive, zwanghafte oder narzisstische Kollusionen manifestieren. In der erstgenannten Kollusion erwartet der Therapeut Dankbarkeit, in der zweitgenannten übt er über Gebühr Kontrolle aus und in der dritten dominiert die Illusion und der Impetus, den Patienten „neu" zu erschaffen.

Ein therapeutisches Hilfsmittel, wie auch eine Störvariable gleichermaßen ist das Phänomen der Übertragung, wobei hier ein überaus dynamisches Geschehen zu erwarten ist. „Die Übertragung wird also das Schlachtfeld, auf welchem sich alle miteinander ringenden Kräfte treffen sollen" (Freud, 1917a, b, c, S. 436). Die Störung des Patienten aktualisiert sich in der einen oder anderen Weise in der Beziehung zum Therapeuten. „Der Analytiker wird zum Kleiderständer (Projektionsfläche) für die Rollenkostüme wesentlicher Personen im Leben des Patienten bzw. wesentlicher Selbstanteile" (Boeckh, 2008, S. 131). Derlei Projektionen können auch folgendermaßen beschrieben werden: „Wir sprechen von dem Phänomen der Übertragung, das den Umstand beschreibt, dass jede zwischenmenschliche Beziehung und vor allem jede therapeutische Beziehung durch Gefühle, Gedanken, Erwartungen und Verhaltensweisen beherrscht sein kann, die allein aus der aktuellen interpersonellen Interaktion nicht erklärbar sind, sondern am ehesten als Wiederholungen früherer Beziehungsformen verstehbar sind" (Wöller & Kruse, 2018, S. 230). Übertragungen fordern Antworten darauf heraus, welche sich in der Gegenübertragung manifestieren. Gegenübertragungen können positiv wie negativ sein. Aber auch positive Gegenübertragungen haben Störungspotenzial, wenn sie etwa dazu verleiten, die Kompetenzen oder Veränderungsmöglichkeiten eines Patienten zu überschätzen oder wenn aufgrund ausgelöster Sympathie ein überhöhtes Engagement für den Patienten resultiert. Wachsam sollte der Therapeut unbedingt sein, wenn sein therapeutisches Vorgehen bei einem bestimmten Patienten von der bewährten Routine merklich abweicht, z. B. wenn Therapiesitzungen unüblich verspätet beginnen, wenn sich ein ungewöhnlich tolerantes Verhalten etabliert, wenn sich Therapeutenschuldgefühle oder Ängste ohne ersichtlichen Grund einstellen, wenn plötzlich Einblicke in das Privatleben des Therapeuten gewährt werden oder auch wenn sich ungewöhnliche Müdigkeit, Widerwillen und Erschöpfung in einer Therapiestunde bemerkbar machen. Verschiedene Quellen der Gegenübertragung und dadurch ausgelöste Behinderungen der therapeutischen Interaktion finden sich bei Kahn (1997).

Nach Kowarowsky (2011) entsteht der schwierige Patient auch im Erleben des Therapeuten, da er etwa bestimmte Persönlichkeitsaspekte oder Verhaltensweisen des Patienten als sehr problematisch erlebt, dem Patienten für seine Verhaltensweisen zu

Recht oder zu Unrecht mancherlei Motive unterstellt oder auch weil die konkrete Situation der Begegnung mit dem Patienten, also die Therapierahmenbedingungen, wie z. B. Besonderheiten bei der Terminierung, als belastend empfunden werden. Kanfer et al., (2012, S. 432) beschreiben „die drei Teufelchen auf der Schulter jedes Therapeuten" als die Gefahr des Versuches der Selbstheilung, der Suche nach Macht und Kontrolle und des Voyeurismus. Mögliche Störvariablen aufseiten des Therapeuten folgen nun unkommentiert aneinandergereiht. Es sind dies beispielsweise eine unkritische Übernahme von Lippenbekenntnissen über Änderungsmotivation, wenn dabei die Kosten der Veränderung zu wenig berücksichtigt werden, nicht erkannte Fremdmotivation, Omnipotenzphantasien des Therapeuten, Übernahme des Therapieauftrages ohne klare Zielsetzung oder Bearbeitung utopischer Ziele, Übernahme eines Therapieauftrages bei schwerpunktmäßig nicht-therapeutischer Motivation, zu viel Verständnis, Vertrautheit, Mitleid, Sympathie oder auch Antipathie in der Patient-Therapeut-Beziehung, zu hohes Tempo in der Therapie oder lähmende Prokrastination durch Endlosbearbeitung eines Themas, Fortführung einer Therapie trotz andauernder Stagnation und ggf. besserer therapeutischer Alternativen, Identifikation mit dem Patienten aufgrund eigener Lebenserfahrung bzw. vorschnelle Analogieschlüsse im Vergleich zu anderen Patienten, konfuse bzw. inkonsequente Anwendung von Therapietechniken, mangelnde Bearbeitung des Therapieendes, mangelnde Vorbereitung auf mögliche Rückfälle, wobei Rückfälle nicht schicksalshaft hereinbrechen, sondern nach Wöller und Kruse (2018) eine Wahl des Patienten sind, einseitige Befriedigung persönlicher Bedürfnisse, unreflektierte Schonhaltung dem Patienten gegenüber und zu viel Empathie, Vernachlässigung oder Vermeidung der Problemaktualisierung in der Psychotherapiesitzung, Bearbeitung nicht-therapeutischer Themen, guruhafte Antworten auf Sinnfragen, Verletzung ethischer Normen aufseiten des Patienten, Angst vor Misserfolg kompensiert durch erhöhten Leistungsdruck und unwillentliche Verstärkung des Patientenproblemverhaltens.

Selbst hochprofessionelles therapeutisches Vorgehen schließt dennoch niemals aus, dass eine Problemlawine ungeahnten Ausmaßes losgetreten und dann nicht mehr gestoppt werden kann. Dem Therapeuten kann es ergehen, wie dem Zauberlehrling: „Herr, die Not ist groß! Die ich rief die Geister werd ich nun nicht los" (Goethe, 2007, S. 121). Prinzipiell besteht immer die Gefahr, Themen zu beleuchten und zu bearbeiten, ohne dass dafür ein klarer Auftrag vom Patienten erteilt wurde, „… we may be going into areas we haven't been invited" (Culley & Bond, 2013, S. 45). Interaktionsstörungen können dadurch verursacht werden, dass der Therapeut nicht intensiv genug den Ausführungen des Patienten lauschen kann, weil er gerade seine nächste Intervention vorbereitet. Eine Störquelle besteht auch darin, wenn der Therapeut bemüht ist, vom Patienten Bestätigung für seine Hypothesen zu finden, anstatt diese Annahmen kritisch mit dem Patienten zu erörtern. Ein aktions- oder lösungsorientierter Therapeut kann Gefahr laufen, schnell und zielgenau die Lösung zu fokussieren, ohne dass der Patient dafür schon bereit wäre. Eine weitere Störvariable kann zu starke Manualtreue sein, sodass ein an den Patientenpräferenzen orientiertes Vorgehen beeinträchtigt werden kann. Das Anfertigen von Notizen in der Therapie ist mitunter notwendig, insbesondere bei Anamnese und Exploration hilft sie der Ergebnissicherung. Dafür sollte aber das Einverständnis des Patienten eingeholt werden. Ansonsten sollte sich der Patient der ungeteilten Aufmerksamkeit seines Behandlers sicher sein können. Zu Vieles zu notieren mag einer zwanghaften Therapeutenseele Befriedigung verschaffen, dient aber nicht dem Therapiezweck, die angetroffene Vielschichtigkeit zu verringern. „Diese Schwierigkeiten sind sehr erhebliche für den Arzt, der sechs oder acht solcher psychotherapeutischer Behandlungen täglich durchzuführen hat und während der Sitzung mit dem Kranken selbst Notizen nicht machen darf, weil er das Mißtrauen des Kranken erwecken und sich in der Erfassung des aufzunehmenden Materials stören würde" (Freud, 1905, S. 89). Empathie ist unbestreitbar ein unverzichtbares Kontakt- und Lösungsmittel in der Psychotherapie und doch darf der Einsatz von Empathie nicht automatisch bei jedem Patienten in gleicher Weise erfolgen. „Für manche Patienten – vor allem für misstrauische, wenig motivierte und autoritätskritische – hat sich eine hohe Empathie ihrer Therapeuten auch für das Behandlungsergebnis nicht günstig erwiesen" (Staats, 2017, S. 29). Zu beachten sind aber auch Aussagen von Wöller und Kruse (2018), wonach sich Wärme und Flexibilität im Therapeutenverhalten günstig auf die therapeutische Beziehung auswirken, Kühle und Rigidität hingegen negativ. Die Autoren belegen, dass „Patienten mit hohem Autonomiestreben offensichtlich mehr von nichtdirektiven Therapieformen profitieren, während Patienten mit geringeren Autonomietendenzen eher aus einer direktiveren Form der Psychotherapie Nutzen ziehen" (Wöller & Kruse, 2018, S. 173). Der Bindungsstil von Patienten, egal ob sicher, unsicher-ambivalent, unsicher-vermeidend oder desorganisiert, beeinflusst ebenfalls die therapeutische Allianz. Interaktionsstörungen sind damit häufig in der Nichtpassung zwischen Patientencharakteristika und Therapeutenverhalten begründet. Zu Beeinträchtigungen der therapeutischen Allianz kann es auch kommen, wenn Patienten unwirsch oder gar heftig aggressiv auf Therapeutenaussagen reagieren, wobei dies nicht unbedingt in der mangelnden Richtigkeit der Aussage als solches begründet liegen mag. Menschen greifen die Persönlichkeit, den Stil im Auftreten oder Einschätzungen und Bewertungen ihres Gegenübers insbesondere dann an, wenn sie die Botschaft nicht mögen (vgl. Heifetz & Linskyl, 2002, S. 117). Manche Patienten erleben eine indizierte Weitervermittlung als Kränkung oder Zurückweisung, insbesondere wenn diese nicht gut genug erläutert oder begründet ist. Es kann bei Patienten auch die Vermutung entstehen, dass ihre Probleme zu schwerwiegend sind, um ausschließlich beim aktuellen Therapeuten behandelt werden zu können. Wenn dem so ist, liegt sehr wahrscheinlich eine Interaktionsstörung vor.

Eine Recherche im eigenen Erfahrungsschatz brachte außerdem folgende herausfordernde therapeutische Beziehungen zutage:

Da ist Herr S., ein multipel leidender Patient, dessen Fülle an körperlichen und psychischen Leiden geeignet ist, einfach nur Mitleid zu bewirken. Auch seine Lebensgeschichte scheint ein Horrorszenario an unverschuldeten Pleiten und nicht endenwollendem Pech zu sein. Erlebte Ungerechtigkeiten himmelschreienden Ausmaßes werden als stetige Weggefährten benannt. Herr S. ist überaus an guten Umgangsformen orientiert, offenbart höchste moralische Ansprüche an sich und seine Umgebung. Herr S. vermeidet es konsequent, die Winterjacke in der Therapiesitzung auszuziehen, wiewohl die Raumtemperatur das jederzeit zuließe. Einen Zugang zu ihm zu finden ist zumindest eine Herausforderung. Will Herr S. eine Bestätigung seiner Misere aus fachkundigem Mund und damit eine Art Absolution?

Da ist Frau S., eine Patientin mit reichlich Therapieerfahrung, im Grunde seit langer Zeit sehr stabil, aber weiterhin nach eigenem Bekunden therapiebedürftig. Es bleibt eine Therapie ohne therapeutisch klar zu bearbeitende Themen. Die Beziehung scheint ihr wichtig zu sein, somit wirkt die Psychotherapie auch durch die Bearbeitung von „normalen" Themen therapeutisch. Ist eine sogenannte

Tagebuchtherapie, also das Bearbeiten alltäglich anfallender Themen, tatsächlich gerechtfertigt?

Da ist Herr R., ein wirklich sympathischer, interessanter, sehr gut zu bespielender, dankbarer Patient. In ihm sei das Licht wohl verloschen, zu oft folgen auf bessere Phasen depressive Einbrüche. Was ihm fehlt, ist ein guter Freund, am besten zwei oder drei davon, so wie früher. Eine Partnerschaft und sonstige Sozialkontakte können keinen fehlenden Freund ersetzen. Ist hier Psychotherapie nach knapp 60 Sitzungen weder bewältigungs- noch einsichtsorientiert geworden, ist sie eine Beziehungs-Vitaminspitze?

Da ist Frau B., das brave Mädchen, die Angepasste, die Unproblematische. Pleasing People sei eindeutig ihr Thema. Selbst in ihrem nachvollziehbaren Leiden wirkt sie klaglos. Sie, die scheinbar anderen noch nie wichtig war, sucht endlich Hilfe für sich. Darf man ihr wehtun? Reicht eine Oberflächenbehandlung?

Da ist Herr G., ein junger, dynamischer, erfolgreicher Business-Mensch, dessen Privatleben aber unerklärliche, großflächige Unzufriedenheiten produziert. Seine Depression bleibt blande, unaufdringlich. Er zeigt sich geheimnisvoll, undurchschaubar, kryptisch und offenbart dabei sehr vieles. Braucht er ein Lesegerät für sich selbst? Ist hier Selbsterfahrung das Thema, nicht die Behandlung einer Störung von Krankheitswert?

Da ist Herr B., dessen erneutes Beziehungsproblem ihn dann doch zum Nachdenken bringt. Die anfängliche Krise ist längst vorbei, eine neue Beziehung gefunden, das Leben in geregelten, guten Bahnen. Aber aus Sicherheitsgründen will sich Herr B, wenn auch in größerem Abstand, therapeutischen Beistand sichern. Bleibt hier Psychotherapie eine Art Versicherungsschein oder müssen da noch unbenannte Themen aufgedeckt werden?

Da ist Frau W., eine junge Frau mit außergewöhnlichen Talenten und außergewöhnlichen Problemen. Frau W. ist ein Mann oder möchte es bald ganz konkret werden. Sie oder er? offenbart so viele Therapiethemen. Wie kann ihr oder ihm geholfen werden? Wer sitzt mir da gegenüber? Wo beginnt hier Pathologie und wo reden wir über eine neue Normalität?

Da ist Herr P., ein richtig männlich erscheinender Mann, der aber innerlich kaum mehr als ein kleiner Bub geblieben ist. Seine Persönlichkeitswelten passen nicht zusammen, ergeben nicht die eine Identität. In einer früheren Therapie ist bei ihm auch durch therapeutische Unvorsichtigkeit ein Selbstetikett „behindert" entstanden. Jeder weitere therapeutische Eingriff kann schnell Unheil bedeuten. Also vorrangig seine Stärken stärken, Zuversicht durch Reparenting anlegen oder einfach ein männliches Vorbild mit demonstrierter Lebensbewältigungskompetenz abgeben?

Da ist Frau S., jung, hübsch, nett, engagiert, voller Ideale und Ziele, aber mit einem somatisch nicht erklärbaren Problem beladen. Sie bleibt ohne Themen, bleibt sich selbst nicht verstehend, bleibt nicht greifbar. Die Not steht im Raum, die Fassade verstellt den Zugriff darauf. Braucht es hier brachialeres Vorgehen? Wer gibt dafür den Auftrag?

Da ist Frau K., eine ältere Dame, die trotz aller guten Umstände an ihrem nicht wegzubekommenden Angstproblem unsäglich leidet. Dahinter steckt so vieles, was aber für Frau K. nebulös, nicht denkbar bleibt. Sie profitiert von sehr direktiver, fast pädagogisch anmutender Intervention. Muss Frau K. psychotherapeutisch gründlich der Kopf gewaschen werden? Braucht die betagte Frau ganz einfach wenige klare Anhaltspunkte, um dann tun zu können, was der nette Doktor gesagt hat?

Da ist Herr S., der sich mit Ersatzbefriedigungen durchs Leben mogelt. Er kifft, konsumiert Pornos und hat dabei wenig Leidensdruck. Wäre da nicht die gefühlte Verpflichtung, seinen Weg zu gehen und seine Eltern nicht weiter zu belasten. Eine soziale Phobie ist übrigens evident. Ist Herr

S. Suchtpatient oder doch Psychotherapiepatient? Reicht seine Motivation für Veränderungsarbeit?

Da ist Herr L., dessen Leben eine so gewollte Entwicklung nimmt. Im Kollegenkreis habe er von Burnout und anderen seelischen Deformationen erfahren. Das wolle er vermeiden, daher Psychotherapie. Sollte ein Chirurg wirklich operieren, nur weil ein Karzinom entstehen könnte?

Da ist Herr A, ein junger Mann, der sein Leiden klar erkennt, aber seine soziale Einbindung und sein Interaktionsgeschick deutlich besser einschätzt, als dies aus therapeutischer Sicht nachvollzogen werden könnte. Wie viel Glauben an sich selbst soll ihm gelassen werden? Wie viel schonungslose Konfrontation wäre hier gefährlich oder aber hilfreich und deshalb unerlässlich?

Diese Auflistung aktueller therapeutischer Beziehungen mit beinhalteter Interaktionsstörung oder aber eines Interaktionsstörungspotentials ist kein Komplettrundumblick. Es sollte aber dadurch deutlich werden, dass jedwede therapeutische Beziehung Störvariablen in sich birgt. Der souveräne oder auch professionelle Umgang damit macht den Meister. Souveränität setzt voraus, die Störvariablen zu erkennen und sie proaktiv zu bearbeiten. Akzeptanz kann helfen. Einer angebotenen Interaktionsdefinition nicht kritiklos auf den Leim zu gehen, sollte aber unbedingt zu erwarten sein.

17.4 Störungsprophylaxe und Interaktionsschutz

Störquellen und daraus folgende Interaktionsbeeinträchtigungen lassen sich nicht verhindern, aber man kann ihnen den Nährboden entziehen und damit unnötiges Störungswachstum vermeiden. „Nur wenn die Therapieziele im Einklang mit basalen motivationalen Zielen eines Patienten stehen, kann wirksames und zur Veränderung führendes therapeutisches Lernen einsetzen. Grundbedürfnisse sind nach Grawe Bedürfnisse nach Sicherheit und Wohlbefinden, Orientierung und Kontrolle, Selbstwerterhöhung und Selbstwertschutz, Bindung und Lustgewinn bzw. Unlustvermeidung" (Wöller & Kruse, 2018, S. 90). Die Berücksichtigung eben genannter menschlicher Grundbedürfnisse, die in besonderem Maße im psychotherapeutischen Geschehen von Bedeutung sind, stellt eine Grundbedingung möglichst störungsfreien Arbeitens dar. Zum Kontrollbedürfnis lässt sich anmerken: Psychotherapiepatienten beschreiben häufig ihr Erleben damit, „anders zu sein" und dieses „anders sein" nicht kontrollieren zu können. Daher sollte Therapie transparent sein und Kontrollerfahrungen vermitteln. Psychotherapiepatienten imponieren häufig durch maladaptive Lösungsstrategien und bekommen darauf entsprechend negative Rückmeldungen und weitere Konsequenzen zu spüren. Folglich kann eine Therapie, die auch Spaß machen kann und durch früh erzielbare Erfolge Selbstwirksamkeit bestärkt, dem Bedürfnis nach Lustgewinn und Unlustvermeidung nur förderlich sein. Beziehungsstörungen sind bei Psychotherapiepatienten eher die Regel als die Ausnahme. Anzustreben ist damit selbstredend eine vertrauensvolle therapeutische Beziehung ohne Abhängigkeit zu erzeugen, das wird ein Bindungsbedürfnis gut bedienen. Die Selbstachtung, das Selbstvertrauen und die Selbstsicherheit sind bei Psychotherapiepatienten ganz häufig beeinträchtigt. Wenn ein Patient zunehmend erlebt, therapeutische Aufgaben bewältigen zu können, so wird dies dem Bedürfnis nach Selbstwerterhöhung sicher zuträglich sein. Patienten sorgen sich, wenngleich mitunter nur intuitiv oder unbewusst, um die Befriedigung ihrer Bedürfnisse. Häufige nachvollziehbare Folge sind mehr oder weniger gut identifizierbare Belastungstests der therapeutischen Allianz. Patienten testen sozusagen das Wasser, in dem sie stehen, wollen wissen, ob sie festen Boden unter den Füßen haben und weiteres mehr. Bestehen Psychotherapeuten derlei Tests, so ist das Vertrauen erweckend und Beziehung stärkend. Es fällt Menschen gemeinhin sehr viel leichter, Kontakt und Beziehung zu anderen einzugehen, wenn eine Ähnlichkeit zum eigenen Erleben und Verhalten festgestellt werden kann. Diese wenngleich mitunter auch nur scheinbare Vertrautheit verleiht Sicherheit. In einem Modell beschreibt Schmidt-Tanger (2011) hilfreiche Verhaltensweisen, um Annäherung und Ähnlichkeit zu fördern, wie etwa Körperhaltung spiegeln, Atmung angleichen, Inhalt des Gespräches aufgreifen, Stimme, Stimmlage, Sprache abstimmen, Energieniveau spiegeln, angebotene Repräsentationssysteme (Sehen, Hören, Fühlen) ansprechen, intensives Interesse am anderen bekunden und natürlich Nähe zulassen.

Der Mensch verfügt über zwei Denkarten, ein unbewusstes, intuitives und automatisches schnelles Denken und ein reflexives Denken, das kontrolliert, zielgerichtet, deduktiv, langsam, bewusst und regelhaft erfolgt (Thaler & Sunstein, 2009). Therapeuten sollten kritisch reflektieren, wie häufig sie aus dem automatischen System heraus intervenieren und sich somit im Autopilot-Modus befinden und wann das reflektierte Denken Interventionen verantwortet. Ganz wesentlich zur Vermeidung oder wenigstens Abmilderung von zu erwartenden Interaktionsstörungen ist das Grundprinzip, die Werthaltung oder der Leitsatz, der Eugen Roth zu verdanken ist: „Ein Mensch ist oft wie verwandelt, sobald man menschlich ihn behandelt." Das ergibt eine bilaterale Dynamik in der therapeutischen Interaktion: „The respect you give is the respect you get" (Manzoni & Barsoux, 1998, S. 74) und damit sind Patient und Therapeut gleichermaßen für Interaktionsstörungen oder eben auch gelingende Begegnungen verantwortlich.

17.5 Kritische Würdigung

Die Vielzahl möglicher Interaktionsstörungen in der Psychotherapie lässt sich keinesfalls erschöpfend abbilden. Es soll aber zur Sensibilisierung für dieses Thema ein breiter Bogen aufgespannt werden. Unbearbeitete Interaktionsstörungen haben die Tendenz, sich in ihrem Schadenspotential zunächst unmerklich, dann aber nachhaltig auszubreiten, wie beispielsweise Schimmel in einer Wohnung. Sehr nachdenklich sollte es aber auch machen, wenn eine Psychotherapie reibungslos, wie aus einem Guss, locker und anscheinend hoch effektiv verläuft, wenn sich Therapeut und Patient mit einer wohltuenden Leichtigkeit die Bälle nur so zuspielen. Es kann ja sein, dass es solche Therapien tatsächlich gibt, trotzdem sollte man genau prüfen, ob dabei nicht doch Verschiedenes ausgeblendet und einem Harmoniespiel geopfert wird.

Manche Störquellen eliminiert ein Therapeut, ob bewusst oder nicht, mitunter a priori. Eine lange Warteliste für den Psychotherapieplatz kann selektieren, kann die weniger motivierten, die wankelmütigen, ängstlicheren oder instabileren Patienten aussortieren helfen. Somit bleiben die besser therapierbaren Patienten übrig, was die Erfolgsaussichten der Therapie und das Renommee des Therapeuten erhöhen kann. Es klingt fast absurd, aber damit könnten Wartelisten eine sehr effektive Form der Qualitätssteigerung der durchgeführten Psychotherapien sein.

Im Grunde gibt es zwei Zustände: Es regnet oder es regnet nicht. Der Mensch ist aber jederzeit in der Lage, dem zwei weitere Zustände gedanklich beizustellen, die nicht gerade der psychischen Stabilisierung dienen werden: Es könnte regnen und es hat immer wieder mal geregnet. Damit bleibt neben den Tatsachen vieles andere im

Möglichkeitsraum, entzieht sich aber dem Zugriff und der direkten Bearbeitung. Dieses Phänomen ist häufig in Psychotherapiesitzungen anzutreffen und kann die therapeutische Kompetenz in einem schlechten Licht erscheinen lassen. Der gut entwickelte Therapeut wird derlei Treibsandgebiete nicht allzu sehr fürchten müssen, sie sind unangenehm, vielleicht auch gefährlich, aber bewältigbar. Es ist zu vermuten, zumindest aber zu erwarten, dass die erfolgreich und differenziert entwickelte Therapeutenpersönlichkeit bereits eine Vielzahl an Interaktionsstörungen durchlebt und daraus handlungsleitende Schlüsse und Lösungsroutinen gezogen hat. Interaktionsstörungen beeinträchtigen dann weiterhin den Therapieablauf, aber sie werden handhabbarer und somit weniger schädlich. Unglücklicherweise wachsen Interaktionsstörungen schneller heran, als deren Abhilfen, somit wird der Umgang mit Störquellen einen berufslebenslangen Lern- und Entwicklungsprozess erfordern.

Aus eigener Erfahrung machen Patienten – wie oben erwähnt – verdeckte Beziehungstests, die ein Therapeut erkennen und eindeutig bestehen sollte, denn das stärkt das Arbeitsbündnis und erhöht die Wahrscheinlichkeit eines Therapieerfolges. Einer meiner ersten Patienten war ein katholischer Religionslehrer, der mit dem Auftrag kam, ihm dabei zu helfen, das Rauchen aufzuhören. Sofort neugierig geworden, weil noch Verborgenes vermutend, wurde dieser Auftrag erst einmal angenommen und möglichst sorgfältig bearbeitet. Mit Beginn der dritten Therapiesitzung erfolgte dann der Themenwechsel, indem der Patient gestand, dass sein eigentliches Problem darin bestehe, ein Verhältnis mit einer 16-jährigen Schülerin zu haben. Daran ließ sich nun tatsächlich intensiv arbeiten. Dieser Patient hat für mein Dafürhalten zunächst einmal die Vertrauenswürdigkeit und die Kompetenz seines Therapeuten in unverfänglicher Weise geprüft, ehe er sich traute, das seichte Gewässer zu verlassen.

> **Mal ehrlich**
> Gibt es Interaktionsstörungen in der Psychotherapie, für die sie besonders anfällig sind oder die ein außergewöhnlich starkes Beeinträchtigungspotential haben? Haben sie schon Gegenmaßnahmen und Auswege gefunden und etabliert?

17.6 Fazit

In Supervisionsprozessen drängt sich mir immer wieder die Frage an Supervisanden auf: „Spielt ihr Therapie oder macht ihr Therapie?" Diese Frage entsteht vor allem dann, wenn der Supervisionsprozess offenbart, dass die Behandlung zu viel umschifft, dass Therapie zu sehr auf gutes Auskommen angelegt ist und damit eine durch Weichzeichnerei bedingte Interaktionsstörung resultiert. „Wo gehobelt wird, fallen Späne" sagt ein Sprichwort. Störungen der Interaktion in der Psychotherapie sind keine handverlesenen Ausnahmefälle, sondern eher ständige ungewollte Begleiter. Mit diesem Regelfall sollte ein gut entwickelter Therapeut kompetent umgehen können. „Je mehr interaktionelle Probleme – zum Beispiel im Rahmen von Persönlichkeitsstörungen – zum Problemspektrum des Patienten gehören, desto größer ist der Bedarf danach, die therapeutische Beziehung auf die Störung hin auszurichten oder sie gar als zentrales Therapieelement zu nutzen" (Brakemeier & Jacobi, 2017, S. 40).

Bei aller Aufrichtigkeit, Ethik und Professionalität wird es immer das GOOMER-Syndrom geben, das ausgeschrieben go out of my emergency room bedeutet. Therapeuten werden immer wieder auf bestimmte Patienten nicht nur allergisch, sondern mit kompletter Unverträglichkeit reagieren. Was immer auch dafür grundlegend sein mag, eine Psychotherapie soll und kann dann nicht in sinnvoller Weise stattfinden. Ebenso wird auch das Koryphäen-Killer-Syndrom nicht auszurotten sein. Manche Patienten sind Therapeuten-Jäger und ziehen Befriedigung aus jedem Abschuss. Interaktionsstörquellen auf Therapeuten- wie auch auf Patientenseite bleiben Teil des Psychotherapiealltages. Die Früherkennung und der reflektierte proaktive Umgang damit sind Attribute des mündigen Patienten und des gut entwickelten Therapeuten.

> **Zum Mitnehmen**
> Gefahren und Probleme in der Interaktion zwischen Patient und Therapeut gibt es mannigfaltige. Sie lassen sich bei entsprechender Achtsamkeit identifizieren und bearbeiten, wenn auch nicht zur Gänze in Wohlgefallen auflösen. Interaktionsstörungen können auch als wichtige Informationsquelle genutzt werden, die auf Entwicklungspotentiale beim Patienten, in der therapeutischen Situation und beim Psychotherapeuten hinweisen.

Weiterführende Literatur

Birnbacher, D., & Kottje-Birnbacher, L. (2006). Ethische Fragen bei der Behandlung von Patienten mit Persönlichkeitsstörungen. *Psychotherapie, 11*(2), 248–256. CIP-Medien.
Boeckh, A. (2008). *Methodenintegrative Supervision. Ein Leitfaden für Ausbildung und Praxis.* Leben lernen, Klett-Cotta.
Brakemeier, E.-L., & Jacobi, F. (Hrsg.) (2017). *Verhaltenstherapie in der Praxis.* Beltz.
Culley, S., & Bond, T. (2013). Integrative counselling skills in action (3. Aufl.). SAGE.
Freud, S. (1900). *Die Traumdeutung (1900). Studienausgabe Band II.* Fischer.
Freud, S. (1905). *Bruchstück einer Hysterie-Analyse. Studienausgabe Band VI (1989).* Hysterie und Angst. Fischer.
Freud, S. (1917a). *16. Vorlesung. Die Analytische Therapie. Vorlesungen zur Einführung in die Psychoanalyse (1915–1917).* Studienausgabe Band I (1989). Vorlesungen zur Einführung in die Psychoanalyse und Neue Folgen. Fischer.
Freud, S. (1917c). *27. Vorlesung. Die Analytische Therapie. Vorlesungen zur Einführung in die Psychoanalyse (1915–1917).* Studienausgabe Band I (1989). Vorlesungen zur Einführung in die Psychoanalyse und Neue Folgen. Fischer.
Freud, S. (1917c). *28. Vorlesung. Die Analytische Therapie. Vorlesungen zur Einführung in die Psychoanalyse (1915–1917).* Studienausgabe Band I (1989). Vorlesungen zur Einführung in die Psychoanalyse und Neue Folgen. Fischer.
Fröhlich, W. D., & Drever, J. (1979). *dtv Wörterbuch zur Psychologie* (12. Aufl.). Deutscher Taschenbuch Verlag.
Goethe, J. W. (2007). *Sämtliche Gedichte.* Insel Verlag.
Halmos, P. (1965). *The faith of the counsellors.* Constable.
Heard, H. L.. & Swales, M. A. (2017). *Verhaltensänderung in der Dialektisch-Behavioralen Therapie. DBT-Techniken und Problemlösungsstrategien erfolgreich anwenden.* Schattauer.
Heifetz, R. A. & Linsky, M. (2002). *A survival guide for leaders. HBR's 10 must read. On change management, 2011* (S. 99–75). Harvard Business Review Press.
Kahn, M. (1997). *Between therapist and client. The new relationship.* Holt Paperbacks.
Kanfer, F. H., Reinecker, H., & Schmelzer, D. (2012). *Selbstmanagementtherapie,* (5. Aufl.). Springer.
Kowarowsky, G. (2011). *Der Schwierige Patient.* Kohlhammer.
Lahann, B. (2006). *Als Psyche auf die Couch kam. Die rätselhafte Geschichte des Sigmund Freud.* Aufbau-Verlag GmbH.
Lammers, C.-H. (2017). Die therapeutische Beziehung in der Verhaltenstherapie. *Psychotherapeutenjournal, 4,* 324–330.
Manzoni, J. F., & Barsoux, J. L. (1998). *The set-up-to-fail syndrome. HBR's 10 must read. On managing people, 2011* (S. 51–75). Harvard Business Review Press.
Schmidt-Tanger, M. (2011). *Charisma-Coaching. Von der Ausstrahlungskraft zur Anziehungskraft.* Junfermann Verlag.
Staats, H. (2017). *Die therapeutische Beziehung.* Vandenhoeck & Ruprecht.
Thaler, R. H., & Sunstein, C. R. (2009). *Nudge.* Penguin Books.
Willi, J. (2012). *Die Zweierbeziehung.* Rororo.
Wöller, W., & Kruse, J. (2018). *Tiefenpsychologisch fundierte Psychotherapie.* Schattauer.

Lediglich ein Kunstfehler?

Inhaltsverzeichnis

18.1 Grundsätzliche Überlegungen – 150

18.2 Begriffsklärung – 150

18.3 Behandlungsfehler – 151

18.4 Missbrauch und Verletzung der sexuellen Abstinenz in Psychotherapie – 154

18.5 Kritische Würdigung – 157

18.6 Fazit – 159

Weiterführende Literatur – 159

© Der/die Autor(en), exklusiv lizenziert an Springer-Verlag GmbH, DE, ein Teil von Springer Nature 2025
S. Gerhardinger, *Entwicklung der Therapeutenpersönlichkeit*,
Psychotherapie: Fort- & Weiterbildung, https://doi.org/10.1007/978-3-662-70477-6_18

Wer einen Fehler gemacht hat und ihn nicht korrigiert, begeht einen zweiten.
Konfuzius.

? Frequently Asked Question
Was sind mögliche Kunstfehler in der Psychotherapie? Wann wird aus dem Kunstfehler ein schwerwiegender Behandlungsfehler?

18.1 Grundsätzliche Überlegungen

Eine uniforme Standard-Psychotherapie gibt es nicht, sondern über die verschiedenen Therapierichtungen weit hinausreichend im Grunde so viele Psychotherapien, wie es Patienten und deren Anliegen gibt. Zumindest aber setzen verschiedene therapeutische Schulrichtungen eigene Standards. Psychotherapien folgen keinen eindeutigen Handlungsvorschriften zur Problemlösung, sind demnach heuristische, kreative und sehr individuell gestaltete Prozesse, mit einem vermutlich je Patient einzigartigem Ergebnis. Zumindest dahingehend ist die Psychotherapie mit Kunst im Allgemeinen vergleichbar. Aber auch jede Kunst bedient sich handwerklicher Grundlagen und gerade in der Psychotherapie sollten diese basalen Elemente, wie auch darauf aufbauende Spezifizierungen zu einer erlernbaren und überprüfbaren Expertise führen. Demnach wäre die Kompetenz oder auch Kunstfertigkeit des Therapeuten entwicklungsabhängig, was wiederum bedeuten würde, dass je nach Entwicklungsstand des Therapeuten andere Kunstfehler mit höherer Wahrscheinlichkeit zu erwarten wären. Dies müsste empirisch verifiziert werden, was sich als eher schwer operationalisierbar herausstellen dürfte. Nachdem es keine Therapie-Algorithmen gibt, entbehren wir auch einer automatischen oder schablonenhaften Fehler-Diagnostik. Inwieweit Kunst- oder auch Behandlungsfehler in der Psychotherapie mit medizinischen Fehlgriffen vergleichbar sind, mag dahingestellt oder schon mal vorab angezweifelt werden. Prinzipiell ist davon auszugehen, dass Psychotherapien nicht in jedem Fall das gewünschte Ergebnis erzielen. Manche Patienten werden durch die Psychotherapie eine im erträglichen Fall nur vorübergehende Verschlechterung ihres Zustandes erfahren. Nicht wenige Psychotherapien werden erfolglos bleiben (vgl. ▶ Kap. 16). Eine aussagekräftige Quote diesbezüglich wird weiterhin kaum benennbar sein, da dies eindeutige Erfolgskriterien voraussetzen würde.

Lediglich den Begriff Kunstfehler zu verwenden würde allzu leicht implizieren, man hätte mal eben nicht die ganz große Kunst erreicht. Dies ist ein Euphemismus und fatal bagatellisierend. Behandlungsfehler in der Psychotherapie sich nicht nur Lappalien oder nicht gänzlich vermeidbare Abweichungen von Standards, sondern mitunter fatale Verfehlungen, therapeutische Todsünden, strafrechtlich relevante Vergehen, sehr zum unbedingt vermeidbaren Schaden der Klientel.

18.2 Begriffsklärung

Wenngleich der allgemeine Sprachgebrauch vermengt, und die Begriffe Kunstfehler, Behandlungsfehler oder gar Missbrauch in der Therapie unkritisch synonym verwendet, sei hier der Versuch einer Differenzierung unternommen. Kunstfehler treten in Künsten zutage. Wenngleich die Psychotherapie viel mit einer Kunst gemein haben mag, ist sie doch im Wesentlichen empirischen Erkenntnissen, zahlreichen Standards und Richtlinien verpflichtet. Es mag noch als Kunstfehler angehen, wenn der Therapeut beispielsweise bei der Verabreichung einer Übung zum Autogenen Training ein zu hohes Sprechtempo wählt und durch arrhythmisches, wenig moduliertes und gar auch zu lautes Sprechen eher am Dilettantismus andockt, als an einer Kunst. Findige werden hier noch zahlreiche ähnliche Beispiele anfügen können.

Ein Psychotherapie-Richtlinienverfahren muss sich an unbedingt erfüllbaren Standards messen lassen, somit können Abweichungen identifiziert und gegebenenfalls auch objektiviert werden. Einschränkend muss hier immer bedacht werden, dass derlei Objektivität durch letztendlich subjektiv geprägte Bewertungen und Einschätzungen entsteht. Dennoch lassen sich unabdingbar zu erfüllende Kriterien definieren und daher auch fehlerhafte Abweichungen beschreiben. Vieles spricht somit dafür, hier den gängigen Begriff Kunstfehler in den musealen Hintergrund treten zu lassen und fortan insbesondere von Behandlungsfehlern zu sprechen. Derlei Fehler kann man einteilen in vorsätzliche, fahrlässige oder im Status der verminderten Schuld oder gar Schuldunfähigkeit begangene Fehler. Im Katechismus der katholischen Kirche (2005) wird auch unterschieden zwischen lässlichen Sünden und Todsünden. Damit hat das Ausmaß des Vergehens und die Frage der Verantwortlichkeit Konsequenzen für den weiteren Umgang mit der Verfehlung, also beispielsweise für mögliche Sanktionen. Von Behandlungsfehlern, die gemäß Wortbedeutung unmittelbar oder originär mit der Behandlung verknüpft sind, sind alle Formen des Patientenmissbrauchs abzugrenzen. Missbrauch, ob sexuell, narzisstisch, ökonomisch oder anderer Natur, geht weit über fehlerhaftes Behandlungsverständnis hinaus. Zumindest der sexuelle Missbrauch ist ein eindeutig strafrechtlich relevanter Tatbestand. Die Rechtsprechung liefert gerade für die Psychotherapie wenig belastbare Quellen, somit sei zumindest auf ein Urteil verwiesen: „Übersieht der Arzt veröffentlichte neue Behandlungsmethoden und hält er an Überholtem fest, so handelt er pflichtwidrig (BGH NJW, 1978 587, OLG Bamberg VerR 1977 436)" (vgl. Sponsel, 1997).

18.3 Behandlungsfehler

Wenngleich vermutlich niemand ernsthaft anzweifeln würde, dass es in der Psychotherapie regelmäßig zu mehr oder weniger schwerwiegenden Behandlungsfehlern kommt, gibt es dazu gemessen an der Mächtigkeit des Themas nur wenig bis keine Standardfachliteratur. Die Dissertation von Medau (2014) bietet einen kompakten und gut orientierenden Einstieg in die Thematik. Ihre qualitative Erhebung mithilfe eines Interviewleitfadens, an der 30 Psychotherapeuten und Psychotherapeutinnen teilnahmen, lässt Einblicke zu. „Die beschriebenen, alltäglich auftretenden Behandlungsfehler konnten in technische, Einschätzungs- und Systemfehler klassifiziert werden" (Medau, 2014, S. 5). Behandlungsfehler resultieren aus einer nicht fachgerechten Durchführung von Diagnostik und Therapie, bei falscher Indikationsstellung und selbstredend immer aus Verstößen gegen Richtlinien und Standards (Medau, 2014). Die Identifikation eines Fehlers orientiert sich demnach sowohl an für die Psychotherapie allgemein verbindlichen Richtlinien, aber auch an den jeweiligen Therapieschulen-Standards. „Ein Behandlungsfehler liegt nur vor, wenn objektiv gegen den anerkannten Fachstandard verstoßen worden ist. Dabei ist es immer wieder strittig, was der Fachstandard ist – evtl. bestehen gar keine Standards" (Bossenmayer, 2015, S. 68). Es ist demnach möglich, dass ein Therapeutenverhalten beispielsweise im Rahmen einer Verhaltenstherapie als korrekt einzustufen ist, wohingegen dasselbe Verhalten im Rahmen einer Psychoanalyse als falsch oder eben als Fehler gelten kann.

Im Folgenden nun eine sicher nicht vollständige Auflistung von Fehlern in der Applikation von Psychotherapie, wobei hier auf eine Einteilung in die von Medau (2014) beschriebenen Kategorien verzichtet wird. Es bleibt dem Leser anheimgestellt, bei Bedarf selbst Ordnungsprinzipien anzuwenden. Es werden Unschärfen bleiben, denn einen Fehler in Oberkategorien, in Dimensionen wie etwa schwer oder leicht oder in absichtlich, fahrlässig, kaum schuldfähig oder gar nicht schuldhaft einzuteilen, bedürfte objektiver Einschätzung, die kaum je zu gewährleisten ist. Negative Therapieereignisse können prinzipiell dahingehend unterschieden werden, ob sie unabhängig von der Therapie zustande kommen oder durch die Therapie verursacht sind. Bei letzterem müssen Nebenwirkungen bei korrekt durchgeführter Therapie von Behandlungsfehlern unterschieden werden. Behandlungsfehler haben wiederum unterschiedliche Quellen, wie etwa falsche Indikationsstellung oder fachlich fehlerhaftes Vorgehen, wie auch Verstöße gegen ethisch richtiges Verhalten. Als grundsätzlich falsch muss gelten, wenn eine psychotherapeutische Behandlung ohne dafür hinreichende Notwendigkeit erfolgt. Nicht jedes Problem bedarf der Psychotherapie, es ist grundsätzlich zu vermeiden, mit Kanonen auf Spatzen zu schießen.

Ehe eine Psychotherapie beginnt, ist die Übernahme eines Falles trotz unzureichender eigener therapeutischer Kompetenz ein Kardinalfehler. Gerade am Beginn einer Behandlung ereignen sich Fehler, die wesentliche Weichen für eine nicht zielführende oder gar schädliche Therapie stellen. Hierzu zählen eine mangelhafte oder fehlerhafte bis falsche Diagnostik, eine nicht dem Problem angemessene Therapieplanung, wie auch die mangelnde Abklärung und Einleitung von flankierenden Maßnahmen. Auch die zu oft unterbleibende Einbeziehung von Kooperationspartnern im Rahmen der Psychotherapie muss man zu den Fehlern zählen. Eine zu Beginn der Behandlung fehlende Aufklärung des Patienten zu Dauer, Erfolgsaussichten, Methoden wie auch möglichen Risiken und Nebenwirkungen der Psychotherapie (vgl. ▶ Kap. 16) sind eklatante, jedoch prinzipiell gut zu vermeidende Behandlungsfehler.

Ein sehr grundlegender Fehler liegt darin, wenn es dem Psychotherapeuten an der nötigen Kompetenz gebricht und somit daraus fast zwangsläufig eine nicht fachgemäße Ausführung der Behandlung resultiert. Dies mag banal oder trivial klingen, ist aber schwer zu objektivieren. Wie gut ein Therapeut seine Arbeit macht, können zunächst nur Patienten beurteilen. Diesen fehlt aber ganz oft die nötige Vergleichsbasis, ein Maß oder Standard. Eher noch recherchierbar und objektivierbar sind Fehler, die sich daraus ergeben, dass gegen die Ergebnisse allgemeiner Psychotherapieforschung verstoßen wird und somit unangebrachte Interventionen eingesetzt werden oder Kriterien valide Interventionen (z. B. Konfrontation bei Phobien) keine Anwendung finden.

Die therapeutische Beziehung wird wiederkehrend (Grawe et al., 2001) als wesentliche Triebkraft in der Psychotherapie beschrieben. Eine mangelnde Passung von Patient und Therapeut erschwert oder verunmöglicht die Etablierung des so notwendigen und hilfreichen Arbeitsbündnisses. Demnach gilt es als Behandlungsfehler, diese mangelnde Passung unberücksichtigt zu lassen. Eine zu geringe Übereinstimmung von Patient und Therapeut kann sich auch aus mangelnder Kultursensibilität ergeben, wenn der Therapeut blind oder fehlsichtig für den kulturellen Hintergrund und die damit verbundenen Auswirkungen auf die Psychotherapie seiner Patienten ist.

Die Würde des Menschen ist unantastbar und jeder Mensch hat das Recht auf freie Entfaltung seiner Persönlichkeit. So steht es im Grundgesetz (Grundgesetz, 2019) der Bundesrepublik Deutschland. Ein psychotherapeutischer Eingriff in diese Grundrechte des Menschen auch in seiner Rolle als Patient, eine mangelnde Achtung der Autonomie des Patienten zählt definitiv zu den substantiellen Fehlern. Insgesamt kann man die Missachtung oder Verletzung der medizinethischen Prinzipien (vgl. ▶ Kap. 12) als bedeutsamen Fehler betrachten.

Schlechtes Timing von Interventionen, zu schnelles Tempo und Ungeduld in der

18.3 · Behandlungsfehler

Psychotherapie, Überforderung oder Unterforderung des Patienten, eine zu wenig tragfähige oder auch eine unnötig stark etablierte therapeutische Beziehung, der nicht indikationsgenaue Einsatz von Methoden, mangelnde therapiebegleitende Evaluation und das Ausbleiben angemessener Updates von Therapiezielen, Naivität, Unsicherheiten und Hemmungen und die Scheu vor Anwendung konfrontativer Therapiemethoden mögen in gelinderen Fällen ohne therapieschädliche Auswirkung bleiben, münden aber auch sehr oft in maßgebliche Behandlungsfehler.

Eine den individuellen Bedürfnissen des jeweiligen Patienten nicht gerecht werdende Schema-F-Therapie, eine Therapie von der Stange, zählt sicher auch zu den Behandlungsfehlern, ein Handeln entgegen der Gebote der Effizienz und Wirtschaftlichkeit ebenso.

Eine therapeutische Beziehung wird nicht nur am Beginn der Therapie geschaffen, sie entsteht in jedem Psychotherapiekontakt neu. Schädliche therapeutische Einwirkungen auf diesen Prozess, Unterlassungen oder Überschreitungen, Exzesse oder Defizite aufseiten des Therapeuten produzieren Therapiefehler. Jegliche Verletzung von Patientenrechten und insgesamt eine Verletzung des Abstinenzgebotes gelten als Behandlungsfehler. „Die Wichtigkeit einer unbeeinträchtigten therapeutischen Beziehung gibt vor, außertherapeutische Kontakte auf das Notwendige zu beschränken" (Möller & Lohmer, 2017, S. 82).

Schädigungen des Patienten und damit als sicher gewichtiger Behandlungsfehler geltend sind etwa, der ungerechtfertigte Eingriff in die Persönlichkeitsstruktur des Patienten. Darunter fällt auch jedwede subtile und ohne Patientenauftrag erfolgte Manipulation, sowie Instrumentalisierungen des Patienten zu eigenen Zwecken, wie etwa bestimmte Formen des narzisstischen Missbrauchs. Sexuelle Übergriffe nur unter dem Abstinenzgebot zu subsumieren wäre fahrlässige Beschönigung, denn sexuelle Übergriffe sind kein Behandlungsfehler, sondern eine Straftat.

Ein von den allermeisten Psychotherapeuten gefürchteter Fehler ist das Verkennen oder die Fehleinschätzung von Suizidalität. Medau (2014) spricht hier von einem therapeutischen Damoklesschwert. Immerhin handelt es sich dabei um ein zumindest sehr bewusstes Problem, weshalb ein ignoranter oder zu leichtfertiger Umgang damit weitgehend ausgeschlossen werden kann. Eine erhebliche Fehlerquelle liegt aber nicht nur im richtigen Erkennen und Einschätzen der Suizidalität, sondern insbesondere im nicht adäquaten und gegebenenfalls unprofessionellen Umgang mit der Suizidproblematik im Rahmen einer laufenden Psychotherapie.

Ein im täglichen Ablauf eher schwer feststellbares, aber im Therapeutenberufsleben insgesamt sich immer schädigender auswirkendes Fehlverhalten liegt darin, auf fortlaufende Supervision zu verzichten und Fortbildungen nicht zur eigenen Weiterentwicklung, sondern zum Punktesammeln als Alibiveranstaltung zu nutzen und damit blinde Flecken ungehindert wuchern zu lassen. Gerade das zumindest punktuelle Nutzen Schulen übergreifender Fort- und Weiterbildungen kann sehr zur notwendigen therapeutischen Wachsamkeit und Beweglichkeit beitragen. Die Kategorie eines bloßen Behandlungsfehlers als lässliche Sünde verlassen wir, wenn wir Möller und Lohmer (2017, S. 66) das Wort geben. „Es besteht allerdings die Möglichkeit, dass die Nichtinanspruchnahme von Supervision unter dem Gesichtspunkt einer fehlerhaften Therapieüberwachung als Behandlungsfehler eine Haftung gegenüber dem Patienten begründen könnte."

Verstöße gegen alle Berufspflichten der Psychotherapeuten (Deutsche Bundespsychotherapeutenkammer, 2018) gelten grundsätzlich als schwerwiegende Fehler. „Psychotherapeuten sind nach § 9 Abs. 1 S. 1 MBO – PP/KJP verpflichtet, zum Zweck der Dokumentation in unmittelbarem Zusammenhang mit der Behandlung und Beratung eine Patientenakte in Papierform oder elektronisch zu führen. Diese beinhaltet u. a.: Anamnese, Diagnose, Untersuchungen, Untersuchungsergebnisse, Befunde, Therapien und ihre Wirkungen, Einwilligungen und Aufklärungen" (Möller & Lohmer, 2017, S. 79).

Studien zu einigen der oben genannten und weiteren Behandlungsfehler hat Medau (2014) in ihrer Dissertation zitiert. Medau (2014) legte in ihrer Befragung dar, welche Therapiefehler wie häufig berichtet werden, wobei sie sich dabei nur einer relativ kleinen Stichprobe bedienen konnte. Im Folgenden seien auszugsweise die Fehlerspitzenreiter aufgelistet. So gaben 20 Studienteilnehmer und damit 67 % der Befragten an Diagnostik-, Katamnese oder Evaluationsfehler begangen zu haben. 63 % der Befragten berichteten von Inkorrektheiten bei der Einschätzung der Indikation und auf Rang drei lagen Fehler bzgl. der Transparenz oder des Auftrages. Hier waren es 18 Befragte (60 %), die derlei Mängel einräumten. Medau (2014) kategorisiert die Fehler und benennt Oberkategorien, wie technische Fehler, also Diagnostikfehler, Einschätzungsfehler, wie z. B. falsche Indikationsentscheidungen, normative Fehler, wie Bruch der Schweigepflicht, mangelnde Aufklärung des Patienten und systemische Fehler, wie z. B. unzureichende Arbeitsbedingungen. Die Fehlererkennung und die Kategorisierung stellt ein nach wie vor nicht zufriedenstellend zu lösendes Problem dar. Allzu leicht können Störungen im Behandlungsverlauf auch der vermeintlich mangelnden Patientenmotivation zugeschrieben werden. Das könnte ein bequem zu gebrauchender Bagatellisierungsversuch oder auch Abwehrmechanismus sein.

18.4 Missbrauch und Verletzung der sexuellen Abstinenz in Psychotherapie

„Generell lädt das in psychotherapeutischen Behandlungen oft vorliegende Abhängigkeitsverhältnis zu Grenzüberschreitungen unterschiedlichster Art ein" (Strauß, 2015). Eine Einladung zu bekommen hat allzu leicht auch die Mitbedeutung einer Aufforderung und schon hier ist bei der Wortwahl darauf zu achten, nicht einer verdeckten Rechtfertigung einer höchst unprofessionellen und zu ahndenden Verletzung das Wort zu reden. Grenzüberschreitungen in der Psychotherapie, die wir in einer harmloser klingenden Formulierung als Verletzung der Abstinenz, treffender und richtiger aber als Missbrauch bezeichnen, können in vielerlei Erscheinung auftreten. Neben dem hier intensiver zu behandelnden sexuellen Missbrauch sind dies der finanzielle, der soziale oder auch der narzisstische Missbrauch. Patienten für seinen eigenen finanziellen Vorteil zu nutzen, Therapie ohne hinreichende Begründung außer dem eigenen wirtschaftlichen Vorteil zu verlängern, kann ökonomischer Missbrauch sein. Eine Vermengung von Psychotherapie und dem Privatbereich beider Beteiligter durch den Behandler, etwa weil der Patient der deutlich bessere Tennisspieler ist, von dem der Therapeut gut etwas lernen kann, oder weil der Patient ein insgesamt interessanter Zeitgenosse ist, mit dem man das Gespräch außerhalb der Therapie sucht, ist sozialer Missbrauch. Die Befriedigung eigener Größenfantasien und die damit verbundene Selbstwertstabilisierung oder Selbstwerterhöhung aufseiten des Therapeuten ist narzisstischer Missbrauch, welcher insgesamt schwer offenkundig zu machen ist. Wenngleich viele Hinweise nahelegen, dass sexueller Missbrauch eher Psychotherapeuten anzulasten ist, wird der soziale oder narzisstische Missbrauch in einer noch nicht erforschten und damit nicht quantifizierbaren Größe auch ein Psychotherapeutinnen-Thema sein. „Narzisstischer Missbrauch bedeutet, dass Therapeuten auf Kosten ihrer Patienten ihr Bedürfnis ausleben, recht zu haben, zu wissen, um was es wirklich geht, wichtige Dinge zu äußern, intellektuell zu glänzen, sich überlegen zu fühlen, sich bewundern zu lassen, Anhänglichkeit und letztendlich auch Abhängigkeit zu genießen. In der narzisstischen Bedürftigkeit geht es primär nicht um den anderen, sondern um das eigene Selbst" (Rudolf, 2016, S. 39). Zumindest ein Kunstfehler ist darin zu sehen, wenn sich Psychotherapeuten im Kontakt mit ihrer Klientel eigene emotionale Entlastung verschaffen.

Es wird wohl niemand in Abrede stellen wollen, dass sexueller Missbrauch ein reales Problem in der Psychotherapie ist. Wie mächtig dieses Problem ist, wird erfahrungsgemäß gewaltig unterbewertet. Schätzungen der amerikanischen Berufshaftpflichtversicherer kommen zum Ergebnis, dass es bei ca. 20 % der Psychotherapeuten mindestens einmal während der Berufsausübung zu sexuellen Kontakten mit Patienten kommt und dass es darunter viele Wiederholungstäter gibt (Becker-Fischer, 2012). „In anonymen Selbstbefragungen gaben durchschnittlich 10 % der Psychotherapeuten an, mindestens einmal in ihrer beruflichen Karriere sexuellen Kontakt mit einer ihrer Patientinnen oder einem ihrer Patienten aufgenommen zu haben, davon sind durchschnittlich 92 % Psychotherapeuten und 8 % Psychotherapeutinnen" (Becker-Fischer, 2012, S. 305). Dieser Quelle zufolge dürfte bei Psychotherapeutinnen die Dunkelziffer hoch sein und hier eher das Problem des schwer zu objektivierenden narzisstischen Missbrauchs zu erwarten sein. Bezüglich der Identifikation von Tätermerkmalen bei sexuellem Missbrauch lassen sich nur wenige Quellen finden. Gäbe es klar identifizierbare Merkmale, ließen sich zumindest theoretisch potentielle Täter frühzeitiger erkennen und gegebenenfalls auch unschädlich machen.

Sind Psychotherapeuten eine aufgrund der Struktur ihrer Berufsausübung gefährdete Spezies? Zumindest niedergelassene Psychotherapeuten arbeiten sehr häufig alleine, haben ein hohes Arbeitspensum und erfahren mitunter die meisten Sozialkontakte durch die zu versorgende Klientel. Kann es da sein, dass Gelegenheit Diebe macht? Das mag als Erklärung des Unerhörten dienen, sicher nicht als verharmlosende Rechtfertigung. Becker-Fischer (2012) führt aus, dass zum einen Psychotherapeuten in akuten Belastungssituationen, Lebenskrisen oder auch in der Berufsausübung überforderte Psychotherapeuten gefährdet sind, sexuelle Beziehungen zu Patienten zuzulassen oder zu initiieren. Zum anderen sind bei sexuellen Übergriffen Therapeuten mit Persönlichkeitsstörungen eine Tätergruppe, wobei diese Gruppe, wie wohl in der Summe eher gering, doch für die meisten Übergriffe verantwortlich zeichnet. Besonders nachdenklich stimmt die weitere Aussage: „Die habituell missbrauchenden Psychotherapeuten sind routiniert, sowohl in ihren Verführungs- als auch in ihren Legitimationsstrategien, meist gut ausgebildet, in Fachkreisen angesehen, mit Lehrbefugnis und nicht selten in Ethikkommissionen vertreten. Sie sind nur selten einsichtsfähig und schwer zu rehabilitieren" (Becker-Fischer, 2012, S. 306). Eine Legitimationsstrategie kann darin bestehen, sexuelle Kontakte als therapeutische Intervention zu deklarieren, um Patienten die Möglichkeit zu neuen sexuellen Erfahrungen im therapeutisch geschützten Raum zu bieten (Birnbacher & Kottje-Birbacher, 2006). Das ist mehr als perfide. Betrachtet man die eben beschriebenen Kennzeichen zum Missbrauch neigender Therapeuten, so wird deutlich, dass die Gefahr wie so häufig dort lauert, wo man sie am wenigsten erwarten würde und damit nur umso gefährlicher ist.

Selbstredend muss man sich die Frage stellen, was sich in der Entwicklung der

Therapeutenpersönlichkeit nicht, fehlgeitet oder gänzlich falsch ereignet, um in besonderer Weise anfällig für Behandlungsfehler oder gar Missbrauch zu sein. Ein genaues Setzen und Einhalten von Grenzen mag durchaus ein Kriterium einer strukturierten, disziplinierten, ethisch-moralisch gereiften und respektvollen Persönlichkeit sein. Die eindeutige Beschreibung, was unter einer Anzüglichkeit, jovialem Gehabe, offensivem Sexualverhalten, Übergriff oder Missbrauch zu verstehen ist, entscheidet letztendlich über die Anzahl der Fälle, über Opfer und Täter. Wann wird die therapeutisch gut gemeinte körperliche Berührung zum Übergriff oder Missbrauch? Hat eine bestimmte Körperberührung im therapeutischen Kontakt in einer gleichgeschlechtlichen Interaktion eine andere Bedeutung als von Mann zu Frau und was wäre die Begründung dafür? Wie weit muss der Abstand zwischen einer Berührung an der Schulter und dem möglichen Berühren etwa des Brustbereiches sein? Was zählt zu den verbalen Verletzungen, was gilt als sexualisiertes Verhalten, wann beginnt offensives Sexualverhalten und wo liegt hier genau die Grenze zum sexuellen Missbrauch? (vgl. auch Vogt et al., 1999). Berührungen von Hand, Arm, Schulter, Knie oder Bein, auch Umarmungen müssen keine erotische Bedeutung haben. „Berührungen können sich allerdings mit Erotik aufladen, und sie können Teil sein der Inszenierungen, die den sexuellen Übergriff vorbereiten oder begleiten" (Vogt et al., 1999, S. 754). Ein weiteres Problem besteht darin, dass allzu leicht den Opfern die Schuld am erfolgen Sexualkontakt zugeschrieben wird, so als hätten diese das unbedingt gewollt und Folgeschäden bagatellisiert oder auch der krankhaften Verarbeitung von Patienten zugeschrieben werden (Becker-Fischer, 2012).

Patienten sprechen in der für sie ungewöhnlichen und neuen Situation in der Psychotherapie, die durch besondere Nähe und Zugewandtheit des Therapeuten, sowie durch Abgeschiedenheit und Verschwiegenheit gekennzeichnet ist, sehr viel eher über bisher verschwiegene, intime Dinge. Sie geben somit mehr oder weniger schnell oder intensiv ihre bisherigen Schutz- und Abwehrmechanismen auf oder lockern sie. Genau dies ist in einer Psychotherapie auch gewollt und nötig, um Zugang zum Kern der Seele des Patienten zu finden. Patienten sind damit in einem außergewöhnlich ungeschützten Modus, sind eingeschränkt zum Selbstschutz fähig, damit sehr verwundbar und somit weitgehend dem Wirken und der Macht des Therapeuten ausgeliefert. Diese außergewöhnliche Situation mit viel Verständnis und dargebotener Sympathie kann auch ein Gefühl der Verliebtheit in den Therapeuten auslösen, wobei hier von einer geblendeten Verliebtheit in die Rolle des Therapeuten und nicht in die Person des Therapeuten ausgegangen werden sollte. Darüber hinaus loten Psychotherapeuten die Schwachstellen ihrer Patienten aus. Dies kann der notwendigen Hilfe den Weg bereiten, aber auch das Einfallstor zum Missbrauch darstellen. Mancherlei bei Patienten entdeckte Bedürftigkeiten, Phantasien, Empfänglichkeiten kombiniert mit deren Selbstunsicherheit und der Unfähigkeit, sich mit einem klaren Nein abgrenzen zu können, werden der Verführungsabsicht eines Therapeuten sehr gut in die Hände spielen.

So sehr das Thema sexueller Missbrauch in der Psychotherapie trotz hoher Fallzahlen noch immer ein Randthema bleibt, so groß die Dunkelziffer auch sein mag und so wenig bisher in Ausbildungscurricula dieses Problem thematisiert wird, ist doch eines unumstößlich wahr: Sexuelle Beziehungen zwischen Therapeuten bzw. Therapeutinnen und Patientinnen bzw. Patienten sind niemals fachgerecht. „Während der Gesetzgeber bei der Reform des Strafgesetzbuchs auf realistischer Grundlage von ca. 600 Fällen sexuellen Missbrauchs in psychotherapeutischen Behandlungsverhältnissen pro Jahr in Deutschland ausging, liegt die absolute Zahl der Aburteilungen wegen § 174c Abs. 2 StGB seit Einführung der Norm im Jahr 1998 im Schnitt unter vier pro Jahr" (Schleu et al., 2018, S. 11). Opfer scheuen die Belastung durch Prozesse und befürchten, als nicht glaubwürdig abgeurteilt zu werden, denn das wäre die nächste Verletzung nach der originären Beschädigung. (Kattermann, 2018). Ein spezielles Machtgefüge und auch Abhängigkeitsverhältnis zum Psychotherapeuten hält auch davon ab, Übergriffe anzuzeigen. Es besteht sicher auch eine schwer aufzulösende Ambivalenz, da ein Therapeut einerseits als sehr bemüht, fürsorglich und hilfreich erlebt wird, andererseits aber auch als grenzüberschreitender, verletzender Täter. Hier ist eine Parallele zum Missbrauch durch z. B. Väter zu ziehen. Außerdem scheuen viele Opfer sexueller Gewalt verständlicherweise den Weg durch die Instanzen, da eine weitere Belastung oder Traumatisierung vermieden werden soll. Einblicke in das Erleben der Opfer bietet unter anderem das von Hensch und Teckentrup (1998) herausgegebene „Schreie lautlos. Mißbraucht in Therapien".

Ein Missbrauch in der therapeutischen Situation würde dann nicht vorliegen, wenn zwischen Therapeut und Patient ein beiderseits aus freien Stücken beabsichtigtes Liebesverhältnis besteht (Schleu et al., 2018). Damit ist eine derartige Verbindung immer noch mehr als ein Fauxpas. „Aus psychotherapeutischer Sicht ist jedoch eine ‚unabhängige Liebesbeziehung' im Rahmen einer psychotherapeutischen Behandlung nicht vorstellbar" (Schleu et al., 2018, S. 18), da ..."eine psychotherapeutische Behandlung konstitutiv durch ein strukturelles Machtgefälle und eine Lockerung psychischer Strukturen bei dem Patienten charakterisiert ist, aufgrund derer in der Behandlung eine Beziehung auf gleicher Augenhöhe gar nicht möglich ist" (Schleu et al., 2018, S. 18). Aufmerksamkeit, Empathie und Zuwendung lassen schnell Affekte wie Zuneigung, Sympathie und auch Liebesgefühle dem Psychotherapeuten gegenüber entstehen (Schleu et al., 2018).

Patienten bleiben ihren Therapeuten auch nach Beendigung der Therapie noch anvertraut, daher ist eine Karenzzeit, also ein zeitlicher Abstand, von mindestens einem Jahr einzuhalten, ehe private Kontakte zwischen Patient und Therapeut aufgenommen werden können (Schleu et al., 2018).

18.5 Kritische Würdigung

Fehler, Abweichungen, Schädigungen im psychotherapeutischen Prozess sind keine seltene Ausnahme, sondern regelmäßig auftretende Probleme. Es bedarf des Eingeständnisses, der Selbstreflexion und des achtsamen und verbindlichen Umgangs damit. Der therapeutische Fehler kann im Extremfall Suizidalität bedingen und auch ansonsten sehr viel persönlichen Schaden anrichten. In der Regel wird er weniger folgenreich als etwa ein chirurgischer Fehlgriff sein, insbesondere deshalb, weil ein erkannter und eingestandener und folglich bearbeiteter psychotherapeutischer Fehler im Grunde korrigierbar sein sollte. Das frühzeitige Erkennen, Eingestehen und das transparente und ehrliche Umgehen mit aufgetretenen Fehlern ist unabdingbar. Vermutlich führen begangene Inkorrektheiten nicht notwendigerweise zu Therapieabbrüchen oder Schädigungen von Patienten, sondern die unterbliebene Aufdeckung und Korrektur.

Die Forderung nach Entwicklung einer Fehlerkultur in der Psychotherapie kann leicht missverständlich sein. Ziel sollte es nicht sein, Fehler zu kultivieren, sondern eine fehlerkritische Haltung und einen professionellen Umgang mit aufgetretenen Missgriffen zum verpflichtenden Standard zu erheben. Dies würde aber auch bedeuten, dass Fehlerbewusstsein, Fehlererkennung und Fehlerkorrektur Bestandteil jeder Psychotherapeutenausbildung, unabhängig von der jeweiligen Schulrichtung, wird. In die Psychotherapierichtlinie sollten Leitlinien zum Umgang mit Therapiefehlern unbedingt aufgenommen werden.

Es ist davon auszugehen, dass der adäquate Umgang mit falschem Vorgehen bei sich selbst und anderen eine Funktion der therapeutischen Reife und damit der Therapeutenentwicklung ist. Man mag geradezu einfordern, dass eine gelingende Entwicklung im Psychotherapieberuf die Anfälligkeit für Behandlungsfehler oder Missbrauch signifikant minimiert. Der differenziert und gut entwickelte Therapeut wird umso mehr Licht in das Dunkel seiner blinden Flecken gebracht haben, mehr Zugriff auf sich selbst und seine Schwachstellen haben und wachsamer, disziplinierter und couragierter mit Fehlerteufeln und heimlichen Verführen in seinem inneren Team umgehen können. Fehlerfrei werden Psychotherapeuten nie sein, daran zu glauben, wäre eine Illusion. Dennoch dürfte der insgesamt sicher im Sattel sitzende, beruflich wie privat gut entwickelte Therapeut und Mensch, weniger anfällig dafür sein, soziale, finanzielle, narzisstische, emotionale oder erotisch-sexuelle Bedürfnisbefriedigung bei seiner Klientel zu suchen.

Selbstverständlich sollten Fragen der Abstinenzverletzung, Gefahrenquellen für Übergriffe und Missbrauch in die Ausbildungscurricula als unverzichtbares Element aufgenommen werden und dabei auch nicht nur bei Bedarf thematisierter Aspekt in Supervision und Selbsterfahrung sein. Generell sollte das Thema Erotik in der Psychotherapie als notwendiger Bestandteil der Ausbildung etabliert und ausführlich diskutiert werden. Nicht zu vergessen ist ein weiterer Aspekt. Psychotherapeuten sind auch der Gefahr ausgesetzt, selbst Opfer zu werden, etwa im Rahmen falscher Anschuldigungen. Daher ist es wichtig, Psychotherapeuten schon in der Ausbildung dabei zu unterstützen, in ihrem Verhalten möglichst nicht den kleinsten Verdachtsmoment auf erotisches, sexualisiertes oder gar übergriffiges Verhalten zu zeigen. Vermittlung von Knowhow im Umgang mit falschen Anschuldigungen sollte ebenfalls zur Ausbildungsroutine zählen.

Ein noch diffiziler zu bearbeitendes Feld ist darüber hinaus das Erkennen, Offenlegen und Bearbeiten des Fehlverhaltens von Kollegen. Psychotherapeuten haben primär Verantwortung für ihr eigenes Tun und das Wohl ihrer Patienten. Ethisch, moralisch oder auch standesrechtlich möchte man meinen, dass sie auch eine gewisse Verantwortung für das Tun ihrer Kollegen und deren Klientel haben. Wenngleich es nicht allzu oft vorkommen wird, dass Psychotherapeuten in eindeutiger Weise von Fehlgriffen ihrer Kollegen erfahren, besteht doch prinzipiell die Möglichkeit, von Patienten darüber informiert zu werden. Dann sollte es unbedingt selbstverständlich sein, darauf zu reagieren und zumindest den in Frage kommenden Kollegen zunächst darauf anzusprechen, dann ggf. weitere Schritte einzuleiten. In der eigenen Tätigkeit kam es einmal vor, dass nach gleichlautenden Schilderungen mancher aus der Therapie abgesprungenen Patienten eine niedergelassene Behandlerin im Rahmen der Sitzungen höchst seltsam oder fachkundig betrachtet offenbar psychotisch agierte. Nach Absprache mit einem Kollegen wurde dieser Kollegin mit Hinweis auf den Sachverhalt ein kollegiales Gespräch angeboten. Die Kollegin reagierte nicht darauf. Ihr Praxisbetrieb war aber sehr bald darauf ohnehin eingestellt und sie offenbar in stationärer Therapie. Zugegeben kostete es manche Überlegung und das Überwinden einiger falscher Hemmungen, um diesen Schritt zu tun.

▶ **Eigenes Beispiel**

Wenn es auch an dieser Stelle ungewöhnlich, aber sehr mutig wäre, eine eigene Erfahrung mit sexuellem Missbrauch in der Psychotherapieausübung zu berichten, so muss es hier entfallen, da dies nie der Fall war. Behandlungsfehler wie einige der oben genannten sind mir sicher wiederholt unterlaufen und werden auch in Zukunft nicht ausgeschlossen sein. Vieles wird man als Therapeut nicht erfahren, hat man doch bestenfalls im Reinen mit sich gehandelt, sodass der Patient alleine den Fehler bemerkt und möglicherweise unausgesprochen bei sich behält. Eines aber konnte ich in meiner Therapeutenentwicklung früh lernen, man erfährt viel von seinen Patienten. Wenn der aufmerksame Zahnarzt selbst kleinste mimische Veränderungen im Gesicht seines Patienten, manche Veränderung in der Körperhaltung oder weit sich öffnende Augen als Zeichen von Unbehagen oder Schmerz wahrnimmt, richtig deuten und richtig darauf reagieren kann, so ist es auch Psychotherapeuten möglich, Abweichungen durch Patientenrückmeldungen frühzeitig identifizieren zu können. ◄

> **Mal ehrlich**
> Welche Fehler geben sie gerne, oder zumindest freimütig zu? Sind das eher die kleinen, harmlosen Fehler, die lässlichen Sünden? Welche Fehler kommen ihnen gar nicht in den Sinn? Funktioniert da die Abwehr einfach sehr gut? Woran würden sie erkennen, dass sie auf dem Weg zu einem Behandlungsfehler sind? Was sind erste Anzeichen für Missbrauch? Seien sie an dieser Stelle eingeladen zur Selbstreflexion und notieren sie bitte alle bisher identifizierbaren Behandlungsfehler und gegebenenfalls Missbräuche in ihrer Therapeutengeschichte.

18.6 Fazit

Wie bei Interaktionsstörungen im therapeutischen Geschehen (vgl. ▶ Kap. 17), wird es auch im Umgang mit Fehler- und Gefahrenquellen im Psychotherapieberuf keinen verlässlichen Rundumschutz für Patient und Therapeut geben. Fehler, so ärgerlich, schmerzlich und schädigend sie sein mögen, sind ein wichtiger Teil der Entwicklung. Würden wir keine Fehler machen, könnten wir nichts dazulernen und würden in der Entwicklung der Therapeutenpersönlichkeit auf welchem Niveau auch immer stagnieren. Dabei sollte uns immer bewusst sein, dass unsere blinden Flecken unerbittlich sein können und dass es durch eine Reduktion kognitiver Dissonanzen gelingt, auch Abwegiges schönzureden oder wie es Kahneman formuliert: „We have an almost unlimited ability to ignore our ignorance" (Brooks, 2015, S. 8).

Zum Mitnehmen
Die den Psychotherapeuten sich anvertrauenden Patienten haben ein Anrecht auf Unversehrtheit. Ihre beschädigte Seele darf in der Psychotherapie keine durch Therapiefehler verursachten zusätzlichen Schäden erfahren. Psychotherapeuten sind nicht nur moralisch in der Pflicht, alles in ihrer Macht Stehende zu tun, um Schaden – zumindest in der therapeutischen Interaktion – von ihren Patienten abzuwenden. Primum nihil nocere ist ein sehr altes und immer noch bewährtes Leitprinzip. Bei vermuteten oder nachweisbaren Behandlungsfehlern ist bei allen am Prozess Beteiligten, bei allen Mitwissenden eine Nulltoleranzstrategie einzufordern.

Weiterführende Literatur

Becker-Fischer, M. (2012). Verletzung der sexuellen Abstinenz in Psychotherapien. *Psychotherapeutenjournal, 4*(2012), 304–307.
Birnbacher, D., & Kottje-Birnbacher, L. (2006). Ethische Fragen bei der Behandlung von Patienten mit Persönlichkeitsstörungen. *Psychotherapie, 11*(2), 248–256. CIP-Medien.
Bossenmayer, J. (2015). Rechtliche Risiken und Nebenwirkungen von Psychotherapie. Was müssen Patienten und Behandler bedenken? *Psychotherapie im Dialog, 4.* 66–70.
Brooks, D. (2015). *The road to character*. Penguin.

Deutsche Bundespsychotherapeutenkammer (BPtK). (2018). *Muster-Berufsordnung für die Psychologischen Psychotherapeutinnen und Psychotherapeuten und Kinder- und Jugendlichenpsychotherapeutinnen und Kinder- und Jugendlichenpsychotherapeuten.* BPtK.

Grawe, K., Donati, R., & Bernauer, F. (2001). *Psychotherapie im Wandel. Von der Konfession zur Profession*: Hogrefe.

Grundgesetz. (2019). *Dtv bibliothek.*

Hensch, T., & Teckentrup, G. (Hrsg.) (1998). *Schreie lautlos. Missbraucht in Therapien.* Kore Verlag.

Katechismus der katholischen Kirche (2005). *Kompendium.* Pattloch.

Kattermann, E. (2018). Zerstörtes Vertrauen und Schuld. Sexueller Missbrauch in der Psychotherapie. *Deutsches Ärzteblatt,* Heft 1, 17–20.

Medau, I. (2014). *Behandlungsfehler in der Psychotherapie: Qualitative Untersuchung und ethische Analyse anhand einer Interviewstudie.* Inauguraldissertation.

Möller, H., & Lohmer, M. (2017). *Supervision in der Psychotherapie. Grundlagen, Forschung, Praxis.* Kohlhammer.

Rudolf, G. (2016). *Psychotherapeutische Identität.* Vandenhoeck & Ruprecht.

Schleu, A., Tibone, G., Gutmann, T., & Thorwart, J. (2018). Sexueller Missbrauch in der Psychotherapie. Notwendige Diskussion der Perspektiven von Psychotherapeuten und Juristen. *Psychotherapeutenjournal, 1,* 11–19.

Sponsel, R. (1997). Potentielle Kunst-/Fehler aus der Sicht der Allgemeinen und Integrativen Psychologischen Psychotherapie. Materialien zur Qualitätssicherung mit einer Literaturübersicht. *Report Psychologie, 22*(8), 602–604.

Strauß, B. (2015). Risiken und Nebenwirkungen von Psychotherapie. *Eine Einführung. Psychotherapie im Dialog, 4*(2015), 16–19.

Vogt, I., Arnold, E., & Sonntag, U. (1999). Körperkontakte und sexuelle Kontakte im psychotherapeutischen Setting. *Report Psychologie, 10*(199), 754–763.

Ethische Herausforderungen

Inhaltsverzeichnis

19.1 Grundsätzliche Überlegungen – 162

19.2 Begriffsklärung – 162

19.3 Ethische Herausforderungen und Entwicklung – 163

19.4 Beispiele für ethische Dilemmata – 163

19.5 Kritische Würdigung – 165

19.6 Fazit – 166

Weiterführende Literatur – 166

© Der/die Autor(en), exklusiv lizenziert an Springer-Verlag GmbH, DE, ein Teil von Springer Nature 2025
S. Gerhardinger, *Entwicklung der Therapeutenpersönlichkeit*,
Psychotherapie: Fort- & Weiterbildung, https://doi.org/10.1007/978-3-662-70477-6_19

Es ist besser, hohe Grundsätze zu haben, die man befolgt, als noch höhere, die man außer Acht lässt.
Albert Schweitzer

? Frequently Asked Question
Gibt es eine Ethik der Psychotherapie? Was sind Gefahrenquellen für das Primat ethischen Vorgehens?

19.1 Grundsätzliche Überlegungen

„Psychotherapeuten sind verpflichtet, ihren Beruf gewissenhaft auszuüben und dem ihnen entgegengebrachten Vertrauen zu entsprechen" (Deutsche Bundespsychotherapeutenkammer, 2018, § 3). Vermutlich gibt es ein kaum zu diskutierendes richtiges Vorgehen, wenn ein Nagel in eine Wand geschlagen werden soll. Das sachgemäße Töten eines aus dem Fluss geangelten Fisches könnte auch noch weitgehend unstrittig sein. Die Behandlung eines seelisch kranken oder belasteten Menschen mit psychologischen Mitteln folgt keinen eindeutig definierten, logisch aufeinander folgenden Verfahrensschritten und führt deshalb unweigerlich in Graubereiche, in Unschärfen, in Ungenauigkeiten. Behandler kommen oft in die Zwangslage, dass zwei oder mehr Vorgehensweisen, Eingriffe, Interventionen oder auch Interpretationen etwas Richtiges bewirken können und dass aber gerade diese Handlungsoptionen einander ausschließen. Genau hier sind wir im Bereich der ethischen Dilemmata angelangt.

Ein psychologischer Eingriff ohne Einwilligung des Patienten ist ein Verstoß gegen geltendes Recht. Aus ethischer Sicht muss vor einer Intervention eine informierte Einwilligung (Informed Consent) des Patienten vorliegen. In jedem Fall gilt es zu prüfen, inwieweit ein Patient einwilligungsfähig oder aber durch seine Erkrankung mehr oder weniger stark in seinem Urteilsvermögen beeinträchtigt ist.

„Ethische Fragen und Konflikte sind Teil des psychotherapeutischen Alltags. Kenntnisse und Kompetenzen im Bereich der Ethik sind somit Voraussetzung für eine professionelle Praxis" (Trachsel et al., 2018, S. 1). Die besondere Intimität der Beziehung von Patient und Psychotherapeut und das deutliche Machtgefälle in der Interaktion werfen offensichtlich weitaus mehr ethische Fragen auf, als in anderen professionellen Beziehungen. Zumindest scheint es keine Fachliteratur zur Ethik im Metzgereifachhandwerk oder bei Finanzbeamten zu geben.

Ethische Dilemmata sind im Psychotherapiealltag üblich und keinesfalls die handverlesene Ausnahme. Es ist anzunehmen, dass die ethisch gewissenhaften Psychotherapeuten weitaus mehr solcher Zwickmühlen erleben, als manch davon unbeleckter Kollege. „Auch wenn die Ethik selten eindeutige „dos and don'ts" vorgibt, ist es zentral, dass Psychotherapeuten im Laufe ihrer Karriere ein laufend besseres Sensorium für moralisch heikle Situationen entwickeln, sich selbst immer wieder hinsichtlich der moralischen Implikationen ihres Tuns hinterfragen und fähig sind, moralische Argumente im Einzelfall gegeneinander abzuwägen" (Trachsel et al., 2018, S. 74). Wenn das Selbstverständnis aufhört, fängt die Ethik an. Der gut entwickelte Therapeut wird ethische Herausforderungen vermutlich anders auflösen, als ein Novize. Andererseits braucht es das Erleben und Durchstehen mancher ethischer Zwickmühlen, um im Umgang damit erfahrener und kompetenter zu werden.

19.2 Begriffsklärung

Ethik wird definiert als philosophische Bezeichnung für die Wertlehre (Fröhlich & Drever, 1979) oder auch als philosophische Wissenschaft vom Sittlichen (Meyers großes Taschenlexikon, 1999). Sie ist die

Lehre vom sittlich guten Handeln und verschreibt sich damit der Unterscheidung von Gut und Böse. „Ethische Überlegungen sind Überlegungen über moralische Werte, Normen und Ideale, liegen also auf einer Metaebene und sind Teil der Philosophie. Ethik ist die Theorie der Moral" (Birnbacher & Kottje-Birnbacher, 2006, S. 249). Ethik steht in enger Verbindung mit Moral, Tugenden, Regeln, Werten und Normen. In der Psychotherapie sucht die Ethik gemäß Brakemeier und Jacobi (2017, S. 904) nach dem moralisch Gesollten, Erlaubten und Zulässigen.

Dilemma, in der Ursprungsbedeutung Doppelbegriff, kann definiert werden als schwierige Wahl zwischen zwei gleichwertigen Übeln (Meyers großes Taschenlexikon, 1999), oder anders ausgedrückt: „…a moral dilemma arises when two legitimate moral values clash" (Brooks, 2015, S. 258). Damit beschreibt Dilemma eine Zwickmühle, die sich aber auch durch eine Wahl zwischen zwei positiven Möglichkeiten ergeben kann. Dilemmata entstehen insbesondere dann, wenn Gut und Böse nicht klar genug definiert sind. In der Psychotherapie gibt es viele Entscheidungsspielräume, das bedingt eine hohe Therapeutenverantwortung, die auch zur Hypothek werden kann. Ganz ohne definierten ethischen Rahmen muss die Psychotherapie aber nicht auskommen. Trachsel et al. (2018) schließen mit ihrer Psychotherapie-Ethik einen Teil der Lücke. Orientierung gibt auch der Ethische Meta-Code (European Federation of Psychologists' Associations, 2005), worin ethische Prinzipien beschrieben sind, wie: Achtung vor den Rechten und der Würde des Menschen, also ein Respektieren von Privatsphäre, Vertraulichkeit und Autonomie; Anstreben hoher Kompetenzstandards und ausschließliche Erbringung von Leistungen bei entsprechender Qualifikation; Verantwortung gegenüber der Klientel, Gemeinschaft und Gesellschaft; Integrität im Sinne von Rollenklärung und Rollentreue.

19.3 Ethische Herausforderungen und Entwicklung

Der gereifte, gut entwickelte Therapeut wird viele Dilemmata antizipieren, sie insgesamt wahrscheinlich früher und deutlicher identifizieren, als ein Therapeuten-Novize. Dilemmata sind für sich genommen ein Problem, der unsachgemäße Umgang damit macht sie gefährlich. Wie andere Interaktionsstörungen auch (vgl. ► Kap. 17), sollten sich ergebende Dilemmata erkannt, mit dem Patienten thematisiert und aufgelöst werden. Ein Therapeut, der sich ratlos, hilflos, passiv, vermeidend aus der Verantwortung zieht, handelt definitiv falsch. Ethische Herausforderungen dürfen nicht in Handlungsblockaden kulminieren, oder Ersatz- und Übersprungshandlungen provozieren. Der sich entwickelnde Therapeut wird fortlaufend mehr erlebte ethische Dilemmata in seiner Sammlung und damit in seinem Erfahrungsschatz haben. Tatsächlich können diese Erfahrungen ein Schatz sein, sie sind, richtig genutzt, sehr wertvoll. Bewältigte ethische Herausforderungen stärken in jedem Fall die Therapeuten-Resilienz und fördern die therapeutische Kompetenz. Es kann hier als Hypothese lanciert werden, dass sich Psychotherapeuten mit unreflektierten und unbefriedigten eigenen Bedürfnissen in Therapiesituationen eher in ethische Dilemmata manövrieren, als gut sortierte und integrierte Persönlichkeiten. Abstinenz, wie auch in der Sucht, fällt leichter, wenn man fest im Sattel sitzt und klare, wertebasierte eigene Entscheidungen als verbindlich erachtet.

19.4 Beispiele für ethische Dilemmata

McLeod (2004) lädt anhand 16 verschiedener Dilemmata ein, eine ethische Entscheidung zu treffen. Beispielhaft seien hier einige Situationen aufgegriffen, selbstverständlich ohne eine dafür richtige Antwort mitliefern zu können.

Nach halbjähriger Behandlung eines Patienten mit einem ernsthaften medizinischen Problem stellt der Therapeut fest, dass er ein ähnliches Problem hat. Das macht die Fortsetzung der Beratung extrem schwierig, weil der Therapeut nun immer wieder schmerzlich mit seiner eigenen Problematik konfrontiert wird und nahe am Weinen ist. Was tun, abbrechen, ansprechen oder einfach weiter beraten oder …?

Ein Berater an einer Schule wird von einer 15-jährigen Jugendlichen mit deren Problemen konfrontiert. Es besteht die Regel, dass unter 16-Jährge nur mit elterlicher Erlaubnis beraten werden dürfen. Die 15-Jährige betont aber, dass sie von ihren Eltern niemals diese Erlaubnis zur Beratung bekommen würde. Was tun, regelkonform bleiben oder sofort helfen oder …?

Einem Berater wird ein Patient zugewiesen und im Erstgespräch wird deutlich, dass alle Voraussetzungen erfüllt sind, um die Beratung durchführen zu können, der Patient ist auch motiviert. Allerdings erlebt der Berater diesen Patienten als physisch bedrohlich und einschüchternd. Was tun, Auftrag ausführen oder Selbstschutz aktivieren oder …?

Im Laufe einer Paarberatung kommt nur die Frau zum vereinbarten Termin. Während des Termins ruft der Mann an und eröffnet dem Berater, dass für ihn die Ehe zu Ende sei, er habe seine Sachen aus der gemeinsamen Wohnung geräumt. Der Mann bittet den Berater, dies der Frau zu eröffnen. Was tun, Stillschweigen bewahren, Auftrag ausführen oder ablehnen oder …?

Ein Berater ist schon seit langem auf der Suche nach einem Verleger für ein Buch, das er geschrieben hat und nun endlich veröffentlichen will. Einer seiner Patienten bekleidet eine wichtige Position in einem Verlag. Am Ende einer Sitzung erwähnt dieser Patient, dass er gerne helfen würde, sollte der Berater jemals ein Buch veröffentlichen wollen. Das sei schon oft der Fall gewesen und sei sicher kein Problem. Was tun, auf die Autorenschaft verzichten, das Angebot sofort annehmen oder …?

Ein Berater erlebt eine starke sexuelle Anziehung bei einer seiner Patientinnen. Was tun, Impulse kontrollieren, eigenes Erleben thematisieren oder …?

Ein Berater hat einen Patienten lange begleitet. Nun ist der Klient todkrank und bittet den Berater, ihn im Krankenhaus weiter zu beraten. Was tun, unbürokratisch helfen, die eigenen Ressourcen schonen oder …?

Ein weiteres ethisches Dilemma schildern Trachsel et al. (2018, S. 21). „Beispielsweise besteht ein moralischer Konflikt, wenn sich ein Behandler auf der einen Seite moralisch verpflichtet fühlt, einer schwer depressiven und akut suizidgefährdeten Patientin, die sich gegen einen Aufenthalt in einer psychiatrischen Klinik ausspricht, das Recht auf Selbstbestimmung zuzugestehen und auf der anderen Seite die moralische Pflicht besteht, sie bestmöglich vor suizidalen Handlungen zu schützen." Es kann auch eine Zwickmühle sein zu wissen, dass ein Patient auf eine nach den Regeln der Kunst wirkungslose Intervention positiv reagiert (vgl. Trachsel et al., 2018). Das wirft die Frage auf, ob ein professionell handelnder Therapeut ohne Wissen des Patienten ein Placebo verabreichen darf. Neue ethische Dilemmata entstehen durch moderne Technologien, wie etwa Informations- und Kommunikationsplattformen, soziale Netzwerke oder ganz einfach dem Internet. Jeder Therapeut hat die Möglichkeit ohne Wissen und Einwilligung eines Patienten auf eben beschriebenen Kanälen frei verfügbare Informationen über einen Patienten einzuholen. Auch wenn dies nur der Befriedigung einer persönlichen Neugier des Therapeuten dienen würde, wäre es ethisch sehr bedenklich und unter Umständen nahe am Missbrauch. Endgültig zum Therapeutendilemma wird diese selbstbestimmte

Patientenrecherche dann, wenn der Therapeut zum Therapiegeschehen unverträgliche Informationen ausspionieren konnte. Wer sich literarisch anregend aufbereitet in diese Thematik weiter vertiefen will, dem sei auch Yaloms (1998) „Die rote Couch" empfohlen.

> **Mal ehrlich**
> Wie würden sie bei den angeführten Beispielen entscheiden und handeln? Und warum?

▶ **Eigene Beispiele**

Das Kramen im eigenen Erfahrungsschatz spülte, in jedem Fall aus heutiger Perspektive betrachtet, manch ethische Bedenklichkeit zu Tage, drei Beispiele seien hier genannt. So wurde einem mitunter unzuverlässigen englischsprachigen Patienten sehr gerne weitere Hilfe angeboten, weil es auch eine besondere Herausforderung war, Therapie in englischer Sprache zu machen. Das eigene Profitieren von dieser Konstellation hatte bestimmt Einfluss auf die Vergabe von Terminen. Nach dem Lesen von „Jeden Tag ein bisschen näher" (Yalom & Elkin, 2001) war es sicher mehr als Zufall, dass mit einer Patientin deren Therapietagebuchaufzeichnungen mit den Therapieprotokollen des Therapeuten regelmäßig ausgetauscht wurden (vgl. ▶ Kap. 23). Das war für die Patientin deren Aussagen gemäß wichtig, aber auch für mich als Therapeut eine ungewöhnlich reizende und neue Erfahrung. Wer von dieser Maßnahme mehr profitieren konnte, ist nicht zu erhellen. Am durch einen Berufswechsel notwendig gewordenen Ende eines langen Therapieprozesses erfolgte zum Abschied eine kurze Umarmung mit der Patientin. Die Patientin bat darum, dies tun zu dürfen. Berührungen von und durch Patienten waren bis dahin und sind es fortan weiterhin ausgeschlossen, tabu, mit Ausnahme des Händeschüttelns am Beginn und Ende der Sitzung und einem bisher einzigen kurzen Schulterklopfen bei einem langjährigen Patienten. War diese Umarmung mir ein Bedürfnis, dachte ich, es wäre der Patientin ein Bedürfnis, spielen hier derlei Bedürfnisse eine Rolle? Das Richtige lässt sich auch bei diesen Begebenheiten nicht leicht finden, denn eine Option zu wählen heißt, sich gegen die andere Möglichkeit entscheiden zu müssen. Wenn das Richtige schon nicht gefunden werden kann, muss in jedem Fall das definitiv Falsche unterbleiben. ◀

19.5 Kritische Würdigung

Ethische Dilemmata oder auch ethische Herausforderungen sind wiederkehrender Teil des Psychotherapiealltags. Diese Zwickmühlensituationen zeichnen sich dadurch aus, dass es kaum je eine wirklich gute oder gar die bessere Lösung geben kann. Therapeuten müssen eigenverantwortlich Entscheidungen treffen. Ethische Herausforderungen zählen zu den besonders schwierigen Anforderungen in der Psychotherapie und deren für beide Seiten erfolgreiche Bewältigung entwickelt Therapeuten wie Patienten weiter.

Als Gedankenspiel kann empfohlen werden, eine in einem ethischen Dilemma notwendige Entscheidung vor einer Ethik-Experten-Kommission, wenn es diese gäbe, gut vertreten zu können. Dabei sollte die Begründung des therapeutischen Vorgehens nicht nur das Ergebnis der Reduktion der kognitiven Dissonanz sein. Die Philosophen mögen hier einmal mehr den kategorischen Imperativ von Kant (vgl. ▶ Kap. 13) bemühen (dtv-Atlas zur Philosophie, 1992).

In der Ethik gibt es auch das so bezeichnete Dammbruch-Argument. Sind demnach erst einmal gewisse Grenzen überschritten, brechen Dämme gemeinhin schneller oder leichter. Ein kleiner, verzeihbarer ethischer Fehler mag als nicht so schlimm betrachtet werden, kann aber dann als unbewusste Steighilfe zum nächst schwerwiegenderen Grenzübertritt dienen.

19.6 Fazit

Es wird sich kaum klassifizieren lassen, was normale, übliche, häufig anzutreffende, außergewöhnliche oder besonders gefährliche ethische Dilemmata sind. Auch kann man nicht annehmen, dass dem gut entwickelten Therapeuten ethische Dilemmata zunehmend erspart bleiben. Es ist dringend zu empfehlen, den Stier bei den Hörnern zu packen, ethische Notlagen als dem Therapieprozess immanent zu akzeptieren, dies mit dem Patienten zu thematisieren und folglich die Dilemma-Bearbeitung therapeutisch zu nutzen. Das Ansprechen einer Therapeuten-Zwickmühle darf nicht unkritisch erfolgen, denn es kann einen Patienten überfordern und in ungeahnte Richtungen führen, wenn er etwa erfährt, dass sein Therapeut sich von ihm sexuell angezogen fühlt. Es bedarf unbedingt der kritischen Abwägung. Das Wohl des Patienten hat im Vordergrund zu stehen, hier kann die Nutzung von Supervision sehr gute Dienste leisten. Ethische Dilemmata bergen viel Entwicklungspotential in sich, sie wären prinzipiell Paradethemen für Supervisionsprozesse auch gut entwickelter Therapeutenpersönlichkeiten.

Psychotherapie kann niemals verstanden werden als Versuch, das Wertesystem eines Patienten neu zu organisieren. Beispielsweise ist persönliches Wohlbefinden ein hoher Wert, der Bestand einer Ehe ist ebenfalls ein hoher Wert. Bei massiv belastenden und unauflösbar erscheinenden Paarkonflikten kann ein Therapeut nicht für den Patienten entscheiden, welcher Wert für diesen der richtige ist oder der wichtigere sein sollte, aber er kann dabei assistieren, die aktuelle Unvereinbarkeit dieser Werte herauszuarbeiten.

Die Ethik wird dann hintangestellt, wenn es klare Regelungen und Verpflichtungen gibt. Das hohe Gut der Verschwiegenheit ist außer Kraft zu setzen, wenn erheblicher Schaden vermieden werden kann. Zu nennen sind hier eindeutige Selbst- oder Fremdgefährdung, dabei auch Kindswohlgefährdung, Planung von Kapitalverbrechen wie Mord oder die Vorbereitung von Terroranschlägen.

> **Zum Mitnehmen**
> Ethische Dilemmata können Hinweise auf therapeutisch bisher ausgeblendete, nicht bearbeitete Themen sein. Sie sind damit nicht nur ein Übel oder eine Gefahr. Bei adäquater Handhabung können sie für Therapeut und Patient gleichermaßen förderlich sein.

Weiterführende Literatur

Birnbacher, D., & Kottje-Birnbacher, L. (2006). Ethische Fragen bei der Behandlung von Patienten mit Persönlichkeitsstörungen. *Psychotherapie, 11*(2), 248–256. CIP-Medien.

Brakemeier, E.-L., & Jacobi, F. (Hrsg.) (2017). *Verhaltenstherapie in der Praxis*. Beltz.

Brooks, D. (2015). *The road to character*. Penguin.

Deutsche Bundespsychotherapeutenkammer. (BPtK) (2018). *Muster-Berufsordnung für die Psychologischen Psychotherapeutinnen und Psychotherapeuten und Kinder- und Jugendlichenpsychotherapeutinnen und Kinder- und Jugendlichenpsychotherapeuten*. BPtK.

dtv-Atlas zur Philosophie. (1992). *Texte und Tafeln*. Deutscher Taschenbuch Verlag.

European Federation of Psychologists' Associations. (EFPA) (2005). *Meta code of ethics*. EFPA.

Fröhlich, W. D., & Drever, J. (1979). *dtv Wörterbuch zur Psychologie* (12. Aufl.). Deutscher Taschenbuch Verlag.

McLeod, J. (2004). *The counsellor's workbook. Developing a personal approach*. Open University Press.

Meyers großes Taschenlexikon. (1999). (7. neu bearbeitete Aufl.). Meyers Lexikonredaktion.

Trachsel, M., Gaab, J., & Biller-Adorno, N. (2018). *Psychotherapie-Ethik*. Hogrefe.

Yalom, I. D. (1998). *Die rote Couch*. btb.

Yalom, I. D., & Elkin, G. (2001). *Jeden Tag ein bißchen näher. Eine ungewöhnliche Geschichte*. btb.

Leitlinien, Hilfsmittel, Anregungen

Inhaltsverzeichnis

Kapitel 20   Vision Therapeuten-TÜV – 169

Kapitel 21   Orientierungshilfen, Inspirationen und Denkanstöße – 175

Kapitel 22   Werkzeugkiste für die therapeutische Arbeit – 187

Kapitel 23   Eklektizismus: Vom Purismus zur Melange – 201

Kapitel 24   Add-on Charisma – 207

Vision Therapeuten-TÜV

Inhaltsverzeichnis

20.1 **Grundsätzliche Überlegungen – 170**

20.2 **Elemente eines Psychotherapeuten-TÜVs – 171**

20.3 **Kritische Würdigung – 172**

20.4 **Fazit – 174**

  Weiterführende Literatur – 174

© Der/die Autor(en), exklusiv lizenziert an Springer-Verlag GmbH, DE, ein Teil von Springer Nature 2025
S. Gerhardinger, *Entwicklung der Therapeutenpersönlichkeit*,
Psychotherapie: Fort- & Weiterbildung, https://doi.org/10.1007/978-3-662-70477-6_20

Die Herrschenden müssen bewacht werden, nicht die Beherrschten.
Friedrich Dürrenmatt

> **? Frequently Asked Question**
> Wer kontrolliert praktizierende Psychotherapeuten? Wäre eine regelmäßige Inspektion oder verbindliche Qualitätskontrolle einforderbar, vertretbar, durchführbar und sinnvoll?

20.1 Grundsätzliche Überlegungen

Es sind Master-Abschlüsse, Therapieausbildungen mit durchaus auch der Kontrolle dienlichen Supervisionen, Selbsterfahrung und stattliche Prüfungen zur Erlangung einer Approbation erforderlich. Mit der Erteilung der Approbation wird eine Art lebenslange Therapieerlaubnis ausgestellt. Es stellt sich unweigerlich die Frage, ob das sinnvoll sein kann. Ist das wirklich verantwortbar und ist dieser Freifahrtschein einer Therapeutenentwicklung förderlich? Psychotherapeuten arbeiten sehr oft ohne Team oder Kollegen, damit fehlt eine notwendige Rückmeldequelle und folglich ein Korrektiv. Der Patient alleine ist als Beurteiler und Rückmelder nicht verlässlich genug, schon deshalb nicht, weil Psychotherapiepatienten oft keine Vergleichsbasis haben. Es gibt Studien, die ganz offenbar belegen, dass sich Psychotherapeuten in ihrer Effektivität erheblich unterscheiden (vgl. Strauß, 2019).

Kraftfahrzeuge müssen alle zwei Jahre zum TÜV, um die Verkehrssicherheit prüfen zu lassen und bei Bedarf eingeforderte Nachbesserung zu leisten. Das hilft nicht alleine dem Fahrzeughalter, es dient insbesondere dem Allgemeinwohl. Eingeschränkt praxistaugliche Therapeuten können sehr großen Schaden anrichten. Derlei Mängel, ob fahrlässig oder nicht, können im Extrem tödliche Folgen haben. Die Unterrichtstauglichkeit von Lehrern wird von Schulräten regelmäßig in Augenschein genommen und beurteilt. Das folgt nicht unbedingt objektiven Kriterien, orientiert sich aber an einem Raster (Richtlinien für die dienstliche Beurteilung und die Leistungsfeststellung der staatlichen Lehrkräfte sowie der Schulleiterinnen und Schulleiter an Schulen in Bayern, 2011) und würde in jedem Fall größere Abweichungen von der Norm identifizieren lassen. Die Deutsche Gesellschaft für Psychoanalyse, Psychotherapie, Psychosomatik und Tiefenpsychologie hat eine Stellungnahme (2013) zu Berufsbild und Kompetenzprofilen psychoanalytisch-psychotherapeutischer Heilkunde erstellt. Die darin beschriebenen und damit auch zu erwartenden Kompetenzen von Analytikern sind nur zum Teil übertragbar auf Psychotherapeuten anderer Schulrichtungen, liefern doch aber zahlreiche mögliche Kontrollpunkte. Eine Stellungnahme ist aber noch lange kein verbindlicher Standard. Es erscheint gerechtfertigt, eine kontinuierliche Begleitung, Kontrolle oder auch Tauglichkeitsprüfung praktizierender Psychotherapeuten einzufordern. Mit welchen Widerständen wäre zu rechnen? Was wäre zu verlangen oder zu erwarten und welche Konsequenzen würden sich daraus ergeben? Lässt sich ein Psychotherapeuten-TÜV tatsächlich praktisch umsetzen?

Prinzipiell sind Psychotherapeuten zu regelmäßiger beruflicher Qualifizierung verpflichtet. Die Teilnahme an einer Fortbildung und das Sammeln von Fortbildungspunkten sagt noch nichts darüber aus, ob die Fortbildungsinhalte den Teilnehmer auch tatsächlich erreichen konnten. Sinnvoll wäre es, darüber hinaus von praktizierenden Therapeuten die regelmäßige Nutzung von Intervision, Supervision oder Balint-Gruppen zu erwarten. Psychotherapie zielt unter anderem darauf ab, unbewusste, ausgeblendete oder vermiedene Anteile von Patienten zu erkennen und zu bearbeiten. Auch Psychotherapeuten haben blinde Flecken, da liegt es sehr nahe, diese durch äußere Begleitung nicht alleine dem Wildwuchs zu überlassen. Entwicklung ohne sorgfältige und auch fachkundige Begleitung kann sehr gut funktionieren, sehr wahrscheinlich aber nicht bei allen und nicht in gleichem Maße. Daher sei es als Gedankenspiel erlaubt, hier über einen Psychotherapeuten-TÜV nachzudenken.

20.2 Elemente eines Psychotherapeuten-TÜVs

Es wäre zumindest vorstellbar, praktizierende Psychotherapeuten verpflichtend alle zwei Jahre zu einer Art Feststellungs- oder Tauglichkeitsprüfung einzuladen. Es könnten dafür die Psychotherapeutenkammern der Länder, die kassenärztliche Vereinigung oder aber eine staatlich eingerichtete Prüfstelle verantwortlich zeichnen. Anhand verschiedener Kriterien könnte eine Einschätzung der weiterhin gegebenen Berufstauglichkeit erfolgen. Es böte sich an, in einem Interview Aufschlüsse über Erscheinungsbild, Habitus und Kommunikations- und Beziehungskompetenz eines Psychotherapeuten zu sammeln. Variablen wie empathische Fähigkeit, Fähigkeit zur unbedingten Wertschätzung, Authentizität, Strukturiertheit, Flexibilität, Verlässlichkeit, Integrität lassen sich nicht zur Gänze objektivieren und in eine Punkteskala pressen. Jedoch müsste es einem versierten Begutachter auffallen, wenn derlei Variablen in bedenklichem Maße verletzt wären. Auch eine Überprüfung der Einhaltung der Berufspflichten sollte stattfinden. Die verbindlichen Regeln der Berufsausübung finden sich in der Musterberufsordnung (Deutsche Bundespsychotherapeutenkammer, 2018) und beziehen sich insbesondere auf Sorgfaltspflicht, Abstinenz, Aufklärungspflicht, Schweigepflicht, Dokumentations- und Aufbewahrungspflicht, Datensicherheit, Honorierung und Abrechnung, Fortbildungspflicht, Qualitätssicherung und Delegation. Darüber hinaus müssten die diagnostische Kompetenz, die Methodenkompetenz, das Wissen zu aktuellen Entwicklungen in der Psychotherapie, Kenntnisse über regionale Hilfesysteme und die tatsächliche regelmäßige Vernetzung, Nutzung von Intervision, Supervision, Balintgruppen, Psychohygiene des Therapeuten und idealiter noch einiges mehr auf den Prüfstand.

Auch dabei ist es nur schwer möglich, diese Pflichten oder Standards objektiv zu prüfen. Die Selbstauskunft des Therapeuten ist unerlässlich und weitgehend auch das einzige Kriterium, solange nicht Verstöße bekanntgeworden oder Beschwerden eingegangen sind. Es würde aber alleine diese regelmäßig verpflichtende Sichtprüfung schon dazu beitragen, praktizierende Psychotherapeuten die nötige Sorgfalt gegenüber diesen unabdingbar notwendigen Qualitätsstandards bewusster zu machen und deren Beachtung und Pflege wenn nicht zu automatisieren aber doch zu ritualisieren. Denkbar wäre auch, anonymisierte Videoaufzeichnungen von Therapiesitzungen als Beurteilungskriterium zu verwenden. Zusätzlich dazu sollten anonyme Patientenbefragungen Standard sein, sodass nicht nur die unzufriedenen Patienten Rückmeldungen geben oder lediglich Jameda über die Therapeutenqualität befindet.

Im Rahmen einer geleiteten Selbsterfahrungsgruppe wurde das Thema Therapeuten-TÜV vorgestellt und diskutiert. Aus dem Teilnehmerkreis kam die Anregung, man könnte Testpatienten zu Psychotherapeuten schicken, die dann undercover die Qualität der geleisteten Hilfe beurteilen sollten. Alleine die Ankündigung, Testpatienten sind im Bereich des Möglichen, würde wohl manche Therapeuten zu größerer Sorgfalt anhalten. Damit wäre schon etwas gewonnen.

Wenn man oben genannte Aspekte tatsächlich auf einer Skala, der etwa die Schulnoten eins bis sechs zu Grunde gelegt sind, messen könnte, welche Punktwerte würde ein nicht psychotherapeutisch ausgebildeter Normalbürger mit rein gesundem Menschenverstand auf diesen Skalen vermutlich erreichen? Welchen Wert erwarten wir mindestens von Psychotherapeuten?

Das Ergebnis dieser Psychotherapeuten-TÜV-Prüfung könnte die Bescheinigung der uneingeschränkten Tauglichkeit oder Unbedenklichkeit sein. Das wäre für einige Psychotherapeuten eine Sicherheit gebende und beruhigende, vielleicht auch ermunternde Rückmeldung. Bei festgestellten Mängeln müsste Nachbesserung eingefordert und dafür Maßnahmen benannt und Unterstützung gewährt werden. Dies kann ein wichtiges Element in der Weiterentwicklung der Therapeutenpersönlichkeit sein. Die Identifizierung eklatanter Mängel, wodurch eine weitere Berufsausübung nicht mehr gerechtfertigt werden kann, müsste dann folglich zum zumindest temporären Entzug der Approbation führen.

Das dargelegte Gedankenspiel muss kein Luftschloss bleiben, denn Qualitätsentwicklung, Qualitätssicherung und Zertifizierungen werden flächendeckend zunehmend verpflichtender Standard. Daher wird dies auch die Psychotherapie erreichen, alles andere wäre kaum dauerhaft vertretbar. Die Qualitätssicherung in der Psychotherapie muss dabei nicht bei null beginnen. „Es gibt Strukturvoraussetzungen (Strukturqualität), worunter Rahmenbedingungen der Therapiedurchführung verstanden werden, die unabhängig vom einzelnen Patienten zu sehen sind. Dazu gehören im Bereich der Psychotherapie die gesetzlich geregelte strukturierte Ausbildung der Therapeuten, die Psychotherapieanwendung nur durch qualifizierte Therapeuten, die Begrenzung auf wenige wissenschaftlich anerkannte Verfahren, die Begrenzung auf definierte Krankheiten, die Bezahlung durch Krankenkassen oder eine kontinuierliche Forschung bezüglich der Entwicklung und Anwendung von Psychotherapie."

… Und „… da Psychotherapie das ist, was ein Therapeut tut, hängt die Qualität einer Psychotherapie außerdem vom Verhalten des Therapeuten ab (Prozessqualität). Dazu gehören u. a. theoretische und diagnostische Konzepte, die emotionale Interaktion, der inhaltliche Austausch, die Auswahl und Applikation therapeutischer Techniken, die Strukturierung zeitlich begrenzter Einzelsitzungen, die Prozesssteuerung über Wochen und Monate und die Einbeziehung des sozialen Umfelds" (Linden, 2015, S. 72–75).

20.3 Kritische Würdigung

Im Projektbericht der Kassenärztlichen Vereinigung Bayern in Zusammenarbeit mit dem Verband der Ersatzkassen (QS-Psy-Bay, 2014) wird betont, dass die Qualitätssicherung im Bereich psychotherapeutischer Versorgung in vielfacher Hinsicht etabliert sei. Psychotherapeuten nehmen Supervision, Intervision, Fortbildungen in Anspruch und nehmen an Qualitätszirkeln teil. Es ist aber davon auszugehen, dass nicht alle Psychotherapeuten in gleicher Weise derlei Qualitätssicherungsmaßnahmen zu ihrem Standard zählen. Verpflichtendes Instrument der Qualitätssicherung bleibt allein die Begutachtung von Therapieanträgen.

Es ist nicht anzunehmen, dass sich Psychotherapeuten freiwillig einem Therapeuten-TÜV unterziehen würden. Wofür auch, eine Tauglichkeitsfeststellung mit TÜV-Plakette erbringt nicht mehr Honorar und vermutlich auch kein Aufsteigen in irgendwelchen Rankings. Was wäre der Vorteil oder Zugewinn bei ohnehin kaum abzuarbeitenden Patientenwartelisten? In sehr vielen Berufen lässt sich das Ergebnis einer Dienstleistung eindeutig ermessen. Der Schreiner hat den Kleiderschrank gemäß Absprache geliefert, das Wiener Schnitzel mit Kartoffelsalat entspricht genau den Vorstellungen des Gastes und der Anwalt erzielte das erwartete Resultat in einem Rechtsstreit. Das Ergebnis einer Psychotherapie lässt sich wenig bis kaum messen, denn das würde einen klar definierten Ausgangs- und Zielzustand erfordern. Somit bleibt die Ergebnisqualität in der Psychotherapie ein schwer zu bedienendes Feld. Wenn der Patient von der Therapie nicht profitiert, muss das nicht notwendigerweise am Therapeutenverhalten gelegen haben, es sei denn, Behandlungs- und Kunstfehler oder Übergriffe (vgl. ▶ Kap. 18) lassen sich nachweisen. Hingegen lassen sich Struktur- und Prozessqualität klar beschreiben, einfordern und überprüfen. Dafür wäre ein Psychotherapeuten-TÜV sicher eine hilfreiche Unterstützung, denn Entwicklung ohne Notwendigkeit fällt schwer. Warum selber gehen, wenn man bequem im Kinderwagen geschoben wird, warum selber essen, wenn man gefüttert wird, warum besser werden, wenn ausreichend reicht? Das Verharren in der Komfortzone mag verständlich sein, Wachstum entsteht daraus nicht. Psychotherapeuten müssen um ihre Klientel nicht werben, der Zustrom reißt nicht ab. Man könnte böse auch sagen, sie müssen sich nicht unbedingt Mühe geben. Ein Psychotherapeuten-TÜV ist eine Zwangsmaßnahme, ein aufoktroyierter, verordneter Prozess. Das kann aber auch bedeuten, aus der zunächst extrinsischen Motivation, eine TÜV-Plakette zu bekommen, eine intrinsische Motivation erwachsen zu lassen, sich als Therapeut weiterzuentwickeln, zum Wohle der Klientel, aber auch zum eigenen Nutzen. Ein Psychotherapeuten-TÜV würde eine Abschaffung von Selbstverständlichkeiten, von Dauerkarten und Lebenszeitpermissionen bedeuten. Patienten haben ein Anrecht auf befähigte Therapeuten. In der Schweiz beispielsweise müssen ältere Autofahrer ihre Fahrtauglichkeit alle zwei Jahre testen lassen. Psychotherapeuten sind häufig ihre eigenen Arbeitgeber und dennoch sollte auch da von übergeordneter Stelle eine Fürsorgepflicht wahrgenommen werden. Es gibt sicher Psychotherapeuten, die man vor sich selbst schützen muss. Das dient dem Wohl dieser Therapeuten und selbstverständlich auch dem ihrer Patienten.

> **Mal ehrlich**
>
> Wie ist ihre Meinung zum Thema Einführung eines verbindlichen Psychotherapeuten-TÜVs? Entscheidender ist wohl die Frage, was sie erwarten oder auch befürchten würden, wenn ihre eigene TÜV-Überprüfung anstünde. Sehen sie mögliche Hilfestellungen für die Entwicklung der Psychotherapeutenidentität darin?

▶ **Eigene Beispiele**

In der eigenen Laufbahn konnte ich immer wieder Fälle entdecken, für die ich mir einen ernst zu nehmenden Therapeuten-TÜV nicht nur gewünscht hätte. Da gab es einen Kollegen, der als einziger im Versorgungsgebiet keine Warteliste hatte. Der Patientenzustrom war ihm sicher, aber auch eine hohe Abbrecherquote. Von ihm „geheilte" oder vielmehr geflüchtete Patienten berichteten unabhängig voneinander immer dasselbe. Sie seien zum Gespräch dort gewesen, hätten von ihren Problemen erzählt, der Therapeut habe sich Notizen gemacht und dann, als einzigen Kommentar, gesagt, dass jetzt die Stunde zu Ende sei. Dies habe sich auch in den nächsten Stunden genauso fortgesetzt, bis eben im Zustand völliger Patientenverwirrung der Abbruch erfolgte. Dieser Kollege hatte sehr wahrscheinlich ein sehr eigenes Verständnis von tiefenpsychologischem Vorgehen, zumindest die Maßgabe der therapeutischen Abstinenz wurde von ihm, vermutlich nicht bewusst, übererfüllt. Es gab eine Kollegin, die immer wieder mal ihren Patienten anbot, das Therapiegespräch in ihrem Auto zu führen, da sie gerade zum Baumarkt fahren müsse und an welchem Ort man spricht, sei für die Thematik nicht erheblich. Und da gab es einen ärztlichen Kollegen, der im Rahmen eines Konsils einen nach einem Arbeitsunfall verängstigten Patienten damit konfrontierte, dass er für die Rente noch zu jung sei und dass er nun eben die Arschbacken zusammenkneifen müsse. Diese eben genannten Beispiele sind tatsächlich genauso aus der Realität übernommen. ◀

20.4 Fazit

Kontrolle ist auch eine Form der Wertschätzung. Wer in der richtigen Richtung unterwegs ist, wird sich bestätigt finden, wer falsch läuft, muss korrigiert werden, um seiner selbst willen, aber v. a. zum Schutz der Klientel. Das Projekt zur Qualitätssicherung in der ambulanten Psychotherapie in Bayern (QS-Psy-Bay, 2014) erbrachte vielerlei positive Ergebnisse, insbesondere dass eine signifikante Verbesserung der Symptomatik der teilnehmenden Psychotherapiepatienten feststellbar war. Die Qualität der Therapeutenpersönlichkeit wurde allerdings nicht erhoben. Derlei Projekte zielen in eine unbedingt sinnvolle Richtung, sollten aber den Sprung vom Projekt zu regelhaften Standards schaffen. Einschränkend ist festzuhalten, dass in diesem benannten Projekt zwar eine große Zahl von 217 Psychotherapeuten und 1696 Ersatzkassenpatienten befragt werden konnte, die Teilnahme aber beruhte auf freiwilliger Basis. Somit hatten Psychotherapeuten prinzipiell die Möglichkeit, sich dieser Qualitätssicherungsmaßnahme zu entziehen.

> **Zum Mitnehmen**
>
> In Zeiten zunehmender Qualitätssicherung und Zertifizierungen ist es nicht zu vertreten, einer einmal ausgestellten Psychotherapieerlaubnis eine berufslebenslange Gültigkeit ohne weitere Prüfungen, Tauglichkeitsfeststellungen oder Kontrollen zu verleihen. Es bedarf überprüfbarer Kriterien zur regelmäßigen Beurteilung der Berufstauglichkeit von Psychotherapeuten.

Weiterführende Literatur

Deutsche Bundespsychotherapeutenkammer (BPtK). (2018). Muster-Berufsordnung für die Psychologischen Psychotherapeutinnen und Psychotherapeuten und Kinder- und Jugendlichenpsychotherapeutinnen und Kinder- und Jugendlichenpsychotherapeuten. BPtK.

Deutsche Gesellschaft für Psychoanalyse, Psychotherapie, Psychosomatik und Tiefenpsychologie. (2013). Berufsbild und Kompetenzprofile psychoanalytisch-psychotherapeutischer Heilkunde.

Linden, M. (2015). Qualitätssicherung der Qualitätssicherung. *Ein Kommentar, Psychotherapie im Dialog, 4*(2015), 72–75.

Qualitätssicherung in der ambulanten Psychotherapie in Bayern (QS-Psy-Bay).(2014). Projekt der Kassenärztlichen Vereinigung Bayerns und dem Verband der Ersatzkassen.

Richtlinien für die dienstliche Beurteilung und die Leistungsfeststellung der staatlichen Lehrkräfte sowie der Schulleiterinnen und Schulleiter an Schulen in Bayern. (2011). Bekanntmachung des Bayerischen Staatsministeriums für Unterricht und Kultus.

Strauß, B. (2019). Innovative Psychotherapieforschung – Wo stehen wir und wo wollen wir hin? *Psychotherapeutenjournal, 1*(2019), 4–10.

Orientierungshilfen, Inspirationen und Denkanstöße

Aus dem Nähkästchen geplaudert …

Inhaltsverzeichnis

21.1 Grundsätzliche Überlegungen – 176

21.2 Kritische Würdigung – 183

21.3 Fazit – 184

Weiterführende Literatur – 184

© Der/die Autor(en), exklusiv lizenziert an Springer-Verlag GmbH, DE, ein Teil von Springer Nature 2025
S. Gerhardinger, *Entwicklung der Therapeutenpersönlichkeit*,
Psychotherapie: Fort- & Weiterbildung, https://doi.org/10.1007/978-3-662-70477-6_21

Bildung jeder Art hat doppelten Wert, einmal als Wissen, dann als Charaktererziehung.
Herbert Spencer.

❓ Frequently Asked Question
Wofür benötigt ein umfassend aus- und weitergebildeter Psychotherapeut zusätzliche Orientierung und welche Inputs und Leitlinien wären da nutzbar?

21.1 Grundsätzliche Überlegungen

Jeder Mensch entwickelt eine und damit seine Identität. Auch jeder Therapeut wird seine Therapeutenpersönlichkeit und damit seine therapeutische Identität entwickeln, wird seinen Methodenkoffer zusammenstellen, seine Prinzipien und Haltungen profilieren und gemäß seines Typs einen bestimmten Stil zeigen. Irgendwo wird diese Entwicklung ihren Ausgangspunkt haben und sich dabei mancherlei Grundlagen bedienen. „Every therapist eventually puts together his or her own method, but one needs to start somewhere" (Kahn, 1997, S. 19). In der Psychotherapie gibt es grundlegende Pflichten, Prinzipien, allgemeine Wirkfaktoren und in den jeweiligen Therapieschulen spezifische Vorgehensweisen, Haltungen und Techniken. Der sich entwickelnde Therapeut wird Augen und Ohren offen halten, wird Inspirationen, Denkanstöße und Tipps erkennen, kritisch würdigen, gegebenenfalls annehmen, verinnerlichen und zur Anwendung bringen. Zur Entwicklung und Kultivierung einer ganz persönlichen Therapeutenidentität braucht es unaufdringliche Anregungen, Nudges, wie sie beispielsweise von Thaler und Sunstein (2009) beschrieben wurden. Die gut entwickelte Therapeutenpersönlichkeit wird nicht lediglich orthodox die Methodik der jeweilig eingeschlagenen Therapierichtung verwenden, sondern wird dies immer auch mit mancherlei Zutaten würzen können und damit einen Mehrwert an Wirkung erzielen. Dies zumindest mit guter Wahrscheinlichkeit. Es macht einen erheblichen Unterschied, ob ein Novize oder ein Virtuose die Trompete bläst und Rühreier von einem Sternekoch zubereitet dürften den selbst gemachten nicht nur optisch überlegen sein.

Entwicklungsmöglichkeiten durch vielfach nutzbare Inspirationsquellen lassen selbstverständlich auch Ansprüche entstehen. Wie ähnlich kann, soll oder darf ein Therapeut einem Tausendsassa und Alleskönner werden ohne damit zu sehr den Verdacht zu erwecken, nur er alleine könne alle Patientenprobleme auflösen? Auch wenn mancherlei überragende therapeutische Künste oder Fähigkeiten von Hilfesuchenden – zumindest insgeheim – erwartet werden, muss die Grenze eingehalten bleiben, ab der ein Therapeut den Rahmen professionellen, evidenzbasierten Handelns verlässt. Die gelungene Mischung und damit eine dynamische Balance ist in vielen Fragen des Lebens entscheidend, so auch im Psychotherapieberuf. Damit in schwierigen Straßenverkehrssituationen, etwa bei Dunkelheit, Nebel, Schneetreiben, auf unbekannten Wegen die Richtung gehalten werden kann, benötigt es Leitplanken. Im Straßenverkehr ist dies längst weitgehend etabliert.

Die Etablierung und Nutzung von Guidelines bedarf zunächst der Selbstexploration. Wo fehlt es an Orientierung, wofür bräuchte es Anregung, Input, Leitlinien? Es geht darum, eigene unbewusste Anteile möglichst weit auszuleuchten und bearbeitbar zu machen, mit Methoden und Inspirationen zu besetzen, um zunehmend zu den Besten der eigenen Möglichkeiten gelangen zu können.

Wenngleich es ein Kennzeichen erfolgreicher Menschen ist, viel und Positives von sich zu halten, ist es doch immer wieder belegt worden, dass sich der Mensch gerne als deutlich oberhalb des Durchschnitts einstuft (Banaji et al., 2003; Rosen & Swann, 2018). Dreiviertel der Autofahrer

21.1 · Grundsätzliche Überlegungen

sehen sich als überdurchschnittlich gute Autofahrer (Goleman, 2014, S. 74) was mathematisch Blödsinn ist, und die meisten Menschen schätzen sich so ein, dass sie weniger wahrscheinlich ihre Fähigkeiten zu hoch einschätzen als etwa ihre Mitmenschen (Goleman, 2014, S. 74).

Wer mit anderen in eine effektive Interaktion treten will, was von Psychotherapeuten selbstverständlich erwartet wird, sollte zunächst mit sich selbst in gutem Kontakt sein. „To become someone who is good at building relationships with others, you must become the kind of person you would want to spend time with" (Maxwell, 2011, S. 61). Sich seiner eigenen Gefühle, Überzeugungen, Werthaltungen, Talente, Stärken und Schwächen bewusst zu sein, die Grenzen der eigenen Verantwortung zu kennen und ein insgesamt positives Bild von sich selbst zu haben, sind sicher notwendige Voraussetzungen, ehe der Therapeut zur Expedition in die unbekannte Seelenlandschaft eines Gegenübers aufbricht. Wenigstens psychoanalytische Psychotherapie kann verglichen werden mit einer Reise ins unbekannte Land, ins Unbewusste und damit an den Ort der aufrührerischen aufständischen Triebwünsche (Wöller & Kruse, 2018). Sowohl Therapeut als auch Patient bedürfen kontinuierlich der Orientierung, der Leitlinien und der Begrenzungen.

21.1.1 Über Nudges zu persönlichen Guidelines

Der englische Begriff „to nudge" bedeutet schubsen, stupsen, leicht anstoßen und Nudge als Substantiv versteht sich als leichter Ellenbogenstups in die Rippen des Anderen, als Anstoß, Ermunterung oder auch Aufforderung. In der Psychotherapie intervenieren wir gemäß Auftrag, verteilen aber immer wieder Nudges oder streuen sie ein. Damit sind wir nach Thaler und Sunstein (2009) Entscheidungsarchitekten. Wir stellen einen Rahmen für Veränderung zur Verfügung, der Patient aber entscheidet, ob, wie viel, in welcher Weise und zu welchem Zeitpunkt er davon Gebrauch macht. Nudges liegen nicht in einer endlich abzählbaren Menge vor, es gibt unendlich viele, da immer wieder neue entstehen. Im Folgenden nun ein paar Denkanstöße, die das therapeutische Wirken bereichern können, selbst wenn damit die Gefahr besteht, Eulen nach Athen zu tragen.

21.1.2 Bildung

Jeder Mensch ist gebildet, mehr oder weniger. Wenn hier Bildung als Nudge benannt wird, so ist darunter ein Bildungseifer über ein durchschnittliches Maß hinaus gemeint und damit ein Wissen, das über das durch Schule und Studium verabreichte Quantum hinausreicht. Bildung oder gebildet sein sollte dabei nicht nur eine Kompetenz sein, im Sinne von „weiß ich, habe ich schon mal gehört", sondern eine Performanz, also praktisch eingesetzte Bildung und damit intellektuelle Kompetenz. Ein praktizierender Psychotherapeut ist nicht nur mit unterschiedlichen Pathologien und sehr verschiedenen Patientenpersönlichkeiten konfrontiert, sondern auch mit sehr heterogenen Lebensentwürfen, persönlichen Philosophien und Erwartungen von Patienten. Außerdem wird ein Psychotherapeut mancherlei naturwissenschaftliche Kompetenz benötigen, um sich in einer immer differenzierteren psychopharmakologischen und neurobiologischen die Psychotherapie berührenden Materie gut bewegen zu können. Er bedarf aber auch vielerlei humanistischer Bildung. In Literatur und Philosophie lassen sich unzählige Orientierungshilfen und Anregungen finden, welche die tägliche psychotherapeutische Arbeit bereichern, nicht nur für den Therapeuten selbst, sondern nachgerade auch als zusätzliches Hilfsmittel für die Klientel. Unterhaltende, schöngeistige Literatur kann eine unerschöpfliche Bildungsquelle sein. Gerade Bildungs- oder Entwicklungsromane wie „Wilhelm Meisters Lehrjahre" (Goethe, 2009), „Wilhelm Meisters Wanderjahre" (Goethe, 1982) oder „Der Nachsommer" (Stifter, 1977), ebenso wie weitere psychologisch-pädagogisch wertvolle Romane wie „Die Blechtrommel" (Grass, 1982), „Narziß und Goldmund" (Hesse, 1975), „Siddhartha" (Hesse, 1999) oder auch „Bekenntnisse des Hochstaplers Felix Krull" (Mann, 1996), „Der Spieler" (Dostojewskij, 2007), „Der Trinker" (Fallada, 2018), um nur eine kleine Auswahl zu benennen, skizzieren mitunter detailliert die vielfältigen und nachhaltigen Einflüsse auf die menschliche Entwicklung, dabei auch die Wirkung von Vorbildern. Yalom (2017) versteht seinen Roman „Und Nietzsche weinte" als Lehrroman. „Wie in all meinen Büchern … schreibe ich immer noch für angehende Therapeuten, die in der Kunst der Psychotherapie Anleitung brauchen (S. 392). Nicht unerwähnt bleiben darf hier Goethes (2000) „Faust", der uns in Teil 1 unter anderem Redewendungen oder geflügelte Worte zuhauf schenkte, wie etwa „Zufrieden jauchzet Groß und Klein, hier bin ich Mensch, hier darf ich's sein" (S. 28), „Das also war des Pudels Kern" (S. 38), „Da steh ich nun, ich armer Tor! Und bin so klug als wie zuvor" (S. 13), „Zwei Seelen wohnen ach! In meiner Brust" (S. 33), „Grau, treuer Freund, ist alle Theorie, und grün des Lebens goldner Baum" (S. 57). Sigmund Freud hat nicht einfach nur Fakten geschaffen, er hat diese mit wohlgesetzten Worten vermittelt. Man erwog, ihm den Literatur-Nobelpreis zu verleihen, zumindest wurde er dafür vorgeschlagen. Eine gutklingende Tatsache sei hier zitiert: „Bei der Trauer ist die Welt arm und leer geworden, bei der Melancholie ist es das Ich selbst" (Freud, 1917, S. 200). Wer es etwas weniger anspruchsvoll und doch gehaltvoll liebt, möge die frühen Asterix-Hefte lesen, denn darin sind viele Typen sehr gut beschrieben und ansprechende Lebensweisheiten finden sich zu Hauf. Darüber hinaus kann es sehr erhellend sein, auch fachfremde populärwissenschaftliche Literatur zu lesen, das erweitert immer wieder Horizonte. Naheliegend ist ein Besuch in Werken der Philosophie (Störig, 1988) oder auch das Studium von Fachliteratur für Führungskräfte (Maxwell, 2011; Owen, 2015). Psychologisches Wissen ist beileibe nicht nur in Psychologie-Fachbüchern zu finden, denn die Psychologie gab es lange bevor sie als Wissenschaft etabliert wurde. Wer Nachholbedarf im Bereich der Allgemeinbildung verspürt, kann sich mit einer Art Crashkurs behelfen, indem er sich Schwanitz „Bildung, alles was man wissen muss" (2002) zu Gemüte führt.

21.1.3 Einstellungen und Lebensphilosophie

Aphorismen, mit denen uns Abreißkalender gut versorgen, sind nicht selten Nudges und mitunter können sie auch zu einem persönlichen Motto werden. Es geht hier nicht etwa um eine Philosophie der Psychotherapie, sondern darum, wie persönliche Einstellungen oder auch eine eigene Lebensphilosophie die Psychotherapie beleben und bereichern können. Inspiration gibt es vielerorts genug. „Nachdenken und Handeln verglich einer mit Rahel und Lea; die eine war anmutiger, die andere fruchtbarer" (Goethe, 1982, S. 486). Das ist sehr treffend formuliert vom Altmeister der Sprache und jederzeit anwendbar für die Psychotherapie. Nur weil man ein Problem immer genauer versteht, ist es damit noch nicht notwendigerweise auf dem Weg zur Lösung. Praktische Assistenz bei der Problemlösung wird dem Patienten eher helfen, als bloße Stärkung der Einsicht. Erich Kästner formulierte Ähnliches sehr prägnant: „Es gibt nichts Gutes, außer man tut es!" Nachzulesen in „Doktor Erich Kästners Lyrische Hausapotheke" (2018).

21.1.4 Strategien

Der Psychotherapeut wird effektiver sein, wenn er seine Techniken taktisch, strategisch geschickt einsetzt. Strategie meint dabei den Entwurf und die Durchführung eines Gesamtkonzepts, eine Methode oder ein Vorgehen, Taktik ist ein auf genauer Überlegung basierendes Vorgehen (Meyers großes Taschenlexikon, 1999). Selbstredend gibt es keine Patentrezepte für taktisch-strategisch geschicktes Vorgehen in der Psychotherapie, lediglich wiederum Nudges. Sehr wertvolle Anregungen, wie man es bewirken kann, Patienten als Therapeut auf seine Seite zu ziehen, finden sich bei Cialdini (2004). Seine „Psychologie des Überzeugens" mag man als Instrument der Manipulation verstehen können. Die Verwendung der darin enthaltenen Tipps sollte nicht das Ziel verfolgen, dass Patienten dem Therapeuten sprichwörtlich aus der Hand fressen, aber eine Erhöhung der Compliance wird keiner Therapie schaden. Strategisch günstig ist es sicher auch, als Therapeut frühzeitig Pluspunkte zu sammeln, was die Bedeutung der allerersten Psychotherapiestunde unbedingt betont. Die Wichtigkeit des ersten Eindrucks sollte uns allen bewusst sein. Ein guter Start weckt Vertrauen und macht Hoffnung. Dafür hilfreich ist es, Patientenbedürfnisse wo möglich und sinnvoll zu bedienen. Das Bedürfnis eines Patienten nach Orientierung und Kontrolle wird beispielsweise bei der Wahl des Sitzplatzes schon berührt. Es empfiehlt sich daher, Patienten bei der Gestaltung des Settings mitwirken zu lassen, da die Wahl des Sitzplatzes auch den Abstand zum Therapeuten definiert. Das wiederum kann als szenische Information genutzt werden. Ein sympathisch erscheinender Therapeut wird größere Effektivität entfalten können, wobei Sympathie durch äußerliche Attraktivität und Ähnlichkeit zum Gegenüber mitbestimmt wird (Cialdini, 2004). Sympathie und Vertrauen werden aber auch genährt, wenn wir beim Gegenüber eine der unseren vergleichbare Wertewelt zu entdecken glauben. „No matter where we go, we trust those with whom we are able to perceive common values or beliefs" (Sinek, 2009, S. 53). Bei aller Pflicht zur Aufklärung über mögliche Therapienebenwirkungen und Therapieschäden, sollte der Patient eine Therapie mit Zuversicht beginnen können. Positive Erwartungen zu induzieren kann dem Therapieergebnis kaum abträglich sein, bekanntlich sind Optimisten im Leben erfolgreicher (vgl. Sinek, 2009, S. 140). Sehr viel über die Wirkung von Interventionen lässt sich am nonverbalen Verhalten des Patienten ablesen. Die Mimik ist fälschungssicher, der Patient verrät sein Erleben ob er will oder nicht. Es liegt dann am Therapeuten, dies zu bemerken und richtig zu deuten, oder besser es einfach anzusprechen. Psychotherapie gleicht manchmal einem Fischen im Trüben. Es braucht Mut, als Therapeut einfach mal drauflos zu schießen, auch um damit Gefahr zu laufen, das Ziel nicht zu treffen. Jeder Schuss daneben wird das Ziel klarer erscheinen lassen, der Patient wird uns lehren, dass und wo wir falsch lagen. „Sometimes a misstep is the most important footfall along the path to success" (Duhigg, 2016, S. 285). Manchmal wird es auch weiterhelfen können, die Attitüden eines Spielers zu zeigen, was bedeuten kann, etwas zu riskieren, manche Trümpfe auszuspielen und auf eine Karte zu setzen, wiewohl der Ausgang ungewiss sein wird. Wer in Führung geht, und das ist Aufgabe von Therapeuten, sollte den Weg gut kennen und im unsicheren Gelände über Landkarte, Kompass oder GPS verfügen und diese Hilfsmittel auch richtig anwenden können. Der erfahrene Wanderer weiß, dass er zur letzten Markierung zurücksteigen sollte, wenn er die Orientierung verloren hat. Auch in der Psychotherapie gibt es immer wieder Irrwege, aber auch die Möglichkeit, zur letzten Gemeinsamkeit zurückzukehren und darauf aufzubauen. „Manchmal komme ich mir wie ein Führer vor, der die Patienten durch die

Räume ihres eigenen Hauses geleitet" (Yalom, 2017, S. 358).

Bei allen verfügbaren Denkanstößen ist zu beachten, die Therapie nicht zu überfrachten, sie schlank und verdaulich zu halten. Zu entscheiden was man nicht tut, ist mindestens so wichtig wie festzulegen, was man tut (vgl. Goleman, 2014, S. 212). Will ein Psychotherapeut eine lange Behandlung mit gleichbleibendem Kräfteeinsatz gut durchhalten, ist er gut beraten, zwischen Autopilot und proaktiv-dynamischem Vorgehen zu switchen. Der Autopilot ist damit der zwischendurch immer notwendige Energiesparmodus (Goleman, 2014). Zu oft und zu intensiv im Leistungsmodus zu sein, muss zwangsläufig erschöpfen. Andererseits wird dieser Leistungsmodus auch die eigenen Fähigkeiten stärken können, denn ... willpower, like a muscle, becomes fatigued from overuse but can also be strengthened over the long term through exercise" (Baumeister & Tierney, 2011, S. 1).

21.1.5 Ambiguitätstoleranz und interkulturelle Kompetenz

Ein Psychotherapeut muss nicht notwendigerweise ein Allesversteher sein, aber Unterschiede gut aushalten zu können, wird unverzichtbar bleiben. Neben dem Tolerieren bedarf es darüber hinaus einer proaktiv gezeigten interkulturellen Kompetenz, denn Multikulti ist in unserer Gesellschaft nicht die handverlesene Ausnahme, sondern längst Normalität.

21.1.6 Selbsttherapie/ Eigentherapie

Inwieweit Therapeuten vor dem Praxiseinsatz verpflichtend eine eigene Psychotherapie durchlaufen sollten, wird Auslegungs- und Ansichtssache bleiben. In der Psychoanalyse war und ist dies obligatorisch. Außerdem haben auch ohne Verpflichtung durch Ausbildungsinstitute sehr viele Psychotherapeuten in ihrer Lebensgeschichte freiwillig psychotherapeutische Hilfe in Anspruch genommen. Yalom betont: „Ich mache Therapeuten in der Ausbildung immer klar, dass sie selber eine Therapie machen sollten. Ihr eigenes Ich ist ihr wichtigstes Instrument. Erfahren sie darüber so viel wie möglich. Sonst stehen ihre blinden Flecken ihnen im Weg, wenn sie ihren Patienten Verständnis und Empathie entgegenbringen möchten" (Yalom, 2017, S. 83). Andererseits muss dabei der Erkenntnisgewinn nicht unbedingt in der erwarteten Richtung liegen: „Oftmals hatte ich den unschönen Gedanken, dass ich in meiner Analyse im Wesentlichen lernte, wie Psychotherapie nicht aussehen sollte" (Yalom, 2017, S. 130 f.). Aber auch für diesen Erfahrungszugewinn ist es zumindest zu empfehlen, in die Patientenrolle zu schlüpfen, um ein besseres Gespür für die Sorgen, Nöte, Ängste und Vorbehalte der eigenen Klientel zu erhalten. Wenngleich Supervision niemals die Intensität einer Psychotherapie erreichen wird, so können darin doch auch Therapieelemente enthalten sein. „... Supervisionen, die auf die therapeutische Beziehung fokussieren, zeigen die positivsten Effekte" (Möller & Lohmer, 2017, S. 96). Wenn ein Psychotherapeut einem anderen Psychotherapeuten Hilfestellung leistet, sei es durch Therapie oder Supervision, so können sich damit Spiel- und Möglichkeitsräume ergeben oder erweitern, die dann letztendlich wiederum den zu therapierenden Patienten zu Gute kommen können. Ziele etwa der Fallsupervision sind u. a. die Erweiterung der Fachkompetenz, die Entwicklung der professionellen Identität und letztendlich auch eine Kontrolle der Arbeit (Möller & Lohmer, 2017).

21.1.7 Weitere Tipps, Guidelines, Nudges, Impulse

Nun seien in loser Folge weitere Nudges unaufdringlich angeboten, die sich als

21.1 · Grundsätzliche Überlegungen

Spotlights verstehen. Manchmal muss man etwas in den Blick nehmen oder auch die Blickrichtung ändern, um zu neuen Erkenntnissen, Erfahrungen und Handlungsweisen zu gelangen. Ein Wilhelm Busch zugeschriebenes geflügeltes Wort besagt, eine gute Unterhaltung besteht nicht darin, dass man selbst etwas Gescheites sagt, sondern dass man etwas Dummes anhören kann. Psychotherapeuten werden auch dafür bezahlt, problematische Menschen einfach nur aushalten und ertragen zu können. Eine hinreichend tragfähige klaglose Leidensfähigkeit darf im Psychotherapeutenrepertoire nicht fehlen. Bei aller Toleranz für die Eigenheiten der Klientel sollte jeder Therapeut auch sich selbst genügend Toleranz entgegenbringen. Eigene Schrullen und Macken müssen kein Beweis für unprofessionelles Auftreten sein. Außerdem sollte ein Therapeut nicht gegen seine Persönlichkeit agieren, sondern im Einklang mit ihr, ganz nach Goethe (2000)… „hier bin ich Mensch, hier darf ich's sein" (siehe oben). Ein gewisser Spaßfaktor scheint darin auch zu stecken: „… it is more fun to be slightly eccentric than to be completely normal …" (Sinek, 2009, S. 230). Hier ist es auch unbedingt empfehlenswert, immer wieder mal Watzlawicks (1983) „Anleitung zum Unglücklichsein" zu lesen, als eine Art Selbstinspektion, inwieweit wir als Therapeuten im eigenen Erleben und Verhalten noch genügend Distanz zum Erleben und Verhalten unserer Klientel haben. Psychotherapeuten sind sicher nicht das allein selig Machende, daher sind diese gut beraten, auch von anderen Menschen lernen zu wollen. Es ist doch zumindest interessant, sich Fragen zu stellen wie: Wie lösen andere Menschen Probleme? Wie würde ein Nicht-Psychotherapeut an eine psychotherapeutische Aufgabe herangehen? Wie löst ein Ingenieur ein Problem, was lässt sich daraus für die Psychotherapie ableiten? Wie kommt ein Künstler zu seinem Kunstwert? Weshalb sind Schaffenspausen so wichtig? Immerhin lässt ein erfahrener Landwirt Wiesen und Felder begründet brach liegen. Wie viel Mut zum Unfertigen braucht es, um Ziele in absehbarer Zeit auch erreichen zu können? Von anderen Menschen lässt sich viel lernen, insbesondere, wenn sie nicht gerade auch im Psychotherapieberuf tätig sind. Wir erkennen nur Unterschiede und Angehörige der gleichen Berufsgruppe könnten uns in zu vielen Kriterien zu ähnlich und nahe sein. So viel wir auch von anderen Menschen übernehmen, letztendlich können wir immer nur wieder uns selbst zum Besten geben und dabei ist es unbedingt empfehlenswert, den eigenen Talenten und dem eigenen Rhythmus treu zu bleiben. Psychotherapeuten behandeln keinesfalls nur Störungen und Krankheiten. Es ist Teil der Aufgabe, eine Patientenpersönlichkeit fit für den Umgang mit den Widrigkeiten des Lebens zu machen. Die dafür notwendige Erweiterung der von Patienten bisher genutzten Räume setzt oft voraus, diese aus der Komfortzone heraus und in eine Wachstumszone zu führen und sie dabei nicht nur Kontakt mit ihren limitierenden, sondern auch mit förderlichen Skills aufnehmen zu lassen. Bei all dem darf das Ziel der Veränderungsarbeit nicht aus dem Auge verloren werden, denn jeder Mitteleinsatz am falschen Ort schwächt die Schlagkraft der Therapie. „Don't bark up the wrong tree" (Landsberg, 2015, S. 88).

Erfolgreiches therapeutisches Vorgehen wird immer eine Kombination aus zugrunde liegendem Talent und harter Arbeit, Disziplin und Willenskraft bleiben. Gerade vor dem immer wieder zu erbringenden Energieeinsatz sollte sich auch kein sehr erfahrener und erfolgreicher Therapeut jemals scheuen.

Goethe behauptete von sich, ein Augenmensch zu sein. So richtete er sich in seiner sehr sehenswerten Wohnung in Weimar am Frauenplan mit vielfältigen und sehr unterschiedlichen Gegenständen ein: Abgüsse antiker Skulpturen, Majolika, Bilder (Grüning & Pietsch, 2003). Fragen sie sich doch an dieser Stelle: Sind sie als Therapeut eher Augenmensch oder Sehmensch, Ohrenmensch oder Hörmensch, Nasenmensch oder Geruchsmensch, Zungenmensch oder Geschmacksmensch, Hautmensch oder Fühlmensch, Mittelohrmensch oder Gleichgewichtsmensch? Welcher Sinn ist besonders gut ausgeprägt oder auch geübt, welche Sinne sind eher unterrepräsentiert? Welche Informationen werden dadurch ausgefiltert und wie bewusst geschieht das? Es kann nicht das Ziel der Entwicklung eines Psychotherapeuten sein, ein Alleswahrnehmer zu werden. Das würde eine Überfrachtung bedeuten und somit die therapeutische Kompetenz verwässern oder schmälern. Sich aber der eigenen Hauptwahrnehmungskanäle bewusst zu sein begünstigt Selbststeuerung, denn es sollten die eigenen bevorzugten Sinneskanäle nicht automatisch als die auch vom Patienten präferierten Sinneskanäle angenommen werden.

In der Gruppentherapie gibt es Gruppenregeln, die im Grunde auch in der Einzeltherapie Verwendung finden können, wie beispielsweise die Regeln „Störungen haben Vorrang" oder „Jeder ist sein eigener Boss" (Görlitz, 1998). Was als Technik in der Psychotherapie Patienten angeboten wird, lässt sich immer wieder auch zur Selbstreflexion und persönlichen Kalibrierung nutzen, etwa die Arbeit mit dem eigenen inneren Team (Schulz von Thun, 2005). Die Therapeutenpersönlichkeit besteht aus vielen Teilpersönlichkeiten, die je nach Interaktion unterschiedlich zutage treten. Sich der eigenen Beziehungsmuster gewahr zu werden, lässt mögliche Einseitigkeiten erkennen. Wer beispielsweise im Privatleben überwiegend Beziehungen pflegt, worin vornehmlich die Kümmererrolle dominiert, wird mit höherer Wahrscheinlichkeit auch in der Psychotherapie nicht allzu kritisch in diese Rolle schlüpfen. Die Aufzeichnung von Entscheidungspunkten im Leben gibt Aufschluss darüber, ob wir eher ein Entscheider oder eher ein Entscheidungsnehmer sind. Die Frage (vgl. Covey, 2004) „leben sie, oder werden sie gelebt?" kann man Patienten, aber auch sich selbst stellen. Ebenso interessant ist die Analyse gerne verwendeter Sprichwörter, denn sie sagen viel über Einstellungen und Haltungen aus. Welche Lebensweisheiten oder Sprichwörter habe ich von welchen wichtigen Personen übernommen? Was sagen diese "Weisheiten" über meine Therapeutenidentität aus? Welche der nun folgenden Sprichwörter sprechen sie an? „Achte auf Deine Gedanken – sie sind der Anfang Deiner Taten". „Fang nie an aufzuhören, hör nie auf anzufangen". „Manche Menschen treten in dein Leben ein, wie ein Segen, andere wiederum wie eine Lektion". „Ein Weg entsteht, wenn man ihn geht". „Leb in der Vergangenheit, wenn du traurig sein willst. Leb in der Zukunft, wenn du ängstlich sein willst. Und wenn du glücklich sein willst, dann genieße den Moment". „Jeder ist seines Glückes Schmied!" „Was du nicht willst, das man dir tu, das füg auch keinem andren zu!"

Nutzen sie die Gelegenheit der inneren Einkehr auch, um sich zu fragen: Wie ist ihr Verhältnis zu Theorie und Forschung? Wie notwendig ist die Theorie für die Therapie? Welche Fragestellung würden sie erforschen, wenn sie dazu die Möglichkeit hätten? Was sagt die Gestaltung ihres Therapieraumes über ihre Therapeutenpersönlichkeit aus? Aus welchen Therapiekonzepten oder Grundannahmen sind sie herausgewachsen? Wie viel Selbstöffnung erlauben sie sich, wie sehr sind sie absoluter Neutralität verpflichtet? Was sagen ihre bevorzugten Methoden über ihre Therapeutenpersönlichkeit aus? (vgl. McLeod, 2004). Wie intensiv sind sie prinzipiell im Kontakt mit Patienten, wenn sie das z. B. mit dem Akkuladezustand ihres Mobiltelefons vergleichen würden? Voll im Kontakt, halb voll? Welcher Ladezustand ist o.k.? Wie flexibel ist ihre Therapeutenpersönlichkeit, gibt es da nur einen dominierenden Stil?

Ob Psychotherapie eine Depression wirklich heilen kann, mag Definitionssache sein, aber sie kann als Steighilfe dienen, um aus dem schwarzen Loch nach oben ans Licht zu kommen. Psychotherapie kann unterstützen als Gehhilfe, wie ein Rollator, um in Bewegung zu kommen oder als Sehhilfe, wie eine Brille, um Sachverhalte genauer erkennen zu können.

Zu guter Letzt im Rahmen all der Nudges: Schauen sie sich den Film „The Kings Speech" an. Lionel Logue ist ein anschauliches Beispiel einer gut entwickelten Therapeutenpersönlichkeit. Besuchen sie Freuds Hauptschaffensorte in der Berggasse 19 in Wien und in 20 Maresfield Gardens, Hampstead, London. Lesen sie Yaloms Autobiographie und schreiben sie ihm eine E-Mail, er wird antworten.

Bei aller Kalkulierbarkeit und Verlässlichkeit, bewahren sie sich als Therapeut die Option, unberechenbar, überraschend, originell zu bleiben. Bewahren sie sich den Habitus zu experimentieren, mit dem zu arbeiten, was gerade da ist und versuchen sie dabei nicht vorschnell und unkritisch Hemmungen, Prägungen und eigenen Traditionen anheim zu fallen. Psychotherapie möge Vielfalt gebären, dafür braucht es entsprechende Therapeuten, die ihrerseits eine vielfältige Therapie anzubieten vermögen. Bleiben sie trotz aller Erfolge hungrig, denn „dissatisfaction is a good one-word definition of motivation" (Maxwell, 2011, S. 39 f.). Halten sie stets Kontakt zur „normalen Welt", der Welt außerhalb aller Psychotherapie. Und: Versuchen sie trotz aller Nudges nicht zu sehr an sich herumzubasteln und sich von einer Veränderungsoption in die nächste zu stürzen. „The brutal fact is that about 70 % of all change initiatives fail" (Beer & Nohria, 2000, S. 137).

21.2 Kritische Würdigung

Bei all dem Dargelegten ist zu unterscheiden zwischen echten Orientierungshilfen, tatsächlichen Stützen im therapeutischen Handeln und Camouflage oder Blendwerk. Hier soll keinesfalls dazu ermuntert werden, durch findiges Kompensieren substantielle Defizite geschickt zu überdecken. Guidelines geben Orientierung und Halt, aber nicht dem, der es an Kompetenz grundsätzlich vermissen lässt. Orientierungshilfen, Inspirationen und Denkanstöße sind keine Garantie für sicheres Vorgehen, die Verantwortung bleibt jederzeit beim Therapeuten. Wir bieten in der Psychotherapie hilfesuchenden Patienten Unterstützung, Orientierungshilfen, Anregungen und so verstehen sich auch diese Guidelines, als herunterzuladende Option, als Angebot, nicht mehr. Verpflichtende Leitlinien bietet die Psychotherapierichtlinie (2017) und die Musterberufsordnung (Deutsche Bundespsychotherapeutenkammer, 2018) oder die im Strafgesetzbuch (2019) verankerte Schweigepflicht. Der selbstreflexive, verantwortungsbewusste, neugierige und um persönliche und therapeutische Weiterentwicklung bemühte Therapeut wird intrinsisch motiviert nach Orientierungsleitlinien suchen und dann bestimmt auch fündig werden. Den selbstgenügsamen und wenig selbstreflexiven oder auch bequemen Therapeuten wird diese Option ein unbekanntes oder nicht zu nutzendes Terrain bleiben. Wer sucht, wird finden und gemäß Matthäus-Effekt ist anzunehmen: „Denn wer da hat, dem wird gegeben, dass er die Fülle habe; wer aber nicht hat, dem wird auch das genommen, was er hat" (Die Bibel, 1980, Mt 25,29). Bei aller Optimierungsmöglichkeit sollte Psychotherapie leicht von der Hand gehen, wenn nicht, dann bitte das Programm ändern, bis hin zum Berufswechsel.

► **Eigenes Beispiel**

Es ist immer wieder erstaunlich, wie viel für eine Psychotherapie sehr gut verwendbares Rüstzeug man unvermutet in ganz anderen Bereichen findet. Dennoch wird nicht jeder, der nach Indien segelt, Amerika entdecken. Vermutlich wird es in den einzelnen Kapiteln dieses Werkes transparent, wie sehr ich selber anfällig für und begierig auf Nudges bin, sonst wäre all die zitierte Literatur niemals gelesen worden. Wo viel verfügbar ist, wird eher auch viel oder zu viel zum Einsatz kommen. In einer Einzelselbsterfahrung wollte der Ausbildungskandidat ein eigenes Problem therapeutisch bearbeitet haben. Seine Rückmeldung war, dass ihm die Therapiestunden oft zu voll waren, manches habe er nicht behalten oder verarbeiten können. Wenn es ihm so erging, wie mag es dann schwächeren, belasteteren, weniger motivierten und weniger reflektieren Psychotherapiepatienten ergehen? ◄

> **Mal ehrlich**
> Was an den konsumierten Nudges ist lediglich interessant oder maximal nice-to-have? Welche Inspiration hat sie bisher wirklich erreicht und ihnen Orientierung gegeben?

21.3 Fazit

Als Psychotherapeut wollen oder sollen wir Patienten von der Einengung und mancher Einfalt zur Vielfalt verhelfen und stoßen dabei auf vielerlei Widerstände. Flexibilität, Innovationskraft, neugieriges Suchen und Experimentierfreude sind keinesfalls schlechte Therapeutenattribute, ganz im Gegenteil. Was wir Patienten anempfehlen, sollten wir zunächst als auch für uns selbst wichtige Maßgabe verinnerlicht haben. Entwicklung braucht Anregung. Nudges können dabei helfen oder auch nicht, zumindest aber bewegen sie etwas, wenn sie aufgenommen werden und Bewegung ist häufig ein stabilerer Zustand als Stillstand. Das möge man sich am Beispiel des Fahrradfahrens verdeutlichen. Wer die Balance halten will, sollte in Bewegung bleiben.

Zum Mitnehmen
Orientiert sollte jeder Psychotherapeut, Psychologe oder behandelnder Sozialpädagoge in jedem Fall immer vor Dienstantritt sein. Neben der verpflichtenden oder zumindest zu erwartenden Orientierung bieten Nudges zusätzliche Hilfen und somit die Feinabstimmung innerhalb der Groborientierung.

Weiterführende Literatur

Banaji, M. R., Bazerman, M. H., & Cuhgh, D. (2003). How (Un)ethical are you. HBR's 10 must read. On managing people. *Harvard Business Review., 2011*, 157–173.
Baumeister, R. F., & Tierney, J. (2011). *Willpower. Why self-control is the secret to success.* Penguin.
Beer, M., & Nohria, N. (2000). Cracking the code of change. HBR's 10 must read. On change management. *Harvard Business Review, 2011*,137–154. .
Cialdini, R. B. (2004). *Die Psychologie des Überzeugens* (3. Aufl.). Huber.
Covey, S. R. (2004). *The seven habits of highly effective people.* Free Press.
Deutsche Bundespsychotherapeutenkammer (BPtK). (2018). *Muster-Berufsordnung für die Psychologischen Psychotherapeutinnen und Psychotherapeuten und Kinder- und Jugendlichenpsychotherapeutinnen und Kinder- und Jugendlichenpsychotherapeuten.* BPtK.
Die Bibel. (1980). *Altes und Neues Testament. Einheitsübersetzung.* Verlag Herder.
Dostojewskij, F. M. (2007). *Der Spieler.* Patmos Verlag.
Duhigg, C. (2016). *Smarter, faster, better.* Random House.
Fallada, H. (2018). *Der Trinker.* Anaconda Verlag.
Freud, S. (1917). *Trauer und Melancholie. Studienausgabe Band III (1989).* Psychologie des Unbewussten. S. Fischer.
Görlitz, G. (1998). *Körper und Gefühl in der Psychotherapie – Basisübungen.* Pfeiffer.
Goethe, J. W. (1982). *Wilhelm Meisters Wanderjahre.* Insel Verlag.
Goethe, J. W. (2000). *Faust. Der Tragödie erster Teil.* Reclam.

Weiterführende Literatur

Goethe, J. W. (2009). *Wilhelm Meisters Lehrjahre.* Insel Taschenbuch.
Goleman, D. (2014). *Focus. The hidden driver of excellence.* Bloomsbury.
Grass, G. (1982). *Die Blechtrommel. Danziger Trilogie 1.* Luchterhand.
Grüning, U., & Pietsch, J. M. (2003). *Goethes Haus am Frauenplan.* Akanthus.
Hesse, H. (1975). *Narziß und Goldmund.* Suhrkamp.
Hesse, H. (1999). *Siddhartha.* Suhrkamp.
Kästner, E. (2018). *Doktor Erich Kästners Lyrische Hausapotheke* (2. Aufl.). Atrium.
Kahn, M. (1997). *Between therapist and client. The new relationship.* Holt Paperbacks.
Landsberg, M. (2015). *The Tao of coaching.* Profile Books.
Mann, T. (1996). *Bekenntnisse des Hochstaplers Felix Krull.* Fischer.
Maxwell, J. C. (2011). *How successful people lead.* Hachette Book Group.
McLeod, J. (2004). *The counsellor's workbook. Developing a personal approach.* Open University Press.
Meyers großes Taschenlexikon. (1999). (7. neu bearbeitete Aufl.). Meyers Lexikonredaktion.
Möller, H., & Lohmer, M. (2017). *Supervision in der Psychotherapie. Grundlagen, Forschung, Praxis.* Kohlhammer.
Owen, J. (2015). *How to lead* (4. Aufl.). Pearson.
Richtlinie des Gemeinsamen Bundesausschusses über die Durchführung der Psychotherapie (Psychotherapie-Richtlinie) (2017).
Rosen, B., & Swann, E. K. (2018). *Conscious. The power of awareness in business and life.* Wiley.
Schultz von Thun, F. (2005). *Miteinander Reden 3. Das „Innere Team" und situationsgerechte Kommunikation* (14. Aufl.). Rowohlt Taschenbuch.
Schwanitz, D. (2002). *Bildung. Alles, was man wissen muss.* Eichborn Verlag.
Sinek, S. (2009). *Start with Why.* Portfolio Penguin.
Stifter, A. (1977). *Der Nachsommer.* Deutscher Taschenbuch Verlag.
Störig, H. J. (1988). *Kleine Weltgeschichte der Philosophie.* Fischer Taschenbuch Verlag.
Strafgesetzbuch (StGB) mit Nebengesetzen (2019) (9. Aufl.). Aktuelle Gesetze.
Thaler, R. H., & Sunstein, C. R. (2009). *Nudge.* Penguin Books.
Watzlawick, P. (1983). *Anleitung zum Unglücklichsein.* Piper.
Wöller, W., & Kruse, J. (2018). *Tiefenpsychologisch fundierte Psychotherapie.* Schattauer.
Yalom, I. D. (2017). *Wie man wird, was man ist. Memoiren eines Psychotherapeuten.* btb.

Werkzeugkiste für die therapeutische Arbeit

Inhaltsverzeichnis

22.1 Grundsätzliche Überlegungen – 188

22.2 Tools – 190

22.3 Kritische Würdigung – 197

22.4 Fazit – 198

Weiterführende Literatur – 199

© Der/die Autor(en), exklusiv lizenziert an Springer-Verlag GmbH, DE, ein Teil von Springer Nature 2025
S. Gerhardinger, *Entwicklung der Therapeutenpersönlichkeit*,
Psychotherapie: Fort- & Weiterbildung, https://doi.org/10.1007/978-3-662-70477-6_22

Ein Mann, der recht zu wirken denkt, muß auf das beste Werkzeug halten.
Johann Wolfgang von Goethe

? Frequently Asked Question
Welche Hilfsmittel, Methoden und Werkzeuge bereichern das psychotherapeutische Handeln? Wie intensiv oder sparsam soll der Einsatz von Tools erfolgen?

22.1 Grundsätzliche Überlegungen

Berufliche Tätigkeit erfordert Hilfsmittel, Werkzeuge, Arbeitsmittel und wenn es nur ein Kugelschreiber ist. Die Praxis bringt es mit sich, dass sich die verwendeten brauchbaren oder auch nur in speziellen Fällen nützlichen Hilfsmittel immer mehr zueinandergesellen und die tatsächliche oder nur imaginäre Werkzeugkiste fortlaufend differenzierter bestückt wird. Da mag sich dann auch manches ansammeln, was kaum oder nie mehr gebraucht wird oder auch einiges verharren, was ohnehin eher untauglich ist. Wie bei allen Ressourcen stellt sich die Frage, was von den Tools tatsächlich aktiv genutzt wird.

In der Psychotherapie finden Werkzeuge im Rahmen therapeutisch notwendiger Interventionen Anwendung. Intervention leitet sich vom lateinischen Wort „intervenire" ab. Intervenieren hat die Bedeutungen dazwischentreten, vermitteln (Duden. Das Fremdwörterbuch, 1982). Psychotherapeutische Interventionen zielen darauf ab, automatisierte psychopathologische Abläufe zu unterbrechen, zu verstören, letztendlich um eine persönliche Neukonstitution oder Regulierung zu ermöglichen. Somit scheint es naheliegend zu sein, wenn man erwartet, dass der gut entwickelte Psychotherapeut über einen reichen Schatz an Interventions-Tools verfügt. Andererseits wird der wahre Meister auch unabhängig von zur Verfügung stehenden Hilfs- oder Arbeitsmitteln sein Handwerk oder auch seine Kunst zeigen und Vieles bewirken können. Jeder Einsatz von Hilfsmitteln will gut überlegt und kritisch abgewogen sein. Eine der Indikation entsprechende Intervention ist sicherzustellen. Mit einem Hammer würde man keine Wand streichen und mit der Säge keiner sensiblen Oberfläche zu nahe kommen. Interventionen sind dafür gedacht, Probleme lösen zu helfen, nicht um neue Schwierigkeiten zu schaffen. Gemäß Wöller und Kruse (2018, S. 190) sollen Interventionen „einfach, verständlich und 'natürlich' erfolgen, nicht kompliziert und geschraubt."

Ein grundlegendes Werkzeug, ehe interveniert wird, ist eine Checkliste, worin Gründe für die Einleitung einer Psychotherapie geprüft werden. Und damit auch Ausschlusskriterien identifiziert werden können. Diese Checkliste könnte Items wie Diagnose (Störung von Krankheitswert), Therapiemotivation Patient, Leidensdruck Patient, Veränderungspotential Patient, Notwendigkeit der Gefahrenabwehr (z. B. Suizidalität), Erfolgsaussichten, Ökonomie (Rechtfertigung des Aufwandes), zumutbare Belastung für Patient und Therapeut, Bedeutung von Sympathie oder Antipathie, flankierende Motive bei Patient und Therapeut, therapiegefährdende Variablen enthalten. Eine Psychotherapie sollte niemals unreflektiert eingeleitet werden, dabei kann eine derartige Checkliste mit entsprechenden Beurteilungskriterien zu sicherer Entscheidung und Navigation führen.

Immer wieder findet sich die Empfehlung, eine Therapie der kleinen Schritte anzubieten. Diese Baby Steps sind es, die es dem Patienten erlauben, Schritt zu halten. Tempodosierung ist damit ein schnell außer Acht gelassenes, aber wichtiges Tool. Im Kontakt mit dem Patienten bleiben, Mirror and Match, Pace and Lead, all das führt zum so notwendigen Rapport (vgl. Krusche, 1994), als engst mögliche Form der Beziehung. Auf dieser Basis eines engen Kontaktes, dem Legen eines Zugangs zum Patienten, kann dann die Verflüssigung des

22.1 · Grundsätzliche Überlegungen

Problemfokus in Angriff genommen werden (vgl. Brakemeier & Jacobi, 2017). Eine gleichbleibende Offenheit des Therapeuten, ein kontinuierliches Bemühen, positive Emotionen zu schaffen und auch die Exploration bisheriger Bewältigungsstrategien des Patienten sind unbedingt vorauszusetzende Techniken oder Vorgehensweisen. Der Patient wird eher für den Einsatz von Tools zu gewinnen sein, mit denen er da oder dort bereits positive Erfahrungen machen konnte oder sich zumindest gut vorstellen kann, davon profitieren zu können. Die Förderung der Compliance des Patienten durch Psychoedukation, durch das Anbieten plausibler Störungsmodelle, durch erste Therapieerfolge, das kontinuierliche Einholen von Patienten-Feedback und das grundsätzlich gut vorbereitet sein auf die Therapiesitzungen sind nicht immer Selbstverständlichkeiten. Gerade bei sehr sprunghaften Patienten kann es helfen, am Beginn der Therapiestunde beispielsweise anhand einer Vierfeldertafel etwa mit den Segmenten Entlastung, Klärung, Durcharbeiten/Bearbeitung, Veränderung den Patienten einschätzen zu lassen, wo gerade sein Fokus liegt, wo er liegen sollte und was das für die nun anstehende Therapiestunde bedeutet.

Prinzipiell ist es ratsam, vor der Auswahl angemessener Therapiewerkzeuge sich der Grundlage einer effektiven Therapie zu bedienen, dazu haben Grawe et al. Eindeutiges zu berichten. „Die Forschungsergebnisse zur Gesprächspsychotherapie sind von großer Relevanz für den Gesamtbereich der Psychotherapie. Sie sind nämlich ein überzeugender Nachweis, dass durch therapeutische Gespräche allein sehr bedeutsame Veränderungen im klinischen Zustandsbild von Patienten, auch von Patienten mit schwerwiegenden psychopathologischen Symptomen, herbeigeführt werden können" (Grawe et al., 2001, S. 140). In ihrer Metaanalyse, in die insgesamt 897 Studien Eingang fanden, berichten Grawe et al. von eindeutiger Ergebnislage: „Kognitiv-behaviorale Therapie ist im Durchschnitt hochsignifikant wirksamer als psychoanalytische Therapie und Gesprächspsychotherapie" (Grawe et al., 2001, S. 670). Darüber hinaus legen die Erkenntnisse aus dieser Metaanalyse nahe, „dass die beiden mehr auf Problembewältigung ausgerichteten Verfahren Verhaltenstherapie und Familientherapie insgesamt wirksamer sind als die beiden eher klärungs- oder einsichtsorientierten Verfahren Gesprächspsychotherapie und psychoanalytische Therapie …" (Grawe et al., 2001, S. 669). Andererseits zitiert Simon (2018) eine Übersichtsarbeit einschließlich Metaanalyse, worin nachgewiesen werden konnte, dass die Einsicht des Patienten einen bedeutsamen Zusammenhang mit dem Erfolg einer Psychotherapie aufweist. Pragmatisch betrachtet dürfte ein entweder-oder-Denken weniger zum Erfolg führen, als ein sowohl-als-auch-Ansatz. Für die Bewältigung komplexer psychischer Probleme wird die Einsicht ohne die Problembewältigung wenig effektiv sein und vice versa. Beiden Ansätzen gemein ist das Haupttool der Psychotherapie, die menschliche Sprache als Organ der Verständigung, was auch Covey so feststellt: „Communication is the most important skill in life" (2004, S. 237). Und in einem Atemzug weiter: „So if you want to be really effective in the habit of interpersonal communication, you cannot do it with technique alone. You have to build the skills of empathic listening on a base of character that inspires openness and trust" (Covey, 2004, S. 237 ff.). Gesprächsführung in der Psychotherapie ist eindeutig abzugrenzen von den Gesetzmäßigkeiten, denen ein Alltagsgespräch folgt. Bei letzterem wird allzu oft der Dialog zum monologischen Aneinandervorbeireden pervertiert. "Gesprächsgestaltung in der Psychotherapie ist asymmetrisch, geplant, vielfach erprobt, strukturiert, zielgerichtet" (Brakemeier & Jacobi, 2017, S. 46). Ein mittlerweile weit verbreitetes Tool ist die Motivierende Gesprächsführung (Miller & Rollnick, 2015). Ziel dabei ist es vor allem, die Status-Quo-Verfechter vom Sustain Talk zu Change Talk zu führen. Am meisten glauben wir ja doch uns selbst und wenn wir uns selbst überreden oder überzeugen, hat das sehr viel mehr Bestand, als wenn andere uns zu unserem Glück verhelfen wollen. Sobald diese Veränderungsabsichten auch noch öffentlich gemacht werden, besteht dafür eine nur noch bindendere Verpflichtung. Die Wirkkraft von Commitment und Konsistenz hat Cialdini in „Die Psychologie des Überzeugens" (2004), aber auch in Pre-Suasion (2017) eindrücklich beschrieben. Verschiedene Techniken und Vorgehensweisen der therapeutischen Gesprächsführung mögen unterschiedliches bewirken und wenngleich dadurch nicht automatisch eine Symptomreduktion oder gar Heilung zu erwarten ist, so wird das gute Gespräch gemeinhin als positiv erlebt. Kästner (2018, S. 13) meinte dazu: „Es tut wohl, den eigenen Kummer von einem anderen Menschen formulieren zu lassen."

Neben dem Basistool des therapeutischen Gespräches stoßen wir unausweichlich auf therapeutisches Basisverhalten und dessen von Rogers (2017) postulierten Variablen. Nachdem es sich dabei eigener Erfahrung gemäß um unverzichtbare und stets vorzuhaltende Arbeitsmittel handelt, seien diese hier skizziert (vgl. ▶ Kap. 24). Echtheit beschreibt Kahn (1997, S. 40) als „ongoing access to own internal process, own feelings, own attitudes." Empathie wird illustriert durch: „To have empathy is to experience the client's world the way the client experiences it, but to experience it without getting lost in it, without ever losing the 'as if' quality" (Kahn, 1997, S. 43), wobei hierbei Empathie nicht als Technik, sondern vielmehr als Haltung benannt wird. Ziel ist es dabei: „Get inside the client's frame of reference (Hough, 2014, S. 149). Jederzeit sollte man sich des Unterschiedes zwischen Sympathie und Empathie bewusst sein. Unbedingte Wertschätzung wird erläutert mit der klaren Aussage:

„We are not doing therapy, the way the surgeon does surgery; we are the therapy, and without a substancial amount of unconditional positive regard, we will not be successful" (Kahn, 1997, S. 47). Die Etablierung eines tragfähigen Arbeitsbündnisses und damit die Bereitstellung einer den Grundbedürfnissen des Patienten entgegenkommenden Interaktion ist auch nahe am Konzept der korrigierenden emotionalen Erfahrungen (vgl. Kahn, 1997, S. 99).

22.2 Tools

Wenngleich im Folgenden zahlreiche psychotherapeutische Werkzeuge benannt werden, soll damit nicht dazu eingeladen werden, diese im Gießkannenprinzip auf die Psychotherapieklientel auszugießen. Viel hilft nicht immer viel. Es wird hilfreich sein, sich allmählich eine immer besser sortierte „Psychotherapie-Werkzeugkiste" zu erarbeiten, um bei bestimmten Therapieverläufen, Stagnationen, besonderen Problemstellungen, außergewöhnlichen Herausforderungen ein besonderes Hilfsmittel hervorholen und anwenden zu können. Mitunter braucht es sprichwörtlich die Brechstange oder das Schmieröl. Aus berufenem Munde liest sich das dann so: „A toolbox is a personal store of ideas, exercises, stories and strategies that the counsellor can draw upon to facilitate the therapeutic process, or to move things on when the therapy seems to have reached an impasse" (McLeod, 2004, S. 122). Die Verwendung von Hilfsmitteln in der Psychotherapie setzt neben aller therapeutischen Kompetenz den Einsatz eines gesunden Menschenverstandes voraus. Bei allem verständlichen Ehrgeiz und Bemühen, Dynamik in die Therapie zu bringen, Blockaden aufzulösen oder zu umgehen, Verborgenes an Land zu spülen, sollten wir stets bedenken, Patienten niemals etwas zu applizieren, was wir bei uns selbst nicht anwenden oder vertragen würden. Die Vorsicht beim

Einsatz von Therapiewerkzeugen mag am Beginn der Therapeutenkarriere noch größer sein, in einer Zeit, in der Manuale bestimmte Hilfsmittel bereithalten und deren Einsatz nahelegen. Hier ist zumindest viel Verantwortung dem Manualentwickler zuzuschieben. Mit zunehmender therapeutischer Entwicklung sollte der Hilfsmitteleinsatz spontaner, unkonventioneller und doch nicht achtlos erfolgen können.

Es ist nicht Anliegen dieses Kapitels, sämtliche Psychotherapiewerkzeuge aufzulisten, zu beschreiben und deren Indikationsbereiche zu benennen. Hier soll eine inspirierende Auswahl dargeboten werden. Möge diese auch dem Selbstcheck dienen, mithilfe der Fragen: Welche Interventionsmethoden verwende ich bisher, welche sind mir fremd und sollen es auch bleiben? Was weckt meine Neugierde, wofür fehlt mir noch der Mut oder die Überzeugung? Begeben sie sich auf eine kleine Entdeckungs- und sozusagen Einkaufstour, um ihre Werkzeugkiste einem Update zu unterziehen, sie zu entrümpeln oder auch aufzurüsten.

Eine eingangs intensive und klare Definition von Zielen, gemäß des bekannten SMART-Schemas (vgl. Duhigg, 2016, S. 116), dürfte ein unverzichtbares Hilfsmittel sein, wie auch das fortlaufende Monitoring sich möglicherweise verändernder Therapieziele. Ziele, die spezifisch, messbar, attraktiv und anwendbar, realistisch und terminierbar sind, stellen überprüfbare Erfolgskriterien dar. Dazu sei noch das Argument angeführt, dass Ziele das Gegenteil von Problemen sind (vgl. Cully & Bond, 2013, S. 166).

Die Vielfalt möglicher therapeutischer Werkzeuge soll angeführt werden von den Interventionsmethoden der deutschen Richtlinien-Psychotherapieverfahren. Als verhaltenstherapeutische Standardmethoden gelten Rollenspiel, operante Methoden, Selbststeuerung, Training sozialer Kompetenz, Entspannungsmethoden, Systematische Desensibilisierung und Angstbewältigungstraining, Selbstverbalisationstraining, Reizkonfrontation und Problemlösungstraining (Fliegel et al., 1989). Diese werden ergänzt und bereichert durch Methoden der kognitiven Verhaltenstherapie, etwa der kognitiven Umstrukturierung oder auch Selbstverbalisation wie sie bei Ellis (1997), Beck (2010) und Meichenbaum (1995) beschrieben werden. Die Dialektisch-Behaviorale Therapie (Heard & Swales, 2017), Cognitive Behavioral Analysis System of Psychotherapy (McCullough, 2003) und die sogenannte dritte Welle der Verhaltenstherapie, die Acceptance and Commitment Therapy (vgl. Wengenroth, 2017) sind weitere Beispiele einer Ausdifferenzierung der Verhaltenstherapie und stellen zusätzliche Tools zur Verfügung. Auch die Schematherapie (Young et al., 2008) findet Platz unter dem immer breiteren Dach der Verhaltenstherapie.

Die Psychoanalyse und auch die tiefenpsychologisch fundierte Psychotherapie bedienen sich der Methoden freie Assoziation, gleichschwebende Aufmerksamkeit, Konfrontation und Deutung, Analyse von Widerständen, Übertragungs- und Gegenübertragungsanalyse, Traumdeutung (Mertens, 2005; Wöller & Kruse, 2018). „Wie schafft man den Widerstand weg? ... indem man ihn errät und dem Kranken vorhält." (Freund, 1917, S. 420). Die freie Assoziation kommt in ihrer Wirkung der Hypnose nahe, auch hier gilt das Ziel, das Ich als Störgröße zu umgehen: „...das Ich wird sozusagen ersucht zu schweigen, das Es wird eingeladen zu reden" (Freud, 1936, S. 13). Zum Stellenwert der Traumdeutung sagt Freud: „ Die Traumdeutung aber ist die Via Regia zur Kenntnis des Unbewussten im Seelenleben" (1900, S. 577). Lassen wir hier auch nochmals die Tochter des Altmeisters zu Wort kommen, denn sie illustriert die Funktion analytischer Interventionen präzise und nachvollziehbar: „Wir wissen aus dem bereits Geschilderten, dass die Beschäftigung mit dem freien Einfall, mit den latenten Traumgedanken, der

Symbolübersetzung und den Inhalten der phantasierten oder agierten Übertragung in einseitiger Weise der Es-Erforschung dient. In ebenso einseitiger Weise dient das Studium der Widerstände, der Arbeit der Traumzensur und der übertragenen Abwehrformen von Triebregungen und Phantasien der Erforschung der unbekannten Tätigkeiten von Ich und Über-Ich" (Freud, 1936, S. 22 f.).

Die Gesprächspsychotherapie nach Carl Rogers (1992) bedient sich diverser Methoden wie Ermutigung zum freien Ausdruck, Akzeptieren und Klären, fortschreitender Ausdruck positiver Gefühle, Erkennen positiver Impulse, Entwicklung von Einsicht, Klärung der zur Wahl stehenden Möglichkeiten. Dabei ist grundlegendes Therapie-Tool eine a-direktive Gesprächsführung mit anteilnehmenden Rückformulierungen auf dem Fundament des bereits beschriebenen therapeutischen Basisverhaltens. Aktives Zuhören ist offenbar schon weit vor Carl Rogers bekannt gewesen: „Gewöhne dich auf die Rede eines anderen genau zu achten und versetze dich soviel wie möglich in die Seele des Redenden" (Marc Aurel, 1993, 6. Buch, S. 90).

Systemische Therapie nutzt in der Hauptsache die Methoden zirkuläre Fragen, Fragen nach der positiven Ausnahme, Skalenfragen, Reframing, paradoxe Intervention, Metaphernarbeit, Parabeln, Skulpturarbeit, Soziogramm und Reflecting Team (vgl. v. Schlippe & Schweitzer, 2016, Schweitzer & v. Schlippe, 2014).

Metaphern, Bilder, Analogien, Vergleiche können sehr viel illustrieren und somit den Patienten in unaufdringlicher Weise einladen, Zusammenhänge besser zu verstehen und Einsicht zu entwickeln. Als kurzer Exkurs in die Welt der Metaphern seien zwei Beispiele ausführlicher benannt, da sie hohen Gebrauchswert haben können. „One of the metaphors I often use with my clients is the metaphor of the ‚Wilderness Guide', and the way I put that is they can hire me as a guide, because I know a lot about survival in the wilderness – my own, and I've travelled through a lot of wildernesses. I've got a compass, I can start a fire in the rain. I know how to make it through, but this is a new wilderness to me. I haven't been in this particular wilderness before, and so I can't predict what we're going to encounter" (McLeod, 2004, S. 74). Gut einsetzbar und von Patienten versteh- und annehmbar ist auch die bhuddist parable: „The first arrow is the initial pain, such as failure, rejection, loss, or simple backache. The second arrow is self-inflicted pain, caused by the story, we tell ourselves about the situation. We fail, then we get hit by the arrow of self-doubt. We are rejected, then we get hit by the arrow of sadness. We lose someone close to us, then we get hit by the arrow of loneliness. We feel back pain, then we get hit by the arrow of chronic disability. The Bhudda taught that there is no relief from the first arrow. It hurts and we must accept that. It's what we do with the second arrow that matters" (Rosen & Swann, 2018, S. 63). Selbst gestaltete Metaphern oder Vergleiche sind beispielsweise die Vorstellung, dass eine Psychotherapie mit all ihren beabsichtigten Veränderungen einer Schiffsreise über den Atlantik nach Amerika gleicht. Wenn abweichend vom gewohnten Kurs nach dem Ablegen das Ruder um ein Achtelgrad gedreht wird, so fällt das lange nicht auf. Am Ende der langen Reise kommt man dann aber doch ganz woanders an. Das ist der kleine Unterschied, der letztendlich einen großen Unterschied macht. Dies zum Trost für Patienten, denen Veränderung nicht schnell genug voranschreitet. Ein weiteres Beispiel besteht darin, die Anforderungen in der Psychotherapie mit einem intendierten Sprung vom Dreimeterbrett zu vergleichen. Ein kritisches Nachdenken, Zaudern und Zögern ist da ganz normal. Zu viel des Denkens und zu wenig Handeln wird das Problem aber nicht lösen. Ein Verharren auf dem Dreimeterbrett macht wenig Sinn, also entweder springen oder das Brett wieder verlassen, wie man heraufgekommen ist. Ein nächster Vergleich betont, als Psychotherapiepatient oft in der misslichen Lage zu sein, wie ein Autofahrer, der auf einer einsamen Bergstraße in der Kurve die Leitplanke durchbricht und mit seinem Auto halb über dem Abgrund liegend hängen bleibt. Das Auto reagiert auf jede Bewegung und droht abzustürzen. Der Unglücksfahrer steckt nun im Dilemma: Bewegen und abstürzen, nicht bewegen und im Zweifelsfalle im Auto verhungern oder aber mutig sich bewegen, den Absprung wagen und dabei entweder gewinnen oder verlieren. Dieses Bild war bisher vielen Patienten sehr eingängig und konnte deren Ambivalenz bzgl. Veränderung gut symbolisieren. Schließlich verstehen es Patienten gut, wenn man sie darauf hinweist, dass die Lösung nicht aus dem Problemtopf stammen sollte. Dies sollte gerade dann zum Einsatz kommen, wenn Patienten, wie oft üblich, versuchen ihr Problem zu lösen, indem sie mehr des Gleichen tun. Eine Metapher zum Thema Akzeptanz ist die Vorstellung, wenn man einen Stein ins Wasser wirft, so entstehen Wellen. Versucht man nun, diese Wellen mit den Händen zu glätten, entstehen nur noch weitere, ggf. größere Wellen. Der Lösungsversuch sorgt also für nur noch größere Turbulenzen. Eine Metapher zum Thema Motivation und Verantwortung besagt, dass Patient und Therapeut in einem Boot sitzen. Rudert nur der Therapeut, dreht sich das Boot im Kreis und kommt nicht voran. Bildlich anregend ist auch die Inspiration, sich selbst öfter mal eine Drohne zu sein, also die Meta-Ebene einzunehmen und auf sich selbst, das eigene Denken, Handel und Fühlen mit kritischer Distanz herabzublicken. Im Rahmen der Erklärung kognitiver Umstrukturierung kann dem Patienten das Bild angeboten werden, dass in unseren Köpfen Trampelpfade angelegt sind. Wir gehen immer wieder auf geebneten Pfaden, auch wenn sie nicht die richtigen sein mögen. Bis neue Pfade ausgetreten sind, dauert es und es braucht Energie, um sich den Weg durch das Dickicht zu bahnen. Aber nur so entstehen neue Weg und alte, nicht mehr genutzte Pfade wachsen mit der Zeit zu und sind nicht mehr zu erkennen. Es bietet sich an, wenn möglich auch spontan Analogien zu finden, die zum Lebenshintergrund des Patienten passen. Einem Landwirt lässt sich leicht erklären, dass therapeutische Interventionen einem Aussäen gleichen können. Nicht jede Saat wird aufgehen, aber desto breiter die Aussaat, desto höher die Erfolgs- oder Erntewahrscheinlichkeit.

Die Gestalttherapie verwendet Übungen und Experimente, hat sich aber in der Welt der Therapie-Tools insbesondere deshalb verdient gemacht, weil sie die Technik des leeren Stuhls zur Verfügung gestellt hat und vielfältige Möglichkeiten therapeutischer Experimente beschreibt (vgl. Perls, 1988).

Entspannungsmethoden wie Autogenes Training (Thomas, 1989) und Progressive Muskelentspannung (Jacobson, 1993), aber auch die Hypnose sind Breitbandverfahren, die nicht an spezielle Therapierichtungen gebunden sind. „Die Hypnose hat vielmehr den Stellenwert einer spezifischen Behandlungstechnik, die wirksam zur Reduktion bestimmter Symptome oder Beschwerden eingesetzt werden kann. Sie kann grundsätzlich von Therapeuten ganz verschiedener Orientierung im Rahmen umfassender Behandlungspläne eingesetzt werden und sollte daher zum methodischen Rüstzeug möglichst vieler Psychotherapeuten zählen" (Grawe et al., 2001, S. 637). Das Autogene Training wird auch gerne als das Aspirin der Psychologen und Psychotherapeuten bezeichnet, da es nahezu gefahrlos bei den vielfältigsten Indikationen zum Einsatz kommen kann. Die für Patienten oftmals schneller wirksame und unaufwändiger applizierbare Form von Entspannung bieten Phantasie- und Märchenreisen (Müller, 1992). In eine ähnliche Richtung, aber mit etwas anderer therapeutischer Absicht zielen Peseschkians (1979) Geschichten im Rahmen der Positiven Psychotherapie.

Sehr viel differenzierter emotionales Erleben anregend und gegebenenfalls eher auch zur Bewusstmachung verhelfend ist die katathym-imaginative Psychotherapie (Leuner, 1994).

Emotionale Disregulationen, affektive Störungen, Ängste oder Aggressionen, all das ist Kernthema der Psychotherapie. Das Training emotionaler Kompetenzen (Berking, 2017) darf in keiner Therapeuten-Werkzeugkiste fehlen.

Die Hypnotherapie nach Milton Erikson (2007) bereichert die Interventionsmöglichkeiten in der Psychotherapie um die hypnotische Trance, die Suggestion, die Utilisierung und die Einleitung und Nutzung eines durch vorherige Tiefenentspannung veränderten, aber jedenfalls wachen Bewusstseinszustandes.

Körperorientierte Verfahren oder auch Körpertherapien ermöglichen einen prinzipiell nonverbalen Zugang zum Erleben und der Problemwelt des Patienten und sind gerade dann auch einzusetzen, wenn mit kognitiver Therapie bei einem kognitiv dominierten Patienten wenig auszurichten ist.

Die Transaktionsanalyse (Berne, 1990) bietet insbesondere das hilfreiche Tool der verschiedenen Ich-Zustände, ein gemäß eigener Erfahrung sehr gut einsetzbarer Erklärungsansatz, der für Patienten leicht verstehbar ist und hohen alltagspraktischen Gebrauchswert haben kann.

Man könnte annehmen, ein Therapiekontrakt sei eine Selbstverständlichkeit, das dürfte mitnichten der Fall sein. Es wird ein wertvolles Arbeitsmittel sein, zu Beginn der Therapie mit dem Patienten schriftlich die Rahmenbedingungen und ggf. auch Inhalte und Methoden der Psychotherapie festzulegen. Inhalte eines Therapiekontraktes können sein: Frequenz und Dauer der Sitzungen, Informationen über die Qualifikation des Therapeuten und seine Vorgehensweise, Regelungen bei Therapieausfall (Ausfallhonorar), Absprachen bei Urlauben, Datenerhebung, Verschwiegenheit und Vertraulichkeit, Regelungen bzgl. Zwischenreflexion und Evaluation, Umgang mit Unzufriedenheit und Beschwerden des Patienten, Regelung des Therapieendes (vgl. Hough, 2014, S. 285 f.).

Insgesamt können Interaktionsmuster des Patienten, die sich selbstredend auch im Therapieverlauf aktualisieren, durch bewussten Methodenwechsel, durch Veränderung des Therapietempos und der Modalitäten unterbrochen oder auch therapiefördernd verstört werden.

Container-Techniken, die Übung des sicheren Ortes oder des geborgenen Ortes, die Übung des inneren Tresors, wie auch die Übung der inneren Helfer (vgl. Wöller & Kruse, 2018, S. 427 f.) können als Stabilisierungstechniken eingesetzt werden. In diesem Zusammenhang kann auch für die Bildschirmtechnik als hilfreiches Tool bei Traumatisierungen geworben werden. Damit kann traumatisches Erleben auf einen imaginären Bildschirm projiziert werden, woraufhin der Inhalt dann beispielsweise mit einer erdachten Fernbedienung manipuliert, also z. B. gestoppt, Kontraste verändert werden oder ein Rückwärtslauf aktiviert werden kann (vgl. Wöller & Kruse, 2018, S. 430).

Testdiagnostik, der Einsatz von projektiven Verfahren und Fragebögen, die Verwendung von Lebenslinien sind nicht nur am Beginn einer Therapie relevante Tools. Beispielsweise ließen sich auf einer Lebenslinie ein Pol für Geburt und ein Pol für Tod abtragen, dann kann man Patienten einschätzen lassen, wo sie stehen und wie sie die verbleibende Zeit verbringen wollen.

Die Verwendung von Figuren oder Holzklötzen zur Miniatur-Skulpturarbeit, aber auch das vornehmlich in der Kinder-Therapie übliche Verfahren Familie in Tieren kann auch in der Erwachsenenpsychotherapie von großem Nutzen sein. Das Anfertigen lassen von Skizzen oder das Bilder malen lassen sind weitere Hilfsmittel. Wird mit unterschiedlichen Ich-Anteilen gearbeitet, kann auch mithilfe von Handpuppen deutlich gemacht werden, wer da mit wem gerade spricht. Die Arbeit mit dem inneren Team (Schulz von Thun, 2005) ist erfahrungsgemäß eine sehr intensive und gewinnbringende Methode, um sich aktiver und passiver, dominierender oder fehlender Ich-Anteile bei der Entscheidungsfindung bewusst zu werden.

Die Erarbeitung von Notfall- oder Krisenplänen sowie das Besprechen von Maßnahmen zur Rückfallprophylaxe sollten in der Werkzeugkiste immer Platz finden.

Literaturempfehlungen können ein probates Hilfsmittel sein, vorausgesetzt der Patient ist bibliophil. Dabei kann es sich um Belletristik handeln, um Selbsthilfeliteratur, bei kritischer Prüfung gegebenenfalls auch um Fachliteratur. Selbsthilfeliteratur sollte nicht inflationär eingesetzt werden. „The existence of more and more self-help-books is proof that they rarely work" (Brooks, 2015, S. 199). Die Bibliotherapie kann als flankierende Maßnahme nützlich sein. „Mir wurde immer klarer, dass viele der Probleme, mit denen meine Patienten kämpften – Altern, Verlust, Tod, Lebensentscheidungen wie Wahl des Berufes oder des Ehepartners – von Romanautoren und Philosophen angemessener angesprochen wurden als von Kollegen meines eigenen Gebietes (Yalom, 2017, S. 235). Viele Patienten zeigt intensives Interesse an psychologischen Themen. Das Buch „Minutenpsychologie" (Gerhardinger & Doell, 2024) bietet in leicht verdaulicher, fachlich fundierter Aufbereitung viel Anleitung zur Selbsthilfe.

Kreative Tools stellen Impact-Techniken (Beaulieu, 2017) dar, diese können auch den erfahrenen und versierten Psychotherapeuten noch einmal an neue Ufer führen. „Wir wissen, dass sich der Mensch an nur 10 % der Vorgänge erinnert, von denen er gehört hat, aber an 70 %, wenn er sie praktisch ausgeführt hat" (Beaulieu, 2017, S. 118). Das soll einer mitunter auch praktischen, pragmatisch-zupackenden Psychotherapie das Wort reden. Eine Technik daraus sie hier vorgestellt. Patienten mit Selbstwertbeschädigung wird ein 100.- €-Schein gezeigt und es wird gefragt, wie viel dieser Schein wert ist. Die Antwort wird eindeutig sein. Dann zerknüllt der Therapeut diesen Schein, wirft ihn auf den Boden, tritt darauf etc. Der Schein wird Schaden nehmen. Dann entfaltet der Therapeut diesen Schein, glättet ihn etwas und fragt den Patienten erneut, wie der Wert dieses Scheines ist. Verwundert wird der Patient wiederum die 100.- € nennen. Der Schein hat Schaden genommen, in seinem Wert aber nichts eingebüßt.

Das achtsame Beobachten des nonverbalen Patientenausdrucks liefert unverzichtbare Hinweise auf mögliche Inkongruenzen des Patienten und kann damit als bedeutsames Arbeitsmittel betrachtet werden. Bereits Sigmund Freud bemerkte solche begleitenden körperlichen Veränderungen bei Patienten, die die Wahrnehmung des Therapeuten beeinflussen, als er 1890 schrieb: „Fast alle seelischen Zustände eines Menschen äußern sich in den Spannungen und Erschlaffungen seiner Gesichtsmuskulatur, in der Einstellung seiner Augen, der Blutfüllung seiner Haut, der Inanspruchnahme seines Stimmapparates und in den Haltungen seiner Glieder, vor allem der Hände. Diese begleitenden körperlichen Veränderungen bringen dem Betreffenden meist keinen Nutzen, sie sind im Gegenteil oft seinen Absichten im Wege, wenn er seine Seelenvorgänge vor anderen verheimlichen will, aber sie dienen den anderen als verlässliche Zeichen, aus denen man auf die seelischen Vorgänge schließen kann und denen man mehr vertraut, als den etwa gleichzeitigen absichtlichen Äußerungen in Worten" (Freud, 1890, S. 6). Insgesamt ist das Nutzen sogenannter szenischer Information eine nicht zu vernachlässigende Datenquelle und damit ein wichtiges Tool. Die szenische Information gibt es nicht nur im Therapieraum. Bei entsprechender Möglichkeit kann man beobachten, wie ein Patient oder auch ein Paar zur Therapie kommt, in welcher Körperhaltung, mit welchem Ausdruck und wie agil oder erlahmt

Patient oder auch Paar nach erfolgter Therapiestunde den Ort des Geschehens wieder verlassen.

Neben der nonverbalen Kommunikation besteht ein wesentliches therapeutisches Werkzeug darin, den verbalen Ausdruck des Patienten zu analysieren, indem beispielsweise darauf geachtet wird, wann, wo und wie viele Einschränkungen und Relativierungen, vage und unkonkrete Ausdrucksweisen, Widersprüchlichkeiten, Verallgemeinerungen und Verschleierung der Verantwortlichkeit der Patient offenbart (vgl. Möller & Lohmer, 2017, S. 175). Von großer Bedeutung und als Tool gewinnbringend kann es auch sein, ganz bewusst darauf zu achten und danach zu fragen, was der Patient nicht erzählt, denn es gibt dafür bedeutsame und eventuell auch therapierelevante Gründe.

Die Spiegelung des Patienten durch den Psychotherapeuten in Gestik, Mimik, Körperhaltung und verbalem Ausdruck, ein Standbild das den Patienten als Skulptur zeigt, das Doppeln durch das Aussprechen des Unausgesprochenen sind in der Supervision (Möller & Lohmer, 2017) wichtige Tools und damit sicher auch in der Psychotherapie effektiv einsetzbar.

Eine Zukunftsexploration (vgl. Möller & Lohmer, 2017, S. 171), also eine Zeitprogression um sich verschiedene Arten von Zukunft vorzustellen, die Einladung, sich einen perfekten Tag, heute oder z. B. in fünf Jahren schildern zu lassen oder auch die häufig bemühte Wunderfrage decken oftmals bedeutende Werte, Wünsche oder Lebensziele von Patienten auf. Auch die Vorstellung, einen Zauberladen (Möller & Lohmer, 2017, S. 171 f.) betreten zu können, um darin Fähigkeiten zu erwerben und dafür vorhandene Eigenarten im Tausch abzugeben, gibt schnelle an der Abwehr vorbeigeführte Einblicke in Ballast und Begehrlichkeiten eines Patienten. Die Grabsteinübung lädt Patienten dazu ein, sich den Abgesang auf das eigene Leben vorzustellen. Wollen Patienten mit diesem finalen Resümee zufrieden sein, so sollten jetzt, in der Gegenwart, die Weichen so gestellt werden, dass am Ende das gewünschte Ergebnis stehen kann.

Ein Visualisieren der Probleme eines Patienten z. B. an einem Flip-Chart erweist sich häufig als hilfreich. Zunächst erleben es Patienten oft als sehr belastend, die eigenen Probleme in einer mächtigen Fülle niedergeschrieben zu sehen. Diese Visualisierung ermöglicht es aber auch, Problemcluster zu bilden, Interdependenzen zu identifizieren und letztendlich auch festzustellen, dass es sich bei aller Fülle um eine endlich abzählbare Problemliste handelt.

Öffentlich gemachte Commitments, also Konzessionen, wirken bekanntlich besonders gut (Cialdini, 2004). Auch wenn eine individuelle Psychotherapie wenig Öffentlichkeit bietet, so kann es den Patienten in seinem Veränderungsstreben unterstützen, wenn er selbst seine Vorgaben klar benennt. Den Patienten beim Wort zu nehmen, ihn an seine eigenen Aussagen zu mahnen wirkt oft mehr, als professionelle Therapeutenstatements. Eine bewährte, aber offenbar eher selten verwendete, Intervention in der Psychotherapie ist er Brief an mich selbst. Klienten werden inspiriert, motiviert und angeleitet, zu einem gegebenen Zeitpunkt einen wohlmeinenden, aufmunternden, Veränderungsziele unterstützenden Brief an sich selbst zu scheiben. Das soll kein epochales Werk werden, Kernbotschaften passen in der Regel auf eine DIN A-5-Seite. Der Brief wird versiegelt, adressiert und frankiert und an eine Vertrauensperson übergeben. In der Psychotherapie bietet sich dafür der Behandler an. Zu einem festgelegten Zeitpunkt wird der Brief dann an den originär an sich selbst absendenden Klienten geschickt. Persönliche Erfahrungen damit waren bisher stets gut. Aufrüttelnde Briefe taten oft auch weh, spornten aber an. Sehr selbstfürsorgliche Briefe waren glaubwürdiger Balsam auf gebeutelte Seelen. Vielen Patienten war nicht mehr bewusst, dass sie ein Brief erreichen wird, den sie selbst vor ein paar Monaten geschrieben hatten. Der Inhalt war nie wirklich überraschend, aber stets handlungsleitend glaubwürdig.

Bei all den Problemen, Kümmernissen und Krisen ist es nicht abwegig, sondern sogar anzuraten, Humor in der Therapie einzusetzen. Humor meint hier nicht, Witze zu erzählen, um etwa einen depressiven Patienten aufzuheitern, das wäre unprofessionell, respektlos und kontraproduktiv. Humor kann aber als Distanzierungshilfe verwendet werden. „Kein Zweifel, das Wesen des Humors besteht darin, daß man sich die Affekte erspart, zu denen die Situation Anlaß gäbe, und sich mit einem Scherz über die Möglichkeit solcher Gefühlsäußerungen hinaussetzt" (Freud, 1927, S. 278).

Eine fortlaufende Evaluation des Therapieverlaufes und möglichen Therapiefortschrittes kann anhand von Evaluationsbögen wie z. B. Clinical Outcomes in Routine Evaluation Outcome erfolgen (Evans et al., 2000). Es bietet sich auch an, am Beginn der Therapie und dann in gewissen Abständen Videoaufzeichnungen von Patienten zu machen. Patienten bemerken bei sich selbst nicht unbedingt positive Entwicklungen. Videoanalysen im Verlauf können gerade bei depressiven Patienten oft eindrucksvoll zeigen, wie sich das Ausdrucksverhalten aufhellt.

Provokation als Arbeitsmittel mag nur auf den ersten Blick als untherapeutisch erscheinen. Bei der Provokation in der Psychotherapie geht es nicht um das sarkastisch, zynische Austeilen von Gemeinheiten, sondern im Gegenteil, um ein liebevolles Nicht-ernst-nehmen von vermeintlichen gesellschaftlichen Spielregeln, persönlicher Doktrin oder routiniert agierenden Automatismen. Provokation „besteht aus einem augenzwinkernden, sanften 'Pieksen' auf souveräne und authentische Weise" (Schmidt-Tanger, 2011, S. 91).

Ein therapeutisches Instrument ist zweifelsohne auch der Behandlungs- oder Therapieraum. Wir geben damit Hinweise an den Patienten und verleihen unseren Haltungen, Werten und therapeutischen Orientierungen Ausdruck. Das Mobiliar kann Patientenerwartungen wecken oder auch limitieren und kann darüber hinaus einen Eindruck davon vermitteln, wie viel Bewegung und welche Spielräume die Therapie bieten können wird (vgl. McLeod, 2004, S. 124).

Ein Prozess des geleiteten Entdeckens kann durch die Arbeit mit Bildern und Symbolen, durch das Anfertigen von Sozio- oder Genogrammen, durch das vervollständigen lassen von Sätzen intensiviert werden, aber auch durch die Frage, ob man sein eigenes Lebensdrehbuch schreibt oder eine zugeteilte Rolle in einem von anderen erarbeiteten Skript annimmt und auslebt (vgl. Covey, 2004, S. 93).

Als prinzipiell zu verwendendes, aber erfahrungsgemäß viel zu oft vernachlässigtes Tool, sind – auch mal ungewöhnliche – Hausaufgaben zu betrachten. Die eigentliche Therapie findet in der Summe weit weniger in der Therapiestunde, als vielmehr zwischen den Psychotherapiesitzungen statt. Dafür brauchen Patienten klare, mit ihnen abgesprochene Aufgabenstellungen. Die Erledigung oder auch das „Vergessen" von Hausausgaben kann zu bearbeitende Informationen auf Compliance und Therapiemotivation liefern.

Diese aufzählende Beschreibung vieler unterschiedlicher therapeutischer Hilfs- oder Arbeitsmittel versteht sich nicht unter einem Fortbildungsaspekt, vielmehr sollte Interesse geweckt und zum weiteren Suchen und Finden angeregt werden.

22.3 Kritische Würdigung

Die Verfügbarkeit von Werkzeugen kann das therapeutische Wirken vervielfältigen, in der Tiefe bereichern und auch für den Therapeuten sicherer und befriedigender gestalten. Andererseits braucht zum Beispiel ein kreatives Kind keine High-Tech Spielzeuglandschaft, um erfüllt spielen zu können. Ebenso sollte ein gut entwickelter Therapeut bei Bedarf Tools finden, wo es sie scheinbar noch nicht gibt. Zweckentfremdung von Nützlichem oder das neu Gestalten von Werkzeugen und Hilfsmitteln wird dem eher erfinderischen und couragierten Therapeuten vorbehalten bleiben. Die Verwendung zu vieler Interventionsmittel kann auch als Versuch gewertet werden, mangelnde Sicherheit oder Kompetenz zu kaschieren. Es muss kritisch betrachtet werden, welche Tools zu welchem Therapeutentyp oder zu welchem Entwicklungsstadium des Therapeuten passen. Ein zielgenauer und individuell angemessener Einsatz von Arbeitsmitteln ist Nachweis therapeutischer Kompetenz. Zur Anregung weiteren Nachdenkens sei ein Ausspruch bemüht, der verschiedenen Urhebern zugeschrieben wird: „Wenn dein einziges Werkzeug ein Hammer ist, wirst du jedes Problem als Nagel betrachten." Letztendlich sind Tools Hilfsmittel, Katalysatoren, flankierende Maßnahmen, nicht aber das Wesen der Therapie.

> **Mal ehrlich**
> Welche therapeutischen Werkzeuge benutzen sie gerne oder auch überaus häufig und welche Tools klammern sie ganz bewusst oder auch unbewusst aus. Warum? Welche Werkzeuge passen zu ihnen, zu ihrem Therapieverständnis, zu ihrem Typ, zu ihrem Stil? Was sagen die verwendeten Tools über ihre Therapeutenidentität aus?

▶ **Eigenes Beispiel**
Die allererste therapeutische Fortbildung hat, wenn sie nicht richtig schlecht verläuft, in der Regel prägenden Einfluss. Ich war nach absolvierter 6-tägiger Fortbildung in Rational-Emotiver-Therapie zunächst ein bekennender RET-Freak, sodass es kaum einen Patienten gab, der gänzlich ohne RET-Element versorgt wurde. Mit zunehmender Erfahrung und weiteren Fort- und Weiterbildungseinheiten erweiterte sich das Interventionen-Spektrum erheblich. Eine bewusst zur Ausdehnung des eigenen Horizonts, im Grunde ungeliebte, Fortbildung zu körperorientierten Verfahren in der Verhaltenstherapie zeigte Wirkung. Ich wurde dadurch definitiv nicht Körpertherapeut, aber meine Werkzeugkiste war nun reicher bestückt. Die Neugier auf katathymes Bilderleben und die Anwendung bei einer auf kognitivem Weg nicht erreichbaren Klientin taten ein Übriges. Insgesamt geht die persönliche Entwicklung von klar strukturierten, eher kognitiven Methoden immer wieder in die Richtung von Emotionen triggernden Tools. Die Werkzeuge bestimmen nicht meine therapeutische Ausrichtung, sondern die individuellen therapeutischen Notwendigkeiten bestimmen die Werkzeugauswahl und deren Anwendung. ◀

22.4 Fazit

Werkzeuge, egal in welcher Profession, sind notwendige und unverzichtbare Hilfsmittel. Wesentlich dabei ist aber der Werkzeug-Anwender, denn nur ein mit professionellem Sachverstand, Sorgfalt und Angemessenheit benutztes Tool entfaltet die gewünschte Wirkung. Wie nützlich, elaboriert und hilfreich Werkzeuge immer sein mögen, es bleibt eine wesentliche Restriktion gemäß Grady Boochs zugeschriebenem Ausspruch „A fool with a tool is still a fool". Der wahre Meister wird sich darin zeigen, dass er seine Tools zielgenau auswählt und dann gut einsetzen kann. „Genauso wie ein professioneller Golfspieler einen spezifischen Schläger für einen spezifischen Schlag verwendet oder ein Tischler bestimmte Nägel für bestimmte Aufgaben wählt, schlägt der DBT-Therapeut spezifische Skills oder andere Lösungen vor" (Heard & Swales, 2017, S. 117). Jede Medizin kann hilfreich, lebensrettend oder auch tödlich sein, die Dosis macht es aus. Daher ist auch bei den Arbeitsmitteln auf dosierten Einsatz zu achten. „Powerful instruments can also be dangerous weapons" (Kahn, 1997, S. 162).

Eine Werkzeugkiste, die übervoll und zu schwer wird, lässt schnell Ordnung und Überblick verlieren, daher ist eine kritische Überprüfung, ein Aussortieren und neu Bestücken kontinuierlich erforderlich. „Travel light, get rid of old baggage" (Rosen & Swann, 2018, S. 75). Therapietools lassen sich nicht zur Gänze kaufen, herunterladen oder abkupfern. Viele Werkzeuge wird sich der Therapeut selber erarbeiten, formen, adaptieren müssen. Oftmals reicht es, das Werkzeug so zu verwenden, um das Unnötige und Hinderliche zu entfernen, um damit dem Guten eine Chance zu lassen. Es muss nicht unbedingt viel Neues hinzu, mitunter ist es hilfreich, wenn zu viel Ballast entfernt werden kann.

Wenn ein wesentlicher Teil des Therapieerfolges dadurch ermöglicht wird, dass wir die Ressourcen der Patienten nutzen und aktivieren, dann ist der eigentliche Heiler der Patient selbst und nicht der Therapeut und seine Maßnahmen. Psychotherapie ist harte Arbeit, für den Therapeuten, vor allem aber für den Patienten. Der Einsatz hilfreicher Tools kann diese Mühsal sehr viel erträglicher machen, bis dahin, dass Psychotherapie auch sehr positiv erlebt werden kann. Bei aller Problembeladenheit ist es nicht verboten, wenn Psychotherapie interessant ist und auch mal Spaß macht.

? Zum Mitnehmen

Hilfreiche oder notwendige Tools in der Psychotherapie sind nicht so eindeutig festzulegen wie etwa die unverzichtbare Maurerkelle. Die Verfügbarkeit vielfältiger, auch Schulen übergreifender Möglichkeiten und die disziplinierte, zielgenaue und individuell abgestimmte Verwendung sind nur in dieser Kombination Bereicherungen in der Psychotherapie.

Weiterführende Literatur

Beck, A. T., et al. (2010). *Kognitive Therapie der Depression.* Beltz.
Berne, E. (1990). *Spiele der Erwachsenen. Psychologie der menschlichen Beziehungen.* Rowohlt Taschenbuch.
Beaulieu, D. (2017). *Impact-Techniken für die Psychotherapie* (7. Aufl.). Carl-Auer Verlag.
Berking, M. (2017). *Training emotionaler Kompetenzen* (4. Aufl.): Springer.
Brakemeier, E.-L., & Jacobi, F. (Hrsg.) (2017). *Verhaltenstherapie in der Praxis.* Beltz.
Brooks, D. (2015). *The road to character.* Penguin.
Cialdini, R. B. (2004). *Die Psychologie des Überzeugens* (3. Aufl.). Verlag Hans Huber.
Cialdini, R. B. (2017). *Pre-suasion. A revolutionary way to influence and persuade.* Vermilton.
Covey, S. R. (2004). *The seven habits of highly effective people.* Free Press.
Culley, S., & Bond, T. (2013). *Integrative counselling skills in action* (3 Aufl.). SAGE Publications Ltd.
Duden. *Das Fremdwörterbuch.* (1982). Bearb. von Wolfgang Müller, 4., neu bearbeitete und erweiterte Auflage. Duden Verlag.
Duhigg, C. (2016). *Smarter, faster, better.* Random House.
Ellis, A. (1997). *Grundlagen und Methoden der Rational-Emotiven Verhaltenstherapie.* Leben lernen 26. Pfeiffer.
Erickson, M., & Rossi, E. L. (2007). *Hypnotherapie. Aufbau, Beispiele, Forschungen.* Leben lernen, Clett-Kotta.
Evans, C., Mellor-Clark, J., Margison, F., Barkham, M., Audin, K., Connell, J., & McGrath, G. (2000). CORE: Clinical outcomes in routine evaluation. *Journal of Mental Health, 9*(3), 247–255.
Fliegel, S., Groeger, W. M., Künzel, R., Schulte, D., & Sorgatz, H. (1989). *Verhaltenstherapeutische Standardmethoden* (2. Aufl.). Psychologie Verlags Union.
Freud, A. (1936). *Das Ich und die Abwehrmechanismen.* Fischer.
Freud, S. (1890). *Psychische Behandlung (Seelenbehandlung).* Create Space Independent Publishing Platform, 2017.
Freud, S. (1900). *Die Traumdeutung. Studienausgabe Band II* (1989). S. Fischer Verlag.
Freud, S. (1917). *27. Vorlesung. Die Analytische Therapie. Vorlesungen zur Einführung in die Psychoanalyse (1915–1917).* Studienausgabe Band I (1989). Vorlesungen zur Einführung in die Psychoanalyse und Neue Folgen. S. Fischer Verlag.
Freud, S. (1927). *Der Humor. Studienausgabe Band IV. Psychologische Schriften* (1989). S. Fischer Verlag.

Gerhardinger, S., & Doell, T. (2024). *Minutenpsychologie. Entwicklungs-Booster zu ihrem besten Selbst in 52 Inspirationen.* SIKA Verlag, Karlstadt.

Grawe, K., Donati, R., & Bernauer, F. (2001). *Psychotherapie im Wandel. Von der Konfession zur Profession:* Hogrefe.

Heard, H. L., & Swales, M. A. (2017). *Verhaltensänderung in der Dialektisch-Behavioralen Therapie. DBT-Techniken und Problemlösungsstrategien erfolgreich anwenden.* Schattauer.

Hough, M. (2014). *Counselling skills and theory* (4. Aufl.). Hodder Education.

Jacobson, E. (1993). *Entspannung als Therapie. Progressive Relaxation in Theorie und Praxis* (2. Aufl.). Leben lernen 69 Pfeiffer.

Kästner, E. (2018). *Doktor Erich Kästners Lyrische Hausapotheke* (2. Aufl.). Atrium.

Kahn, M. (1997). *Between therapist and client. The new relationship.* Holt Paperbacks.

Krusche, H. (1994). *Der Frosch auf der Butter. NLP – Die Grundlagen des Neurolinguistischen Programmierens.* Econ Taschenbuch.

Leuner, H. (1994). *Lehrbuch der Katathym-imaginativen Psychotherapie* (3. korrigierte Aufl.). Verlag Hans Huber.

Marc Aurel. (1993). *Selbstbetrachtungen.* Reclam.

McCullough, J. P. (2003). *Treatment for chronic depression: Cognitive behavioral analysis system of psychotherapy.* Guilford Press.

McLeod, J. (2004). *The counsellor's workbook. Developing a personal approach.* Open University Press.

Meichenbaum, D. W. (1995). *Kognitive Verhaltensmodifikation.* Beltz Psychologie Verlags Union.

Mertens, W. (2005). *Psychoanalyse. Grundlagen, Behandlungstechnik, Anwendung* (6. Aufl.). Kohlhammer.

Miller, W. R., & Rollnick, S. (2015). *Motivierende Gesprächsführung: Motivational Interviewing* (3. Aufl.). Lambertus.

Möller, H., & Lohmer, M. (2017). *Supervision in der Psychotherapie. Grundlagen, Forschung, Praxis.* Kohlhammer.

Müller, E. (1992). *Du spürst unter deinen Füßen das Gras. Autogenes Training in Phantasie- und Märchenreisen. Vorlesegeschichten.* Fischer.

Perls, F. S., Hefferline, R. F., & Goodman, P. (1988). *Gestalttherapie. Wiederbelebung des Selbst* (5. Aufl.). Klett-Cotta.

Peseschkian, N. (1979). *Der Kaufmann und der Papagei. Orientalische Geschichten in der Positiven Psychotherapie.* Fischer.

Rogers, C.R. (1992). *Die nicht-direktive Beratung. Counseling and Psychotherapy.* Fischer.

Rogers, C. R. (2017*).* *Der neue Mensch.* Klett-Cotta.

Rosen, B., & Swann, E. K. (2018). *Conscious. The power of awareness in business and life.* Wiley.

Schlippe v., A., & Schweitzer, J. (2016). *Lehrbuch der systemischen Therapie und Beratung I. Grundlagenwissen.* Vandenhoek und Ruprecht.

Schmidt-Tanger, M. (2011). *Charisma-Coaching. Von der Ausstrahlungskraft zur Anziehungskraft:* Junfermann Verlag.

Schulz von Thun, F. (2005). *Miteinander Reden 3. Das „Innere Team" und situationsgerechte Kommunikation* (14. Aufl.). Rowohlt Taschenbuch Verlag.

Schweitzer, J., & v. Schlippe, A. (2014). *Lehrbuch der systemischen Therapie und Beratung II. Das störungsspezifische Wissen.* Vandenhoeck & Ruprecht.

Simon, A. (2018). Psychotherapieforschung: Wie wichtig ist Einsicht für den Behandlungserfolg? *Psychotherapie im Dialog, 4*(2018), 9.

Thomas, K. (1989). *Praxis des Autogenen Trainings. Selbsthypnose nach I.H. Schultz, Grundstufe/Formelhafte Vorsätze/Oberstufe* (7. Aufl.). Trias-Thieme.

Wengenroth, M. (2017). *Akzeptanz- und Commitmenttherapie. Therapie-Tools.* Beltz.

Wöller, W., & Kruse, J. (2018). *Tiefenpsychologisch fundierte Psychotherapie.* Schattauer.

Yalom, I. D. (2017). *Wie man wird, was man ist. Memoiren eines Psychotherapeuten.* btb.

Young, J. E., Klosko, J. S., & Weishaar, M. E. (2008). *Schematherapie. Ein praxisorientiertes Handbuch:* Junfermann Verlag.

Eklektizismus: Vom Purismus zur Melange

Inhaltsverzeichnis

23.1 Grundsätzliche Überlegungen – 202

23.2 Begriffsklärung – 202

23.3 Kritische Würdigung – 203

23.4 Fazit – 205

Weiterführende Literatur – 206

© Der/die Autor(en), exklusiv lizenziert an Springer-Verlag GmbH, DE, ein Teil von Springer Nature 2025
S. Gerhardinger, *Entwicklung der Therapeutenpersönlichkeit,*
Psychotherapie: Fort- & Weiterbildung, https://doi.org/10.1007/978-3-662-70477-6_23

Das Fundament der Vielfalt ist die Einzigartigkeit.
Ernst Ferstl

? Frequently Asked Question
Gibt es noch eine reine, Schulen konforme Psychotherapie?

23.1 Grundsätzliche Überlegungen

In der Bundesrepublik Deutschland waren lange nur zwei Richtlinienpsychotherapieverfahren zugelassen. Das hat zur Folge, dass ein Psychotherapiepatient entweder verhaltenstherapeutisch oder aber in Form einer Psychoanalyse oder einer tiefenpsychologisch fundierten Psychotherapie versorgt wird. Die systemische Therapie hat die bisherigen Richtlinienverfahren erweitert. In Fachkliniken, Reha-Einrichtungen und Beratungsstellen ist das Richtliniendiktat nicht reglementierend. Erfahrungsgemäß arbeiten aber auch sehr viele, insbesondere schon erfahrene Psychotherapeuten nicht klassisch orthodox mit dem Therapieverfahren, in dem sie ausgebildet wurden und eine Anerkennung oder auch Zulassung erhalten haben. Rief (2019) nennt gar eine in einer Befragung gefundene Größenordnung von weniger als 1 % der Psychotherapeuten, die sich in ihrem Vorgehen ausschließlich eines einzigen Verfahrens bedienen. Sehr viele Psychotherapeuten oder auch psychologische Berater entwickeln und formen ihre eigene Psychotherapie. Pragmatisch wird nach Interventionen und Zugängen gesucht, die ein zu lösendes Problem effektiv bearbeiten lassen. Dabei ist es nicht so sehr von Bedeutung, ob die zu verwendende Intervention (vgl. ▶ Kap. 22) aus der systemischen Therapie, der Transaktionsanalyse oder der Schematherapie kommt. Ein Copyright schützt hier nicht vor Zugriff. Prinzipiell muss aber sehr wohl unterschieden werden, ob es sich dabei um ein unstrukturiertes Auswählen handelt und damit eine der eigenen Façon gemäße Psychotherapie zusammengebastelt wird, ohne interne Verträglichkeitsprüfung der zusammengefügten Teile, oder ob bedacht und bewusst kombiniert wird, sodass das entstehende neue Ganze tatsächlich mehr ist als die Summe seiner Teile.

23.2 Begriffsklärung

Eklektizismus bedeutet, abwertend betrachtet, unoriginelle, geistige Arbeitsweise, bei der Ideen anderer übernommen oder zu einem System zusammengetragen werden (Duden et al., 1982) oder neutraler besehen bezeichnet der Begriff eklektisch aus bereits Vorhandenem auswählen und übernehmen (Meyers großes Taschenlexikon, 1999). In den Geisteswissenschaften charakterisiert der Begriff Eklektizismus die Methode, aus Versatzstücken unterschiedlicher Systeme, Theorien oder Weltanschauungen eine neue Einheit zu bilden. Eklektizismus in der Psychotherapie bedeutet diesen Definitionen gemäß, aus verschiedenen Therapieschulen Elemente herauszugreifen und Prinzipien, Haltungen, Interventionen so zusammenzusetzen, dass daraus eine neue Therapieform oder zumindest therapeutische Vorgehensweise entsteht. Eine derartige Kombination bewährter Elemente verschiedener Therapieschulen kann als Richtungsübergreifende Therapie oder Allgemeine Psychotherapie (Grawe et al., 2001) benannt werden. Brakemeier und Jacobi (2017, vgl. S. 902) sprechen bei Psychotherapie-Mischformen auch vom (wilden) Eklektizismus, von Assimilation von Techniken und Methoden, von Integrativer Therapie, von Allgemeiner Psychotherapie, von Individualisierter Psychotherapie, von Modularer Psychotherapie, von einem an Moden und Markt orientiertem Cocktail an Methoden. Anhand dieser Begriffsfülle wird deutlich, dass sich die in der Psychotherapierealität ständig ergebende Kombination von Therapiemethoden nur schwer klar beschreiben oder betiteln lässt.

23.3 Kritische Würdigung

Ehe die Berechtigung eklektischen Vorgehens in der Psychotherapie beurteilt werden kann, muss die Frage erlaubt sein, welche Versorgungsqualität von Psychotherapeuten erwartet wird. Es ist mehr als naheliegend, dass die Anforderungen an die Psychotherapie etwa von Krankenkassen, Psychotherapeutenkammern, der Öffentlichkeit, von Politik und Verwaltung, durch Angehörige oder durch die Psychotherapiepatienten selbst jeweils etwas anders definiert werden. Patienten fragen nicht allzu oft nach den genauen Fundamenten der Therapie, die ihnen verabreicht wird. Helfen soll die Therapie und dabei ist es eher unerheblich, was diese Hilfe begründet. Wöller und Kruse (2018, S. 28) formulieren das sehr präzise: „Es scheint, als drücke sich die Kompetenz eines Therapeuten in seiner Fähigkeit aus, das Beziehungsangebot eines Patienten empathisch aufzugreifen und die geeignete Behandlungstechnik aus einem Repertoire verfügbarer Techniken flexibel nach Maßgabe der aktuellen Beziehungsbedürfnisse des Patienten auszuwählen. Theoretische Orthodoxie und methodischer Purismus sind bei einer solchen Aufgabe naturgemäß nicht hilfreich." Demzufolge könnte hier lapidar postuliert werden, dass erlaubt sein muss, was gefällt oder hilft. Eklektische und richtungsübergreifende Therapien führten nach Grawe et al. (2001, S. 649) „fast immer zu einer signifikanten Besserung der Hauptsymptomatik." Eklektisches Vorgehen in der Psychotherapie schafft dennoch keine prinzipiell neue Therapieform, sondern bedient sich der Grundlagen etablierter Verfahren. Das könnte bedeuten, beispielsweise die Basisvariablen klientenzentrierter Gesprächsführung, also Empathie, unbedingte Wertschätzung und Echtheit, als Therapiegrundlage zu verwenden. Dazu könnten verhaltenstherapeutische Prinzipien wie Transparenz, Problembewältigung, Neuerlernen von Verhalten und Verfügbarkeit schneller Erfolge handlungsleitend sein. Zusätzlich notwendig wäre es, Emotionen auslösende Verfahren wie katathymes Bilderleben, Skulpturarbeit, Familien in Tieren, Stuhltechnik und Psychodrama im Köcher zu haben und zum Interaktions-Monitoring stets die Übertragungs- und Gegenübertragungsanalyse wie auch die Widerstandsanalyse einzusetzen. Derlei eklektisches Vorgehen könnte auch dazu führen, in den einer Problemklärung dienenden Therapiephasen vornehmlich tiefenpsychologisch vorzugehen, um dann beim Übergang zu problembewältigungsorientierten Therapiephasen in den verhaltenstherapeutischen Modus zu wechseln. Dieser Weg von der Konfession zur Profession hat nach Grawe et al. (2001, S. 699) sicher nicht nur Vorteile, da er für „viele Psychotherapeuten mit dem Verlust ihrer Identität und der Geborgenheit in einer Glaubensgemeinschaft verbunden" sein kann. Eine reale Gefahr kann an dieser Stelle nicht unerwähnt bleiben. Aus den jeweiligen Therapieschulen lediglich die Filetstücke herauszuschneiden hieße, bewährte Interventionen und Haltungen aus dem Sinn gebenden und notwendigen Gesamtkonzept herauszulösen. Ein entliehenes Therapie-Versatzstück kann dadurch an Wirkkraft verlieren oder aufgrund fehlender notwendiger Einbettung auch Schaden anrichten.

Erfahrungen als Supervisor belegen immer wieder, dass manche Ausbildungskandidaten in ihrem Bestreben, Patienten die bestmögliche Therapie anzubieten, dazu neigen, zu viele Interventionen in eine Psychotherapie zu packen. Das kann Patienten auch überfordern. Therapeutisches Handeln wird in seiner Durchschlagskraft immer limitiert bleiben. Therapeuten werden nie über Zauberkräfte verfügen. Eklektizismus mag die Hoffnung auf

Effektivitätssteigerung nähren, eine Wunderwaffe ist dennoch weiterhin nicht in Sicht.

> **Mal ehrlich**
> Schätzen sie sich als Therapeut gereift und entwickelt genug ein, um tatsächlich Schulen übergreifend, therapeutisch vielfältig oder eklektisch vorzugehen? Oder haben sie eher den Eindruck, aus der Not heraus geboren in den Jagdgründen verschiedener therapeutischer Schulen zu wildern, auf der Suche nach irgendeinem Hilfsmittel und Agens? Kommt es vor, dass sie dabei unkritisch Tools kombinieren, Haltungen und Prinzipien durchmischen, sodass der nach Sicherheit, Kontrolle und Orientierung suchende Patient möglicherweise nur noch verwirrter und verunsicherter und damit vorsichtiger und zurückhaltender wird? Gehen sie therapeutisch jetzt immer noch so vor, wie sie es ehedem gelernt haben?

Ohnehin stellt sich die Frage, wie weit Verhaltenstherapie und tiefenpsychologische Therapieformen tatsächlich voneinander entfernt sind, gibt es doch im Vorgehen viele Gemeinsamkeiten und das Phänomen, manche Unterschiede durch verschiedene Nomenklaturen zu begründen. Sigmund Freud war bewusst, dass ein Wegfall der Ursache die Wirkung beenden lässt. „Der Versuch, die Veranlassung eines Symptomes zu erfahren, ist gleichzeitig ein therapeutisches Manöver. Der Moment, in welchem der Arzt erfährt, bei welcher Gelegenheit ein Symptom zum ersten Male aufgetreten ist und wodurch es bedingt war, ist auch derjenige, in dem dieses Symptom verschwindet" (Freud, 1893, S. 20). Mit dieser Erkenntnis ist Freud nahe am behavioristischen Reiz-Reaktions-Verständnis. Noch weiter gedacht ist unschwer zu erkennen, dass sich die Verhaltenstherapie zu einem methodenreichen und flexiblen Breitbandverfahren entwickelt hat, wobei manche dieser hinzugewonnenen Interventionen mit klassischer Verhaltenstherapie nur mehr wenig gemein haben. Dadurch kann die Verhaltenstherapie indikationsspezifischere Interventionen bieten, als etwa die klassische Gesprächspsychotherapie (vgl. Reinecker, 1999, S. 46). Das Maßschneidern therapeutischer Interventionen erlaubt eine personalisierte Psychotherapie (vgl. Brakemeier & Jacobi, 2017, S. 52). Demzufolge ist es nicht abwegig, die moderne Verhaltenstherapie als eklektische oder integrative Therapie zu betrachten.

Eine eigene frühe Erfahrung mit eher wildem Eklektizismus sei hier berichtet. Eine Patientin imponierte durch zwanghaftes Verhalten, insbesondere rigide Kognitionen, wonach bei liberaler Auslegung zunächst durchaus die Kriterien der zwanghaften Persönlichkeitsstörung erfüllt waren. Gemäß zu dieser Zeit vorherrschender eigener therapeutischer Ausrichtung wurden in der Hauptsache Methoden kognitiver Umstrukturierung eingesetzt. Die Patientin schien davon zu profitieren und doch wurde unweigerlich deutlich, dass dieses ein rein kognitionszentriertes Arbeiten mit einer kopfgesteuerten Klientin bedeutete. Der Zugang zu ihrer Seele blieb dadurch aber verstellt. Not macht erfinderisch, weshalb mit Phantasiereisen und autogenem Training gearbeitet oder doch eher experimentiert wurde. Die daraufhin erfolgenden emotionalen Reaktionen der Patienten luden zum nächsten Schritt ein und das katathyme Bildererleben kam sehr intensiv zum Einsatz. Dadurch angestoßen offenbarte die Patientin ihre tatsächliche Problematik. Die zunächst nebulös erwähnte Traumatisierung erwies sich als durch jahrelang erlebten sexuellen Missbrauch im Kindesalter ausgelöst. Der Umgang mit dem Trauma leitete dann wieder in verhaltenstherapeutisches Arbeiten zurück. Darüber hinaus führte eine Yalom und Elkin (2001) zu verdankende Inspiration zum Austausch von therapiebegleitenden Aufzeichnungen und damit zum zweiten Strang der Therapie. Eine sehr vielfältige Problematik aufseiten der Patientin hatte eine sehr methodenheterogene Therapie entstehen lassen. Dieser mit der Patientin immer abgestimmte Wellenritt durch die verfügbare und auch zu verantwortende Methodenlandschaft hat eine sehr facettenreiche und nie stillstehende Therapie bewirkt, vermochte es aber in der Summe nicht, die Grundproblematik entscheidend zum Positiven verändern können. Eben diese Erfahrung, zu viel des Guten angeboten zu haben, kann als unverzichtbarer Schritt in der Entwicklung der eigenen Therapeutenpersönlichkeit betrachtet werden.

Viele Jahre später besuchte ich im Rahmen der IFT-Verhaltenstherapiewochen eine Fortbildung zum Thema „Tiefenpsychologisch fundierte Verhaltenstherapie. Psychodynamisch denken – verhaltenstherapeutisch handeln". Meine heimliche Liebe Psychoanalyse und mein erlerntes Therapieverfahren Verhaltenstherapie sind also auch in anderer Wahrnehmung und Auslegung nicht als unvereinbar zu betrachten. Das erschien mir als späte Genugtuung.

23.4 Fazit

Eklektizismus heißt nicht, im Rahmen therapeutischer Notlagen händeringend nach immer neuen Optionen zu suchen. Die Möglichkeit eklektischen Vorgehens könnte einer gelingenden Entwicklung der Therapeutenpersönlichkeit sogar hinderlich sein. Es könnte dadurch die Illusion genährt werden, man müsste im Supermarkt der therapeutischen Möglichkeiten nur lange genug suchen, um die problemlösende Intervention zu finden. Wenn dem so wäre, wären Therapeuten nur Übermittler einer Intervention und nicht mehr therapeutische Triebkraft. Provokativ könnte auch festzuhalten sein, dass Psychotherapeuten, die ihr Handwerk verstehen, nicht ständig neuen Input oder immer neue Kombinationen von Altbewährtem benötigen. Wir leben aber in einer Multioptionsgesellschaft und haben den Verbesserungsdrang als Grundhaltung angenommen. Therapeuten sollten dem sirenenhaften Gesang des Potpourries der Möglichkeiten nicht schutzlos zum Opfer fallen. Es gilt bewusst auszuwählen, wegzulassen und zu kombinieren und nicht einfach nur aufzusummieren. Nicht jede Option ist eine Option, das Ganze wird nicht mehr, wenn sich lediglich die Summe seiner Teile erhöht. Professionelles Weglassen oder Verzichten auf Optionen ist häufig zielführender als hilflos-suchendes unkritisches Hinzufügen. Spitzenköche wissen das. Sie kredenzen das Wesentliche und nicht etwa deftigen Schweinebraten mit zarten Entenbruststreifen auf Scampi gebettet, mit ananassaurer Leberpastete drapiert, dazu Kokos-Fenchelsalat mit gehackten Straußeneiern, an einer süß-sauren Caramel-Meerrettich-Soße, garniert mit böhmischen Knödeln, Tortellini und Basmatireis.

In Deutschland ist bis dato ohnehin eine verfahrensspezifische verhaltenstherapeutische, psychoanalytische oder tiefenpsychologisch fundierte oder systemische Ausbildung für die Approbation und den Fachkundenachweis vorgeschrieben. Eine verfahrensübergreifende Therapieausbildung ist damit noch nicht zulässig (Brakemeier & Jacobi, 2017), ein legitimiertes eklektisches psychotherapeutisches Vorgehen ist somit noch Vision. Diese schulen-orientierte Qualifizierung verhindert nach Rief (2019, S. 261), dass angehende Psychotherapeuten „nach bestem aktuellen Wissensstand ausgebildet werden" können.

> **Zum Mitnehmen**
> Eklektisches oder integratives Vorgehen kann die Wirkkraft der Psychotherapie nachweislich steigern, vorausgesetzt die Methodenkombination erfolgt indikationsspezifisch und nach kritischer Prüfung. Eine Allgemeine Psychotherapie sollte die Segmente Problembewältigungsperspektive, Klärungsperspektive, Beziehungsperspektive beinhalten (Grawe et al., 2001). Dennoch bleibt die

Warnung, Psychotherapien nicht mit Interventionen zu überfrachten, zumal die wesentliche Wirkkraft die therapeutische Beziehung bleibt.

Weiterführende Literatur

Brakemeier, E.-L., & Jacobi, F. (Hrsg.) (2017). *Verhaltenstherapie in der Praxis.* Beltz.

Duden. *Das Fremdwörterbuch.* (1982). Bearb. von Wolfgang Müller (4., neu bearbeitete und erweiterte Aufl.). Duden Verlag.

Freud, S. (1893). *Über den psychischen Mechanismus hysterischer Phänomene. Studienausgabe Bd. VI (1989). Hysterie und Angst.* Fischer.

Grawe, K., Donati, R., & Bernauer, F. (2001). *Psychotherapie im Wandel. Von der Konfession zur Profession.* Hogrefe.

Meyers großes Taschenlexikon. (1999). 7. neu bearbeitete Auflage. Meyers Lexikonredaktion.

Reinecker, H. (1999). *Lehrbuch der Verhaltenstherapie.* DGvT Verlag.

Rief, W. (2019). Die Zukunft der Psychotherapie in Deutschland und die Frage nach Verfahrensorientierung und -integration. Von der verfahrensorientierten zur kompetenzorientierten Psychotherapie-Qualifikation. *Psychotherapeutenjournal 3,* 261–268.

Wöller, W., & Kruse, J. (2018). *Tiefenpsychologisch fundierte Psychotherapie.* Schattauer.

Yalom, I. D., & Elkin, G. (2001). *Jeden Tag ein bißchen näher. Eine ungewöhnliche Geschichte.* btb.

Add-on Charisma

Mehr als nur ein guter Therapeut?!

Inhaltsverzeichnis

24.1 Grundsätzliche Überlegungen – 208

24.2 Begriffsklärung – 209

24.3 Charisma-Crashkurs? – 211

24.4 Kritische Würdigung – 211

24.5 Fazit – 213

Weiterführende Literatur – 214

© Der/die Autor(en), exklusiv lizenziert an Springer-Verlag GmbH, DE, ein Teil von Springer Nature 2025
S. Gerhardinger, *Entwicklung der Therapeutenpersönlichkeit,*
Psychotherapie: Fort- & Weiterbildung, https://doi.org/10.1007/978-3-662-70477-6_24

Charisma ist die Qualität, die Leute dazu bringt, dir zu folgen. Es ist die Fähigkeit, zu inspirieren.
Lee Iacocca

❓ Frequently Asked Question
Reicht es, als Psychotherapeut eine integre Person zu sein, die mit guter Emotionskontrolle therapeutische Techniken effektiv und effizient einsetzt? Was unterscheidet die guten von den besseren Therapeuten?

24.1 Grundsätzliche Überlegungen

"You never get a second chance to make a great first impression", behauptet Fox Cabane sicher zurecht (2012, S. 115). Es ist anzunehmen, dass nicht wenige Patienten auf dem Weg zu ihrem ersten Psychotherapietermin besondere Vorstellungen, Ansprüche und Wünsche haben und dabei, gemäß mancher Klischees (vgl. ▶ Kap. 2) oder auch zurecht, erwarten, einen ganz besonderen Menschen als Therapeut anzutreffen. Offenbar sind 95 % der Menschen Nachahmer, nur 5 % sind Vormacher (Cialdini, 2004). Es liegt damit nahe, dass Patienten von Psychotherapeuten erwarten, dass diese ihnen in ganz vielen menschlichen Belangen voraus oder überlegen sind, ihnen etwas zeigen und vorexerzieren können und sie somit nicht nur von der Therapie, sondern auch vom Therapeuten profitieren können. Daher sollte dem Therapeuten ein erster gelungener Eindruck sehr wichtig sein, da bereits hier entscheidende Weichen für einen möglichen weiteren therapeutischen Prozess gestellt werden. Selbstredend sollte der Psychotherapiepatient nicht nur ganz am Anfang einer Therapie in den Genuss eines ganz besonderen Menschen in der Therapeutenrolle kommen. Die für den Patienten wichtige besondere Therapeutenpersönlichkeit wird ihn durch den gesamten Therapieprozess hindurch eng begleiten und führen.

Ein Therapeut, der sein Handwerk gut beherrscht, der gemäß den Leitlinien seiner Therapierichtung sorgfältig behandelt und dabei jederzeit eine tragfähige Beziehung zu seiner Klientel etablieren halten kann, wird sehr viel Gutes bewirken. Ein Add-on wäre der mit charismatischen Fähigkeiten beschlagene Psychotherapeut. Das wäre somit die nächste Ausbaustufe des „nur" guten Therapeuten.

Carl Rogers betonte in der von ihm entwickelten klientenzentrierten Gesprächstherapie die eindeutige Fokussierung auf den Klienten und seine ihm innewohnenden Kräfte zur Selbstorganisation. Dennoch aber erkannte er im Therapeutenverhalten eine wesentliche Wirkkraft im Therapieverlauf. Er (Rogers, 2017) definierte die therapeutischen Basisvariablen (vgl. ▶ Kap. 21) Empathie, unbedingte Wertschätzung und Kongruenz, welche die für ihn unabdingbare Grundlage einer gelingenden therapeutischen Arbeit darstellen. Empathie heißt dabei, das vom Klienten ausgedrückte Gefühl anzuerkennen oder sprichwörtlich in seine Haut zu schlüpfen, die Welt durch dessen Augen zu sehen oder eine Meile weit in den Mokassins des Klienten zu gehen. Unbedingte Wertschätzung umfasst die Nächstenliebe, die Beachtung, Wertschätzung und Akzeptanz des Klienten, ganz gemäß auch des Artikels 1 des Grundgesetzes der Bundesrepublik Deutschland (2019), wonach die Würde des Menschen unantastbar ist. Kongruenz umfasst die Echtheit des Therapeuten, seine Transparenz und Selbstöffnung. Das zur Wirkung bringen dieser Basisvariablen folgt keinem Schema. Diese zentralen Elemente einer therapeutischen Haltung sind nicht einfach nur aus einem Lehrbuch zu entnehmen und in der therapeutischen Begegnung zu aktivieren. Es bedarf dazu einer gereiften, selbstreflexiven, achtsamen und fürsorglichen Therapeutenpersönlichkeit, die um ihre Macht der Einflussnahme weiß, diese aber zum Wohle des Patienten nutzt. Das erfolgt in einer Weise, dass Patienten sich idealiter aus eigenem inneren Antrieb gerne in diese Obhut begeben. Man möchte behaupten, dass Therapeuten mit derartigen Fähigkeiten über eine sowohl natürliche, als auch eine durch Ausbildung und berufliches Wirken kultivierte und weiterentwickelte Ausstrahlungskraft und auch Anziehungskraft verfügen. Spätestens hier nähern wir uns dem Phänomen Charisma oder sind geradezu mitten in diesem Thema.

24.2 Begriffsklärung

Charisma wird gemeinhin verstanden als angeborenes Geschenk, als Gnadengabe, wobei diese Grundausstattung um viele erlernbare Anteile erweiterbar ist. Charismatiker sind kurz gefasst Menschen die immer irgendwie dort sind, wo vorne ist (Schmidt-Tanger, 2011). Im ersten Brief des Apostels Paulus an die Korinther wird diese Fähigkeit schon erwähnt. Demnach bedurfte es für die Deutung des Zungenredens einer eigenen Gnadengabe, wobei das Wort Gnadengabe griechisch Charisma benannt wird (Die Bibel, 1. Korinther 12, 14). Laut Neuem Testament ermöglicht Charisma ein authentisches und wirkungsvolles Auftreten, getragen von hoher Überzeugungskraft, freiwilliger Selbstzurücknahme, Konflikt- und Leidensfähigkeit und damit der Fähigkeit, wertschätzend „Menschen in positiver Weise heilend und integrierend beeinflussen zu können" (Schmidt-Tanger, 2011, S. 17). Charisma wird gemeinhin als sehr positive und damit überaus erstrebenswerte Eigenschaft betrachtet, wenngleich charismatische Menschen ihre Fähigkeiten sehr wohl auch zum erheblichen Nachteil oder Schaden anderer Menschen einsetzen können.

Man könnte der Überzeugung sein, Charisma sei eine in die Wiege gelegte Eigenschaft, wie der Umstand blauäugig, dunkelhaarig, weiblichen oder männlichen Geschlechts zu sein. Das hieße dann aber, die einen haben Charisma, und die vielen anderen eben nicht. Fox Cabane (2012) vertritt hingegen eindeutig den Standpunkt, dass Charisma eine Kompetenz ist, die man erwerben und bewusst einsetzen kann. Wie die meisten Fähigkeiten wird charismatisches Verhalten früh im Leben gelernt. Einschränkend kann hier festgehalten werden, dass es für das Erlernen oder Weiterentwickeln von charismatischen Gaben unabdingbar eine solide Basis benötigt. Eine charismatische Ausrichtung muss in der Persönlichkeit angelegt oder grundgelegt sein, sonst wird alles Lernen und Üben vertane Liebesmüh bleiben. Man kann auch versuchen, einer Kuh das Geige spielen beizubringen, ausgeschlossen muss das ja nicht sein, aber der vernünftige Mensch wird davon absehen. Charisma ist keinesfalls eine ständig verfügbare Fähigkeit, die permanent prominent wirkt. Eher tritt charismatisches Verhalten bei ein und derselben Person abwechselnd in unterschiedlicher Intensität zu Tage. Charismatisches Verhalten will stetig und sorgfältig geübt sein.

Wenn man auf charismatische Menschen trifft, gewinnt man rasch den Eindruck, dass diese über viel Antriebskraft, Leistungsfähigkeit, Macht und Energie verfügen und dass sie ihr Gegenüber sehr mögen (Fox Cabane, 2012). Charismatisches Auftreten unterscheidet sich jedoch deutlich von selbstherrlichem, arrogantem, narzisstischem, wichtigtuerischem, verdrängend-platzgreifendem Verhalten. Gäbe es diese klare Abgrenzung nicht, so wäre die Anziehungskraft schnell dahin. Charismatische Menschen wirken wie nährende, Licht und Orientierung gebende und wärmende Magneten. Sich in ihrer Gegenwart aufzuhalten stellt eine Art Behaglichkeitszone oder Seelen-Wellnessbereich dar, fühlt man sich doch sehr schnell wohl, behaglich und, warum auch immer, im eigenen Selbstwert erhöht.

Fox Cabane (2012) beschreibt Charisma als im Wesentlichen aus drei Kernelementen bestehend: Presence, Power, Warmth.

Diese Komponenten sollen nun kurz erläutert werden. Das Element Presence umfasst verschiedene Aspekte, jedoch insbesondere das Vermögen, die Aufmerksamkeit im Hier und Jetzt zu halten. Gemeint ist damit auch, wahrzunehmen, was sich gerade ereignet und nicht in der eigenen Gedankenwelt gefangen zu sein (Fox Cabane, 2012). Therapeutisch wird diese Qualität relevant in der konzentrierten Fokussierung auf die verbalen und nonverbalen Äußerungen des Patienten, anstatt immer wieder parallel zur in der Therapeutenfassade gezeigten Aufmerksamkeit geistig an der vermeintlich unschlagbaren nächsten Intervention voraus zu basteln. Dies würde dem Patienten unweigerlich bald das Gefühl geben, dass der Kontakt zum Therapeuten gestört oder unterbrochen ist. Präsenz meint hier nicht einfach nur aufmerksam zu sein. Es bedeutet vielmehr mit möglichst allen zur Verfügung stehenden Qualitäten zu zeigen, dass der Therapeut nicht bei sich, sondern ganz nahe am Patienten ist. Als Person mit Power wahrgenommen zu werden heißt, dass charismatischen Menschen Fähigkeit, Macht und Geschick zugeschrieben werden, etwas bewegen, erreichen, verändern zu können. Nahezu automatisch sucht der Mensch bei seinem Gegenüber Insignien von Macht erkennen zu können, wie etwa große Körperkraft, beeindruckende Körpersprache, Titel, in großem Umfang zur Verfügung stehende finanzielle Mittel, Wissen, Intelligenz oder sozialer Status (Fox Cabane, 2012). "Power … is the ability to influence others" (Rosen & Swann, 2018, S. 176). Gerade das aber erwartet man nahezu selbstverständlich von Psychotherapeuten, und das nicht selten in überzogenem Maße, wenn mehr oder weniger deutlich der Wunsch oder gar die Forderung im Raum steht: "Machen sie mich gesund. Lösen sie meine Probleme, aber ohne mir dabei zu nahe zu kommen oder gar zu viel von mir zu verlangen." Es mag Therapeuten geben, die ihre Behandlungsräume mit Diplomen, Zertifikaten und Auszeichnungen dekorieren und vermutlich lassen sich einige Patienten dadurch beeindrucken. Ein couragiert prognostizierter erster therapeutischer Erfolg, der daraufhin folgende selbstsichere und proaktive Einsatz einer Intervention und dann das tatsächliche Identifizieren einer spürbaren Veränderung in die Zielrichtung, die der Patient vorgegeben hat, werden unumstößlich als Kennzeichen von Wirkungskraft des Therapeuten erkannt werden. Psychotherapeuten haben eine Veränderungsmacht, die sie sorgsam und zielgerichtet so auch nutzen sollten. Das dritte Kernelement, Warmth, beschreibt die Wärme oder auch Herzlichkeit, die ein charismatisch wirkender Mensch seinen Mitmenschen entgegenbringt. Diese Wärme lässt erkennen, ob ein mächtiger oder wirkungsvoller Mensch seine Power auch für uns und in unserem Sinne einzusetzen bereit ist. Ausgestrahlte Wärme zeigt sich in der Erweisung von Gewogenheit, Wohlwollen Gefälligkeit, Gunst, dem Gewähren von Kulanz und einer insgesamt warmherzigen, fürsorglichen, einfühlsamen und liebevollen Grundhaltung. Diese zuletzt genannten Attribute führen zur Zuschreibung, dass charismatische Menschen in der Lage und willens sind, die Welt in einer positiven Weise zu beeinflussen (Fox Cabane, 2012). Das Charisma-Element Wärme geht im therapeutischen Einsatz noch über die zwar als Grundhaltung, aber auch als therapeutische Technik eingesetzte Empathie hinaus. Geradeso wie einige Patienten nach einem einzigartigen Therapeuten suchen, halten sich nicht wenige für einzigartige Patienten, keinesfalls nur für einen abzuarbeitenden Fall. Charismatisches Auftreten mag dieses Bedürfnis bedienen, tut nicht weh, schadet bei sachgemäßer Anwendung nicht und kostet zwar Achtsamkeit und Energie, aber kein Geld.

Zwischen den eben dargestellten Kernelementen gibt es Zusammenhänge oder Abhängigkeiten. Ein mächtiger aber wenig von zwischenmenschlicher Wärme beseelter

Mensch wird nicht als charismatisch, sondern eher als arrogant, kalt und distanziert wahrgenommen. Ein lediglich warmherziger und wohlwollender, aber weniger oder nicht mächtiger Mensch erscheint schnell als überaus bemüht zu gefallen, jedoch auch als zahnloser Tiger und damit nicht im benannten Sinne als charismatisch (Fox Cabane, 2012). Evolutionsbiologisch waren die Komponenten Warmth und Power immer schon bedeutsam und sind es in veränderter Form weiterhin. Es ist für das Überleben sehr hilfreich, wenn es einen Stammesführer gibt, der nicht nur weiß, wo das Mammut steht, sondern der es auch vermag, das Mammut zu erlegen. Aber nur wenn dieser Stammesführer gemäß dem Prinzip Wärme seine Stammesmitglieder an der Beute partizipieren lässt, ist ein Fortkommen und Überleben oder gar Prosperieren möglich. Auch wenn die Mammuts heutzutage nicht mehr das Ziel der Begierde sind, so stehen sie doch symbolisch für wesentliche Dinge eines gelingenden Lebens.

24.3 Charisma-Crashkurs?

Fox Cabane (2012) hat zahlreiche Tipps, Ratschläge und Orientierungshilfen zu bieten, um die eigenen charismatischen Fähigkeiten zu erweitern, zu stärken und entsprechend zur Geltung zu bringen. Eine vollständige Eigenschaftsliste charismatischer Menschen zu erstellen ist sicher unmöglich und schon gar nicht sinnvoll, zumal Charisma in unterschiedlichen Erscheinungsformen auftritt. Als Minimalkonsens festhalten lässt sich, dass charismatische Menschen schnell durch ihre Präsenz bemerkbar und erkennbar sind. Man spürt sie im Raum, bemerkt, dass sie mit scheinbarer Leichtigkeit fest auftreten. Sie fokussieren, inspirieren, geben das Gefühl von Sicherheit, treffen Entscheidungen und haben Ideen und Visionen. Sie erwecken Vertrauen, sind couragiert und proaktiv, haben ein Gespür für Humor und sind humorvoll. Charismatische Menschen versuchen nicht lediglich zu beeindrucken, sondern geben ihrem Gegenüber das Gefühl, beeindruckend zu sein und erscheinen dabei stets warm- und offenherzig. Nicht von der Hand zu weisen ist auch eine gewisse Aura des Geheimnisvollen, des Besonderen und nicht ganz Erklärbaren. Charismatischen Menschen schenken wir Glauben, wir sind schnell überzeugt, dass sie in die richtige Richtung marschieren.

In der Psychotherapeutengilde muss Sigmund Freud sicher charismatisch aufgetreten sein, denn eine derartige Popularität entsteht nicht nur am Rande der Couch oder durch Veröffentlichungen. Von manchen Therapeutengrößen wie beispielsweise Virginia Satir, Marsha Linehan, Milton Erickson, Carl Rogers oder Irvin Yalom gibt es auf YouTube Videos zu sehen. Möge der geneigte Betrachter darin Charisma entdecken oder eben auch nicht. Die Verfilmung der wahren Begebenheit, wonach der Sprachtherapeut Lionel Logue den stotternden englischen König George VI therapierte in "The King's Speech" gibt ein eindrucksvolles Beispiel einer sehr charismatischen Therapeutenpersönlichkeit.

24.4 Kritische Würdigung

Sich in eine charismatische Richtung zu bewegen ist – im übertragenen, nicht physikalischen Sinn – kein Quantensprung wie etwa von der Verhaltenstherapie als Therapeut zur Psychoanalyse zu wechseln. Charismatiker zu sein heißt nicht, den Empiriker in der Therapeutenpersönlichkeit abzuschaffen. Charismatische Haltung ist auch abzugrenzen von dem Bedienen mancher Klischees oder dem Schlüpfen in Rollen, die von Psychotherapiepatienten mitunter erwartet werden, wie etwa „der alte Weise" oder „die immer beschützende und nährende Mutter", „der junge Intellektuelle oder gar der „Prototyp des Humanisten". Charismatisches Auftreten darf nicht dazu dienen, die Illusion eines Übermenschendaseins zu bedienen. Charisma, wenn es kein Fake bleibt, ist nachhaltig spürbar und wirkt anhaltend. Menschen, die wir als charismatisch erkennen, haben offenbar in der Entwicklung ihrer Persönlichkeit eine Reifestufe erreicht, die manchen anderen verborgen oder verwehrt bleibt. Es drängt sich geradezu auf zu postulieren, dass die Stärkung charismatischen Verhaltens und der Einsatz dieser Fähigkeiten ein keinesfalls zu vernachlässigender, sondern notwendiger Bestandteil in der Entwicklung der Psychotherapeutenpersönlichkeit sein sollte. Hierfür lassen sich manche Gründe anführen. Man experimentiere zunächst einmal gedanklich damit, dass Therapeuten nicht am charismatischen Pol einer fiktiven Linie, sondern am genauen Gegenpol angesiedelt sind. Damit erschienen sie als farblos, unscheinbar, ideenarm, kraftlos, wirkungslos, gefühlsarm oder auch gefühlskalt, distanziert, selbstbezogen, zaudernd, reaktiv und uninspiriert. Wer möchte auf derlei Therapeuten treffen? Mit etwas Findigkeit ließe sich bei eben genannter Auflistung auch ein depressiver Zustand identifizieren.

Es lassen sich genügend Hinweise dafür finden, dass Psychotherapiepatienten in nicht unerheblichem Maße Defizite in ihren Interaktionsfähigkeiten haben. Viele sind bindungs- oder beziehungsgestört. Ein charismatischer Therapeut verfügt über eine Anziehungskraft, die ein unabdingbar notwendiges therapeutisches Bündnis entscheidend begünstigen kann. Am ehesten scheint die Fähigkeit, ein Arbeitsbündnis herzustellen, in einer besonders hohen Beziehungskompetenz zu liegen. „Diese Beziehungskompetenz zu fördern, muss vorrangige Aufgabe einer Psychotherapieausbildung sein, deren Wert für den Behandlungserfolg inzwischen belegt ist (Wöller & Kruse, 2018, S. 5). Eine Auswirkung von Charisma kann auch sein, dass es im Rahmen einer positiven Übertragung nach Wöller und Kruse (2018) auch zu einer gewissen Idealisierung der Therapeutenpersönlichkeit kommen kann, die dann durchaus mit einem günstigen Behandlungsverlauf verbunden sein kann.

Charismatiker sind nahe am Konstrukt der Freigeister. Es kann eine „ausgeprägte Manualtreue die natürlichen sozialen Kompetenzen vor allem erfahrener Therapeuten behindern und sich negativ auf das Arbeitsbündnis auswirken" (Wöller & Kruse, 2018, S. 109). Somit sind Psychotherapeuten gut beraten, ihre Persönlichkeit in die Therapie einzubringen, intuitiv und mitunter nonkonform vorzugehen und situationsadäquat zu extemporieren. Dabei wird eine charismatische Haltung keinesfalls hinderlich sein. Charisma bedeutet damit auch, dass ein Therapeut aus sich selbst heraus flexibel gemäß der aktuellen Patientenbedürfnisse hilfreich wirkt und eben nicht nur puristischer Orthodoxie verpflichtet Vorgefertigtes verabreicht.

Menschliche Grundbedürfnisse wie Sicherheit, Bindung, Selbstwerterhalt und Selbstwerterhöhung werden sicher eher durch einen Psychotherapeuten mit charismatischem Auftreten befriedigt, als durch einen nüchtern-sachlich oder gar automatenhaft agierenden Behandler. Die gezeigte und verwendete Power eines charismatischen Therapeuten wird eine notwendige Anschubhilfe für entmutigte, kraft-, hilf- und hoffnungslose Patienten sein. Die jederzeit spürbare Präsenz eines charismatischen Therapeuten kann intensiven Emotionen und Kognitionen von Patienten wie Minderwertigkeit, Unscheinbarkeit, Ablehnungswürdigkeit ein wichtiges Gegengewicht bieten. Die applizierte Wärme bedient viele Funktionen und dürfte nicht nur im Reparenting-Konzept eine Berechtigung finden. Psychotherapiepatienten fehlt es zu oft an Orientierung, Klarheit, Ideenreichtum und Mut, neue oder andere Wege zu beschreiten. Der Orient mit der aufgehenden Sonne erlaubt es uns, sich selbst in unbekanntem Terrain zurecht zu finden. Fixsterne und dergleichen mehr haben eine ähnliche Funktion, sie leuchten oder strahlen und damit sind wir wieder bei einer der Grundbedeutungen von Charisma.

Hier schließt sich ein Kreis. Die von Fox Cabane (2012) beschriebenen Variablen von Charisma Presence, Power und Warmth sind nicht weit entfernt von Rogers (2017) Basisvariablen zu sehen, denn unbedingte Wertschätzung, Echtheit und Empathie fokussieren auf Ähnliches. Die Charismavariablen können als ein Add-on für die therapeutischen Basisvariablen verstanden werden, so dass diese Basisvariablen charismatisch eingesetzt eine nur noch größere Wirkkraft erzielen.

24.5 Fazit

Bei aller Fokussierung auf die Ziele von Patienten, bei Berücksichtigung von Allparteilichkeit, Abstinenz, a-direktivem Vorgehen und Anleitung zum Selbstmanagement wird eine wirklich gelingende intensive Psychotherapie auf Kernvariablen der Therapeutenpersönlichkeit nicht verzichten können. Charisma ist dabei nicht nur eine von vielen Zutaten, es ist ein unverzichtbarer Bestandteil. Es gibt nichts auf dieser Welt, das immer nur gut und erstrebenswert wäre und damit ist auch charismatisches Auftreten mit Risiken behaftet. Charisma „is a power tool, use it responsibly (Fox Cabane, 2012, S. 220), denn manchmal funktioniert es, wenn es so nicht funktionieren sollte. Es besteht die Gefahr, Kraft der in Charisma grundgelegten Ausstrahlungs- und Anziehungskraft Menschen zu überzeugen und in Richtungen zu lenken, obwohl das möglicherweise jedweder realistischer Grundlage entbehrt und auch falsch sein kann.

Bei aller Ausstrahlungs- und Anziehungskraft sollte Charisma nicht überdosiert werden. Eine zu intensive Bindung von Psychotherapiepatienten an deren Therapeuten behindert den so notwendigen Prozess der Erarbeitung von Autonomie und Selbststeuerung. Selbstredend ist es Balsam für die geschundene Patientenseele, eine gewisse Zeit in der wärmenden und nährenden Ausstrahlung des Therapeuten sein zu können, jedoch sollte hier keine Illusion kultiviert werden. Der Therapeut ist und bleibt eine temporäre Prothese, eine zeitlich befristete Geh- oder Sehhilfe. Teile der Therapeutenpersönlichkeit als Substitut für fehlende Patienten-Persönlichkeitsanteile dauerhaft integrieren zu wollen, würde jeglichen therapeutischen Fortschritt konterkarieren. Eine weitere Gefahr charismatischen Therapeutenverhaltens besteht auch darin, als Therapeut zu sehr von der Klientel idealisiert zu werden. Einem Ideal ist in der Realität nicht standzuhalten. Der Seelen-Behandler ist gut beraten darauf zu achten, sich bei der Erreichung von Therapiezielen nicht zu viel eigene Macht zuzuschreiben, um dadurch nicht der Selbstausbeutung und folglich der Burnout-Gefahr anheim zu fallen. Und er wird damit rechnen müssen, dass anfänglich genährte hohe Ansprüche der Klientel bei deren Enttäuschung in jähe Abwertung des Therapeuten münden können und das sicher nicht nur bei zugrundeliegender Borderline-Persönlichkeitsstruktur. Der charismatische Therapeut, der nachgewiesene High Performer, sollte damit immer auch seine menschlich verwundbare und unausgegorene, fehlerhafte Seite zeigen, um jederzeit Bodenhaftung bzw. Realitätsbezug zu wahren. Wir helfen den Menschen nicht als Möchtegern-Messiaskopie, sondern als Coping Model und hier kann die Echtheitsvariable von Rogers (2017) eine zentrale Leitlinie sein.

Als Antwort auf die Eingangsfrage lässt sich feststellen, dass Charisma nicht das Alleinstellungsmerkmal handverlesener Edeltherapeuten sein darf. Charismatisches Verhalten, in welcher Intensität es auch immer zeigbar sein kann, wird die therapeutische Effektivität steigern können und damit ist Charisma nicht nur als Add-on anzustreben.

? **Zum Mitnehmen**

Charisma ist mehr als ein lediglich schmückendes Accessoire. Es ist eine Persönlichkeitsvariable die grundgelegt sein mag, aber durchaus erlernbar oder kultivierbar ist. Charisma als Ausstrahlungs- und Anziehungskraft mit den Kernelementen Präsenz, Mächtigkeit und Wärme kann den therapeutischen Basisvariablen Empathie, unbedingte Wertschätzung und Echtheit zu intensiverer und nachhaltigerer Wirkung verhelfen.

Weiterführende Literatur

Cialdini, R. B. (2004). *Die Psychologie des Überzeugens* (3. Aufl.). Verlag Hans Huber.
Bibel, D. (1980). *Altes und Neues Testament.* Einheitsübersetzung: Verlag Herder.
Fox Cabane, O. (2012). *The charism myth. Master the art of personal magnetism.* Portfolio Penguin.
Grundgesetz. (2019). *Dtv bibliothek*.
Rogers, C.R. (2017). *Der neue Mensch.* Klett-Cotta.
Rosen, B., & Swann, E. K. (2018). *Conscious. The power of awareness in business and life.* Wiley.
Schmidt-Tanger, M. (2011). *Charisma-coaching. Von der Ausstrahlungskraft zur Anziehungskraft.* Junfermann Verlag.
Wöller, W., & Kruse, J. (2018). *Tiefenpsychologisch fundierte Psychotherapie.* Schattauer.

Gefährdungsanalyse und Arbeitsschutz

Inhaltsverzeichnis

Kapitel 25 Belastungsquellen im Psychotherapieberuf – 217

Kapitel 26 Im Sattel bleiben – 223

Belastungsquellen im Psychotherapieberuf

Inhaltsverzeichnis

25.1 Grundsätzliche Überlegungen – 218

25.2 Belastungsquellen – 218

25.3 Kritische Würdigung – 220

25.4 Fazit – 222

Weiterführende Literatur – 222

© Der/die Autor(en), exklusiv lizenziert an Springer-Verlag GmbH, DE, ein Teil von Springer Nature 2025
S. Gerhardinger, *Entwicklung der Therapeutenpersönlichkeit*,
Psychotherapie: Fort- & Weiterbildung, https://doi.org/10.1007/978-3-662-70477-6_25

Man muss sich von sich selbst nicht alles gefallen lassen.
Viktor Frankl

 Frequently Asked Question
Wo lauern offene und verdeckte Belastungen im Psychotherapieberuf? Wie gefährlich oder schädlich sind derlei Belastungen?

25.1 Grundsätzliche Überlegungen

Irvin Yalom zählt zu den sehr bekannten, vielfach geschätzten und fast legendären Psychotherapeuten. Er ist ein Paradebeispiel für Entwicklung und Vielfalt. Yalom hat seinen therapeutischen Erfahrungsschatz und sein zu unterstellendes Sendungsbewusstsein nicht nur in Fachliteratur verpackt, er reüssiert auch auf dem Belletristikmarkt sehr gut. Zu nennen ist hier beispielsweise „Und Nietzsche weinte…" (Yalom, 1996), worin unter anderem manche Therapeuten-Mühsal auf interessante Weise beschrieben wird. In seinen Memoiren nimmt er ebenfalls Stellung zu Wohl und Wehe im Psychotherapieberuf. „Ich höre selten, dass Therapeuten über einen Mangel an Sinn in ihrem Leben klagen. Unser Leben als Therapeut leben wir im Dienste anderer, indem wir unseren Blick auf ihre Bedürfnisse richten. Wir haben nicht nur an der Weiterentwicklung unserer Patienten Freude, sondern auch an der Hoffnung, dass unsere Patienten einen heilsamen Einfluss auf andere haben" (Yalom, 2017, S. 357). Das hört sich aus berufenem Munde sehr positiv, motivierend und auch sehr humanistisch geprägt an. Er entdeckt gar eine ganz besondere Qualität im Psychotherapeutenberuf, die man seinen Worten gemäß als Vorrecht sehen kann. „Wir sind auch privilegiert durch unsere Rolle als Hüter von Geheimnissen. Geheimnisse erlauben einen Blick hinter die Kulissen, auf die menschliche Natur ohne gesellschaftliches Drumherum, ohne Rollenspielchen, Prahlereien oder Posen" (Yalom, 2017, S. 357). Ist demnach der Psychotherapieberuf einer der schöneren, eine Art Berufung oder Passion? Es wäre vermessen hier behaupten zu wollen, Psychotherapeuten bekämen Geld für erbrachte Leistungen mit dem jederzeit wünschenswerten Effekt, durch die Berufsausübung beständig zu wachsen und zu gedeihen. Im Psychotherapieberuf lauern vielfältige spezielle Gefahren, die jeden in dieser Materie Tätigen treffen können, die Unvorbereiteten, Ungeschützten und weniger Lösungskompetenten darunter umso häufiger und intensiver. Insgesamt ist der Psychotherapieberuf vermutlich nicht sehr viel belastender, als irgendein anderer Beruf. Expeditionen müssen auch nicht immer gefährlich, bedrohlich oder gar schädigend sein, wenn die Expeditionsteilnehmer erfahren genug und gut vorbereitet sind und darüber hinaus situationsadäquat zu Handeln verstehen. An dieser Stelle sei auch etwas provokant formuliert die Frage erlaubt: Wer belastet hier wen? Belastet der Beruf den Therapeuten oder der Therapeut den Beruf? Resultieren Belastungen eher aus den der Berufsausübung immanenten Quellen oder ist die erlebte Belastung nicht auch häufig der mangelnden Ausgereiftheit, der unzureichenden Kompetenzentwicklung der Behandler anzulasten?

25.2 Belastungsquellen

Das moderne Arbeitsleben erfordert immer mehr den Einsatz von Soft Skills. Dies bedeutet aber auch, dass Persönlichkeitsvariablen in zunehmendem Maße beruflich genutzt werden. Wenn der arbeitende Mensch sein Wesen als Arbeitsmittel einsetzt, entsteht hier schnell eine ungeschützte Flanke (Gerhardinger, 2018). Im Psychotherapieberuf ist die Persönlichkeit des Behandlers

25.2 · Belastungsquellen

eine ohnehin unverzichtbare Qualität. Werkzeuge nutzen sich im Arbeitseinsatz ab, damit dürfte auch der Einsatz von Persönlichkeitsvariablen nicht völlig schadlos bleiben. Folglich lassen sich eine ganze Reihe an möglichen oder auch tatsächlichen, häufigen Belastungen auflisten. Es kann unterschieden werden in eher objektive, nachweisbare Belastungen und vorrangig subjektive, mitunter idiosynkratisch verursachte oder zu erklärende Strapazierungen. Zu den ersteren zählen etwa arbeitsbezogene Probleme im Psychotherapieberuf wie die Abhängigkeit von Vergütungsziffern und die damit drohende ökonomische Unsicherheit, das Übel der administrativen Aufgaben wie etwa dem Verfassen von Berichten und generell auch die Arbeitsüberlastung. Es gibt offensichtlich zu wenige Psychotherapeuten für eine ständig wachsende Zahl an Psychotherapiebedürftigen. Dazu kommen noch patientenbezogene Probleme wie etwa anhaltende suizidale Problematik und konkrete Suizidabsichten des Patienten oder ganz allgemein außergewöhnlich schwierige Behandlungssituationen. Belastend kann auch der Dauerdruck sein, ständig herausgefordert zu sein, gute Beziehungen zu Patienten zu etablieren und aufrechtzuerhalten. Eine kaum zu vernachlässigende Belastung kann der Dauerkommunikationsmodus sein. Hier können nicht nur angegriffene Stimmbänder, die Stimmbandentzündung, wie bei Lehrern, Probleme machen, sondern auch eine gewisse Kommunikationssättigung oder auch -erschöpfung. Die gute Nachricht dabei ist, dass es offenbar eine konsistente Befundlage gibt, wonach das Belastungserleben mit dem Alter und der Dauer der beruflichen Erfahrung abnimmt (vgl. Jeschke & Wolff, 2010). Daraus könnte man den Rat an alle Einsteiger ableiten, sie mögen einfach durchhalten und abwarten, die erlebte Belastung wird mit der Zeit gelinder. Allerdings gibt es für den Einzelnen keine Garantie, dass er sich im Mainstream bewegen wird. Daher sollte es umso mehr Teil der Ausbildung sein, Psychotherapeuten auf die zu erwartenden Strapazen vorzubereiten, um in der Entwicklung eine notwendige Resilienz mit anzulegen und diese auch zu trainieren.

Weniger objektivierbare psychische Belastungen und Beanspruchungen, die in ihrem Erleben sehr viel von Copingmechanismen, Einstellungen und sonstigen protektiven Faktoren auf Therapeutenseite beeinflusst werden, sind zum Beispiel „die alltägliche Konfrontation mit im therapeutischen Prozess zutage tretenden belastenden Affekten, Impulsen, Wünschen und Beziehungskonstellationen, der alltägliche Umgang mit psychisch kranken Menschen, die fehlende soziale Stimulation infolge sozial isolierten Arbeitens (Eichenberg & Brähler, 2008, S. 267). Es ist durchaus möglich, dass es mit zunehmender Berufsausübung zu einer Art Einfärbung, Ansteckung oder Stimmungsübertragung kommt, denn Patienten laden ihre negativen Gefühle beim Therapeuten ab und eine therapeutische Methode kann Containing sein. Wie viel hält der Problemspeicher eines Therapeuten aus? Wann ist der Verstehensbehälter voll, wann der Empathie-Modus überlastet? Psychotherapeuten werden stets Ohrenzeugen von für andere eher unglaublichen Geschichten. Dabei hört man auch manches, was man lieber nicht gehört hätte. Belastendes Material und schwer verdauliche Berichte von Patienten, egal ob sie darin Opfer oder Täter sind, kann zur gehörigen Belastung für den aufnehmend zuhörenden Therapeuten werden. Darüber hinaus kann eine mögliche Belastung aus der drohenden beruflichen Einsamkeit des Psychotherapeuten entstehen. Viele Psychotherapeuten arbeiten in eigener Praxis und dort meist alleine. Kollegiale Gespräche und damit Unterstützung fehlen. Ein soziales Korrektiv ist somit auch nicht gegeben, der Psychotherapeut bleibt sehr häufig Einzelkämpfer gegen eine Wucht an Patientenproblemen. Wo wenige oder keine Kollegen anzutreffen sind, fehlt auch der emotionale

Ausgleich, der beschwichtigende Small Talk oder einfach auch die Möglichkeit, durch Schimpfen und Zetern Dampf ablassen zu können. Wir erwarten von Psychotherapeuten eine besondere Feinfühligkeit, die Sensibilität als therapeutisches Tool. Wer aber kümmert sich um die nicht nur in Patientenrichtung sensiblen Therapeuten? Auch darin kann ein sehr ernst zu nehmender Belastungsfaktor stecken. Bei Berufen mit hoher Interaktionsdichte, wie beispielsweise dem Arztberuf, können soziale Aktivitäten in der Freizeit auch belastend und wenig erholsam wirken (Albrecht & Giernalczyk, 2016, S. 39). Mitunter kann es geschehen, dass hochkommunikative Psychotherapeuten privat immer unkommunikativer werden, das kann durch eine Überstrapazierung und eine darauf intuitiv erfolgende Schutzmaßnahme erklärbar sein. Im Extremfall wächst sich das zur sozialen Allergie aus.

Berücksichtigt werden sollte, dass Psychotherapeuten weiteren massiv belastenden Gefahren ausgesetzt sein können. Es kann vorkommen, dass unzufriedene oder in ihren Aggressionen nicht zu kontrollierende Patienten verbal oder auch körperlich gewalttätig werden. Darüber hinaus kann es sein, dass Therapeuten Opfer von Stalking werden und es ist sehr wohl möglich, dass sich verschmäht fühlende oder unzureichend beachtete Patienten dadurch rächen, dass sie Therapeuten grundlos eines übergriffigen Verhaltens bezichtigen.

Aus eigener Erfahrung kommt noch eine Belastung hinzu, die man schnell als lediglich lästig abtun könnte. Manche Zeitgenossen werden nicht müde, dem Psychologen oder Psychotherapeuten sofort zu unterstellen, er würde stets jedes Verhalten seiner Mitmenschen analysieren. Er sei damit eine kaum zu kalkulierende Gefahr. Das mag im Spaß dahingesagt sein, manchmal aber auch nicht. Es nervt und kann Energie kosten, sich ständig gegen dieses Klischee zur Wehr setzen zu müssen und Wahrheit zu verbreiten. Nun, man müsste ja auch nicht unbedingt auf derlei Blödsinn reagieren, die Freiheit hätte man. Wiederum aus eigener Erfahrung wird als hilfreich eine recht früh in der Therapeutenentwicklung formulierte Standardantwort erlebt: „Freilich, die Analyse ist gemacht, sie geht ihnen in den nächsten Tagen per Post zu. So viel kurz vorweg: Sie fiel bedenklich aus! Ein Psychotherapeut ist nicht verpflichtet, unablässig im Empathie-Modus zu sein.

25.3 Kritische Würdigung

Was macht die besondere Belastung in einem Beruf aus? Das Arbeitsleben ist gemeinhin anstrengend, das ist Realität. Vermutlich sind Psychotherapeuten gut beraten, Elemente der Acceptance and Commitment Therapy zu beherzigen. Es spart dem Therapeuten Energie und Verdruss sich nicht dagegen zu wehren, dass sein Berufsleben Belastungen schafft und es hilft zu reflektieren und aktiv auszuwählen, wie mit diesen Belastungen umzugehen ist. Erfolgreich wird derjenige Therapeut sein, der auch umsetzen kann, was er sich vorgenommen hat. Gerade diese Kaskade dürfte entwicklungsabhängig sein.

Trotzdem kann das Thema Belastungen im Therapeutenberuf nicht nur als Frage von richtiger oder falscher Einstellung betrachtet werden, damit würde man dieser Thematik keinesfalls gerecht werden. Es gibt offenbar Hinweise, dass Psychotherapeuten zu einer überdurchschnittlich stark belasteten Berufsgruppe zählen. „Psychotherapeuten leiden stärker als die Allgemeinbevölkerung unter „Erschöpfungsbeschwerden" und sie geben eine schlechtere subjektive Gesundheit an als die Allgemeinbevölkerung. Diese Tendenz bildet sich auch in der vergleichsweise schlechteren gesundheitsbezogenen Lebenszufriedenheit der Psychotherapeuten ab" (Eichenberg & Brähler, 2008, S. 267). Eine mögliche Begründung liefern Eichenberg und Brähler gleich mit: „Psychologische Psychotherapeuten leiden unter einem Missverhältnis zwischen ihrem hohen beruflichen Engagement auf der einen Seite und ihrer geringen (finanziellen) Gratifikation auf der anderen Seite" (Eichenberg & Brähler, 2008, S. 268). Somit könnte man sagen, dass gemäß dem Modell der beruflichen Gratifikationskrisen nach Siegrist (2004) Psychotherapeuten zu einer Risikopopulation zählen könnten. Wie im Stressreport Deutschland (Bundesanstalt für Arbeitsschutz und Arbeitsmedizin, 2012) sollte man nicht nur mögliche oder tatsächliche Belastungen aufsummieren, sondern auch zur Verfügung stehende oder schon genutzte Ressourcen. Es gerät nicht nur derjenige Therapeut ins Wanken, der zu viele Belastungen erfährt, sondern auch der, der Ressourcen zu wenig nutzt oder nutzen kann. Gemäß dem Job-Demand-Kontroll-Modell von Karasek (1979) aber könnte man Psychotherapeuten aufgrund ihrer beruflichen Gestaltungsmöglichkeiten dabei eher zu den Privilegierten zählen.

Berufliche Belastungen, wie eben dargelegt, wirken sich nicht nur im Arbeitsalltag aus, sie mäandern auch in das Privatleben. Der täglich notwendige intensive Kontakt mit Menschen, dieses vielfältige tief in Beziehung gehen, die sehr empathische Haltung und die stets notwendige elaborierte Kommunikation kann zu einer Sättigung führen, was zur Folge haben kann, als Therapeut privat eher unkommunikativ oder sozial abgeschottet zu sein oder zu werden.

Es stellt sich auch die Frage, ob angehende Psychotherapeuten nicht nur weniger oder stärker, sondern anders belastet sind, als erfahrenere Kollegen. Bei jüngeren Therapeuten könnten sich Belastungen wie Unsicherheit, Überforderung durch spezielle Patienten und Therapiesituationen, wirtschaftlicher Druck, aber auch ein sich beweisen wollen oder müssen eher bemerkbar machen. Bei erfahreneren Therapeuten könnte es zu den Belastungen zählen, schon zu oft das Gleiche gehört und erlebt zu haben, das stumpft ab, wird als langweilig erlebt. Außerdem sind anfängliche Illusionen längst nicht mehr haltbar. Zudem erhalten die Probleme der Klientel immer mehr Gesellschaft durch private Belastungen des Therapeuten. Die Wertigkeiten können sich verändern, therapeutisches Wirken ist möglicherweise nicht mehr ein so zentrales Element im Leben des Therapeuten wie ehedem. Zunehmendes Lebensalter resultiert unweigerlich in einem Nachlassen der Spannkraft und der Leistungsfähigkeit. Mit folglich reduziertem Krafteinsatz geht zwangsläufig ein Teil der Effektivität verloren, das kann erfolgreiches Arbeiten beeinträchtigen. Die Erfahrung eigener auch gesundheitlicher Probleme und sonstiger Krisen verunmöglicht immer mehr die Illusion, gegen Unbill geschützt zu sein. Die dem Berufsanfang innewohnende Unbedarftheit weicht zunehmend hartem Realitätsbezug und das wiederum kann die nötige Distanz zu Patientenproblemen erschweren.

Es ist in der Summe wenig ergiebig danach zu suchen, wer denn jetzt schlimmer dran sein könnte, die jüngeren oder die erfahreneren Therapeuten. Fakt ist, dass diverse benennbare Belastungen im Psychotherapeutenberuf identifizierbar sind. Es gibt aber auch Gegenmittel.

> **Mal ehrlich**
> Welche beruflichen Belastungen empfinden sie als besonders beeinträchtigend? Wie gehen sie bisher damit um und wie wollen sie derartigen Belastungen zukünftig begegnen?

Aus eigener Erfahrung sind auch sehr komplexe Belastungssituationen gut zu bewältigen, wenn die Lösungen innerhalb des eigenen Zugriffsbereichs liegen und somit eine Problemlösung aus eigener Kraft erfolgen kann. Kleinere, aber anhaltende und wenig greifbare Belastungen, die wie lästige Fliegen dauernd stören, können da schon mehr Schaden anrichten.

25.4 Fazit

Soll sich ein Landwirt über die Größe und Weite seines zu bestellenden Landes beschweren? Soll der Steinmetz den ständig ihn umgebenden Staub monieren? Soll der Lehrer die Unwissenheit seiner Schüler als beklagenswertes Übel sehen? Es wäre erlaubt, löst aber keine Probleme und macht sicher weder zufrieden noch glücklich. Psychotherapeuten sind mit vielfältigen Belastungen konfrontiert, sie haben aber auch sehr viele Freiheiten in der Gestaltung ihrer Berufsausübung. Sie sind damit in hohem Maße mit verantwortlich für das Aufkommen von Belastungen. Nicht alle Belastungen werden sich vermeiden lassen, aber man sollte dort aktiv werden, wo Verbesserungen in der eigenen Reichweite liegen. Der Psychotherapeutenberuf ist selbstverständlich kein Arbeitsparadies. Wie in jedem Arbeitsfeld sind verschiedenste Strapazen gegeben, die das Potential zur beruflichen Deformation beinhalten können. Insbesondere diejenigen Belastungen, die durch die notwendige und immer wieder herzustellende menschliche Nähe zum problembeladenen Patienten entstehen, sind zu beachten. Psychotherapeuten nutzen ihre persönlichen Kompetenzen, ihre Persönlichkeit als Arbeitsmittel. Daher sind sie auch offener für Interaktions-Noxen aller Art. Hier ist anzunehmen, dass sich gut entwickelte Therapeuten zwar sehr nahe an ihre Patienten heranbegeben können, sich auf sie einlassen können, Zugänge legen, dass sie dies aber in einer Art abgesichertem Modus tun. Somit bleibt eine Grenze, eine Firewall, bestehen, die größere Schadenspotentiale erkennen und abblocken kann.

> **Zum Mitnehmen**
> In verschiedenen Berufen wird den drohenden Belastungen und Gefahren durch das verpflichtende Tragen von Schutzkleidung begegnet. Im Psychotherapeutenberuf können praktische Maßnahmen helfen oder aber ein imaginärer Schutzmantel, der vor Interaktionsnoxen schützt. Und hier kann durchaus auch ein unbewusster Wegbereiter kognitiver Therapie zitiert werden: „An sich ist nichts weder gut noch böse, das Denken macht es erst dazu" (Shakespeare, 2002). Eine persönlich hilfreiche Grundhaltung besteht darin, sich immer wieder bewusst zu machen, dass Psychotherapeuten oft auch einfach dafür bezahlt werden, Menschen ertragen zu können, die andere nicht lange aushalten wollten oder könnten. Gelingende Beziehungsarbeit ist bekanntlich wesentlich für eine erfolgreiche Psychotherapie.

Weiterführende Literatur

Albrecht, C., & Giernalczik, T. (2016). Ärzte im Krankenhaus. Zwischen Anerkennung und Belastung. *Psychotherapie im Dialog, 2/2016,* 36–39.

Bundesanstalt für Arbeitsschutz und Arbeitsmedizin. (2012). Stressreport Deutschland.

Eichenberg, C., & Brähler, E. (2008). Beruf „Psychotherapeut": Motivation zur und Zufriedenheit mit der Berufswahl. *Psychotherapie, Psychosomatik, Medizinische Psychologie, 58,* 265–268. Thieme.

Gerhardinger, S. (2018). Von der Betroffenheit zur Handlungssicherheit. *Welt des Kindes, Heft, 2*(2018), 29–31.

Jeschke, K., & Wolff, S. (2010). Zwischen Wachstum und Stagnation – Die professionelle Entwicklung von Psychotherapeut/inn/en über die Lebensspanne. *Psychotherapeutenjournal, 1*(2000), 25–33.

Karasek, R. A. (1979). Job demands, job decision latitude and mental strain: Implications for job redesign. *Administrative Science Quarterly, 24,* 285–308.

Shakespeare, W. (2002). *Hamlet. Prinz von Dänemark.* Tragödie. Reclam.

Siegrist, J., Starke, D., Chandola, T., Godin, I., Marmot, M., Niedhammer, I., & Peter, R. (2004). The measurement of effort-rewarded imbalance at work: European comparisons. *Social Science & Medicine, 58,* 8, 1483–1499.

Yalom, I. D. (1996). *Und Nietzsche weinte* (10. Aufl.). btb.

Yalom, I. D. (2017). *Wie man wird, was man ist. Memoiren eines Psychotherapeuten.* btb.

Im Sattel bleiben

Inhaltsverzeichnis

26.1 **Grundsätzliche Überlegungen** – 224

26.2 **Begriffsklärung Psychohygiene** – 224

26.3 **Stärkung und Förderung von Psychohygiene** – 225

26.4 **Psychohygiene und Entwicklung** – 228

26.5 **Kritische Würdigung** – 228

26.6 **Fazit** – 229

Weiterführende Literatur – 229

© Der/die Autor(en), exklusiv lizenziert an Springer-Verlag GmbH, DE, ein Teil von Springer Nature 2025
S. Gerhardinger, *Entwicklung der Therapeutenpersönlichkeit*,
Psychotherapie: Fort- & Weiterbildung, https://doi.org/10.1007/978-3-662-70477-6_26

Wir können nicht verhindern, dass die bösen Gedanken wie Vögel über uns hinfliegen. Aber wir können verhindern, dass sie auf unseren Köpfen Nester bauen.
Martin Luther

> **? Frequently Asked Question**
> Was ist zu beachten, um als Psychotherapeut selbst psychisch gesund zu bleiben?

26.1 Grundsätzliche Überlegungen

Kann man als Psychotherapeut psychisch gesund bleiben? Wie groß ist die Ansteckungsgefahr, wenn man tagein tagaus mit depressiven, angstgeplagten, vom Schicksal geschlagenen, emotional turbulenten Notleidenden konfrontiert ist, wenn man immer wieder die Nähe zu affektiven Störungen suchen muss? Gefahrenpotentiale wurden schon in den Anfangsjahren der Psychotherapie identifiziert. „Wer wie ich die bösesten Dämonen, die unvollkommen gebändigt in einer menschlichen Brust wohnen, aufweckt, um sie zu bekämpfen, muß darauf gefaßt sein, daß er in diesem Ringen selbst nicht unbeschädigt bleibt" (Freud, 1905, S. 175). Außerdem müssen Psychotherapeuten stets intensive Beziehungen mit unterschiedlichsten Menschen eingehen, und da sind immer wieder welche dabei, mit denen sie privat vermutlich keine Sekunde Kontakt haben wollen würden. „Connecting with others always takes energy (especially when you don't like them)" (Maxwell, 2011, S. 50). Ist dieser Dauerkontakt mit einer Problemwelt nicht auch ein kaum zu konternder Angriff auf ein eigenes letztendlich doch nur illusionäres Weltbild? Die Illusion der seelischen Unversehrtheit dürfte ohnehin nicht haltbar sein, denn Psychotherapeuten sind die Prävalenzzahlen psychischer Störungen und damit eine eigene Erkrankungswahrscheinlichkeit sehr gut bekannt.

Muss ein Psychotherapeut psychisch unversehrt sein, um effektiv und effizient therapieren zu können? Ein Chirurg darf trotz eines eigenen bald zu resezierenden Tumors, ob benigne oder maligne, Leistenbruchs oder Kreuzbandrisses weiterhin operieren, solange er seine für die Therapie des Patienten unabdingbaren Kompetenzen vollumfänglich zum Einsatz bringen kann. Es kann hier nicht das Postulat regieren, der Psychotherapeut müsse auch gemäß der WHO-Definition von Gesundheit (vgl. ▶ Kap. 3) vollständig gesund sein und damit eine fleckenfreie Psychohygiene aufweisen.

Was Patienten empfohlen wird oder wozu sie motiviert werden sollen, kann für Psychotherapeuten im Grunde nur ebenso richtig sein. Es geht um das Aufrechterhalten weitestgehender seelischer Unversehrtheit als aktiver Prozess und dabei nicht nur um die Abwehr von Gefahren. Das Konzept der Salutogenese (Bundeszentrale für gesundheitliche Aufklärung, 2001) kann hier bemüht werden.

26.2 Begriffsklärung Psychohygiene

Hygiene wird verstanden als Sauberkeit oder Reinlichkeit, auch als „Lehre von der Gesundheit, einschl. Gesundheitspflege und Gesundheitsfürsorge, die sich mit den Wechselbeziehungen zw. dem Menschen und seiner belebten und unbelebten Umwelt befasst" (Meyers großes Taschenlexikon, 1999). Wir werden, zumindest die allermeisten von uns, von Kindesbeinen an darauf trainiert, auf ausgiebige Körperhygiene zu achten. Wir putzen Zähne, nehmen ein Bad oder gehen mindestens einmal täglich unter die Dusche, waschen dabei den ganzen Körper und die Haare. Wir reinigen die Ohren, cremen bedürftige Körperregionen ein. Es wird immer mehr zum Kulturgut, sich in regelmäßigen Abständen

Wellness-Aufenthalte zu genehmigen, wobei diese sich in der Regel als dem gesamten Menschen wohltuende Angebote verstehen, also Körper, Seele und Geist einbeziehen. Die alltägliche Pflege der Psyche dagegen führt dabei aber zu oft ein eher stiefmütterliches Dasein. An Volkshochschulen angebotene Entspannungskurse werden weniger häufig aus reiner Neugierde und ohne benennbaren Anlass besucht, meistens ist der bereits gestörte Schlaf oder der zu hohe Blutdruck ein Grund dafür. Stressbewältigungskurse werden von gestressten oder anderweitig belasteten Menschen gebucht, Achtsamkeits- und Genusstrainings finden eher in der Rehabilitation als in der Prävention Anwendung. Die Psychohygiene des Psychotherapeuten sollte nicht erst im Fokus der Aufmerksamkeit stehen, wenn sie längst versorgungsbedürftig ist. Ein Psychotherapeut arbeitet nicht mit dem Rezeptblock, er verschreibt im Grunde sich selbst (vgl. Halmos, 1965, S. 17). Psychotherapeuten machen nicht Therapie, sie sind zu guten Teilen die Therapie und bringen dafür viele Persönlichkeitsanteile ein. Sie sind ihr eigenes Werkzeug und dieses Werkzeug will gepflegt, gewartet und insgesamt sorgsam behandelt werden. Daher sollte die Pflege der Psychotherapeutenpsychohygiene ein von Anbeginn der Tätigkeit in zunehmendem Maße ritualisierter, routinierter und regelmäßig stattfindender Ablauf sein. Entwicklung kann vorwärts oder rückwärts gerichtet sein und sie kann stagnieren. Eine beschädigte Psychohygiene wird vorwärts gerichtete Entwicklungen eher erschweren bis verunmöglichen.

26.3 Stärkung und Förderung von Psychohygiene

Prinzipiell ist es der Psychohygiene förderlich, sein eigenes Rollenverständnis und Rollenverhalten zu analysieren und sich folglich möglichst weitreichend selbst zu beherrschen oder vielmehr zu regieren. Der kritische Geist wird zumindest eine derartige Herrschaft nicht als permanent selbstverständlich voraussetzen. Welche Rollen sind es denn, die uns kennzeichnen und wie kommen wir zu diesen Rollen? Welche spielen wir sehr gerne, welche strengen uns an, welche müssen wir akzeptieren, welche würden wir gerne verändern oder auch abgeben, loswerden? Welche dieser prinzipiell persönlich-privaten Rollen aktualisieren sich automatisch auch in der Berufsausübung? Wo sind diese Rollen förderlich oder hinderlich?

Eigenschaften, die effektive Menschen von anderen unterscheiden, können kultiviert oder entwickelt werden. Für Covey (2004) bewirkt proaktives Verhalten, in einem persönlichen Bereich erfolgreich zu sein. Das kann bedeuten das eigene Leben bewusst zu gestalten und nicht nur eine Statistenrolle darin einzunehmen und diese abzuarbeiten (vgl. ▶ Kap. 21). Eine weitere wichtige Tugend ist die Fähigkeit, vom Ende her denken zu können. Man möge sich seine eigene Beerdigung vorstellen und die dort gehaltenen Grabreden anhören und dann entscheiden, ob man das, wenn es möglich wäre, auf seiner eigenen Beerdigung wirklich hören wollen würde. Wenn nein, möge man jetzt sofort die Weichen anders stellen und damit neue Prioritäten setzen, sodass am Ende ein erwünschteres Ergebnis stehen kann. Hier geht es nicht alleine um das Ende, sondern um die Zeit von jetzt bis zu diesem Ende. Die nächste Effektivitätsquelle ist erfolgreiches Selbst- und Zeitmanagement, was nach Covey bedeutet „put first things first". Neben dem persönlichen Bereich lässt sich auch im öffentlichen Bereich Effektivität steigern. Dazu zählt, Win–Win-Situationen zu schaffen, zu verstehen und dann erst verstanden werden zu wollen und Synergieeffekte zu nutzen. Schließlich empfiehlt Covey in einem letzten Kapitel „sharpen the saw" oder auch „charge your batteries". Psychotherapeuten sind ihr eigenes Werkzeug und dieses will in Stand gehalten oder immer wieder neu aufgeladen werden. Dazu empfiehlt Covey Unterschiedliches, um Psychohygiene körperlich, mental, sozial, emotional und spirituell zu nähren (Covey, 2004). Ein weiteres Element von Psychohygiene liegt im Bereich der Willenskraft oder auch Disziplin und wird wirksam, wenn man die eigene Willenskraft spürt, entwickelt und gezielt, aber auch dosiert einzusetzen bereit ist. Dies scheint insgesamt sehr positive Effekte zu erzielen. „Improving willpower is the surest way to a better life" (Baumeister & Tierney, 2011, S. 2). Menschen mit gut entwickelter Selbstkontrolle erleben weniger Stress. Sie nutzen ihre Kompetenzen nicht nur, um Krisen zu bewältigen, sondern um sie tunlichst zu vermeiden. Sie räumen sich genügend Zeit für die Erledigung von Aufgaben oder Projekten ein und sie erkennen und lösen Störungen und Probleme, ehe sie zu Notfällen werden. Sie halten sich fern von schädigenden Versuchungen, sie verfolgen insgesamt offensivere statt defensivere Strategien (Baumeister & Tierney, 2011). Die Fähigkeit zu fokussieren ist der Psychohygiene ebenfalls zuträglich, da es dadurch möglich wird, die Aufmerksamkeit von einer Sache ganz bewusst abzuziehen und sie einem anderen, vielleicht attraktiveren Thema zuwenden zu können. Außerdem scheint dies für die Ausgewogenheit des Emotionshaushalts gut zu sein. „Those who focus best are relatively immune to emotional turbulence" (Goleman, 2014, S. 15). Rosen und Swann (2018) propagieren vier nachhaltige Methoden einer neuen, aktiven Achtsamkeit als Kennzeichen erfolgreicher Menschen: „Go Deep helps you discover your inner self. Think Big enables you to see a world of possibilities. Get Real shows you how to be honest and intentional. Step Up empowers you to act boldly and responsibly (Rosen & Swann, 2018, S. 15). Vermehrte Achtsamkeit verringert den Autorinnen gemäß auch das Ringen mit unseren blinden Flecken. Achtsame Menschen seien auch körperlich gesünder, glücklicher, erfüllter und hätten eine höhere Wahrscheinlichkeit, die eigenen Potentiale zu nutzen. Demnach begünstigt dieses Element der Psychohygiene nicht nur deutlich besseres seelisches Wohlbefinden, es kann uns auch zunehmend dazu verhelfen, sich zu High Performers (Rosen & Swann, 2018) zu entwickeln. Emotionale Intelligenz (Goleman, 1996, vgl. ▶ Kap. 14) verfügbar zu haben hat ebenfalls zum Ziel, mit sich selbst besser im Reinen sein und auch erfolgreicher sein zu können. Damit ist es ein weiteres kaum verzichtbares Segment der Psychohygiene. Die Fähigkeit zur Selbstreflexion mag dabei nicht bedeuten, permanent nur um sich selbst zu kreisen und es sollte auch nicht heißen, sich selbst stetig der schärfste Kritiker zu sein. Rosen und Swann empfehlen dazu: „We all need to check ourselves and use our inner critic, but not let it run amok" (Rosen & Swann, 2018, S. 163). Aus sich selbst heraus Motivation zu finden, ist ein hohes Gut, hängt aber auch sehr von der viel zitierten Sinnfrage ab, denn Unmotiviertheit kann eine unmittelbare Folge nicht vorhandenen Sinnerlebens sein. Zur Psychohygiene zählt auch, ein Leben außerhalb des Therapeutendaseins zu führen und zwischen der beruflichen und der privaten Person eine gute Grenze etabliert zu haben. Therapeuten verdanken ihre Wirksamkeit sehr viel einer besonderen Beziehungsfähigkeit und damit der Kompetenz, auch schwierige Beziehungen zu effektiven Interaktionen zu entwickeln. Zum Erhalt der Beziehungsfähigkeit sind Therapeuten geradezu darauf angewiesen, selber genährt zu werden. Psychohygiene hängt stark davon ab, ob wir jemanden haben, der für uns da ist, und das nicht nur punktuell oder selten. Psychohygiene wird gefördert, wenn wir statt zu verleugnen auf die Weisheit unseres Körpers hören, wenn wir uns durch Sozialkontakte neue Meinungen und Perspektiven einholen, wenn wir in der Lage sind Komplexität und Intensität zu reduzieren, wenn wir es vermögen, unnötige Belastungen zu vermeiden, wenn wir werteorientiert Prioritäten setzen können, wenn wir uns nicht für alles zuständig fühlen und wenn wir uns unseren Humor bewahren, denn nur wenige Menschen brennen aus, wenn sie Spaß haben. Psychotherapeuten können sich ihre Patienten – aufgrund langer Wartelisten – im Grunde aussuchen. Zur Aufrechterhaltung der seelischen Balance kann die interne Festlegung „nicht mehr als zwei Borderliner gleichzeitig in Therapie" hilfreich, wenngleich unethisch sein.

Psychotherapeuten sind gut beraten, nicht notwendigerweise den Sinn des Lebens zu definieren, das mögen die Philosophen tun, aber den Sinn im eigenen Tun zu finden (vgl. Schnell, 2025). Lebenskunst ist ebenso gefragt, wobei diese gemäß Schmitz et al. (2018) sehr profan in einer gelingenden Bewältigung des Alltags besteht. Psychotherapeuten nutzen im Einzel- oder Gruppensetting vielerlei Inspirationen und Übungen zur Stärkung von Selbstzuwendung, Selbstakzeptanz, Selbstwert und Selbstfürsorge (vgl. Potreck-Rose & Jacob, 2019). Das Seeelenleben zu stärken, ist ein Grundauftrag. Dazu gibt es Programme (vgl. Kaluza, 2020). Die Flexibilisierung der eigenen Persönlichkeit (vgl. Fletcher & Pine, 2012), mitunter auch als soziales Turnen bezeichnet, kann ebenfalls sehr empfohlen werden, um der Dynamik des Alltags mit einem differenzierten Antwortrepertoire begegnen zu können. Was für Patienten hilfreich und gut ist, sollte sich jeder praktizierende Psychotherapeut stets auch selbst verordnen.

▶ **Eigene Beispiele**

In einem Supervisionsprozess beschäftigte sich die Supervisandin, angehende Psychologische Psychotherapeutin, mit der sie quälenden Frage, ob sie nicht etwa zu wenig täte für ihren aktuell supervidierten Klienten. Nach eingehender Erörterung erfolgte eine supervisorische Orientierung dahingehend, dass wir Psychotherapeuten niemals Verantwortung für das gesamte Leben eines Klienten übernehmen können oder sollen. Auch wenn wöchentlich eine Therapiesitzung stattfindet, verbringt der Patient sechs Tage und 23 h pro Woche in Eigenregie. Wir sind vorrangig verantwortlich für unser professionelles Handeln im Rahmen der 50-minütigen Psychotherapie. Der Supervisandin konnte dazu noch eine Metapher angeboten werden. Als Psychotherapeut empfinde oder betrachte ich mich so oft wie ein Automat. Ein Patient wirft eine Münze ein, der Automat läuft 50 min, dann ist die Münze durchgefallen, das Programm stoppt. Das mag sich unempathisch, berechnend, zu distanziert anhören. Tatsächlich erhält der Patient in seinen 50 min die volle Aufmerksamkeit, die erforderliche Empathie und jegliches zur Thematik passende professionelle Vorgehen, inklusive therapeutischer Interventionen. Dann aber kommt ein nächster Patient, der gemäß Medizinethischer Prinzipien (Beauchamp & Childress, 2008), genau dasselbe Recht auf diese Versorgung hat. Nachdem therapeutische und persönliche Ressourcen begrenzt sind, dient die 50-min-Automaten-Metapher der Versorgungsgerechtigkeit und auch der Psychohygiene des Psychotherapeuten. ◂

Die Notwendigkeit beruflicher Fort- oder Weiterbildung führt an verschiedene Orte. Zufällig oder doch eher bewusst gewählt, mendelte sich Dresden als bevorzugter, weil auch insgesamt gewinnbringendster Fortbildungsort heraus. Dresden wurde damit nicht nur der Fortbildungsstandort, sondern auch ein Ort der Kontemplation, der Justierung, der Inspiration, der nicht nur gedanklichen Freiheit und des Genusses. Dresden wurde somit die Anlaufstelle der alljährlich stattfindenden persönlichen Kurz-Reha. Einige Elemente der eigenen Entwicklung der Therapeutenpersönlichkeit fanden maßgeblich hier statt, und das meiste nicht bewusst intendiert, sondern eher nebenbei, absichtslos und doch gewollt.

> **Mal ehrlich**
> Wenn sie innehalten und die eben geschilderten Aspekte zur Stärkung der eigenen Psychohygiene Revueé passieren lassen: Was von all dem sehen sie bei sich selbst als gegeben, als verwirklicht an? Wie oft denken Sie an eine Auszeit? Würden Sie sich ein Sabbatical genehmigen?

26.4 Psychohygiene und Entwicklung

Auf die eigene Psychohygiene zu achten, mag für Berufsanfänger noch weniger im Fokus stehen. Junge Hunde stürmen auch furchtlos auf alles zu. Mit fortlaufender Berufstätigkeit ergeben sich öfter Beschädigungen, Verletzungen und Deformationen. Somit dürfte das Thema Psychohygiene im Laufe der beruflichen Entwicklung zunehmend an Wichtigkeit und Wert gewinnen. Inwieweit die berufliche Tätigkeit in eine Stagnation und damit in weniger psychisch gesunde Bereiche führt oder positive Erfahrungen und damit Wachstum ermöglicht, hängt von verschiedensten Faktoren ab. Der Psychohygiene und dem beruflichen Wachstum dienlich dürften wiederkehrende Flow-Erlebnisse (Csikszentmihalyi, 2008) sein. Das bedeutet, sich ganz in einem Schaffens- oder Tätigkeitsrausch zu befinden, eine Funktionslust zu verspüren und damit in einem Trancezustand fast mühelos zu arbeiten. Neben all der Mühsal sonst dürfte das ein wohltuender und stabilisierender Ausgleich sein. Wenn wir im Arbeitsleben gesund bleiben wollen, sollten die Pflichtaufgaben nicht über 80 % des Arbeitsinhaltes ausmachen, 20 % Kür sollten es mindestens sein oder anders gesagt: Man braucht ein Hobby im Beruf. Als Therapeut zu wachsen oder beruflich zu stagnieren ist kein unabwendbares Schicksal, sondern folgt gemäß Jeschke und Wolff (2010) benennbaren Einflussfaktoren (vgl. ▶ Kap. 6).

Unter Work-Life Balance kann man verstehen, dass die durch das Arbeitsleben ausgelösten Belastungen durch private Entlastung ausgeglichen werden, somit müsste das Privatleben beruflichen Schaden kompensieren. Work-Life-Balance so zu interpretieren ist vermutlich nicht mehr zeitgemäß, wahrscheinlich gar falsch. Ein deutlich anderer Aspekt liegt darin, das Arbeitsleben als integralen Bestandteil des Lebens zu sehen und nicht als Parallelwelt. Der arbeitende Mensch verbringt in der Regel sehr viel Zeit am Arbeitsplatz, er lebt auch dort. Folglich erscheint es stabilisierend und gesundheitsförderlich zu sein, wenn der arbeitende Mensch in seiner beruflichen Tätigkeit ein hohes Maß an Zufriedenheit, Selbstverwirklichung, Selbstwirksamkeit und eine Passung mit eigenen Wertmaßstäben finden kann. Somit sollte man den bisherigen Begriff Work-Life-Balance durch Work-Life-Integration oder Work-Life-Blending ersetzen.

26.5 Kritische Würdigung

Neben all den erlernten therapeutischen Techniken und der individuell unterschiedlich intensiv voranschreitenden Entwicklung der Therapeutenpersönlichkeit besteht immer die Option, eigene Persönlichkeitsanteile und die eigene Lebenserfahrung bewusst als therapeutische Wirkgröße einzusetzen. Dies mit dem Ziel, ein noch authentischerer, empathischerer und bemühterer Therapeut zu sein. Hier besteht selbstredend die Gefahr, in die Rolle des Weisen, des Schamanen oder geläuterten Übermenschen zu schlüpfen und somit die mehr oder weniger insgeheimen Wünsche mancher Therapiepatienten zu befriedigen. Nicht wenige suchen in ihren Therapeuten den ständig passende Problemlösungen und Ratschläge ausspuckenden Übervater oder auch die Übermutter. Es muss kritisch betrachtet werden, wann man Gefahr läuft, seine eigene Seele zu verkaufen. Wer zu selbstlos ist, ist ganz schnell sein Selbst los und das wäre alles andere als Psychohygiene. Auch sollte vermieden werden, bei hinreichend stabiler eigener Ausgewogenheit und Belastbarkeit die eigenen Kräfte zu überschätzen, Raubbau zu betreiben, nur um etwa einem zu-nett-Syndrom zum Opfer zu fallen.

auf die Signale der eigenen Seele genau zu hören und daraus seine Schlüsse zu ziehen. Mit sich selbst in gutem Kontakt zu sein und seinen eigenen Rhythmus zu finden und zu leben, wird der Seele gut tun, oder kurz und prägnant formuliert: „Follow the beat of your own drum!" (Sinek, 2009, S. 230).

26.6 Fazit

Die Psychohygiene eines Psychotherapeuten ist keine jederzeit vorauszusetzende Selbstverständlichkeit. Der psychisch zumindest unausgeglichene, oder auch schon angeschlagene Therapeut wird vermutlich bei anhaltender Belastung weiter ins Trudeln geraten und dem Hilfeersuchen seiner Klientel nicht mehr vollumfänglich gerecht werden können. Die bewusste regelmäßige Investition in die eigene Psychohygiene darf von praktizierenden Psychotherapeuten als verpflichtendes Qualitätsmerkmal gefordert werden. Schwierig bleibt dies nur, weil sich das einer objektiven Überprüfung entziehen wird. Neben aller drohenden Burnoutgefahr soll eine stabile Psychohygiene auch ein Boreout, Wearout oder Fadeout verhindern. Was für Therapeuten und Klientel fataler ist, also Burnout, Boreout; Wearout oder Fadeout, mag hier nicht weiter verfolgt werden. Immerhin hat Neil Young eine Meinung dazu, wenn er im Song My My Hey Hey (Out Of The Blue) formuliert: „It's better to burn out, than to fade away."

Zum Mitnehmen
Es mag unzählige Anregungen, Verhaltensmaßregeln und praktische Hilfestellungen geben, die dem Erhalt der eigenen Psychohygiene sehr förderlich sein können. Zentrales Element wird es bleiben,

Weiterführende Literatur

Beauchamp, T. L., & Childress, J. F. (2008). *Principles of biomedical ethics* (6. Aufl.). Oxford University Press.
Baumeister, R. F., & Tierney, J. (2011). *Willpower. Why self-control is the secret to success.* Penguin.
Bundeszentrale für gesundheitliche Aufklärung. (2001). *Antonowskys Modell der Salutogenese – Diskussionsstand und Stellenwert.* Erweiterte Neuauflage.
Covey, S. R. (2004). *The seven habits of highly effective people.* Free Press.
Csikszentmihalyi, M. (2008). *Flow. The psychology of optimal experience.* Harper Perennial.
Fletcher, B., & Pine, K. J. (2012). *Flex – Do something different. How to use the other 9/10ths of your personality.* UH Press.
Freud, S. (1905). *Bruchstück einer Hysterie-Analyse. Studienausgabe Band VI (1989), Hysterie und Angst.* S. Fischer.
Goleman, D. (1996). *What makes a leader? HBR's 10 Must Read. On Emotional Intelligence, 2015, S. 1 . 21.* Harvard University Press.
Goleman, D. (2014). *Focus. The hidden driver of excellence.* Bloomsbury.
Halmos, P. (1965). *The faith of the counsellors.* Constable.
Jeschke, K., & Wolff, S. (2010). Zwischen Wachstum und Stagnation – Die professionelle Entwicklung von Psychotherapeut/inn/en über die Lebensspanne. *Psychotherapeutenjournal, 1* (2000), 25–33.
Kaluza, G. (2020). *Salute! Was die Seele stark macht. Programm zur Förderung psychosozialer Gesundheitsressourcen.* Klett-Cotta.
Maxwell, J. C. (2011). *How successful people lead.* Hachette Book Group.
Meyers großes Taschenlexikon. (1999). *7. neu bearbeitete Auflage.* Meyers Lexikonredaktion.
Potreck-Rose, F., & Jacob, G. (2019). *Selbstzuwendung, Selbstakzeptanz, Selbstvertrauen. Psychotherapeutische Interventionen zum Aufbau von Selbstwertgefühl.* Klett-Cotta.

Schmitz, B., Lang, J., & Linten, J. (Hrsg.) (2018). *Psychologie der Lebenskunst. Positive Psychologie eines gelingenden Lebens – Forschungsstand und Praxishinweise.* Springer.

Schnell, T. (2025). *Psychologie des Lebenssinns (3. Aufl.).* Springer.

Sinek, S. (2009). *Start with Why.* Portfolio Penguin.

Rosen, B., & Swann, E. K. (2018). *Conscious. The power of awareness in business and life.* Wiley.

Zum Schluss, a posteriori

Inhaltsverzeichnis

Kapitel 27 E-Mental Health: Psychotherapie ohne Psychotherapeuten? – 233

Kapitel 28 Zum Schluss, ein Epilog – 241

E-Mental Health: Psychotherapie ohne Psychotherapeuten?

Inhaltsverzeichnis

27.1 Grundsätzliche Überlegungen – 234

27.2 Möglichkeiten und Anwendungsformen – 234

27.3 Ein Abwägen von Für und Wider – 235

27.4 Kritische Würdigung – 236

27.5 Fazit – 238

Weiterführende Literatur – 239

© Der/die Autor(en), exklusiv lizenziert an Springer-Verlag GmbH, DE, ein Teil von Springer Nature 2025
S. Gerhardinger, *Entwicklung der Therapeutenpersönlichkeit*,
Psychotherapie: Fort- & Weiterbildung, https://doi.org/10.1007/978-3-662-70477-6_27

O tempora, o mores.
Cicero

> **? Frequently Asked Question**
> Wie wird sich die Psychotherapie durch Digitalisierung und E-Mental-Health verändern?

27.1 Grundsätzliche Überlegungen

Psychotherapie ist in ihrer heute bekannten Form eine vergleichsweise junge Form der Krankenbehandlung und ist sich trotz mancher Entwicklungen, Erweiterungen und Bereicherungen in ihrem Wesenskern weitgehend treu geblieben. Ein zentrales Merkmal war und ist die persönliche Begegnung von mindestens zwei Menschen, klassisch einem Patienten und einem Therapeuten, in einem dafür reservierten Raum, woraufhin beide in einer vorgegebenen Zeit von prinzipiell 50 min den Patienten quälende Probleme, Sorgen, Nöte erörtern und dafür Linderung, Hilfe, Lösung zu finden sich bemühen. Der technische Fortschritt und die damit verbundenen Möglichkeiten berühren selbstverständlich auch das Feld der Psychotherapie, zumal diese keine abgeschottete Sonderwelt ist oder sein soll. E-Mental-Health, bezogen auf den Anwendungsbereich der Psychotherapie, ist die Anwendung neuer Medien bei der Behandlung und Vorbeugung psychischer Erkrankungen. Die Digitalisierung und deren Optionen, Chancen und Gefahren zeigen sich in der Psychotherapie in mannigfaltiger Erscheinungsform. Wenn in vielen Restaurants online ein Tisch bestellt werden kann, wenn komplette Fernreisen online gebucht werden können, so sollte es auch möglich sein, einen Psychotherapietermin online zu vereinbaren. Diese und noch viele weitere Möglichkeiten betreffen die Rahmenbedingungen der Therapie und nicht das therapeutische Vorgehen als solches. In jedem Fall verändert die Digitalisierung, wie schnell und intensiv auch immer, das Berufsleben der Therapeuten und fordert von ihnen eine Anpassungsleistung. Es ist anzunehmen, dass diese von gut entwickelten Therapeuten eher, kompletter, kritischer und schadloser vollzogen werden kann.

E-Mental-Health im Rahmen der Psychotherapie ist nicht nur eine unumgängliche moderne Therapiemöglichkeit oder ganz einfach eine interessante, dem Zeitgeist geschuldete neue Variante. Die Möglichkeiten dieser Digitalisierung und damit der Verfügbarkeit von Internet-gestützten und mobilbasierten Interventionen können viel Leid verhindern, indem Psychotherapiebedürftigen ein anderer, zusätzlicher und schnellerer Weg zu Hilfsangeboten eröffnet wird. Wiewohl die Bundesrepublik Deutschland scheinbar flächendeckend bedarfsgerecht mit Psychotherapeuten versorgt ist, bleiben viele Bedürftige unbehandelt oder gelangen erst sehr spät an Hilfsangebote. Dafür gibt es vielerlei Gründe, ein nicht von der Hand zu weisender Versorgungsengpass ist ein gewichtiger (Ebert & Baumeister, 2016, S. 22).

27.2 Möglichkeiten und Anwendungsformen

Digitalisierung in oder der Psychotherapie ist zu unterscheiden. Es gibt psychotherapeutische Interventionsmöglichkeiten, die vollständig via Internet oder durch Apps und damit auf größtmögliche Distanz erfolgen und es gibt Angebote im Rahmen einer Blended Therapy, worin Face-to-Face Kommunikation mit E-Mail- oder Chat-Kontakt und internetgestützten Selbsthilfeprogrammen kombiniert werden (Berger & Krieger, 2018). Sicher nicht von jedem sofort so erwartet, weisen die Autoren auch darauf hin, dass „die Effekte von angeleiteten Selbsthilfeansätzen im Bereich herkömmlicher Therapien" (Berger & Krieger, 2018,

S. 21) liegen. Die Autoren benennen zudem, dass „Chat-, E-Mail- und Videotherapien genauso wirksam sein können wie Face-to Face-Therapien" (Berger & Krieger, 2018, S. 21).

Mittlerweile entstehen im Vergleich zur klassischen Psychotherapie fortlaufend neue Settings, wie etwa Skype-Therapie, Videokonferenzen, Telemedizin, SMS-Therapie, computergestützte Therapie, Online-Therapie. Das sind neue Zugangswege, sie erlauben mitunter gewünschte Anonymität und Distanz, ermöglichen unmittelbare Problemschilderung und damit ist ein Problem erst einmal weg vom Problemträger, ist sozusagen schon in Bearbeitung.

27.3 Ein Abwägen von Für und Wider

Es gibt eine Reihe von Argumenten, die sehr klar für eine weitere Verbreitung von E-Mental-Health-Angeboten in der Psychotherapie sprechen. Die flexible Verfügbarkeit und das Ausbleiben von langen Wartezeiten ermöglichen einen niedrigschwelligen, schnellen, barrierefreien und unbürokratischen Einstieg in die psychotherapeutische Versorgung. Probleme können so jederzeit, auch am Wochenende um Mitternacht oder noch später, abgeschickt werden und ein Problem erst einmal geklagt zu haben, kann schon Linderung bedeuten. Anonymität und geringer Kostenaufwand sind ebenfalls für Nutzer attraktiv. Mögliche schädliche Persönlichkeitsanteile oder gefährliche Haltungen eines Therapeuten spielen in digitalisierten psychotherapeutischen Angeboten eine geringere Rolle, als im herkömmlichen Psychotherapiesetting. Des Weiteren haben Patienten den Vorteil, Therapieverläufe besser nachverfolgen zu können. Es ließe sich gar eine Therapie von außen beobachten und damit in letzter Konsequenz auch kontrollieren. Ein weiterer Vorteil für den potentiellen Patienten ist die Möglichkeit, vergleichsweise einfach und unverbindlich in das Psychotherapieangebot einzutreten, sich sozusagen umschauen zu können, um dann zu verbleiben oder aber ohne nötige Erklärungen auch wieder Abstand zu nehmen. „Weil es meist ‚Schnupperangebote' von Online-Selbsthilfen gibt, kann er sich erst einmal umsehen, ob ihm das Angebot entspricht; dabei muss er sich nicht auf eine ungewisse Beziehung einlassen und sich nicht in irgendeine Obhut begeben, was meist als Unterordnung erlebt wird, er bleibt mündig, entscheidet selbst, was vonnöten ist. In sicherer Unverbindlichkeit ist es ganz ihm überlassen, das Angebot anzunehmen oder nicht" (Hardt, 2016, S. 33). Inwieweit man Kontakte außer Haus vermeidende Angstpatienten mit internetgestützter Therapie helfen kann, mag anderswo kritisch diskutiert werden. SMS-Therapie, in den USA, Talkspace genannt, beschäftigt mehr als tausend Therapeuten. Zu entrichten ist eine monatliche Pauschale mit der Möglichkeit SMS an Therapeuten zu senden und zu empfangen, mitunter auch täglich (Yalom, 2017). „In der richtigen Hand gut ausgebildeter Therapeuten kann die SMS-Methode eine persönlichere Begegnung bieten, als traditionelle Sitzungen mit Therapeuten, die strikt nach behavioralem Lehrbuch verfahren" (Yalom, 2017, S. 400).

Selbstredend sind auch Argumente gegen den E-Mental-Health-Trend zu finden (vgl. Senger, 2018), ohne dass ein langes Suchen notwendig wäre. Digitale Therapie ist immer Behandlung aus der Ferne, ein direkter Kontakt in akuten Krisen und ein schnelles Handeln sind nur eingeschränkt möglich. In Abwesenheit eines physischen Kontaktes können Hilfesuchende bestimmte für sie schwierige Themen vermeiden, Kommunikation auf non- und paraverbaler Ebene bleibt aus, dies kann zu Missverständnissen führen. Digitalisierte Therapie muss weder für Therapeuten noch für Patienten in jedem Fall eine Zeitersparnis bedeuten, das geschriebene Wort benötigt in der Regel mehr Zeit als das gesprochene Wort. Die Schreibfähigkeit der Hilfesuchenden ist ohnehin Voraussetzung. Eine flexible Nutzung ohne verbindliche Termine mit einem Behandler kann möglicherweise die Compliance der Hilfesuchenden gefährden. Es muss zudem davon ausgegangen werden, dass der E-Mental-Health-Markt auch eine Vielzahl an unseriösen Angeboten auf dem Markt platzieren wird.

Die Entwicklungen im Bereich Künstlicher Intelligenz werden auch in der Psychotherapie zunehmend spürbar sein. Psychotherapeuten können sich Künstliche Intelligenz zunutze machen um beispielsweise Assistenz bei der Erstellung von Therapieanträgen oder Gutachten zu nutzen (Bühring, 2024). ChatGPT mag auf Patientenfragen differenziertere Antworten liefern, als sie der praktizierende Psychotherapeut geben kann. Das setzt allerdings voraus, dass der Patient intelligente oder zumindest richtige Fragen stellt. In einer herkömmlichen Psychotherapiesitzung kann der Therapeut bei Unklarheiten nachfragen, kann Zwischentöne erkennen. Die Nutzung von Künstlicher Intelligenz erfordert verantwortungsbewusstes Entscheiden der Psychotherapeuten. Bei Angstpatienten kann durch digitale Interventionen das Vermeidungsverhalten nur noch weiter gestärkt werden, Patienten mit Suchtpotential kann eine intensive Bildschirmzeit wohl auch eher schaden als nützen (Bühring, 2024). Chatbots sind nicht emotional schwingungsfähig, sind nicht empathisch, halten keinen Blickkontakt, auch zu Gegenübertragungsanalysen sind sie nicht fähig. (vgl. Psychotherapie in Politik & Praxis, 2024, Expertengespräch mit Prof. Schreiber). Die Hoffnung, Künstliche Intelligenz wird Versorgungslücken im Psychotherapieangebot schließen, dürfte bis auf weiteres aus vielerlei Gründen unerfüllt bleiben. Vermutlich ist das eher ein Segen, als ein Fluch.

Die lange Zeit eigener Tätigkeit im Rahmen der Online-Therapie, noch ehe E-Mental-Health tatsächlich ein Thema für den praktizierenden Psychotherapeuten war, erbrachte zumindest sehr interessante Erfahrungen auf diesem Gebiet. Eine überaus intensive und lange anhaltende Online-Beratung oder auch Therapie mit einer sich einen japanisch klingenden Namen gebenden Jugendlichen warf unvermeidlich die Frage auf, ob all die genannten Fakten, Themen, Probleme, Stimmungen, Emotionen, Kognitionen tatsächlich so auch in der realen Welt anzutreffen sind oder ob die junge Patientin in der dargestellten Form nicht oder nur eingeschränkt existiert. Andererseits ist es ein grundsätzliches Thema für Psychotherapeuten, psychologische Berater oder Sozialarbeiter kaum jemals den Beweis dafür zu bekommen, dass ein geschilderter Sachverhalt auch der Wahrheit entspricht. Sei es drum, wir helfen notleidenden Menschen und dabei muss die berichtete Geschichte oder das geschilderte Problem nicht notwendigerweise wahr sein. In der Online-Beratung aber ist der Therapeut – verglichen mit klassischen Settings – sehr viel mehr vertrauter Informationen beraubt.

Es stellt sich die Frage, ob die Verabreichung digitalisierter Formen der Psychotherapie einen nochmals anderen Aspekt der Entwicklung der Therapeutenpersönlichkeit betrifft. Welche Persönlichkeiten oder Typen scheinen wohl eher für diese Form der Psychotherapie geeignet, welche würden ungefragt sofort die Finger davon lassen?

27.4 Kritische Würdigung

Es gibt bereits Studien, die nachweisen, dass eine digitalisierte Psychotherapie ähnliche oder mitunter gar bessere Effektstärken hat, als eine herkömmliche Face-to-Face Psychotherapie. „Auch wenn die bisherige Anzahl von randomisiert-kontrollierten Studien, die IMI im direkten Vergleich zu klassischer Psychotherapie vor Ort evaluieren, noch begrenzt ist, deuten die bisherigen Ergebnisse darauf hin, dass

27.4 · Kritische Würdigung

beide Interventionsformen äquivalente Behandlungserfolge erzielen können" (Ebert & Baumeister, 2016, S. 27). „IMI Programme liefern hohe Effektstärken im Vergleich zu unbehandelten Kontrollgruppen" (Ebert & Baumeister, 2016, S. 25). Die Therapieadhärenz dürfte in klassischen Psychotherapien eher zu stützen sein, als im Rahmen internetbasierter Therapie, wobei es auch gegenläufige Evidenz zu geben scheint (Berger & Krieger, 2018, S. 21). Easy-in und easy-out wird ein Kennzeichen der Internettherapie sein und bleiben. Kann es der Computer besser als der lebende Therapeut? Was macht wohl den Unterschied zwischen einer Computer gestützten Psychotherapie und der herkömmlichen Form? Kann von Algorithmen Empathie erwartet werden? Diese Fragen mögen polemisch klingen oder auch sein, sie zu stellen muss erlaubt sein.

Digitalisierte psychotherapeutische Angebote bieten die Möglichkeit, unterschiedliche Hilfebedarfsgruppen zielgenauer zu versorgen. Mancherlei psychische Störungen benötigen nicht unbedingt die klassische Psychotherapie. Ausgewählte Störungsbilder oder auch bestimmte Personen profitieren eher von kombinierten Therapieformen, auch mit der Möglichkeit, nach Abschluss einer klassischen Psychotherapie noch Online-Hilfen zu nutzen. Manche zeitraubenden Therapiebausteine, wie Psychoedukation, Fragebögen und dergleichen mehr könnten auf Online-Formate outgesourced werden. E-Mental-Health mag von vielen Psychotherapeuten als notwendiges zusätzliches Therapieangebot sehr begrüßt werden. Es besteht aber auch die Möglichkeit, E-Mental-Health als Konkurrenz für die herkömmliche Face-to-Face Psychotherapie zu betrachten und damit Ängste zu schüren, als leibhaftiger Psychotherapeut ein Auslaufmodell in einer immer digitalisierteren Welt zu werden.

Wer sichert die Qualität internetbasierter Therapie? Greift hier auch ein anderswo wünschenswerter Therapeuten- oder eher Therapie-TÜV? Gibt es geschützte, zertifizierte Angebote? Das Internet stellt viele Hilfen zur Verfügung, dabei kann sehr schnell die Orientierung verloren gehen. Der niedrigschwellige Zugang zu Internet-Psychotherapie birgt auch die Gefahr eines vorschnellen, unkritischen Zugriffs. Der Titel Psychologischer Psychotherapeut hingegen ist geschützt und suggeriert zumindest einen Qualitätsanspruch. Bei allen Möglichkeiten, die digitalisierte Psychotherapie bietet, bleibt ein großer Rest an Verantwortung bei den Anbietern. Wenn die Beziehung zwischen Therapeut und Patient, wie hinreichend oft belegt, so sehr für das Gelingen einer Therapie ausschlaggebend ist, dann muss in einer digitalisierten Therapie diese Qualität nicht notwendigerweise fehlen, sie muss nur auf anderem Wege vorgehalten und gesichert werden. Es mag altmodisch oder auch innovationsresistent klingen, aber ein menschlich lebendiges, emotional virulentes Problem sollten wir nicht einer seelenlosen Maschine anvertrauen. Psychologie ist die Lehre vom Erleben und Verhalten des Menschen. Der Außenaspekt davon ist empirisch gut bearbeitbar, der Innenaspekt wird immer etwas Unerforschtes, Geheimnisvolles bleiben, dem sich nur eingeschränkt anzunähern ist. Es braucht den Menschen als Therapeut, der implizites Wissen verwendet, intuitiv empathisch Spuren entdeckt, die eine programmierte Maschine niemals erspüren oder identifizieren würde. Digitalisierte Therapie kann nach jetzigem Kenntnisstand ein sehr notwendiges Add-on sein, sehr wahrscheinlich aber nie eine wirkliche Alternative zur klassischen Psychotherapie darstellen.

> **Mal ehrlich**
> Wem, wenn sie einer Psychotherapie bedürftig wären, würden sie sich eher anvertrauen, einem Psychotherapeuten, einer Blended-Therapy oder einer rein Internet-gestützten Psychotherapie? Und warum?

27.5 Fazit

Die Entwicklung neuer Möglichkeiten und neuer Settings der Psychotherapie erfordert auch die Entwicklung der Therapeuten. Es bedarf einer Anpassungsfähigkeit, Innovationsbereitschaft, einer Ambiguitätstoleranz und den Mut zur Entwicklung in neue Dimensionen. Auch im Rahmen internetgestützter Therapie lässt sich eine therapeutische Beziehung aufbauen, wenngleich eine völlig andere, als in klassischen Face-to-Face-Therapien. Eine Internettherapie wird durch die ihr immanente Distanz eher nicht übergriffig sein, den Patienten mit geringerer Wahrscheinlichkeit verletzen oder kränken und wird nicht mit üblichen Heilsbringer-Phantasien überfrachtet sein. Es fehlen aber auch alle nonverbalen Signale als ad hoc Reaktion und Rückmeldung auf das Patientenverhalten. Es fehlt die menschliche Wärme und ob ein Computer charismatisch sein kann, darüber sollte man nicht nachdenken müssen. Ein Computer wird nicht von sich aus erkennen, dass sich der Zustand des Patienten verschlechtert, dass er möglicherweise suizidal wird. Der psychologische Notfall wird damit weitaus häufiger unbemerkt bleiben, als in der Face-to-Face-Therapie. Es ist bestimmt töricht, das eine gegen das andere ausspielen zu wollen oder das eine durch das andere ersetzen zu wollen. Wie so häufig wird in bestimmten Fällen die Kombination aus herkömmlicher Face-to-Face-Therapie und internetgestützter Therapie oder die Verwendung von Apps zu besseren Behandlungsergebnissen führen. Der Patient hat ein Wahlrecht, aber auch Therapeuten sollten nur umso sorgfältiger gemäß Indikation entscheiden, welche Form der Behandlung gerade dem aktuellen Patienten am ehesten zu helfen imstande ist. Blended Therapy kann Vorteile verschiedener therapeutischer Zugänge nutzen (vgl. ▶ Kap. 23) und kann damit grundsätzlich effektiver sein als herkömmliche Formen der Therapie.

Die Digitalisierungs-Entwicklungen in der Psychotherapie sind noch zu neu, um hinreichend gut beforscht worden zu sein. Wiewohl es vielversprechende Studienergebnisse für den erfolgreichen Einsatz neuer Medien gibt, werden diese sicher nie das Allheilmittel für alle Störungen und Patienten sein. Eine Einschränkung der Digitalisierung der Psychotherapie sieht § 5 Abs. 5 der Berufsordnung vor: „Psychotherapeutinnen und Psychotherapeuten erbringen psychotherapeutische Behandlungen im persönlichen Kontakt. Behandlungen über Kommunikationsmedien sind unter besonderer Beachtung der Vorschriften der Berufsordnung, insbesondere der Sorgfaltspflichten, zulässig. Dazu gehört, dass Eingangsdiagnostik, Indikationsstellung und Aufklärung die Anwesenheit der Patientin oder des Patienten erfordern. Die Mitwirkung an Forschungsprojekten, in denen Psychotherapeutische Behandlungen ausschließlich über Kommunikationsmedien durchgeführt werden, bedarf der Genehmigung durch die Kammer" (PTK Bayern, Mitgliederrundschreiben Frühjahr 2019). Es gilt abzuwarten, was das Gesetz für eine bessere Versorgung durch Digitalisierung und Innovation (Digitale Versorgung-Gesetz – DVG) an Chancen und Veränderungen für die Psychotherapie ermöglichen wird.

> **Zum Mitnehmen**
> Die Digitalisierung wird nicht an der Psychotherapie vorübergehen, sie hat sie längst erreicht. Dies birgt Chancen und Gefahren in sich. E-Mental-Health oder Künstliche Intelligenz werden die Face-to-Face-Psychotherapie mit leibhaftigen Psychotherapeuten bereichern, aber nicht ersetzen können.

Weiterführende Literatur

Berger, T., & Krieger, T. (2018). Internet-Interventionen: Ein Überblick. *Psychotherapie im Dialog, 4*(2018), 18–24.

Bühring, P. (2024). Digitalisierung in der Psychotherapie: Potenziale noch nicht ausgeschöpft. Deutsches Ärzteblatt PP, Ausgabe 7/2024.

Ebert, D. D., & Baumeister, H. (2016). Internet- und mobilbasierte Interventionen in der Psychotherapie: Ein Überblick. *Psychotherapeutenjournal, 1,* 22–31.

Hardt, J. (2016). Kollateralien der „Internettherapie" – Chancen und Gefahren II. *Psychotherapeutenjournal, 1*(2016), 32–36.

Psychotherapie in Politik und Praxis. (2024). *KI und Psychotherapie. Risiken, Chancen und ethische Grenzen, 01/2024.* Freelance Project GmbH.

PTK Bayern (2019). Mitgliederrundschreiben Frühjahr.

Senger, K. (2018). Editorial E-mental health. Psychotherapie im. *Dialog, 4,* 16–17.

Yalom, I. D. (2017). *Wie man wird, was man ist. Memoiren eines Psychotherapeuten.* btb.

Zum Schluss, ein Epilog

Inhaltsverzeichnis

Literatur 242

Ein Buch mit dem Titel „Die Entwicklung der Therapeutenpersönlichkeit" kann Erwartungen und Begehrlichkeiten wecken, darin Patentrezepte, Goldstandards, allgemeingültige oder auch nur persönlich geltende Wahrheiten finden zu lassen. Dem ist nach eigener Einschätzung nicht der Fall. Wie eingangs erläutert, versteht sich das vorliegende Arbeitsbuch als Orientierungshilfe, um den Stand der eigenen individuellen Entwicklung als Therapeut selbstreflexiv kritisch zu hinterfragen und gegebenenfalls immer wieder justierend zu intervenieren. Allheilmittel gibt es in der Psychotherapie nicht und auch nicht für die Psychotherapeutenentwicklung. Das Leben ist und bleibt dynamisch, die darin agierenden Personen sind gut beraten, den sich wandelnden Herausforderungen mit sich weiterentwickelnden, dynamischen Konzepten begegnen zu können.

„Man sieht die Blumen welken und die Blätter fallen, aber man sieht auch Früchte reifen und neue Knospen keimen. Das Leben gehört den Lebendigen an, und wer lebt, muß auf Wechsel gefasst sein." (Goethe, 1982, S. 29).

Die Dynamik im Therapeutenberuf gerne anzunehmen, darin nicht nur ein notwendiges Übel oder lediglich eine Selbstverständlichkeit zu sehen, sondern dies als Chance zur persönlichen Weiterentwicklung zu werten, kann nur empfohlen werden.

Es mag sich auch am Schluss dieses Buches die Frage aufwerfen, was wir am Ende eines Therapeutenlebens bewirkt haben wollen. Die Allermeisten von uns werden weder einen Nobelpreis verliehen oder ein Denkmal gesetzt bekommen. Das muss ja auch nicht sein. Rosen und Swann (2018, S. 210) formulieren sehr ermutigend: „Very few of us get the chance to leave footprints on the moon or build a pyramid or create a company like Apple. Yet all of us can create a legacy that is just as meaningful". Es kann demnach durchaus genügen und sehr befriedigend sein, für manche Patienten ein wichtiger und vielleicht auch unvergesslicher Entwicklungshelfer gewesen zu sein. Wir werden davon kaum Kenntnis erlangen, aber wir dürfen annehmen, dass dies da und dort gelungen sein wird.

Win–Win ist prinzipiell machbar. Möge die Dynamik notwendiger Entwicklungen Patienten und Psychotherapeuten zu den besten ihrer Möglichkeiten verhelfen.

Literatur

Goethe, J. W. (1982). *Wilhelm Meisters Wanderjahre*. Insel Verlag.
Rosen, B. & Swann, E. K. (2018). *Conscious. The Power of Awareness in Business and Life*. Wiley.

Serviceteil

Fragebogen Entwicklung der Therapeutenpersönlichkeit – 244

Glossar – 245

Literatur – 248

© Der/die Herausgeber bzw. der/die Autor(en), exklusiv lizenziert an Springer-Verlag GmbH, DE, ein Teil von Springer Nature 2025
S. Gerhardinger, *Entwicklung der Therapeutenpersönlichkeit*,
Psychotherapie: Fort- & Weiterbildung, https://doi.org/10.1007/978-3-662-70477-6

Fragebogen Entwicklung der Therapeutenpersönlichkeit

Einfluss auf die Entwicklung meiner Therapeutenpersönlichkeit nahmen ...

private Beziehungserfahrungen
gar nicht   wenig   mäßig   stark   sehr stark
optional: Erläuterung: _____
_____

private Lebensgestaltung (Interessen, Hobbies etc.)
gar nicht   wenig   mäßig   stark   sehr stark
optional: Erläuterung: _____
_____

eigene Therapieerfahrungen (nicht nur bezogen auf Psychotherapie)
gar nicht   wenig   mäßig   stark   sehr stark
optional: Erläuterung: _____
_____

persönliche Krisen
gar nicht   wenig   mäßig   stark   sehr stark
optional: Erläuterung: _____
_____

berufliche Krisen
gar nicht   wenig   mäßig   stark   sehr stark
optional: Erläuterung: _____
_____

Therapeuten-Vorbilder
gar nicht   wenig   mäßig   stark   sehr stark
optional: Erläuterung: _____
_____

Erfahrungen mit psychischen Problemen/Störungen (eigene Erfahrungen, Erfahrungen im Umfeld)
gar nicht   wenig   mäßig   stark   sehr stark
optional: Erläuterung: _____
_____

Einflüsse durch Therapieerfahrungen (Ereignisse/Erlebnisse mit Klienten)
gar nicht   wenig   mäßig   stark   sehr stark
optional: Erläuterung: _____
_____

Therapieausbildung
gar nicht   wenig   mäßig   stark   sehr stark
optional: Erläuterung: _____
_____

Supervision
gar nicht   wenig   mäßig   stark   sehr stark
optional: Erläuterung: _____
_____

Selbsterfahrung
gar nicht   wenig   mäßig   stark   sehr stark
optional: Erläuterung: _____
_____

Glossar

Abstinenz Für Psychotherapeuten gilt das Abstinenzgebot. Danach dürfen Psychotherapeuten die therapeutische Vertrauensbeziehung nicht zur Befriedigung eigener Interessen, Wünsche und Bedürfnisse nutzen. Das Abstinenzgebot greift mindestens ein Jahr über das Behandlungsende hinaus.

Behandlungsfehler Behandlungsfehler sind Schäden, die durch eine unsachgemäß durchgeführte Behandlung entstanden sind. Umgangssprachlich werden Behandlungsfehler auch als Kunstfehler bezeichnet.

Berufspflichten Psychotherapeuten sind verpflichtet, ihren Beruf gewissenhaft auszuüben und dem ihnen im Zusammenhang mit ihrem Beruf entgegengebrachten Vertrauen zu entsprechen. In den Berufsordnungen der Psychotherapeutenkammern sind Regeln der Berufsausübung definiert.

Charisma Charisma bezeichnet die Ausstrahlungskraft und damit die Anziehungskraft eines Menschen. Zentrale Komponenten sind eine spürbare Mächtigkeit, emotionale Wärme und deutlich bemerkbare Präsenz.

Coping Model Von einem Modell wird ein Bewältigungsverhalten gezeigt, das ausdrücklich die Schwierigkeiten zu erkennen gibt, die einem erfolgreichen Umgang mit einer bestimmten Anforderung im Wege stehen. Durch Beobachtungslernen erfolgt ein Transfer der Kompetenzen des Modells auf den Beobachter.

Determiniertheit Bezeichnung für philosophische und empirische Theorienbildungen, die in mehr oder weniger doktrinärer Form aussprechen, dass alle Phänomene notwendigerweise das Ergebnis der vorher gegebenen Bedingungen sind.

Eklektizismus Eklektizismus in der Psychotherapie bedeutet, aus verschiedenen Therapieschulen Elemente herauszugreifen und diese Prinzipien, Haltungen, Interventionen so zusammenzusetzen, dass daraus eine neue Therapieform oder zumindest eine neue therapeutische Vorgehensweise entsteht. Eine derartige Kombination bewährter Elemente verschiedener Therapieschulen kann als richtungsübergreifende Therapie oder allgemeine Psychotherapie benannt werden.

E-Mental-Health E-Mental-Health ist die Anwendung neuer Medien bei der Behandlung und Vorbeugung psychischer Erkrankungen.

Entwicklung Entwicklung kennzeichnet den gesetzmäßigen Prozess der Veränderung von Dingen und Erscheinungen als Aufeinanderfolge verschiedener Formen oder Zustände, besonders die Entfaltung von Anlagen, die in den Anfangsstadien vorgegeben sind, zu ausgebildeten Formen. Der Begriff enthält oft den Gedanken eines immanenten Ziels. Im engeren Sinne werden mit Entwicklung solche Prozesse bezeichnet, deren einzelne Abschnitte oder Phasen irreversible Veränderungen darstellen und die in Bezug auf das Organismussystem bzw. auf das Verhalten einen höheren Grad an Differenzierung und Komplexität darstellen.

Ethik Philosophische Disziplin, die das sittliche Verhalten des Menschen zum Gegenstand hat und damit die Lehre des sittlich guten Handelns ist.

Flow Zustand höchster Konzentration und völliger Versunkenheit in eine Tätigkeit und sich dabei ganz in einem Schaffens- oder Tätigkeitsrausch zu befinden, eine Funktionslust zu verspüren und damit in einem Trancezustand fast mühelos zu arbeiten.

Gefährdungsanalyse Eine Gefährdungsbeurteilung beschreibt den Prozess der systematischen Ermittlung und Bewertung aller relevanten Gefährdungen, denen Beschäftigte im Zuge ihrer beruflichen Tätigkeit ausgesetzt sind.

Gesundheit Gesundheit ist ein Zustand vollkommenen körperlichen, geistigen und sozialen Wohlbefindens und nicht allein das Fehlen von Krankheit und Gebrechen.

Habit Loop Gewohnheitsschleife bestehend aus einem Auslöser, einer sich daraus ergebenden Routine und einer darauf folgenden Belohnung.

Identitätl Identität ist das, was gleich bleibt beim Wechsel der Rollen, und Rolle ist das, was gleich bleibt beim Wechsel der Spieler.

Intuition Intuition wird gemeinhin als Bauchgefühl beschrieben, kann aber treffender als unbewusste Kognition bezeichnet werden.

Interaktion Bezeichnung für die wechselseitige Beeinflussung von Individuen und Gruppen hinsichtlich ihrer Einstellungen und Handlungen durch Kommunikation.

Klischee Klischee bedeutet Abklatsch, unschöpferische Nachbildung, eingefahrene Vorstellung, abgedroschene Redewendung. Die Eigenschaft, die das Klischee ausmacht, ist nicht notwendigerweise, aber dennoch häufig negativer Natur. Ist die Eigenschaft negativ belegt, kommt das Klischee einem Vorurteil sehr nahe.

Krise Allgemein bedeutet Krise eine schwierige Lage. In der Psychologie ist damit gemeint: Entscheidender Abschnitt eines psychologischen Entwicklungsprozesses oder bestimmter Lebenssituationen, der für das weitere Persönlichkeitsschicksal bestimmend ist..

Lernprozess Ein Lernprozess kann sich vollziehen von der unbewussten Inkompetenz, zur bewussten Inkompetenz, hin zu einem Stadium bewusster Kompetenz und dann schließlich in einen Zustand unbewusster Kompetenz münden.

Manipulation Beeinflussung, Steuerung fremden Denkens, Fühlens und Verhaltens, meist ohne dass sich die Betroffenen der Steuerung bewusst werden.

Medizinethische Prinzipien Medizinethische Prinzipien sind: Prinzip des Respekts vor der Autonomie des Patienten, Prinzip der Fürsorge, Prinzip der Gleichheit und Gerechtigkeit, der Wahrhaftigkeit, der Vertraulichkeit und das Prinzip der Nichtschädigung. Loyalität kann als weiteres Prinzip hinzugefügt werden.

Motiv Motiv kann beschrieben werden als überdauernde Handlungsbereitschaft oder Wertungsdisposition. Durch die Anregung eines Motivs entsteht ein aktueller Prozess, eine Motivation, wodurch Richtung, Intensität und Ausdauer einer Aktivität bestimmt werden. .

Nebenwirkung Eine Nebenwirkung ist eine neben der beabsichtigten Hauptwirkung einer therapeutischen Intervention auftretende Wirkung. In der Regel werden darunter unerwünschte Wirkungen verstanden.

Nudge Nudge ist der englische Ausdruck für Stups oder Schubs oder auch für einen leichten Ellbogenstoß in die Rippen des anderen. Beabsichtigt ist damit, das Verhalten von Menschen zu beeinflussen, ohne dabei auf Verbote und Gebote zurückgreifen oder ökonomische Anreize verändern zu müssen.

Glossar

Nudges dienen dabei als unaufdringliche Entscheidungsrahmen oder auch Entscheidungshilfen.

Operationalisierung Eine Nebenwirkung ist eine neben der beabsichtigten Hauptwirkung einer therapeutischen Intervention auftretende Wirkung. In der Regel werden darunter unerwünschte Wirkungen verstanden.

Persönlichkeit Unter Persönlichkeit eines Menschen wird die Gesamtheit seiner Persönlichkeitseigenschaften verstanden, also die individuellen Besonderheiten in der körperlichen Erscheinung und in Regelmäßigkeiten des Verhaltens und Erlebens.

Praxisschock Praxisschock bezeichnet einen schmerzhaft empfundenen Kontrast des Berufslebens mit dem schulischen bzw. studentischen Leben, den Berufsanfänger häufig erleben.

Provokation Die Werkzeuge des provokativen Therapeuten sind Humor und Herausforderung, mit dem Ziel, das Weltbild des Patienten zu karikieren. Bei der Provokation in der Psychotherapie geht es nicht um das sarkastisch, zynische Austeilen von Gemeinheiten, sondern im Gegenteil, um ein liebevolles Nicht-ernst-nehmen von vermeintlichen

Literatur

Albrecht, C., & Giernalczik, T. (2016). Ärzte im Krankenhaus. Zwischen Anerkennung und Belastung. *Psychotherapie im Dialog, 2,* 36–39.

Banaji, M. R., Bazerman, M. H., & Chugh, D. (2003). How (Un)ethical are you. HBR's 10 must read. On managing people. *Harvard Business Review, 2011.* 157–173..

Barthel, Y., Lebiger-Vogel, J., Zwerenz, R., Beutel, M. E., Leuzinger-Bohleber, M., Schwarz, R., Thomä, H., & Brähler, E. (2011). Motive zur Berufswahl Psychotherapeut. *Psychotherapeutenjournal, 4*(2011), 339–345.

Baumeister, R. F. & Tierney, J. (2011). *Willpower. Why self-control is the secret to success.* Penguin.

Beauchamp, T. L., & Childress, J. F. (2008). *Principles of biomedical ethics* (6. Aufl.). Oxford University Press.

Beck, A. T., et al. (2010). *Kognitive Therapie der Depression.* Beltz.

Becker-Fischer, M. (2012). Verletzung der sexuellen Abstinenz in Psychotherapien. *Psychotherapeutenjournal, 4*(2012), 304–307.

Beer, M., & Nohria, N. (2000). Cracking the code of change. HBR's 10 must read. On change management, *Harvard Business Review, 2011,* 137–154.

Berger, T., & Krieger, T. (2018). Internet-Interventionen: Ein Überblick. *Psychotherapie im Dialog, 4*(2018), 18–24.

Berne, E. (1990). *Spiele der Erwachsenen. Psychologie der menschlichen Beziehungen.* Rowohlt Taschenbuch.

Berufsordnung für die Psychologischen Psychotherapeutinnen und Psychotherapeuten und für die Kinder- und Jugendlichenpsychotherapeutinnen und -psychotherapeuten Bayerns (2014).

Beaulieu, D. (2017). *Impact-Techniken für die Psychotherapie* (7. Aufl.). Carl-Auer Verlag.

Beutler, L.E., Machado, P.P.P., Neufeldt, S.A. (1994). Therapist Variables. In: Bergin, A.E. and Garfield's, S.L. (eds.). *Handbook of Psychotherapy and Behavior Change.* New York: Wiley; 227–306.

Birnbacher, D., & Kottje-Birnbacher, L. (2006). Ethische Fragen bei der Behandlung von Patienten mit Persönlichkeitsstörungen. *Psychotherapie, 11*(2), 248–256. CIP-Medien.

Boeckh, A. (2008). *Methodenintegrative Supervision. Ein Leitfaden für Ausbildung und Praxis. Leben Lernen.* Klett-Cotta.

Bossenmayer, J. (2015). Rechtliche Risiken und Nebenwirkungen von Psychotherapie. Was müssen Patienten und Behandler bedenken? *Psychotherapie im Dialog, 4,* 66–70.

Brakemeier, E.-L., & Jacobi, F. (Hrsg.) (2017). *Verhaltenstherapie in der Praxis.* Beltz.

Broda, M., & Senf, W. (2004). Die therapeutische Beziehung als Boden für therapeutisches Handeln. *Psychotherapie im Dialog, 4,* 397–398. Therapeutische Beziehung.

Brooks, D. (2015). *The road to character.* Penguin.

Buber, M. (2008). *Ich und Du.* Reclam.

Bühring, P. (2024). *Digitalisierung in der Psychotherapie: Potenziale noch nicht ausgeschöpft.* Deutsches Ärzteblatt PP, Ausgabe 7/2024.

Bundesanstalt für Arbeitsschutz und Arbeitsmedizin. (2012). Stressreport Deutschland.

Bundeszentrale für gesundheitliche Aufklärung. (2001). *Antonowskys Modell der Salutogenese – Diskussionsstand und Stellenwert.* Erweiterte Neuauflage.

Bundesarztregister KBV. ▶ www.kbv.de/html/bundesarztregister. Zugegriffen am 05.08.2019.

Cascio, J. (2020). *Facing the age of chaos.* ▶ https://medium.com/@cascio/facing-the-age-of-chaos-b00687b1f51d.

Cialdini, R. B. (2004). *Die Psychologie des Überzeugens* (3. Aufl.). Verlag Hans Huber.

Covey, S. R. (2004). *The seven habits of highly effective people.* Free Press.

Csikszentmihalyi, M. (2008). *Flow. The Psychology of Optimal Experience.* Harper Perennial.

Culley, S., & Bond, T. (2013). *Integrative counselling skills in action* (3. Aufl.). SAGE.

DGPPN e. V. (2024). Basisdaten Psychische Erkrankungen, Stand April 2024. Verfügbar ▶ www.dgppn.de/schwerpunkte/zahlenundfakten.html, Zugegriffen: 17. Apr. 2025.

de Shazer, S. (1985). *Keys to solution in brief therapy.* W.W. Norton & Company.

de Shazer, S. (1999). *Der Dreh. Überraschende Wendungen und Lösungen in der Kurzzeittherapie.* Carl-Auer-Systeme-Verlag.

Deutsche Bundespsychotherapeutenkammer. (BPtK) (2018). Muster-Berufsordnung für die Psychologischen Psychotherapeutinnen und Psychotherapeuten und Kinder- und Jugendlichenpsychotherapeutinnen und Kinder- und Jugendlichenpsychotherapeuten. BPtK.

Deutsche Gesellschaft für Psychoanalyse, Psychotherapie, Psychosomatik und Tiefenpsychologie. (2013). Berufsbild und Kompetenzprofile psychoanalytisch-psychotherapeutischer Heilkunde.

Deutsches Ärzteblatt. (2016) Ausgabe 3/2016://▶ www.aerzteblatt.de/archiv/abbrueche-in-der-psychotherapie-eine-art-der-kritik-der-patienten-200de6b8-b263-4bfd-857a-fb40fb56739c.

Literatur

Bibel, D. (1980). *Altes und Neues Testament. Einheitsübersetzung:* Verlag Herder.
Dilling, H., Mombour, W., & Schmidt, M. H. (Hrsg.) (2015). *Internationale Klassifikation psychischer Störungen. ICD-10 Kapitel V (F). Klinisch-diagnostische Leitlinien* (10. Aufl.). Hogrefe.
Dostojewskij, F. M. (2007). *Der Spieler.* Patmos Verlag.
Drath, K. (2014). *Coaching Techniken.* Haufe.
dtv-Atlas zur Philosophie. (1992). *Texte und Tafeln.* Deutscher Taschenbuch Verlag.
Drucker, P. F. (1999). *Managing oneself. HBR's 10 must read. On managing yourself, 2010* (S. 13–32). Harvard University Press.
Duden. Das Fremdwörterbuch (1982). *Bearb. von Wolfgang Müller, 4., neu bearbeitete und erweiterte Auflage.* Duden Verlag.
Duhigg, C. (2014). *The power of habit. Why we do what we do in life and business.* Random House.
Duhigg, C. (2016). *Smarter, faster, better.* Random House.
Dweck, C. S. (2017). *Mindset. Changing the way you think to fulfil your potential.* Random House.
Ebert, D. D., & Baumeister, H. (2016). Internet- und mobilbasierte Interventionen in der Psychotherapie: Ein Überblick. *Psychotherapeutenjournal, 1*(2016), 22–31.
Edmüller, A., & Wilhelm, T. (2012). *Manipulationstechniken.* Haufe.
Eichenberg, C., & Brähler, E. (2008). Beruf „Psychotherapeut": Motivation zur und Zufriedenheit mit der Berufswahl. *Psychotherapie, Psychosomatik, Medizinische Psychologie, 58,* 265–268. Thieme /2015, 56–60.
Ellis, A. (1997). *Grundlagen und Methoden der Rational-Emotiven Verhaltenstherapie.* Leben Lernen 26. Pfeiffer.
Erickson, M., & Rossi, E.L. (2007). *Hypnotherapie. Aufbau, Beispiele, Forschungen.* Leben lernen, Clett-Kotta.
European Federation of Psychologists' Associations. (EFPA) (2005). *Meta code of ethics.* EFPA.
Evans, C., Mellor-Clark, J., Margison, F., Barkham, M., Audin, K., Connell, J., & McGrath, G. (2000). CORE: Clinical outcomes in routine evaluation. *Journal of Mental Health, 9*(3), 247–255.
Falkai, P., & Wittchen, H.-U. (2018). *Diagnostisches und Statistisches Manual Psychischer Störungen DSM-5.* (2. korrigierte Aufl.). Hogrefe.
Fallada, H. (2018). *Der Trinker.* Anaconda Verlag.
Finkelstein, S. (2016). *Superbosses.* Portfolio Penguin.
Fletcher, B., & Pine, K. J. (2012). *Flex – Do something different. How to use the other 9/10ths of your personality.* UH Press.
Fliegel, S., Groeger, W. M., Künzel, R., Schulte, D., & Sorgatz, H. (1989). *Verhaltenstherapeutische Standardmethoden* (2. Aufl.). Psychologie Verlags Union.

Fox Cabane, O. (2012). *The charism myth. Master the art of personal magnetism.* Portfolio Penguin.
Freud, A. (1936). *Das Ich und die Abwehrmechanismen.* Fischer.
Freud, S. (1890). *Psychische Behandlung (Seelenbehandlung).* Create Space Independent Publishing Platform, 2017.
Freud, S. (1893). *Über den psychischen Mechanismus hysterischer Phänomene. Studienausgabe Band VI (1989). Hysterie und Angst.* Fischer.
Freud, S. (1895). *Zur Psychotherapie der Hysterie (aus Studien über Hysterie, 1893–1895). Studienausgabe Ergänzungsband (1994), Schriften zur Behandlungstechnik.* Fischer.
Freud, S. (1898). *Die Sexualität in der Ätiologie der Neurosen.* Studienausgabe Band V (1989), Sexualleben. Fischer.
Freud, S. (1900). *Die Traumdeutung. Studienausgabe Band II (1989).* Fischer.
Freud, S. (1905). *Bruchstück einer Hysterie-Analyse. Studienausgabe Band VI (1989), Hysterie und Angst.* Fischer.
Freud, S. (1917). *18. Vorlesung. Die Fixierung an das Trauma, das Unbewusste. Vorlesungen zur Einführung in die Psychoanalyse (1915–1917). Studienausgabe Band I (1989). Vorlesungen zur Einführung in die Psychoanalyse und Neue Folgen.* Fischer.
Freud, S. (1917). *27. Vorlesung. Die Fixierung an das Trauma, das Unbewusste. Vorlesungen zur Einführung in die Psychoanalyse (1915–1917). Studienausgabe Band I (1989). Vorlesungen zur Einführung in die Psychoanalyse und Neue Folgen.* Fischer.
Freud, S. (1917). *28. Vorlesung. Die Analytische Therapie. Vorlesungen zur Einführung in die Psychoanalyse (1915 – 1917). Studienausgabe Band I (1989). Vorlesungen zur Einführung in die Psychoanalyse und Neue Folgen.* Fischer.
Freud, S. (1917). *Trauer und Melancholie. Studienausgabe Band III. (1989), Psychologie des Unbewussten.* Fischer.
Freud, S. (1927). *Der Humor. Studienausgabe Band IV (1989), Psychologische Schriften.* Fischer.
Freud, S. (1933). *31. Vorlesung. Die Zerlegung der psychischen Persönlichkeit. Neue Folgen der Vorlesungen zur Einführung in die Psychoanalyse. Studienausgabe Band I (1989) Vorlesungen zur Einführung in die Psychoanalyse und Neue Folgen.* Fischer.
Freud, S. (1937). *Die endliche und unendliche Analyse. Gesammelte Werke, Werke aus den Jahren 1932 - 1939.* Fischer.
Fröhlich, W. D., & Drever, J. (1979). *dtv Wörterbuch zur Psychologie* (12. Aufl.). Deutscher Taschenbuch Verlag.

Garvin, D. A., & Roberto, M. A. (2005). Change through persuasion. HBR's 10 must read. On change management. *Harvard Business Review, 2011*, 17–33.

Gerhardinger, S. (2018). Von der Betroffenheit zur Handlungssicherheit. *Welt des Kindes, Heft, 2* (2018), 29–31.

Gerhardinger, S. & Doell, T. (2024). Minutenpsychologie. *Entwicklungs-Booster zu ihrem besten Selbst in 52 Inspirationen.* SEKA Verlag Karlstadt.

Gladwell, M. (2010). *What the dog saw and other adventures.* Penguin.

Görlitz, G. (1998). *Körper und Gefühl in der Psychotherapie – Basisübungen.* Pfeiffer.

Goethe, J. W. (1982). *Wilhelm Meisters Wanderjahre.* Insel Verlag.

Goethe, J. W. (1998). *Dichtung und Wahrheit.* Reclam.

Goethe, J. W. (2000). *Faust. Der Tragödie erster Teil.* Reclam.

Goethe, J. W. (2007). *Sämtliche Gedichte.* Insel Verlag.

Goethe, J. W. (2009). *Wilhelm Meisters Lehrjahre.* Insel Taschenbuch.

Goldberg, S. B., Rousmaniere, T., Miller, S. D., Whipple, J., Nielsen, S. L., Hoyt, W. T., & Wampold, B. (2016). Do psychotherapists improve with time and experience? A longitudinal analysis of outcomes in a clinical setting. *Journal of Counselling Psychology, 63*(1), 1–11.

Goleman, D. (1996). What makes a leader? *HBR's 10 must read. On emotional intelligence, 2015* (S. 1–21). Harvard University Press.

Goleman, D. (2000). *Leadership that gets results. HBR's 10 must read. On managing people, 2011* (S. 1–27). Harvard University Press.

Goleman, D. (2014). *Focus. The hidden driver of excellence.* Bloomsbury.

Grass, G. (1982). *Die Blechtrommel. Danziger Trilogie 1.* Luchterhand.

Grawe, K., Donati, R., & Bernauer, F. (2001). *Psychotherapie im Wandel.* Von der Konfession zur Profession: Hogrefe.

Greve, W., & Greve, G. (2009). Psychotherapie in Zeiten des Wandels: Einheit in Vielfalt. *Psychotherapeutenjournal, 4*(2009), 366–372.

Grüning, U., & Pietsch, J. M. (2003). *Goethes Haus am Frauenplan.* Akanthus.

Grundgesetz. (2019). *Dtv bibliothek.*

Halmos, P. (1965). *The Faith of the Counsellors.* Constable.

Hardt, J. (2016). Kollateralien der „Internettherapie" – Chancen und Gefahren II. *Psychotherapeutenjournal, 1*(2016), 32–36.

Heard, H. L. & Swales, M. A. (2017). *Verhaltensänderung in der Dialektisch-Behavioralen Therapie. DBT-Techniken und Problemlösungsstrategien erfolgreich anwenden.* Schattauer.

Heifetz, R. A., & Linsky, M. (2002). *A survival guide for leaders. HBR's 10 must read. On change management, 2011* (S. 99–75). Harvard Business Review Press.

Hensch, T., & Teckentrup, G. (Hrsg.) (1998). *Schreie lautlos. Missbraucht in Therapien.* Kore Verlag.

Hesse, H. (1975). *Narziß und Goldmund.* Suhrkamp Taschenbuch.

Hesse, H. (1999). *Siddhartha.* Suhrkamp Taschenbuch.

Holm-Hadulla, R., Kriz, J. & Lieb. H im Gespräch mit Broda, M., & Senf, W. (2015). Ist Beziehung alles und ohne Beziehung nichts? Standpunkte. *Therapeutische Beziehung. Psychotherapie im Dialog, 4,* 321–333.

Hough, M. (2014). *Counselling skills and theory* (4. Aufl.). Hodder Education. ▶ https://www.psy.lmu.de/munip/details/kosten/index.html.

▶ https://de.statista.com/statistik/daten/studie/281581/umfrage/anzahl-der-praxen-von-psychotherapeuten-und-praxisinhaber-in-deutschland.

▶ https://de.statista.com/statistik/daten/studie/520500/umfrage/anzahl-beschaeftigter-physiotherapeuten-in-deutschland.

Jacobi, F., Uhmann, S., & Hoyer, J. (2011). Wie häufig ist therapeutischer Misserfolg in der ambulanten Psychotherapie. Ergebnisse aus einer verhaltenstherapeutischen Hochschulambulanz. Zeitschrift für Klinische *Psychologie und Psychotherapie, 40*(4), 246–256.

Jacobson, E. (1993). *Entspannung als Therapie. Progressive Relaxation in Theorie und Praxis* (2. Aufl.). Leben Lernen, Pfeiffer.

Jeschke, K., & Wolff, S. (2010). Zwischen Wachstum und Stagnation – Die professionelle Entwicklung von Psychotherapeut/inn/en über die Lebensspanne. *Psychotherapeutenjournal, 1*(2000), 25–33.

Kästner, E. (2018). *Doktor Erich Kästners Lyrische Hausapotheke* (2. Aufl.). Atrium.

Kahn, M. (1997). *Between therapist and client. The new relationship.* Holt Paperbacks.

Kaluza, G. (2020). *Salute! Was die Seele stark macht. Programm zur Förderung psychosozialer Gesundheitsressourcen.* Klett-Cotta.

Kanfer, F. H., Reinecker, H., & Schmelzer, D. (2012). *Selbstmanagementtherapie*(5. Aufl:). Springer.

Karasek, R. A. (1979). Job demands, job decision latitude and mental strain: Implications for job redesign. *Administrative Science Quarterly, 24,* 285–308.

Kassenärztliche Bundesvereinigung. (2024). Statistische Informationen aus dem Bundesarztregister. ▶ https://www.kbv.de/media/sp/2024-12-31-BAR-Statistik.pdf.

Katechismus der katholischen Kirche. (2005). *Kompendium.* Pattloch.

Kettner, M. (2013). Philosophische Behandlung von Psychotherapie. Indikationen, Risiken und Nebenwirkungen. *Psychotherapeutenjournal, 3*, 239–245.

Knappe, S., & Härtling, S. (2017). *Diagnostik und Verhaltensanalyse*. Beltz.

Kowarowsky, G. (2011). *Der schwierige Patient*. Kohlhammer.

Krusche, H. (1994). *Der Frosch auf der Butter. NLP – Die Grundlagen des Neurolinguistischen Programmierens*. Econ Taschenbuch.

Kunde, A., & Normann, D. (2015). Die Dosis macht's. Psychodynamische Supervision in der Praxis. *Psychotherapie im Dialog 1*, 75–79.

Ladwig, I., Rief, W., & Nestoriuc, Y. (2014). Welche Risiken und Nebenwirkungen hat Psychotherapie? Entwicklung des Inventars zur Erfassung Negativer Effekte von Psychotherapie (INEP). *Verhaltenstherapie, 24*(4), 252–263.

Lahann, B. (2006). *Als Psyche auf die Couch kam. Die rätselhafte Geschichte des Sigmund Freud*. Aufbau-Verlag GmbH.

Lammers, C.-H. (2017). Die therapeutische Beziehung in der Verhaltenstherapie. *Psychotherapeutenjournal, 4*(2017), 324–330.

Landsberg, M. (2015). *The Tao of coaching*. Profile Books.

Leuner, H. (1994). *Lehrbuch der Katathym-imaginativen Psychotherapie* (3. korrigierte Aufl.). Verlag Hans Huber.

Lindauer, J. (2006). *Lateinische Wortkunde. Bildung, Bestand und Weiterleben des lateinischen Grundwortschatzes* (2. Aufl.). Buchner, Lindauer, Oldenburg.

Linden, M. (2015). Qualitätssicherung der Qualitätssicherung. Ein Kommentar. *Psychotherapie im Dialog, 4*(2015), 72–75.

Luborsky, L., McLellan, T., Woody, G.W., O´Brian, C.P., Auerbach, A. (1985). Therapist success and its determinants. *Arch Gen Psychiatry, 42*, 602–611.

Mann, T. (1967). *Lotte in Weimar*. Fischer.

Mann, T. (1996). *Bekenntnisse des Hochstaplers Felix Krull*. Fischer.

Manzoni, J. F., & Barsoux, J. L. (1998). The Set-up-to-fail syndrome. HBR's 10 must read. On managing people, *Harvard Business Review, 2011*, 51–75.

Marc A. (1993). *Selbstbetrachtungen*. Reclam.

Maxwell, J. C. (2009). *How Successful People Think*. Hachette Book Group.

Maxwell, J. C. (2011). *How successful people lead*. Hachette Book Group.

McCullough, J. P. (2003). *Treatment for chronic depression: Cognitive behavioral analysis system of psychotherapy*. Guilford Press.

McLeod, J. (2004). *The counsellor's workbook. Developing a personal approach*. Open University Press.

Medau, I. (2014). *Behandlungsfehler in der Psychotherapie: Qualitative Untersuchung und ethische Analyse anhand einer Interviewstudie*. Inauguraldissertation.

Meichenbaum, D. W. (1995). *Kognitive Verhaltensmodifikation*. Beltz Psychologie Verlags Union.

Mertens, W. (2005). *Psychoanalyse. Grundlagen, Behandlungstechnik, Anwendung* (6. Aufl.). Kohlhammer.

Meyers großes Taschenlexikon (1999). 7. neu bearbeitete Auflage. Meyers Lexikonredaktion.

Meyerson, D. E. (2001). Radical change, the quiet way. HBR'S 10 must read. On change management. *Harvard Business Review, 2011*, 59–77.

Miller, W. R., & Rollnick, S. (2015). *Motivierende Gesprächsführung: Motivational Interviewing* (3. Aufl.). Lambertus.

Möller, H., & Lohmer, M. (2017). *Supervision in der Psychotherapie. Grundlagen, Forschung, Praxis*. Kohlhammer.

Montada, L. (1998). Fragen, Konzepte, Perspektiven. In R Oerter & L. Montada (Hrsg.), *Entwicklungspsychologie* (4. korrigierte Aufl., S. 1–83). Beltz Psychologie Verlags Union.

Müller, E. (1992). *Du spürst unter deinen Füßen das Gras. Autogenes Training in Phantasie- und Märchenreisen. Vorlesegeschichten*. Fischer.

Nawratil, G., & Rabaioli-Fischer, B. (1983). *Sozialpsychologie leicht gemacht*. Ewald von Kleist Verlag.

Neyer, F. J., & Asendorpf, J. B. (2018). *Psychologie der Persönlichkeit* (6. Aufl.). Springer.

Oerter, R. (1998). Kultur, Ökologie und Entwicklung. In R. Oerter & L. Montada (Hrsg.), *Entwicklungspsychologie*. (4. korrigierte Aufl., S. 84–127). Beltz Psychologie Verlags Union.

Orth, B. (1974). *Einführung in die Theorie des Messens*. Kohlhammer.

Ovid (1997). *Metamorphosen*. Reclam.

Owen, J. (2015). *How to lead* (4. Aufl.). Pearson.

Perls, F. S., Hefferline, R. F., & Goodman, P. (1988). *Gestalttherapie. Wiederbelebung des Selbst*. (5. Aufl.). Klett-Cotta.

Peseschkian, N. (1979). *Der Kaufmann und der Papagei. Orientalische Geschichten in der Positiven Psychotherapie*. Fischer.

Potreck-Rose, F., & Jacob, G. (2019). *Selbstzuwendung, Selbstakzeptanz, Selbstvertrauen. Psychotherapeutische Interventionen zum Aufbau von Selbstwertgefühl*. Klett-Cotta.

Preß, H., & Gmelch, M. (2014). Die „therapeutische Haltung" – Vorschlag eines Arbeitsbegriffs und einer klientenorientierten Variante. *Psychotherapeutenjournal, 4*(2014), 358–366.

Psychotherapie in Politik und Praxis. (2024). *KI und Psychotherapie. Risiken, Chancen und ethische Grenzen, 01/2024.* Freelance Project GmbH.

PTK Bayern (2019). Mitgliederrundschreiben Frühjahr. Qualitätssicherung in der ambulanten Psychotherapie in Bayern. (QS-Psy-Bay) (2014). Projekt der Kassenärztlichen Vereinigung Bayerns und dem Verband der Ersatzkassen.

Quinn, R. E. (2005). *Moments of greatness. HBR's 10 must read. On managing yourself, 2010* (S. 127–145). Harvard University Press.

Rattner, J. (1979). *Der schwierige Mitmensch. Psychotherapeutische Erfahrungen zur Selbsterkenntnis, Menschenkenntnis und Charakterkunde.* Fischer Taschenbuch Verlag.

Reimer, C. (2004). *Grenzen und Gefahren der therapeutischen Beziehung. Psychotherapie im Dialog 4–2004, Therapeutische Beziehung* (S. 381–386).

Reinecker, H. (1999). *Lehrbuch der Verhaltenstherapie.* DGvT Verlag.

Richter, R. (2013). Das Berufsbild von Psychotherapeutinnen und Psychotherapeuten. *Psychotherapeutenjournal, 02*(2013), 118–120.

Richtlinie des Gemeinsamen Bundesausschusses über die Durchführung der Psychotherapie (Psychotherapie-Richtlinie) (2024).

Richtlinien für die dienstliche Beurteilung und die Leistungsfeststellung der staatlichen Lehrkräfte sowie der Schulleiterinnen und Schulleiter an Schulen in Bayern (2011). Bekanntmachung des Bayerischen Staatsministeriums für Unterricht und Kultus.

Rief, W. (2019). Die Zukunft der Psychotherapie in Deutschland und die Frage nach Verfahrensorientierung und -integration. Von der verfahrensorientierten zur kompetenzorientierten Psychotherapie-Qualifikation. *Psychotherapeutenjournal, 3,* 261–268.

Rogers, C. R. (1961). *On becoming a person: A therapist's view of psychotherapy.* Constable.

Rogers, C. R. (1992). *Die nicht-direktive Beratung. Counseling and Psychotherapy.* Fischer.

Rogers, C. R. (2017). *Der neue Mensch.* Klett-Cotta.

Rosen, B., & Swann, E. K. (2018). *Conscious. The power of awareness in business and life.* Wiley.

Rudolf, G. (2016). *Psychotherapeutische Identität.* Vandenhoeck & Ruprecht.

Rupp, M. (2017). *Notfall Seele. Ambulante Notfall- und Krisenintervention in der Psychiatrie und Psychotherapie* (4., aktualisierte Aufl.). Thieme.

Ruppert, C. (2014). *Abbrüche in der Psychotherapie.* Unveröffentlichte Masterarbeit, Züricher Hochschule für Angewandte Wissenschaften.

Schleu, A., Tibone, G.; Gutmann, T., & Thorwart, J. (2018). Sexueller Missbrauch in der Psychotherapie. Notwendige Diskussion der Perspektiven von Psychotherapeuten und Juristen. *Psychotherapeutenjournal, 1,* 11–19.

Schlippe v., A., & Schweitzer, J. (2016). *Lehrbuch der systemischen Therapie und Beratung I. Grundlagenwissen.* Vandenhoek und Ruprecht.

Schmidbauer, W. (1977). *Die hilflosen Helfer.* Über die seelische Problematik der helfenden Berufe: Rowohlt.

Schmidt-Tanger, M. (2011). *Charisma-Coaching.* Von der Ausstrahlungskraft zur Anziehungskraft: Junfermann Verlag.

Schmitz, B., Lang, J., & Linten, J. (Hrsg.) (2018). *Psychologie der Lebenskunst. Positive Psychologie eines gelingenden Lebens – Forschungsstand und Praxishinweise.* Springer.

Schnell, T. (2025). *Psychologie des Lebenssinns* (3. Aufl.). Springer.

Schulz, M., Winkler, K., & Schröder, A. (1999). Motive für das Abbruchverhalten von Patienten bei ambulant durchgeführter Psychotherapie. *Report Psychologie, 4,* 266–271.

Schulte, D. (1996). *Therapieplanung.* Hogrefe.

Schulz von Thun, F. (2005). *Miteinander Reden 3. Das „Innere Team" und situationsgerechte Kommunikation* (14. Aufl.). Rowohlt Taschenbuch Verlag.

Schwanitz, D. (2002). *Bildung. Alles, was man wissen muss.* Eichborn Verlag.

Schweitzer, J., & v. Schlippe, A. (2014). *Lehrbuch der systemischen Therapie und Beratung II. Das störungsspezifische Wissen.* Vandenhoeck & Ruprecht.

Senger, K. (2018). Editorial E-Mental Health. Psychotherapie im. *Dialog, 4,* 16–17.

Shakespeare, W. (2002). *Hamlet. Prinz von Dänemark. Tragödie.* Reclam.

Siegrist, J., Starke, D., Chandola, T., Godin, I., Marmot, M., Niedhammer, I., & Peter, R. (2004). The measurement of effort-rewarded imbalance at work: European comparisons. *Social Science & Medicine, 58,*(8), 1483–1499.

Simon, A. (2018). Psychotherapieforschung: Wie wichtig ist Einsicht für den Behandlungserfolg? *Psychotherapie im Dialog, 4*(2018), 9.

Sinek, S. (2009). *Start with Why.* Portfolio Penguin.

Sponsel, R. (1997). Potentielle Kunst-/Fehler aus der Sicht der Allgemeinen und Integrativen Psychologischen Psychotherapie. Materialien zur Qualitätssicherung mit einer Literaturübersicht. *Report Psychologie, 22*(8), 602–604.

Staats, H. (2017). *Die therapeutische Beziehung.* Vandenhoeck & Ruprecht.

Stifter, A. (1977). *Der Nachsommer.* Deutscher Taschenbuch Verlag.

Störig, H. J. (1988). *Kleine Weltgeschichte der Philosophie.* Fischer Taschenbuch Verlag.

Literatur

Strafgesetzbuch. (StGB) mit Nebengesetzen (2019). (9. Aufl.). Aktuelle Gesetze.

Strauß, B. (2015). Risiken und Nebenwirkungen von Psychotherapie. Eine Einführung. *Psychotherapie im Dialog, 4*(2015), 16–19.

Strauß, B. (2019). Innovative Psychotherapieforschung – Wo stehen wir und wo wollen wir hin? *Psychotherapeutenjournal, 1*(2019), 4–10.

Suh, C. S., Strupp, H. H., & O'Malley, S. S. (1986). The Vanderbilt process measures: The Psychotherapy Process Scale (VPPS) and the Negative Indicators Scale (VNIS). In L. S. Greenberg & W. M. Pinsof (Hrsg.), *Guilford clinical psychology and psychotherapy series. The psychotherapeutic process: A research handbook* (S. 285–323). Guilford Press.

Swift, J. K. (übersetzt von Holzer, Flückinger & Keller). (2015). Therapieabbrüche verhindern. Acht wirksame Strategien. *Psychotherapie im Dialog, 4*, 46–50.

Thaler, R. H., & Sunstein, C. R. (2009). *Nudge*. Penguin Books.

Thomas, K. (1989). *Praxis des Autogenen Trainings. Selbsthypnose nach I.H. Schultz, Grundstufe/ Formelhafte Vorsätze/Oberstufe* (7. Aufl.). Trias-Thieme.

Tönnies, S., Plöhn, S., & Krippendorf, U. (1996). *Skalen zur psychischen Gesundheit (SPG)*. Asanger.

Trachsel, M., Gaab, J., & Biller-Adorno, N. (2018). *Psychotherapie-Ethik*. Hogrefe.

Verfassung der Weltgesundheitsorganisation. (2014).

Vogt, I., Arnold, E., & Sonntag, U. (1999). Körperkontakte und sexuelle Kontakte im psychotherapeutischen Setting. *Report Psychologie, 10*(1999), 754–763.

Voos, D. (2015). Psychotherapieforschung. Patienten und Psychotherapeuten haben unterschiedliche Therapieziele. *Psychotherapie im Dialog, 1,* 6.

Voos, D. (2016). Psychotherapie. Führt zunehmende Erfahrung der Therapeuten zu besseren Ergebnissen? *Psychotherapie im Dialog, 2,* 8.

Watzlawick, P. (1983). *Anleitung zum Unglücklichsein*. Piper.

Watzlawick, O., Beavin, J. H., & Jackson, D. (2000). *Menschliche Kommunikation. Formen, Störungen, Paradoxien*. Verlag Hans Huber.

Wengenroth, M. (2017). *Akzeptanz- und Commitmenttherapie. Therapie-Tools*. Beltz.

Willi, J. (2012). *Die Zweierbeziehung*. Rororo.

Wirth, H. J. (2005). *Gurutum und Machtmissbrauch in der Psychotherapie. Psychotherapie im Dialog 2/2005, Übergänge und Grenzen*(S. 136–140).

Wöller, W., & Kruse, J. (2018). *Tiefenpsychologisch fundierte Psychotherapie*. Schattauer.

Yalom, I. D. (1996). *Und Nietzsche weinte* (10. Aufl.). btb.

Yalom, I.D. (1998). *Die rote Couch*. btb.

Yalom, I. D. (2002). *Der Panama-Hut oder Was einen guten Therapeuten ausmacht* (7. Aufl.). btb.

Yalom, I. D. (2017). *Wie man wird, was man ist. Memoiren eines Psychotherapeuten*. btb.

Yalom, I. D., & Elkin, G. (2001). *Jeden Tag ein bißchen näher. Eine ungewöhnliche Geschichte*. btb.

Young, J. E., Klosko, J. S., & Weishaar, M. E. (2008). *Schematherapie. Ein praxisorientiertes Handbuch*: Junfermann Verlag.

If you have any concerns about our products,
you can contact us on
ProductSafety@springernature.com

In case Publisher is established outside the EU,
the EU authorized representative is:
**Springer Nature Customer Service Center GmbH
Europaplatz 3, 69115 Heidelberg, Germany**

Printed by Libri Plureos GmbH
in Hamburg, Germany